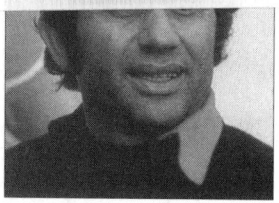

Der Franzose Albert Falco, 1927 geboren, war Cheftaucher und Kapitän der Calypso, dem Forschungsschiff von Jacques-Yves Cousteau. Er gilt als einer der Pioniere der modernen Tiefseeforschung und war wesentlich an der Entstehung des Films »Die schweigende Welt« beteiligt, der 1956 in Cannes die Goldene Palme gewann. Heute engagiert er sich für die Rettung der Meere.

Albert Falco
und Yves Paccalet

Mein
abenteuerliches
Leben auf der
CALYPSO

Erinnerungen
eines modernen Odysseus

Mit einem Vorwort
von Jacques-Yves Cousteau

Aus dem Französischen
von Michael Martin

SIERRA

Die Deutsche Bibliothek – CIP-Einheitsaufnahme
Ein Titeldatensatz für diese Publikation ist bei
Der Deutschen Bibliothek erhältlich

REISEN · MENSCHEN · ABENTEUER

2001, vollständige Taschenbuchausgabe
SIERRA bei Frederking & Thaler Verlag, München
in der Verlagsgruppe Bertelsmann GmbH
© 1991 Scherz Verlag, Bern
© 1990 Editions Robert Laffont, S. A., Paris
Originaltitel: Capitaine de la Calypso
Alle Rechte vorbehalten
Titelfoto/Fotos: Albert Falco
Umschlaggestaltung: Atelier Seidel, Altötting
Produktion: Sebastian Strohmaier, München
Gesamtherstellung: Presse-Druck, Augsburg
Papier: Das Papier wurde aus chlorfrei gebleichtem Zellstoff hergestellt.
ISBN 3-89504-104-3

www.frederking-und-thaler.de

Inhalt

Der Wassergott

In seinen Memoiren stellt sich »Bébert« die Frage: »Warum gerade ich?« Auch Dynamit bleibt mangels Zünder ohne Wirkung. Wenn Falco im Kapitel »Cousteaus Nase« beschreibt, wie er sich als Taucher auf der *Calypso* beworben hat, vergisst er die fünf Worte zu erwähnen, die seine Blitzkarriere auslösten. Fünf Worte des Präsidenten Borelli, mit denen er den Taucherbewerber vorstellte: »Hier haben Sie den Wassergott.«

Ich hatte das Glück, das große Abenteuer mit besonderen Freunden wie Philippe Tailliez und Frédéric Dumas beginnen zu dürfen. Gemeinsam haben wir den Taumel der Entdeckung gekostet, wir haben Barrieren durchbrochen, die dem Menschen bisher den Zugang zur Meereswelt verwehrten. Der ganze Wasserplanet bot sich zur Eroberung dar. Meine schwache Konstitution, die ich nur mit Willenskraft überwinden kann, machte mir klar, dass ich in meiner Nähe einen Enthusiasten brauchte, der kräftiger war als ich, der meine Träume mit mir teilen und mir helfen konnte, sie zu verwirklichen.

Der Bewerber musste die leiseste Bewegung von Wasser oder Wind spüren, Stürmen trotzen oder sie abreiten können, auf die kleinsten Regungen der Naturkräfte oder das Verhalten kaum bekannter Tiere achten, für die verrücktesten Initiativen offen und bereit sein, sich mit Entschlusskraft und Durchsetzungsvermögen darauf einzulassen.

Der geeignete Bewerber war, kurz gesagt, der Wassergott. Also Falco. Vom einfachen Taucher ist Falco ohne die geringste Meinungsverschiedenheit unangefochtener Chef seiner Kollegen, dann, zusammen mit Jean Alinat, mein technischer Berater, mein Expeditionsleiter und schließlich Kapitän der *Calypso* geworden. Bébert wird selbst die Etappen unserer großen Fahrt schildern, in deren Verlauf unsere Arbeitsbeziehung, unsere Kameradschaft und schließlich unsere Freundschaft in gegenseitiger Achtung und Zurückhaltung wuchs. Unerwähnt hat Albert Falco gelassen, dass er zu den wenigen Freunden gehört, mit denen ich mich duze.

Jacques-Yves Cousteau (gest. 1997), 1990,
Mitglied der *Académie Française*

Sonnenaufgang in Tahiti

Verdorbenes Neu-Kythera · Ich werde sechzig! ·
Mannschaftsgeist · Abenteuerfahrt um die Welt ·
Der Pascha vertraut mir

Der Wachhabende trägt das Datum vom 17. Oktober 1987 ins Logbuch ein.

Er vermerkt die Beobachtungen der Nacht, unterschreibt und kommt mich in meiner Kabine wecken.

»Kapitän, es ist 5 Uhr!«

Ich springe aus meiner Koje, schlüpfe in Shorts und ein Matrosenhemd. Auf der Brücke überprüfe ich die Position des Schiffs, wie ich es immer mache. Und ich betrachte den Sonnenaufgang, meine Belohnung.

Seit fünfunddreißig Jahren auf der *Calypso* habe ich keinen Sonnenaufgang verpasst. Auch nicht bei Regen, Nebel oder Schnee. Ich begrüße schöne Dinge gern, wenn sie anfangen … Bei einer gelungenen Vorstellung nimmt der Himmel märchenhafte Farben an, eine Mischung aus Gold, Rot und Violett. Seemöwen oder Albatrosse kreisen stumm vor dieser Kulisse. Am 17. Oktober 1987 findet diese Morgendämmerung vor einer berühmten Insel statt, einer Insel der Träume. Im achtzehnten Jahrhundert hatte sie der große Entdecker Louis Antoine de Bougainville »Neu-Kythera« getauft. Tahiti …

Ich habe Dutzende von Inselgruppen vom Mittelmeer bis zur Karibik, von der Antarktis bis zum Indischen Ozean besucht. Tahiti seltsamerweise bisher noch nicht. Auch für mich wird damit ein Traum wahr. Die Szenerie ist großartig: Nur die Natur, diese unübertroffene Künstlerin, kann diesen gelben Himmel und dieses dunkelblaue Meer mit diesem Saum von Kokospalmen am Horizont wagen.

Ich verstehe, was es für die Seefahrer der Aufklärung bedeutet hat, in dieses Paradies zu geraten. Es war ein Schock. Ein Augenblick, in dem sie von Gefühlen überwältigt wurden.

Heute ist Tahiti noch immer schön – aber nur von weitem. Kommt man der Hauptstadt Papeete (neunzigtausend Einwohner) näher, schwindet der Zauber. Motorboote tuckern, Autofähren stampfen, Flugzeuge brummen. Die türkisfarbene Lagune, in der früher goldglänzende Fische schwammen, ist verödet. Zu viele Fischer. Zu viele Touristen. Zu viele Unterwasserjäger. Zu viele Häuser und zu viele Straßen. Die Utopie geht unter im Fauchen von Düsenturbinen, in Ölschlieren und im Geknatter von Außenbordmotoren. Außenborder haben die gemächlichen und eleganten Auslegerpirogen ersetzt, die von braunhäutigen Athleten gerudert wurden und in denen Frauen mit blau-schwarzem Haar mit einer Tiarablüte saßen. Von diesem Zauber ist nur noch der Duft der Jasminbäume und der Nachthyazinthen geblieben, der mit dem Wind heranweht...

In Papeete verliert sich das Bild eines Gartens Eden im Rauch der Schornsteine, in den Auslagen der Souvenirläden und in den Gossen, die überquellen von Bierdosen und Plastikflaschen. Selbst die Parks mit ihrer üppigen Vegetation sind von der Zivilisation geschädigt. Alles ist verdorben. Wie ein kaputtes Spielzeug.

In Tahiti ist nicht der Mensch aus dem Paradies auf Erden vertrieben worden, sondern er selber hat das Paradies ausgetrieben.

Mir sind die Marquesas-Inseln lieber, wo wir gerade herkommen. Sie sind von den Menschen noch nicht so verdorben. Ich liebe sie wegen ihrer herben Großartigkeit. Paul Gauguin und Jacques Brel haben diesen wilden Archipel gemalt, beschrieben oder besungen, diese steil aus dem Meer aufragenden Berge, wo die Wogen des Ozeans sich an schwarzer Lava brechen. Dort war ihre Suche nach dem Absoluten von Erfolg gekrönt; dort hat sich ihr Schicksal vollendet, und dort haben sie ihre letzte Ruhe gefunden.

Die Marquesas sind weder freundlich noch sanft. Sie sind anspruchsvoll. Aber es lohnt sich, hinzufahren. Alles dort erinnert an die wagemutige polynesische Kultur, die seit dem zweiten Jahrhundert vor unserer Zeitrechnung Seefahrer auf ihren zerbrechlichen Pirogen in die unendliche Weite des Pazifiks sandte. Ich gedenke dieser Männer, Frauen, Kinder, die tausende Meilen auf unbekanntem Meer zurücklegten, Stürme, Durst, Hunger ertrugen, zu Hunderten umkamen, aber schließlich alle bewohnbaren Gestade des großen Ozeans besiedelten – bis hin zu Neuseeland und zur Osterinsel.

Ich befehlige das Anlegemanöver. Die *Calypso* macht fest. Ich gehe zurück in meine Koje, traurig und enttäuscht. Ich sehne mich zurück nach der wilden Schönheit der Marquesas, wo wir zwei Monate verbracht haben. Gern würde ich die ursprüngliche Schönheit von Neu-Kythera kennen lernen; aber Neu-Kythera ist nur noch eine schwache Erinnerung alter Tahiter. Heute setzen die berühmten Polynesierinnen ihre Waschmaschine in Gang und kaufen im Supermarkt ein. Und die braunhäutigen Athleten, die einst das Paddel schwangen, arbeiten in den Ämtern des Verteidigungsministeriums und bereiten den nächsten Atomversuch auf Mururoa vor.

Ich strecke mich auf meiner Koje aus und lasse die Gedanken wandern. Gitarrenakkorde wecken mich aus meiner Träumerei. Ich nehme den Niedergang und eile den Backbordlaufgang entlang. Ein kurzer Blick in die Offiziersmesse.

Die Mannschaft erwartet mich schon. Als ich eintrete, schmettert der Chor der *Calypso* (musikalisch mit Vorsicht zu genießen, aber welche Inbrunst!) ein lautes Geburtstagslied.

Simone Cousteau (Madame Cousteau, »*la Bergère*«, die Hüterin, wie wir sie alle nennen) leitet die Zeremonie. Eine bewundernswürdige Frau, deren Bescheidenheit und Diskretion nur noch von ihrer Courage übertroffen werden. Seit den ersten Einsätzen des Schiffes hat sie mehr Zeit auf der *Calypso* verbracht als ihr berühmter Mann. Sie ist die einzige Seemannsbraut, die auf hoher See auf ihren Mann wartet!

Sie ist Mutter, Großmutter, Freundin und Vertraute der Mannschaft. Sie hört den Männern zu. Sie rät ihnen. Sie macht ihnen Mut, wenn der Einsatz schwierig wird und die Moral nachlässt. Sie will immer genau wissen, ob sie von ihrer Frau, ihrer Braut, ihren Kindern oder Angehörigen gehört haben. Und sie versucht darauf zu achten, dass diese Trennung nicht zu viele Probleme aufwirft. (Es sind weiß Gott allerhand Probleme!) Sie hat alles im Blick.

Noch nie hat sie einen Geburtstag vergessen. Zu meinen Ehren hat sie ein großartiges tahitisches Essen ausgerichtet: gebratenes Ferkel, Riesenkürbis, roher Fisch mit Zitrone, Brotfrüchte, gedämpfte Bananen und Bananen in Gelee.

Auf dem Zuckergusskuchen brennen sechzig Kerzen, die ich ausblasen muss.

Sechzig Jahre!

Ich werde in Tahiti sechzig…

Die Stimmung ist herzlich, ein wenig wegen des Champagners, aber zum großen Teil ob der Freundschaft, die mir meine Gefährten bezeugen. Jeder bringt einen kurzen Glückwunsch an, manchmal ungeschickt, aber immer voller Gefühl. Da schlägt das Herz des abgebrühtesten Seebären schneller… Mir fällt ein, welches Glück ich doch habe, auf eine solche Gruppe zählen zu können. Zusammengeschmiedet. Verantwortungssicher. Der Risiken und Gefahren bewusst, denen sie sich stellen müssen, um den Titel Forscher zu verdienen. Sich klar darüber, welches Privileg ihr Beruf ist, der sie zu Weltreisen verpflichtet – dorthin zu fahren, wo niemand sonst hinkommt.

Diesen Geist brennender Neugier, diesen Wissensdurst hat Kommandant Cousteau Einsatz für Einsatz hervorgelockt. Er hat ihn sich nicht nur gewünscht, sondern ihn auch in den schlimmsten Zeiten aktiv gefördert, indem er selbst Vorbild war. Ich habe immer danach gestrebt, dem Vorbild des Paschas gerecht zu werden – JYC, wie wir ihn nach seinen Anfangsbuchstaben nennen.

Wie Jacques-Yves Cousteau versuche ich, neuen Generationen von Matrosen, Mechanikern, Funkern, Filmemachern und Tauchern Abenteuer und Erkenntnisgewinnung schmackhaft zu machen.

Das Geburtstagsfest geht zu Ende. Ich bin wieder allein in meiner Kajüte, die Arme voller Geschenke. Ich setze mich auf meine Seemannskiste.

Sechzig Jahre! Ein Wendepunkt... Vielleicht der richtige Moment, in mich selbst einzutauchen – nachdem ich so oft ins Meer getaucht bin. Der Moment, einen Blick auf meine Vergangenheit zu werfen – meinen Lebenslauf unnachsichtig zu mustern.

Ich überlege, wie sehr mir doch das Glück gelacht hat: Mit zwanzig Jahren hatte ich nichts – weder eine reiche Familie noch eine glänzende Ausbildung, noch besondere Eigenschaften (außer vielleicht der Fähigkeit, wie ein Fisch zu schwimmen). Ich war nur ein junger Marseiller, ohne Sorgen oder Ehrgeiz – voll Liebe zur Natur und zum Wasser, gewiss, und erfüllt von der Sehnsucht, auf große Fahrt zu gehen.

Doch das Leben hat mir so viel mehr beschert! Viel mehr als alles, was ich mir in den wildesten Kindheitsträumen dachte... Es hat mir das Meer geschenkt – das ganze Meer, von den Polen bis zum Äquator, von der Oberfläche bis zu den tiefsten Abgründen. Die Schönheit der Welt. Sonne und Eis. Sümpfe und Korallen. Wüsten und Wälder. Kleines und Großes – Plankton und Wale. Üppigkeit und Vielfalt...

Ich habe tausend verborgene Orte gesehen. Ich habe auf so viel jungfräuliches Festland meinen Fuß gesetzt und in so vielen jungfräulichen Gewässern mit meinen Flossen gepaddelt... Ich habe alle diese Reichtümer genossen, zunächst als einfacher Matrose und Taucher, dann als Cheftaucher und Einsatzleiter, schließlich als Kapitän der *Calypso* – als alleiniger Herr an Bord nach Gott (und dem Pascha, wenn er da ist).

Ein Schicksal, das sich sogar mein Vater für mich nicht zu erträumen gewagt hätte, als er mich mitnahm, seine Welt zu erforschen – die kleinen Buchten von Marseille: Sormiou, En-Vau, Morgiou… Ein Privileg und ein Glück. Eine Abfolge von Begegnungen und Wundern. Idealvorstellung aller, die sich begeistern für die freie Natur, das Meer, für Tiere, für unendliche Horizonte, für das Meeresleuchten der Tropen oder das Strahlen des Nordlichts.

Was das Leben eines Menschen an Ereignissen bereithält, ist Ergebnis von unvorhersehbaren Faktoren, Gleichzeitigkeiten, zusammentreffenden Umständen. Wie bin ich hierher gelangt? Wie ist mir diese Aufgabe als Kapitän eines der berühmtesten Schiffe der Welt zugefallen? Wie bin ich einer der Verantwortlichen dieser Wiederentdeckungsfahrt geworden – die Umschiffung des Erdballs in fünf Jahren –, die Kommandant Cousteau als die ehrgeizigste aller seiner Kampagnen initiiert hat?

Ich versuche, die Fäden meines Lebens zu entwirren. Ich habe den Eindruck, erst gestern Abend auf der *Calypso* angeheuert zu haben; doch das war schon 1952, vor mehr als fünfunddreißig Jahren… Mir scheint, dass alle Tauchsaisons, Fahrten, Entdeckungen, Emotionen ineinander übergehen, zusammenschrumpfen und schließlich zu einer einzigen werden.

Ich habe an zahlreichen ozeanographischen Kampagnen teilgenommen. Ich habe das Mittelmeer in allen Richtungen durchpflügt. Ich habe die Korallen des Roten Meers vor dem Sechstagekrieg und die *cocos fesses** der Seychellen vor der Ankunft der Touristen erlebt. Ich habe die Tiefseegräben des Atlantiks ausgelotet. Ich bin mit den Haien von Yucatán und den Wrackbarschen von Belize geschwommen. Ich bin mit den pazifischen Lachsen und den Braunbären in die eisigen Wildbäche Alaskas getaucht. Ich habe die Seeotter in ihrem Bett von Riesenalgen gestreichelt. Ich habe dem Finnwal ins Gesicht geschaut und mich an der weißen Brustflosse des Buckelwals festgehalten. Ich bin ein Freund

---

* Nüsse einer nur auf den Seychellen vorkommenden Kokospalme, die wie ein weibliches Becken geformt sind.

14

der Delfine geworden. Ich bin zwischen den Piranhas des Amazonas geschwommen. Ich habe Haie und Riesenmantas beobachtet. Ich bin über Korallentempel geschwebt, die von Gaukler- und Engelfischen wimmelten. Ich habe viele Stunden damit verbracht, das Verhalten der Röhrenwürmer, der Knallkrebse, der Putzerfische oder der tropischen Mördermuschel zu studieren. Von Griechenland bis zu den Großen Seen und vom Golf von Aden bis zum Großen Barriereriff habe ich Tausende von Wracks erkundet, in denen ich manchmal menschliche Gebeine fand. Überbleibsel furchtbarer Tragödien…

Viele tausend Stunden habe ich an Bord der *Calypso* verbracht, auf der ich jeden Winkel kenne – vielleicht besser als meine Wohnung in Marseille. Ich habe mehr Mahlzeiten am großen Tisch der Offiziersmesse auf hoher See eingenommen als mit meiner Frau Jackie zu Lande.

Was mich in dieser Kette von Ereignissen am meisten erstaunt, ist das Vertrauen, mit dem mich Kommandant Cousteau seit unserer ersten Begegnung ehrt. Ich frage mich, wie ich dieses Vorrecht verdient habe – und warum ich es immer noch verdiene. Der Pascha hat mich zum Taucher gemacht. Er hat mich unter Wasser mit seinen Augen sehen gelehrt. Er hat mich immer wieder damit betraut, an seiner Stelle zu erkunden – im Taucheranzug oder in der »tauchenden Untertasse« –, wenn er durch langweilige, aber unerlässliche Büroarbeit verhindert war.

Dieses Vertrauen ehrt mich und ängstigt mich zugleich. Verantwortlich zu sein für das Leben einer Mannschaft, ein so angesehenes Schiff wie die *Calypso* zu befehligen, ist kein Ruheposten.

Am Abend meines sechzigsten Geburtstages auf der Insel Tahiti, auf der gleichzeitig die Wunder der Erde und die vom Menschen angerichteten Verheerungen zu sehen sind, versenke ich mich in mich selbst. Und ich frage mich: Wie ist es so gekommen?

Wie bin ich hierher gelangt?

Warum bin ich Kapitän dieses Schiffes und Leiter dieses Einsatzes? Warum gerade ich?

1
Eine Kindheit
in Marseille

*Das Meer vor der Haustür · Pytheas der Seefahrer · Das Blau
der kleinen Buchten · Ich ertrinke · Mein erster Fischzug*

Das Meer. Das Meer direkt vor der Haustür… So weit meine
Erinnerungen zurückreichen, ist da das Meer. Immer präsent. So
blau, so schön, bis zum Horizont. Es ruft mich, wie schon andere
vor mir. Ich sträube mich nicht, ich kann gar nicht dagegen ankämpfen. Ich heuere an. Ich fahre zur See. Ich durchpflüge den riesigen Ozean auf den Spuren dessen, den ich in meinen kühnsten
Träumen bisweilen gern für einen Vorfahren halte: Pytheas von
Massilia.

In Marseille bin ich am 17. Oktober 1927 geboren. Ich kenne
alle kleinen Buchten und Schlupfhäfen. Sofern ich nicht auf der
Calypso am anderen Ende der Welt schippere, kehre ich dorthin
zurück. Dort wohne ich. Ohne das Meer kann ich nicht leben. Ich
weiß nicht, ob der Wunsch, zur See zu fahren, erblich ist; Biologen
würden diese Frage wohl verneinen. Aber alle Seeleute und Väter
oder Söhne von Seeleuten behaupten das.

Mein Vater war Seemann; er hat den Ersten Weltkrieg auf einem
Minenräumer mitgemacht. Zufällig habe auch ich auf einem Minenräumer – einem umgebauten, nämlich der *Calypso* – meine
schönsten Abenteuer erlebt.

Seit jeher bin ich von der ungeheuren Begierde besessen, immer weiter zu fahren, wie sie die Bewohner der kleinasiatischen
Stadt Phokäa getrieben hat, das Mittelmeer zu überqueren und
dort eine Kolonie zu gründen, wo sich heute der Vieux Port, der

Alte Hafen von Marseille, befindet. Schon immer hatten mich die Taten des Pytheas in Bann gezogen, eines der größten Seefahrer der Geschichte, der im vierten Jahrhundert v. Chr. gen Norden schiffte und »Ultima Thule« sichtete. Pytheas fuhr, so heißt es, »bis zu dem Lande, wo die Sonne nie untergeht« (ob bis Island, den Färöern oder Norwegen, ist nicht bekannt). Er war nicht nur ein großer Fahrensmann, sondern auch Wissenschaftler, Mathematiker. Ein Astronom, der den Zusammenhang zwischen Gezeiten und Mondphasen erkannte und den Breitengrad Marseilles mit verblüffender Genauigkeit errechnete. Er behauptete, es liege auf dreiundvierzig Grad nördlicher Breite; tatsächlich sind es dreiundvierzig Grad, siebzehn Minuten und zweiundfünfzig Sekunden!

Pytheas von Massilia. Ich möchte gern glauben, dass der Steven seiner Galeere den Sand von Sormiou berührt hat, wie eine der kleinen Buchten heißt. »Meine« Bucht, wo ich noch immer ein Ferienhäuschen gemietet habe. Ganz abwegig ist der Gedanke nicht: Auf Provenzalisch heißt »Sormiou« *(Sourd Mieù)* »gute Quelle«. Süßwasser tritt dort zu Tage. Seefahrer der Antike versorgten sich an dieser Wasserstelle.

Meine ältesten und schönsten Erinnerungen an das Meer stammen von hier, von Sormiou. Das Dunkelgrün der Kiefern, das reine Weiß der Steilklippen, das azurne Blau des Mittelmeers. Und die munteren Lebewesen, die sich unter der Meeresoberfläche tummeln …

Sormiou … In meiner Kindheit führt noch keine geteerte Straße dorthin. Wir gelangen zu Fuß hin, nachdem wir mit der Straßenbahn das Dorf Mazargues erreicht haben (das glücklicherweise inmitten der Betonmassen, die Marseille heute verschandeln, immer noch ein echtes Dorf geblieben ist).

Wir steigen mit der ganzen Familie hinauf, fast jeden Sonntag. Ein Esel trägt den Proviant – Roggenbrot, Oliven, ein Ende Hartwurst, Käse –, die Kinderlimonade, den Pastis und den Wein für die Erwachsenen. Wir erklimmen den Hügel auf den glühend heißen Steinen des Eselspfades, der sich zwischen Kiefern, Krüppeleichen, Wacholder und Rosmarin hindurchwindet. Wenn wir anhalten, um zu verschnaufen, durchstöbere ich die Büsche auf der Suche nach Gottesanbeterinnen. Ich freue mich über die gaukelnden Schwalbenschwänze und spähe nach der schlanken Silhouette der Perleidechsen. Manchmal habe ich Glück und entdecke einen Wiedehopf oder ein Bienenfresserpaar. Mit Blicken verfolge ich den Flug der Silbermöwen, die am klaren Himmel kreisen.

Als ich zwei oder drei Jahre alt bin, trägt mich mein Vater den Rest des Weges auf den Schultern; ich erinnere mich an meine Freude, wenn ich nach Überwindung des Hügelkamms hinter den *Treize contours* den gestreckten Trichter der Bucht mit ihren im Sonnenlicht leuchtenden weißen Felsen, den Kiefern und der Garigue an den Hängen erblickte, und ganz unten, am Ende, das blaue Oval des Meeres … Zu jener Zeit war die Bucht noch ein grünes Schmuckkästchen. Die mediterrane Bewaldung mit See- und Aleppokiefern reichte bis zum Wasser hinunter. Waldbrände haben diese Pracht inzwischen vernichtet. Aber noch heute, jedes Mal, wenn ich diesen Pfad beschreite, den heute, mit Ausnahme einiger ausdauernder Wanderer, niemand mehr nimmt, grüße ich mit Freuden im Vorbeigehen eine große Pinie, die schon in meiner Kindheit dort war, die mir hundertmal Schatten spendete und wie durch ein Wunder alle Feuersbrünste überstanden hat.

Wir steigen zum Mittelmeer hinunter. Das Meer ruft! Wir Kinder können unsere Freude nicht mehr verhalten und rennen los. Wir rutschen auf den Kieseln des Weges hinunter. Wir zwängen uns zwischen Ginsterbüschen, Rosmarinsträuchern und Provenceschilf durch, das unten auf der feuchten Sohle wuchert.

Mit Freudenschreien rennen wir auf den Strand hinaus. »Das Wasser habe ich immer schon leidenschaftlich geliebt.« Ein Freund hat mir diesen Satz eines Tages zitiert und hinzugefügt, dass er von Jean-Jacques Rousseau stammt. Das hätte ich gern selber formuliert. Meine Mutter erzählte, dass ich als kleiner Junge in Sormiou zehnmal am Tag verschwunden war. Zehnmal am Tag fragte sie: » Wo ist Bébert?« Die Antwort war immer gleich: »Bébert? Da unten! Am Wasser, wo sonst!« Die Wellen ziehen mich an, als wäre ich ein Eisenspan und sie der Magnet. Ich nähere mich dem Ufer. Ich beobachte, wie sich die Wellen brechen: Das Wasser gischtet in weißem Schaum, zieht sich wieder zurück, stößt in einer neuen Welle vor – unermüdlich. Dieses Schauspiel langweilt mich keine Sekunde. Ich gehe den grauen, mit Neptungras übersäten Strand entlang. Ich erklettere die Felsen. Die Zikaden zirpen in den Kiefern über meinem Kopf so laut, dass es mich fast betäubt. Ich suche mir einen Gezeitentümpel und versenke mich in die Betrachtung der Kleinfauna, die darin haust.

Über ein halbes Jahrhundert ist das her. Man versuche, sich das vorzustellen… Das Mittelmeer war damals viel sauberer, viel klarer, viel lebensvoller als heutzutage. Die Felsen der Brandungszone, dicht besetzt mit Napfschnecken, Seepocken, Käferschnecken… Asseln – die Tausendfüßler des Meeres – rennen in alle Richtungen davon. In den Gezeitentümpeln mitten in Miniaturwäldern aus Braunalgen, Rotalgen, Grünalgen wimmeln Sandgarnelen. Ich necke diese Kleinkrebse, und sie verstecken sich blitzartig. Ich fange sie mit bloßen Händen, denn mir ist aufgefallen, dass sie vom Geruch der Haut angezogen werden. Ein Geheimtip: Man braucht bloß Geduld dazu. Man hält die Hand ins Wasser und rührt sich nicht. Die Garnele wagt sich aus ihrem Versteck. Sie nähert sich dem Zeigefinger oder Mittelfinger, um daran zu knabbern. Wenn sie ganz nahe ist, packt man sie an ihren überlangen Fühlern. Mit Sicherheit keine so destruktive Methode wie mit dem Schleppnetz, aber zu einer Mahlzeit Garnelen würde man furchtbar lange brauchen. Weiße und graue Grundeln fange ich auch. Und Schleimfische. Ich staune über die merkwürdigen »Hirschgeweihe« am Kopf dieser fingerlangen Fischchen… Ich verpflanze sie als Lebendfang in ein Aquarium, das mein Vater für mich gebastelt hat. Ich beobachte sie stundenlang. Ich lasse sie wieder frei und heiße sie Grüße an Haie und Wale ausrichten.

Ich kehre zum Meer zurück. Im kristallklaren Wasser der Brandungszone raspeln Seeigel ihre Löcher in den Kalkfelsen – ganze

Heere von Seeigeln von einem schönen violettstichigen Dunkelrot. Auf dem Sandgrund zwischen flaschengrünem Neptungras erspähe ich auch orangerote Seesterne und braune, sonnenförmige; Rote Seescheiden und Steckmuscheln, die mehr als fünfzig Zentimeter aufragen. Ich sehe Schwärme von Meeräschen, Goldstriemen, Brandbrassen und Wolfsbarschen vorbeiziehen.

Mein erster Fischzug endet fast mit Ertrinken. Ich muss etwa drei Jahre alt gewesen sein. Ich habe mir ein Netz aus Abfallstückchen geknotet, die ich bei den Fischerkähnen im Hafen aufgelesen habe. Ich steige ins Wasser, werfe das Gerät mit der ausholenden Bewegung aus, die ich den Männern abgeschaut habe. Und verfange mich mit den Füßen im Neptungras, falle hin. Schwimmen kann ich noch nicht. Instinktiv paddle ich nach Hundeart, doch muss ich viel Wasser schlucken. Immer mehr. Ich meine, es nie wieder bis auf festen Boden zu schaffen. Und dann spüre ich, wie mich jemand an der Badehose packt, aus dem Wasser zieht und auf den Sand legt: mein Vater. Er kann sich kaum halten vor Lachen.

Papa kommt jedoch zum Schluss, dass dieses Missgeschick mir eine Lehre sein wird. Ich muss allein in diesem Wasser zurechtkommen, das mich so magisch anzieht…

Ich habe vergessen, wie lange es dauerte, bis ich schwimmen lernte – sicher nicht lange. Mit etwa vier Jahren, ermuntert von meinem Vater und dessen Freunden, schwimme ich quer über die zwanzig Meter breite Fahrrinne zwischen der Felswand und der Mole des Hafens von Sormiou. In meinen Augen ist sie so breit wie der Atlantik. Ich habe den Atlantik besiegt!

Ein Jahr später schwimme ich an der breitesten Stelle über die Bucht. Als Heranwachsender werde ich als Leistungsschwimmer trainieren; fünf Stunden oder länger allein im Wasser, durchquere ich nicht nur die Bucht von Sormiou längs, der Breite nach und quer, sondern schwimme auch bis Morgiou oder Cortiou. Es kommt vor, dass ich von Cassis bis La Ciotat kraule und einfach einen Bekannten auffordere, mich im Auto abzuholen.

Mit fünf Jahren bastle ich mir eine Angel mit einem Stück Schnur und einem Haken, die ich bei meinem Vater »ausgeborgt« habe. Ich sehe noch, wie er lacht, als er mich mit meinem Gerät zum Wasser schleichen sieht.

Ich werfe die Angel am Hafen aus. Kaum ist der Köder – ein Häppchen Strandschnecke – im Wasser, als ich schon schreie: »Ich hab einen! Ich hab einen dicken Fisch!« Papa lacht sich halb tot. Für ihn ist das eine Riesengaudi. Er macht große Augen, als er hinzukommt. Ich habe einen Meeraal von einem Meter fünfzig am Haken! Der Fisch, viel länger als ich, wehrt sich verbissen.

Ich rutsche vom Felsen und plumpse ins Wasser. Wieder einmal zieht mich mein Vater heraus. Ich habe meine Wunderangel nicht losgelassen (man hätte mir dazu den Arm ausreißen müssen!). Wir ziehen den Fisch an Land. Man stelle sich meinen Stolz vor, als ich meiner Familie diesen riesigen silbergrauen Meeraal mit seinem scharfzähnigen Spitzmaul und dem Leib einer Boa constrictor vorweise! Zu jener Zeit ist das Mittelmeer wirklich noch artenreich … Die Meeraale hausen in Löchern nahe der Küste. Sie sind nicht allein: Man findet dort Drachenköpfe in zwei und Zackenbarsche in fünf oder sechs Metern Tiefe. Wolfsbarsche laichen im Kies der benachbarten Grotten in weniger als fünfzig Zentimeter Wassertiefe.

Nicht nur das Meer zieht mich an. Wenn ich nicht schwimme, erklettere ich die Geröllhalden und Steilklippen der Buchten. Ich bringe meiner Mutter Thymian und Rosmarin. Im Frühjahr sammle ich wilden Spargel – er schmeckt köstlich –, im Herbst, im Duft des blühenden Heidekrauts, Pilze – Pfifferling und Steinpilz, den köstlichen Milchpilz und den Kaiserschwamm, der so schön ist, dass es fast eine Sünde ist, ihn zu essen …

All diese Entdeckungen führen mich zu der Erkenntnis, dass das Leben wunderbar verästelt und allgegenwärtig ist, auch in der schmalsten Steinspalte, in der kleinsten Meereshöhle … Eine Lektion, die ich nie vergessen werde und die für mich besonders wichtig wird, als ich als Mitglied von Cousteaus Mannschaft Arktis und

Antarktis besuche, Lavainseln und lichtlose Abgründe, die Anden und die Wüsten Ägyptens.

Am Abend in der Bucht, wenn die Zikaden schweigen und Wolken von Glühwürmchen wie Sternchen unter der dunklen Decke der Pinien wimmeln, versammeln wir uns in einem kleinen Restaurant. Im Licht der Petroleumlampe (gottlob gibt es in Sormiou immer noch keinen Strom!) grillen wir alle zusammen auf Holzfeuer saftige Meerjunker, Rotbarben, Drachenköpfe oder Meeräschen.

Für die Erwachsenen ist das eine Gelegenheit, die vielen Geschichten zu erzählen, die Marseillern offenbar in die Wiege gelegt werden.

Ich aber erinnere mich, was mir im Laufe des Tages begegnet ist. Ich habe einer Garnele in die Augen gesehen. Ich habe mir die Schönheit der Schuppen eines Meerjunkers eingeprägt. Ich habe in einer Neptungraswiese das Verhalten eines männlichen Lippfisches beobachtet, der gerade sein Nest baut: Sowie die Wohnung fertig ist, hat das Fischchen sein Weibchen hineingelockt, indem es einen komplizierten Hochzeitstanz aufführte.

Ich bedaure, das alles nur sehr unscharf beobachten zu können, durchs Wasser hindurch, das den Menschen den Blick verzerrt. Dass es Tauchermasken gibt, weiß ich noch nicht.

2
Die *Bette* meines Vaters

Straßenbahn nach l'Estaque · Das Spitzgattboot des
Mittelmeers · Ein Bilderbuch · Die Silbermöwen von Riou

Ein Samstag im Juli 1933. Ich bin fast sechs Jahre alt. Mein Vater
nimmt mich an der Hand; er hat ein schalkhaftes Glitzern in den
Augen, das ich mir nicht erklären kann, und ein Lächeln auf den
Lippen. Mein Onkel Paul stößt zu uns. Wir steigen in die Straßenbahn nach l'Estaque, die in Marseille von der Place Sadi-Carnot
abfährt.

Es ist schwül: Hundstage in der Provence. Doch der Straßenbahn-
wagen ist nach allen Seiten offen. Wir schaukeln auf die Küste zu.
Metallisches Klappern und Rumpeln, Räderquietschen... Von weitem sehe ich das Blau des Mittelmeers. Meine Augen füllen sich mit
dieser Traumfarbe. Mir scheint, dass mein Hirn sich azurblau ein-
färbt. Ich beobachte den Horizont, die Marseiller Inseln. Sprachlos
bestaune ich die vorüberziehenden Schiffe.

Schiffe! Sie durchpflügen das Meer und werfen zu beiden Seiten ihres Kiels weiße Schaumkronen auf. Ich bilde mir ein, angeheuert zu haben: Ich stehe auf dem Vordeck. Scharf spähe ich nach
dem Horizont auf der Suche nach dem Unbekannten – Inseln am
Ende der Welt, Mondfische, Delfine, Wale... Ich denke mich in ein
Abenteuer hinein. Ich mache die tollsten Entdeckungen.

Das Quietschen der Straßenbahn reißt mich aus diesem Tag-
traum. Wir nähern uns l'Estaque. Da ist schon der Hafen. Alles
aussteigen. Die Luft ist gesättigt vom durchdringenden Geruch
nach Steinkohleteer; er geht von den Fischerbooten aus, die auf die

Mole gesetzt sind und kalfatert werden. Mit Steinkohleteer werden die hölzernen Schiffsrümpfe abgedichtet. Allenthalben schuppen Fischer glitzernde Sardinen und werfen sie in Weidenkörbe. Gleich werden sie sie an die Fischhändler der Nachbarschaft verkaufen. Mein Vater spricht einen alten Seemann an, der auf einem Haufen Netze sitzt und Pfeife schmaucht. Der Mann, ein richtiger Postkarten-Seebär, bedeutet ihm, ohne die Pfeife aus dem Mundwinkel zu nehmen, er solle die Mole entlanggehen und sich dann nach links wenden.

Niemand hat mir gesagt, warum wir hergekommen sind. Ich versuche auf dem schwimmenden Ponton mit meinem Vater und meinem Onkel in Gleichschritt zu fallen. Dutzende von Schiffen aller Größen, aller Formen und Farben stechen mir ins Auge, die hier vertäut sind.

Am Ende des Brettersteges spricht mein Vater einen Mann mit Schraubenzieher an, der damit beschäftigt ist, einen Bootsmotor einzustellen. Das Boot ist eine *Bette*, ein typisches Spitzgattboot des Mittelmeers mit flachem Boden, das wegen seines scharf zulaufenden und hochgezogenen Bugs und Hecks auch *Pointu* genannt wird und, fast baugleich, von Spanien bis in die Türkei verbreitet ist.

Der Unbekannte würgt den Motor ab, springt auf den Kai, begrüßt meinen Vater und meinen Onkel und geht auf mich zu. Er gibt mir die Hand. Er geht in die Hocke, um auf gleicher Höhe mit mir reden zu können. Er wirkt halb belustigt, halb feierlich und sagt:

»Magst du Schiffe? ... Also gut: Du darfst in See stechen, mein kleiner Moses! Dein Vater kauft diese *Bette*. Und mein kleiner Finger sagt mir, dass du bald zum Fischfang hinausfährst!«

Ich blicke zu meinem Vater auf. Er lacht und nickt bestätigend. Ich strahle. Ich bin außer mir vor Freude. Ich springe an ihm hoch. Ein Schiff! Ein echtes Schiff! Eine *Bette*. Die *Bette* meines Vaters!

Ich klettere in sein Boot. In mein Boot. Ich streichle den blauweiß gestrichenen Rumpf, den polierten Dollbord, den glänzenden und ein wenig schmierigen Motor. Ich lehne mich hinaus übers Wasser. Ich beobachte das Treiben der kleinen Fische im Hafen, die zwischen den Tauen wimmeln oder auf den mit Grünalgen überzogenen Meeresgrund hinabtauchen. Durch das durchsichtige Wasser erblicke ich einen Einsiedlerkrebs; mit dem Hinterleib im leeren Gehäuse einer Meerschnecke steckend, grabscht er mit den Scheren und versucht, zwei Garnelen ein Stückchen Fisch zu stehlen, die sich ebenso darum streiten. Etwas weiter bewegt sich ein leuchtend roter Seestern träge zwischen den Wasserpflanzen auf der Suche nach einem Seeigel oder einer Miesmuschel als Mahlzeit. Ein Aal windet sich schlangengleich durchs Wasser, gleitet in den Pflanzenteppich und verschwindet. Die Unterwasserwelt verzaubert mich. Ich begreife sie instinktiv. Sie ist ein von der Natur gemaltes Bilderbuch. Sie ist meine Welt.

Während ich auf den Knien in der *Bette* meines Vaters träume, ist dieser noch am Feilschen. Schließlich einigt er sich mit dem Verkäufer über den Preis. Er notiert sich die Eigenheiten des Motors; fragt, wie er gewartet und wie er repariert wird. Er wirft ihn an.

Zu meiner größten Verzweiflung lässt er mich wieder aussteigen und vertraut mich Onkel Paul an. Er erklärt mir, dass wir schon morgen auf Fischfang führen, er aber die *Bette* jetzt lieber allein bis zu unserer Bucht fährt. Er wirft die Leinen los und schreit: »Nach Sormiou!«, legt den Rückwärtsgang ein, manövriert mit dem Ruder und gibt volle Kraft voraus. Die *Bette* erzittert, als er Gas gibt. Sie löst sich von der Mole und fährt hinaus aufs Meer.

Damals war es nicht einfach, ein kleines Boot von l'Estaque nach Sormiou zu navigieren – vor allem nicht bei hochgehender Dünung. Doch mein Vater ist ein erfahrener Seemann. Während des Ersten Weltkriegs ist er als Steuermannsmaat auf dem Minenräumer *Géranium* gefahren. Er hat in Griechenland zwischen Patras und Saloniki gekämpft; die Alliierten hatten dort eine mächtige Nachschubbasis errichtet, die als Versorgungsstützpunkt für die Hilfstruppen der Serben im Mazedonienfeldzug diente. Mein Vater hat mir von seinem Flottendienst erzählt. Seine Berichte faszinierten mich. Nach seiner Demobilisierung wurde er Oberbuchhalter in einer Marseiller Ölhandelsgesellschaft: Es musste halt was zu essen auf den Tisch... Man kann nicht sagen, dass diese Arbeit ihn ausfüllt. Er denkt nur daran, wieder aufs Meer hinauszufahren. Vorläufig fischt er. Sonntags in Sormiou ernährt er im Ferienhäuschen mit dem roten Ziegeldach seine Familie mit den besten Speisefischen: Meerjunkern und Drachenköpfen.

Mein Onkel Paul bringt mich heim. Ich dränge meine Mutter und meine Schwester Andrée: »Wir müssen nach Sormiou, gleich!« Wir steigen in die Straßenbahn, beladen unsern Esel und nehmen den Saumpfad zur Bucht. Mein Vater ist schon angelangt. Seine *Bette* ist in dem kleinen Hafen vertäut: Ich hätte sie unter Tausenden wieder erkannt... Sie leuchtet im Licht der untergehenden Sonne wie ein Juwel.

Während Mama das Abendessen macht – Gegrilltes auf dem Holzfeuer mit Rosmarinnadeln –, überschütte ich Papa mit Fragen: Ist die Fahrt gut verlaufen? Wie lange hat er gebraucht? War viel Wind? Wellen? Strömung? Piraten? Haie? Wale? Delfine? Ach ja, Delfine... Wie viele? Sind sie schnell geschwommen? Wie hoch sind sie gesprungen?

Und so weiter...

Mein Vater antwortet geduldig und liebenswürdig. Er bereitet seine Köder vor – seine »Würmer«. Das sind Seeringelwürmer, Meerwürmer mit horniger Mundöffnung, und Einsiedlerkrebse, die er im alten Hafen von Marseille einem Original von Händlerin abgekauft hat; diese hält stets eine Hand voll sich windender Würmer unter die Nase des Stammkunden und schreit:

»Frische Würmer! Schöne Würmer...«

Mein Vater räumt seine Köderschachteln in einen Weidenkorb, zusammen mit den Angelschnüren. Der Tag neigt sich dem Ende zu. Ich bin müde und aufgeregt zugleich, wie am Weihnachtsabend. Meine Mutter schickt mich schlafen. Widerwillig steige ich die Leiter zum Dachboden hinauf, unsere Schlafkammer, die nach Kiefernharz riecht. Mama deckt mich zu. Ich falle in Schlaf.

Um fünf Uhr früh wird im Erdgeschoss ein Streichholz angerissen, und ich wache auf. Mein Vater zündet die alte Petroleumlampe mit blau-weißem Milchglasschirm an, deren Licht gespenstische Schatten an die Decke wirft. Er schürt das Holzfeuer und brüht Kaffee auf. Ich beobachte ihn über das Geländer hinweg: Er bereitet Angelschnüre mit verschiedenen Senkbleien und Haken vor.

Ein Kaffeelöffel klopft gegen eine Tasse, das Signal zum Aufstehen. Ich schlüpfe in meine Hose und meine Sandalen, ziehe ein ärmelloses Hemd über und setze mich vor meine Kaffeeschale, in die ich eine halbe Dose gezuckerte Kondensmilch laufen lasse (auch heute noch meine kleine Sünde!).

Ich habe gerade noch Zeit, diesen Nektar zu schlucken, dann geht Papa hinaus und marschiert zum Meer. Ich renne hinter ihm her. Er zieht das Boot zum Anlegesteg und klettert hinein. Er setzt die Zündung ein. Er kippt einen Kanister Benzin in den Tank, ein alter Filzhut dient als Filter.

Auch meine Mutter kommt mit. Meine Schwester Andrée bereitet sich als fleißige Schülerin auf ihre Schneiderinnenprüfung vor; sie bleibt in der Hütte, um ihre Lektionen zu lernen. Wir stoßen ab, Mama auf der vorderen Querbank, Papa am Ruder, ich in der Mitte. Papa wirft den Motor an; die Schraube wirbelt einen kurzen Augenblick Luftblasen, dreht sich dann ruhig im Wasser und schiebt das Boot aufs Meer hinaus.

Wir fahren um Cap Sormiou herum – in meinen Augen schon ein Abenteuer! Ich entdecke im violetten und blauen Licht des Sommermorgens das herrliche Panorama der Buchten. Im Osten liegt Cap Morgiou, ein merkwürdig asymmetrisches Kalkfelsenschloss, und dann kommt die Reihe der Steilfelsen nach Cassis und La Ciotat. Hinter uns liegt Cap Sormiou, ein Dom aus schneeweißen Spitzen und Wänden. Im Süden und Südwesten die graublaue Perlenschnur der Marseiller Inseln…

Mein Vater zeigt sie mir und nennt ihre Namen: »Die größte, direkt vor uns, mit ihrem hohen Kamm geköpfter Spitzen ist Riou. Sie wird von zwei Inselchen flankiert, die wir erst ausmachen können, wenn wir näher heran sind: der Grand und der Petit Conclu (oder Congloué). Hunderte von Silbermöwen nisten in den Klüften der Steilküste, ebenso Lachmöwen, Kormorane und andere Vogelarten. Am Sommeranfang werden die diesjährigen Silbermöwen, die jetzt gerade drei Monate alt sind, flügge. Sie tragen noch ihr grau-braun geflecktes Jungvogelgefieder. Es fehlt ihnen an Kraft und Erfahrung; und viele fallen ins Wasser. Wenn das passiert, lassen die Mütter nicht locker: Sie landen nahebei auf dem Wasser und leiten sie schwimmend zu Felsen in der Nähe, damit sie ihre Flügel in der Sonne trocknen können. Dennoch ist das Gesetz der Natur grausam gegenüber kranken oder verkrüppelten Küken, sie sterben vor Erschöpfung und werden von ihren Artgenossen zerhackt und aufgefressen.«

Mein Vater erklärt weiter: »Jetzt sieh mal nach rechts: Diese lange, flache Insel heißt folgerichtig Plane; sie wird auch Calseraigne genannt. Die nächsten weiter hinten sind La Jarre, Maïre (oder Maire) und Tiboulen. Viel weiter westlich kannst du den Leuchtturm der kleinen Insel Planier ausmachen. Hinter dem Cap Croisette verbergen sich die Inseln Pomegues, Ratonneau und das Château d'If. Wir werden sie alle einmal besuchen.

Und jetzt lernst du ein bisschen, das Boot zu steuern. Ich lass den Motor langsamer laufen. Nimm mal das Ruder. Such dir zwei Anhaltspunkte aus: Man nennt sie Navigationspunkte. Zum Beispiel die beiden Spitzen der Insel Riou. Versuch, Kurs zu halten. Mehr nach rechts … Sachte. Du musst das viel langsamer machen!«

Ich kann meinen Stolz nicht in Worte fassen. Ich bin der Kapitän der *Bette*. Ich juble. Meine Mutter lächelt, wie alle Mütter der Welt lächeln, wenn sie den ersten Taten ihres Sprösslings beiwohnen.

Töff, töff, töff…! Wir sind angelangt. Mein Vater stellt den Motor ab, wirft den Anker aus, der im dunklen Blau verschwindet und aus seinem Hanfseil eine Perlenschnur silberner Luftbläschen aufsteigen lässt. Der Anker fasst Grund. Mein Vater erklärt, es sei hier fünfundvierzig Meter tief. Er belegt das Ankertau am Bugspriet mit zwei halben Schlägen. Jetzt beginnt das Angeln. Papa gibt mir eine Angelschnur, die um einen Schwimmer gewickelt und mit zwei vergoldeten Haken besetzt ist. Er zeigt mir, wie man sie beködert, indem man den Köder völlig über den gekrümmten Stahlhaken zieht, um den Fisch zu täuschen. Ich lasse meine Angelschnur ins Meer hinunter.

Mama hat ihre Handangel ebenfalls ausgeworfen. Sie jauchzt, als sie die Schnur wieder einholt: Sie hat zwei Meerjunker gefangen. Nichts ist schöner als diese Fische mit ihren bläulichen und grünlichen Silberschuppen mit der gelb-orangen Wellenlinie von der Schnauze bis zum Schwanz und dem schwarzen Fleck hinter der Brustflosse. Später werde ich lernen, dass es durchaus nicht zwei verschiedene Arten von Meerjunkern gibt, wie die meisten Mittelmeerfischer glauben. Es sind nur zwei Ausprägungen desselben Tieres. Der Meerjunker ist wie viele Fische hermaphroditisch: Nach einer ersten weiblichen und schlichten Phase wechselt er das Geschlecht und lebt geschmückt mit den leuchtenden Farben des so genannten starken Geschlechts weiter.

»Pass doch auf, was du machst!«, fährt mich mein Vater an. »Zieh deine Schnur zwanzig Zentimeter hoch, wenn du spürst, dass einer anbeißt. Lass den Fisch den Köder eine Sekunde probieren und dann schlag den Haken mit einem Ruck an!«

Ich versuche es zweimal, dreimal … Ich spüre, wie etwas anbeißt. Doch wenn ich meine Handangel hochziehe, hängt nichts daran … Ich werde langsam wütend, umso mehr, als meine Mutter ein kleines Angelwunder vollbringt: Schon leuchten neben ihr sechs Meerjunker im Korb.

Mein Köder ist abgefressen. Ich beködere den Haken neu. Ich werfe wieder aus und warte auf den Anbiss … Das war einer, ganz eindeutig. Ich übe mich eine Sekunde in Geduld und schlage dann an. Ich habe einen!

Mein Vater rät mir, ihn ohne Nachlassen hinaufzuziehen, so stetig wie möglich. Ich habe Mühe, meine Bewegungen zu beherrschen. Endlich kommt mein Fisch aus dem Wasser: Es ist ein Roter Fahnenbarsch mit herrlich glitzernden Schuppen, blauen Augen und einem tief gespaltenen Schwanz. Und schon hat ein zweiter Fisch angebissen! Ein Schriftbarsch mit braun gestreiften, blau unterlegten Flanken und einer Zeichnung an den Kiemendeckeln, die wie Buchstaben aussieht.

Seit ich auf der *Calypso* angeheuert habe, angle ich kaum mehr. Von Fischen begehre ich nichts mehr, als dass sie schön sind und mich in ihrem Lebensraum dulden. Dass sie sich beobachten und filmen lassen. Das Schauspiel ihrer Bewegungen, ihrer Liebesspiele, ihrer Kämpfe und ihrer vertrauten oder seltsamen Verhaltensweisen macht mich schon glücklich. Aber wenn ich mich an diesen Sonntag im Juli 1933 erinnere, den ich in der *Bette* meines Vaters am Fuß der weißen Klippen von Cap Sormiou erlebte, spüre ich erneut jene Hochstimmung.

Damals war das Mittelmeer noch großzügig, viel reichhaltiger als heute. Am Ende meines ersten Fischzugs im Meer zählen wir im Korb mehr als dreißig Fische verschiedener Größe (Meerjunker, Lippfische, Sägebarsche, Brandbrassen usw.), zu denen noch fünf Sackbrassen kommen, drei braune Drachenköpfe mit Flossenstrahlen und Hautlappen und ein wunderschöner gefleckter Lippfisch, vierzig Zentimeter lang und achthundert Gramm schwer. Insgesamt ein Fang von zwölf Kilo in fünf Stunden »Arbeit«.

Auf der Rückfahrt fühle ich mich wie ein König. Meine Freude ist so groß, dass ich meine Eltern anstecke. Mein Vater überlässt mir das Ruder. Ich schreie, ich singe.

> »*Va, petit mousse,*
> *Le vent te pousse,*
> *Le vent te pousse au gré des flots*
> *Sur ton navire,*
> *Vogue ou chavire.*«

»Los, kleiner Moses, / Der Wind bläst dich fort, / Bläst dich fort über die Wellen. / Segel mit deinem Schiff / Oder kentere am Riff.«

Die *Bette* meines Vaters steuernd, stirnrunzelnd wie ein Seebär, für den ich mich halte, sehe ich meine Zukunft hinter dem Horizont. Sie ist blau.

3
Die Kriegsjahre

Schwere Zeiten · Zwei Schneiderinnen · Mein Freund Beuchat ·
Unter der Nase der Deutschen · Vier Musketiere

Meine Lehrzeit auf dem Wasser dauert sechs Jahre. Sechs Jahre erfüllten Familienlebens und kindlicher Unschuld, in denen ich aufwachse, ohne sorgenvoll an das Morgen oder die übrige Welt zu
denken. Ich habe nur Spielen im Sinn, träume von großer Fahrt,
gehe aus Pflichtgefühl in die Schule, fahre aus Neigung aufs Meer
hinaus.

Zwei Schicksalsschläge zerstören dieses flüchtige Glück. Im
September 1939 tritt Frankreich in den Krieg ein. Wenige Monate
später stirbt mein Vater völlig unvermutet an einem Herzinfarkt.
Ich bin erst zwölf; ich habe bisher so gut wie nichts von Adolf Hitler und Myokardinfarkt gehört. Für mich sollten diese beiden Namen immer miteinander verbunden bleiben.

Da mein Vater jetzt tot ist, müssen meine Mutter und meine
Schwester arbeiten, damit wir ein Dach über dem Kopf und zu essen haben. Vom Morgengrauen bis in die Nacht verderben sie sich
mit Weißnäherei die Augen. Sie werden im Stücklohn bezahlt –
Trinkgelder. Sie versorgen mich. Sie verwöhnen mich, so gut sie
können und die Zeiten es gestatten. Die Lebensmittelrationierung
ist für alle kaum zu ertragen, erst recht nicht für einen Heranwachsenden. Ein paar Scheiben Brot können den Appetit eines
Jungen zwischen zwölf und siebzehn nicht stillen. Meine Mutter
und meine Schwester legen sich krumm für mich. In meiner Naivität wird mir das erst nach der Befreiung klar.

Sie kümmern sich auch darum, dass ich ein Mindestmaß an Bildung erhalte. Natürlich bereite ich mich nicht auf die berühmte Ecole Polytechnique vor. Ich schaffe nur den Hauptschulabschluss, dann mache ich zwei Jahre Berufsschule für Eisen- und Holzverarbeitung. Diese praktische Ausbildung kommt mir später sehr zupass, wenn auf der *Calypso* am anderen Ende der Welt Notreparaturen mit Bordmitteln fällig werden.

1942 wird mir doch ein wenig bewusst, welche Last ich für meine Mutter und meine Schwester bin, und ich entschließe mich, Arbeit zu suchen. Sie wollen das nicht, aber ich bestehe darauf. Ich bin jetzt fünfzehn. Meinem Vater zuliebe, der siebzehn Jahre dort gearbeitet hat, stellt mich die Direktion der Firma Rocca-Tassy-De Roux als Lehrling ein. Mein bescheidenes Lehrlingsgehalt erleichtert kaum den mühsamen Broterwerb der beiden Schneiderinnen, die ich morgens immer früher und abends immer später über ihre Arbeit gebeugt erblicke.

Im Laufe der Monate und Jahre vernarbt die Wunde, die der Tod meines Vaters geschlagen hat. Wir nehmen jedes Wochenende den Saumpfad nach Sormiou. In dieser Bucht teilen wir mit Verwandten und Freunden unsere Sommerhütte.

Trotz des Kriegs, der Entbehrungen und Leiden ist der Zauber des Mittelmeers unversehrt geblieben. Wenn ich zur Bucht komme und ins Wasser tauche, wirkt das auf mich wie Balsam. Ich vergesse alle Schrecken und Dramen. Ich spiele mit den Sandgarnelen oder den Schleimfischchen mit ihren kleinen Geweihen, als gäbe es die Mordlust der Menschheit nicht, als fänden die tragischen Ereignisse, von denen in Rundfunk und Zeitungen die Rede ist, auf einem anderen Planeten statt.

Das Meer tröstet mich über die Dummheit und Grausamkeit meiner Gattung hinweg oder lenkt mich zumindest davon ab. Und es macht mich frei. Damals habe ich von Baudelaire noch nichts gehört, auch nicht von seinem berühmten Gedicht »Auf alle Zeiten, freier Mensch, liebst du das Meer«, das Kommandant Cousteau später in der Offiziersmesse der *Calypso* aufhängen wird.

Aber ich ahne bereits, dass in der Unendlichkeit des Meeres ein Aufruf zur Widersetzlichkeit, zur Originalität, zur Auflehnung gegen Konventionen und kleine Feigheiten liegt. Ein Aufruf zum Aufbegehren.

Wenn ich in Sormiou ankomme, lasse ich meinen Rucksack auf der Schwelle unserer Hütte fallen und renne zum Strand. Die *Bette* meines Vaters liegt noch da auf dem Trockenen, wo er sie hinaufgezogen hat. Sie wartet auf mich. Ich finde sie immer noch schön, doch ihre Farbe wird spröde und beginnt zu blättern. Nicht mehr vom Meer befeuchtet, trocknet das Holz und wird rissig. Zwischen den Planken dehnen sich Fugen, durch die man hindurchblicken kann.

Ich bin zu jung, um allein mit dem schweren Spitzboot hinauszufahren. Aber ich fange an, es zu pflegen. Ich gebe ihm ein wenig Leben wieder, indem ich es abdichte. Ich kalfatere und streiche. Ich schütte Wasser hinein, damit das Holz quillt und sich die Fugen schließen.

Die Erfahrung als Seemann und Taucher, die mir noch fehlt, erwerbe ich mithilfe eines sehr lieben Freundes, durch Georges Beuchat.

1942 ist er ein Athlet. Ein richtiger Weltmeister, eine Art Johnny Weissmüller von Marseille. Er spielt in der Wasserballmannschaft des Schwimmvereins von Marseille und ist dort Spielführer. Er wird zum Mentor meiner Unterwasserabenteuer.

Wie ich liebt er das Meer leidenschaftlich. Obwohl wir sechzehn Jahre auseinander sind, verstehen wir uns prächtig. Unsere Freundschaft beginnt zufällig mit der Begegnung in Sormiou. Nach einer Woche haben wir begriffen, dass sie hält und durch nichts mehr gelöst werden kann. Jede Prüfung verstärkt sie, wie die Unwetter den Spülsaum des Meeres. Eine Freundschaft fürs Leben.

1942 erlebt Marseille die Anfänge der Unterwasserjagd. Georges Beuchat hat die Technik einem Kanaken abgucken können, einem Speerwurfmeister namens Eugène Canaldo. Dieser streifte eine wasserdichte Brille über, mit einem Gestell aus Kokospalmenholz (oder Schildpatt), und jagte unter Wasser Fische mit einer Harpune. Georges Beuchat merkt sich die Idee mit der Brille, mit der man im Wasser klar sehen kann. Und er bastelt das erste Unterwassergewehr der Geschichte – die erste Harpune mit Gummizug. Das Gerät sieht barbarisch aus und besteht aus drei meterlangen Aluminiumröhren und einem Stahlstab mit abnehmbarer Spitze, der durch ein Gummiseil zurückgehalten wird. Nach dem Schuss kann man den verschossenen Stab an einer Schnur wieder einholen.

Jedes Wochenende treffe ich Beuchat in Sormiou. Wir fahren auf Fischfang; er nimmt mich in seinem Kanu mit aufs Meer. Wir besuchen andere Buchten: Morgiou, Cancéou… Er lässt sich mit gespannter Harpune über Bord fallen. Ein paar Minuten bleibt er verschwunden. Wenn er wieder heraufkommt, zappelt ein Fisch auf seiner Harpunenspitze: ein Wolfsbarsch, eine Geißbrasse, ein Drachenkopf, eine Goldbrasse oder ein Zackenbarsch. Er wirft den Fisch ins Boot. Schon wieder eine Mahlzeit gesichert.

Heute, nach vielen Jahren auf Fahrt in Cousteaus Mannschaft, bin ich ein erklärter Gegner der Unterwasserjagd. Zu viele Touristen frönen ihr nur um des »Spaßes« willen (ein seltsamer Spaß). Inzwischen haben wir feststellen müssen, dass damit furchtbarer Raubbau am Meer betrieben wird. Pressluftharpunen lassen die schönsten Fischreviere veröden. Außerdem stellt der Unterwasserjäger dem Fisch nach; er folgt ihm, er treibt ihn zur Flucht, auch wenn er ihn verfehlt, und er stört die übrigen Meerestiere in der Nähe.

Die Unterwasserjagd, wie ich sie mit Georges Beuchat in den Kriegsjahren betreibe, hat nichts mit dem müßigen Zeitvertreib der heutigen Nimrode der Riffe zu tun. Wir töten, um zu essen. Weil Lebensmittel rationiert sind und wir Hunger leiden… Ich sehe noch, wie meine Mutter und meine Schwester strahlten, wenn ich mit einem dreipfündigen Wolfsbarsch oder einem fetten Zackenbarsch heimkam…

Ich beobachte genau, wie mein Freund taucht. Ich sehe zu, wie er sich an der Oberfläche mit Sauerstoff voll pumpt, dann mit dem Kopf voran nach unten taucht und dabei die Beine gen Himmel wirft. Ich kann nicht lange dem Vergnügen widerstehen, es ihm nachzutun. Er gibt mir eine Fernez-Brille, die aus den polynesischen Brillen entwickelt worden ist. Ich hole tief Luft. Ich tauche unter die glitzernde Oberfläche. Mein Freund Georges eröffnet mir den blauen Zugang zu den Tiefen. Ich bin sprachlos vor dieser Pracht, die ich immer nur in Verzerrung erblickt habe oder tot auf dem Trockenen. Endlich erschließt sich mir die dunkelgrüne Schönheit der Neptungraswiesen, die mit silbernen Atembläschen betaut sind. Endlich kann ich mitten im Gras leuchtend gelbe Kalkschwämme, blumenähnliche orangefarbene Seeanemonen, Schraubensabellen mit ihrem braunen oder weißen Siebfächer, Klappmuscheln mit bewachsener Schale, Bärenkrebse mit rechteckigem Panzer, dunkelrote Seesterne und fressgierige, gelb-grün gestreifte Goldstriemen beobachten, die winzige Algen vom Neptungras abweiden. Eine ganze Welt öffnet sich vor meinen jugendlichen Augen. Eine Welt der Wunder.

Am 11. November 1942 brechen die Deutschen den Waffenstillstandsvertrag und besetzen Südfrankreich. Marseille und Umgebung werden Militärgebiet. Das Betreten von Häfen, Molen, Stränden und Buchten ist verboten, ebenso die Freizeitschifffahrt und der Fischfang vom Boot aus.

Das hält uns, Georges Beuchat und mich, nicht davon ab, unsere Ausflüge ins Meer fortzusetzen. Aber gerissen muss man sein … An diese Zeiten erinnere ich mich gern. Als Jugendlicher habe ich keinen Sinn für die Gefahr. Ich sehe diese Zeit wie ein aufregendes Spiel von Räuber und Gendarm.

Um an unsere Lieblingsplätze zu kommen, brechen Georges und ich im Morgengrauen zu langen Fußmärschen auf. Die Ausrüstung auf dem Rücken, erklettern wir die Gipfel der Marseiller Hügel. Wir überqueren die steinigen Höhen auf kaum wahrnehmbaren Fußpfaden. Zu den Stränden oder Buchten gelangen wir auf den unglaublichsten Wegen. Wenn wir tauchen, schwimmen wir in einem regelrechten Aquarium. Um uns herum wimmelt es von Fischen: große Schwärme von Meeräschen, Wolken von Fahnenbarschen, Geschwader von Blökern, Bataillone von Goldbrassen, Rotbrassen und Wolfsbarschen. Zackenbarsche verbergen sich in ihren Grotten; Drachenköpfe verstecken sich hinter Reihen leuchtender Hornkorallen; Zahnbrassen und Meerraben patrouillieren an den Eingängen zu Unterwasserhöhlen …

Es ist fast unmöglich, leer auszugehen. Unsere Bemühungen werden jedes Mal belohnt. Ich schätze, dass es allein in der Bucht von Sormiou mehr als fünfzig ausgewachsene Zackenbarsche gibt … Schwerer ist es, die Wachsamkeit der Deutschen zu täuschen. Im Allgemeinen gelingt uns das auf Grund unserer Ortskenntnis. So fischen wir jedes Wochenende sozusagen unter der Nase der Besatzer. Bisweilen wechseln wir den Ort; wir radeln bis Carry-le-Rouet oder La Redonne. Wir bringen Fisch für beide Familien mit, der mehrere Tage reicht.

Wir werden immer frecher. Ich sehe uns noch, wie wir in der Nähe des Hafens Pharo hinter Felsen lauern und warten, bis der Wachposten vorbei ist. Wir huschen unter U-Boot-Abwehrnetzen durch. Wir gehen ins Wasser und schwimmen aus dem Hafengebiet zu Fischgründen, in denen es von Fischen nur so wimmelt. Doch der Wachposten hat gute Augen; mehrmals pfeifen uns Warnschüsse um die Ohren. Wir müssen uns verstecken und auf Umwegen zur Küste zurückschwimmen.

In Sormiou gelingt es uns besser als anderswo, der Wachsamkeit der Deutschen zu entgehen. Trotzdem endet unsere Fischerei eines Tages unter den Salven von Maschinenpistolen in fluchtartigem Aufbruch. Wie durch ein Wunder entkommen wir. Ich frage mich heute noch, wie wir es geschafft haben, unversehrt das Ufer zu erreichen.

Ein andermal nehmen wir in La Redonne den Eisenbahntunnel, dann einen Ziegenpfad, um ans Meer zu gelangen. Wir tauchen, ausgerüstet mit einem neuen Gerät, das Georges gebastelt hat: einer hölzernen Armbrust. Ich mache unter einem Felsen einen riesigen Zackenbarsch aus, der sein dicklippiges Maul auf- und zuklappt. Ich schieße. Es gelingt mir nicht, das Tier aus seinem Loch herauszuzerren. Drei Bolzen brauche ich, um es zu töten. Ich bin jetzt sechzehn. Mein erster großer Fang. Meine erste größere Beute. Auf dem Rückweg durchqueren wir einen anderen Tunnel in Richtung Mejean. Wir treten hinaus – direkt unter die Tarnnetze der deutschen Artillerie! Unversehens finden wir uns mit dem Rücken zur Mauer wieder, eine Maschinenpistole am Bauch und das Gebrüll eines Offiziers in den Ohren. Doch der Zackenbarsch wird unsere Rettung. Der Nazi-Offizier, von der Größe des Tiers beeindruckt, will wissen, wie wir es gefangen haben. Er lässt sich erklären, wie unsere Jagdgeräte funktionieren. Und dann lässt er uns mit unserer Beute laufen. Den Gleisen entlang marschieren wir bis zum Bahnhof Niolon, wo der Bahnhofsvorsteher uns erlaubt, den Fisch auf seiner Waage zu wiegen: fünfundzwanzig Kilogramm!

Meine Eskapaden mit Georges Beuchat während der Besatzungszeit zählen zu meinen schönsten, lebendigsten und abenteuerlichsten Erinnerungen. Aber der Alltag besteht nicht nur aus Räuber- und Gendarmspielen. Unter der Woche arbeite ich im Büro. Ich langweile mich, knüpfe aber dort neue Bekanntschaften an. Über einen Angestellten der Firma treffe ich einen anderen Enthusiasten, der sich für Meer und Fische begeistert und ebenfalls mein Freund wird: Paul Brémond. Trotz seines Schreibtischjobs hat er unwahrscheinlich geschickte Hände. Er weiß mit Holz, Stahl und Beton umzugehen, und was er daraus macht, kann sich mit Facharbeit messen. Ich lade ihn für Samstag und Sonntag zu uns nach Sormiou ein. Er beschließt eine Generalüberholung der *Bette* meines Vaters. Könnte ich einen geschickteren und kompetenteren Vorarbeiter finden?

Nun sind wir zu dritt: Beuchat, Brémond und ich, drei Freunde, drei Taucher, drei Meeresenthusiasten. Der vierte Musketier stößt eines Tages hinzu, als wir im Sommer 1943 in der Nähe der Molen von Estaque unter Wasser wildern. Er heißt Robert (Bob oder Poup) Prigent und ist älter als wir alle. Seiner Herkunft nach Bretone, ist er ein echter Seebär. Vom Fach. Als Kohlentrimmer auf Frachtern hat er mehrmals die Welt umrundet. In Schanghai ist er zur Zeit der internationalen Niederlassungen Feuerwehrmann gewesen und in Indochina Leiter eines Flüchtlingslagers. Er hat alle fünf Weltmeere befahren.

Dieser vierte Musketier ist außerdem der Erfahrenste und Klügste der Gruppe, sozusagen Aramis, wenn Beuchat sich wie Porthos gebärdet, Brémond wie Athos und ich – der Bescheidenste! – wie d'Artagnan …

Wir schwören uns Beistand und Treue wie unsere berühmten Vorbilder in Dumas' Geschichte. Wir wünschen uns ein Leben voller Abenteuer. Als wir unsere Bande gründen, haben wir nicht die Freiheit, solche Abenteuer zu suchen. Frankreich ist unterjocht. Besser wird es, als die Alliierten am 15. August 1944 in der Provence landen und die deutschen Besatzer aus Marseille und Toulon vertreiben.

Ich bin jetzt fast siebzehn.

4
Der Fischmensch in der Sorgue

Endlich wieder frei · Robinsone auf Riou · Die Pestinsel ·
Ein Anker aus Stein · Ein Fund explodiert · Laura und Petrarca

Ich sehe den Septembersamstag 1944 wieder vor mir, als meine
Musketierfreunde und ich in Sormiou die *Bette* meines Vaters ins
Wasser schieben. Die Deutschen haben den Motor in den Tagen
unmittelbar vor der Landung der Alliierten in der Provence beschlagnahmt. Wir müssen rudern. Was macht's!

Wir wuchten das Boot auf Rundhölzern bis zum Meer. Es liegt
schön stabil auf dem Wasser. Wir springen hinein und fangen
an zu rudern, was das Zeug hält, aus vollem Halse singend. Mir
kommt es vor, als zerbrächen wir unsere Ketten. Endlich wieder
frei!

Weiter draußen in der Bucht entdecken wir Dutzende von Kisten, die ins Meer gefallen sind. Sie stammen von amerikanischen
Schiffen, die an der Befreiung Marseilles beteiligt waren. Wir machen mehrere auf: Na, so ein Glück! Sie sind randvoll mit Dauer-
gebäck und Keksen, Schokoladentafeln, Dörrobst, Heeresrationen
und Zigaretten, alles in Wachspapier eingewickelt. Ein Schmaus
auf dem Boot. Wer diese Zeiten erlebt hat, wird mich verstehen:
Nachdem wir so lange nichts Rechtes zwischen den Zähnen hatten, stopften wir uns voll. Der Geschmack der Schokolade ver-
söhnt uns mit allem.

Wir ziehen einige dieser Schatzkisten ins Boot. Einen derart
wunderbaren Fang habe ich nie wieder gemacht. Wir rudern übermütig und glücklich wie kleine Jungs an Weihnachten zurück in

41

den Hafen. Wir rufen die Buchtbewohner am Strand zusammen und teilen die Beute. Jetzt ist der Krieg wirklich aus!

Am nächsten Tag, einem Sonntag, fahren wir weit aufs Meer hinaus. Wir fischen – diesmal richtig – vor der Steilküste von Cassis.

In der Woche darauf holen wir uns den beschlagnahmten Motor wieder. Er läuft mit lauten Fehlzündungen. Heutige Umweltschutzbestimmungen würde er nicht erfüllen. Aber er dreht die Schraube und mehr verlange ich nicht von ihm.

In Gesellschaft von Bob Prigent und Paul Brémond (Georges Beuchat fehlt ausnahmsweise) nehmen wir Kurs auf die Insel Riou. Ich mag diese Festung aus grau-blauem Kalkstein, wo nur ein paar Strohblumen und verkrüppelte Büsche wachsen. Ich finde diese von den Wellen gepeitschten Steilküsten großartig. Der höchste Punkt der Insel liegt einhundertneunzig Meter hoch. In einer Dreiviertelstunde gelangen wir von Sormiou hinüber. Kormorane nisten in den Felswänden. Dutzende von Silbermöwen üben sich in Segelflug und Sturzflug, streifen bisweilen die Wasseroberfläche, um mit der Schnabelspitze Futterbröckchen aufzusammeln, eine Garnele oder einen Fisch.

Wir landen auf dem kleinen Sandstrand im Norden der Insel. Wir sind allein. Unendlich weit, so scheint es uns, von der Heimat entfernt. Wir legen unsere Vorräte unter zwei Tamarisken, den einzigen Bäumen, in der Nähe einer Hausruine ab. Jetzt sind wir die Robinsone von Riou.

Natürlich hat der Mensch dieses Eiland schon früher betreten und dort Hausgenossen hinterlassen, die sich fleißig vermehren: Ratten. Bei Sonnenuntergang, beim Essen, sehen wir zwei Dutzend dieser Nager aus ihren Löchern kommen – höchst interessiert an unseren Vorräten. Es ist durchaus glaubhaft, dass sie die Nachfahren jener Tiere sind, die 1720–1722 die große Pest nach Marseille gebracht haben. Die Schiffe aus dem Orient, die im Verdacht standen, die Seuche zu verbreiten, lagen bei diesen Inseln in Quarantäne…

Obwohl ich weiß, dass die Pest als Seuche überwunden ist, ist mir nicht wohl in meiner Haut. Meinen Kameraden auch nicht. Wir bringen die Nacht damit zu, die Nager zu jagen. Wir hecken Fallen aus, um sie zu erwischen. Merkwürdig, wie die Angst unserer Vorfahren, die atavistische Furcht der Marseiller, aufflackert…

Im Morgengrauen verschwinden die Ratten wieder in ihren Löchern. Wir sind müde, beschließen aber trotzdem, zu tauchen. Wir haben nicht nur Taucherbrillen, sondern auch einen Schnorchel (mittig, mit Nasenklemme) und Flossen. Wir haben uns diese Ausrüstungsgegenstände von Georges Beuchat beschafft, der einen Handel damit aufgezogen hat.

Wir gehen auf Erkundung in unserem neuen Inselreich. Dreihundert Meter östlich von unserem Lager erhebt sich eine Trockenmauer, die einer alten Festung ähnelt und den Namen Sablière trägt. Am Fuße dieses Gebäudes gehen wir ins Meer. Unter Wasser wird unsere Aufmerksamkeit von großen Steinblöcken gefesselt, die mit Algen und Hornkorallen überwachsen sind und zwischen denen Schwärme von Geißbrassen, Meerbarben, Zahnbrassen und Meerraben auftauchen, ohne die Schattenfische, Drachenköpfe und Fahnenbarsche zu vergessen, auch nicht die robusten Zackenbarsche, die in den Spalten dazwischen lauern, um sich auf ihre Beute zu stürzen. Unser Einbruch in dieses unberührte Biotop sät Panik. Wir harpunieren mit Leichtigkeit. Viel zu leicht… Mir wird klar, dass der Krieg für die Menschen zwar vorbei ist, aber für die Fische erst begonnen hat.

Von diesem Tag datiert meine instinktive Abneigung gegen die Unterwasserjagd, auch wenn ich noch eine Weile harpunieren muss, um zu essen zu haben.

Dieser Tag weckte jedoch zugleich mein leidenschaftliches Interesse an Wracks. Bei einem meiner Tauchgänge – ich kann mich nun ohne weiteres mit angehaltenem Atem zwei Minuten unter Wasser aufhalten – bemerke ich in einer Felsenschlucht mehrere trapezförmige Steine mit drei Löchern. Ich wuchte einen hoch, aber er ist schwer; ich kriege ihn nicht hinauf. Ich rufe meine Gefährten zu Hilfe. Wir nutzen die *Bette* als Arbeitsplattform. Mit einem Seil ziehen wir den Gegenstand ins Boot hinauf.

Ich habe soeben meinen ersten archäologischen Fund gemacht; noch weiß ich nicht, worum es sich handelt. Später werde ich verstehen, was es mit diesen Steintrapezen auf sich hat. Es sind antike Anker. Im Laufe der Jahrhunderte sind Dutzende von phönizischen, griechischen, römischen, byzantinischen, sarazenischen, venezianischen Schiffen usw. an Riou vorbeigekommen. Sie haben dort geankert. Manche haben ihren Anker bei einem hastigen Manöver oder wegen einer plötzlichen Westbrise eingebüßt.

Nach der Rückkehr ins Lager betrachte ich unablässig meinen Fund. Der Mann, der das Stück verfertigt hat, muss ein geschickter Steinmetz gewesen sein. Er konnte nicht ahnen, dass der Anker jahrhundertelang Meerestieren als Fluchtburg dienen sollte. Zwar erkenne ich noch nicht genau, welche Funktion mein Fundstück erfüllte, doch weiß ich intuitiv, dass ich etwas viel Wichtigeres entdeckt habe als einen neuen Fischgrund. Meine Perspektive wandelt sich. Das Meer scheint mir nicht mehr nur ein Ort, den man ausbeuten kann, der zu essen bietet – oder den man bewundern kann. Es wird zu einem Reich der Geheimnisse, zu einem Unterwasserbuch, das auf jeder Seite Rätsel aufgibt.

Im Laufe der folgenden Monate kreuze ich mit meinen Gefährten in den Buchten und an den Küsten von Marseille. Aber nur am Wochenende. Jeden Montag sitze ich danach wieder hinter meinem Schreibtisch, von acht bis zwölf, von vierzehn bis achtzehn Uhr, und addiere Zahlenkolonnen. Ich bekomme kaum Luft. Mir wird klar, dass ich ein solches Dasein nicht aushalte. Ich muss etwas anderes finden. Mich von diesen Wänden ohne Sonnenstrahl, ohne Himmel und vor allem ohne Meer losreißen.

Etienne Paul, ein anderer Freund aus Sormiou, der mich seit meiner Kindheit kennt, stellt mich einem Spediteur namens Gaston Michaud vor. Dieser, ein leidenschaftlicher Boule-Wettkämpfer, spielt oft in unserer Bucht. Eines Tages begleitet er uns aufs Meer und beobachtet unsere Taucherkunststückchen. Ich erzähle ihm, dass ich den Beruf wechseln will, und er bietet mir an, bei ihm in Miramas zu arbeiten. Ich soll, zusammen mit einem anderen Freund aus der Bucht, eine Gruppe von zehn Fahrern beaufsichtigen. Diese fahren große amerikanische Heereslastwagen mit Vierradantrieb und transportieren vor allem Fässer mit Motoröl.

Ich nehme das Angebot an, weil ich bei dieser Arbeit an der frischen Luft sein kann. Noch vor meinem neunzehnten Geburtstag aber trifft mich ein Schicksalsschlag.

Zu unserem Zeitvertreib am Sonntag in Sormiou gehört, dass wir den Minenräumern des Heeres helfen. Wir säubern Strand und Felsen von Hunderten von Minen, Artilleriegeschossen, Granaten und Waffen aller Art, die die Deutschen zurückgelassen haben. Wir versenken die Mordinstrumente auf hoher See in großen Tiefen, wo sie niemand mehr gefährlich werden können. Dabei braucht es Mut, und man darf sich vor allem die Gefahr nicht vergegenwärtigen.

Am 9. Februar 1946 regnet es. Auf dem Strand legt der Wolkenbruch einen zylindrischen Gegenstand frei, so groß wie ein Kugelschreiber. Ich ahne, dass es ein Zünder ist, aber ich fasse ihn an. Kaum habe ich ihn berührt, explodiert der Fund. Die Detonation reißt mir den größten Teil von vier Fingern der linken Hand ab.

Unmöglich zu erzählen, welches Entsetzen mich fasst, welche Verzweiflung beim Anblick meiner verstümmelten Hand, aus der das Blut hervorschießt ... Meine Freunde legen mir einen Notverband an und bringen mich so schnell wie möglich (zuerst zu Fuß über den Eselspfad, dann mit der Straßenbahn) ins Marseiller Hôpital de la Conception. Dort liege ich drei Wochen. Lebensgefahr besteht keine, aber ich bin restlos verzweifelt.

Meine körperliche und seelische Rehabilitation suche ich im Meer. Das Meer bringt mich körperlich wieder in Schwung – und gibt mir die Lust am Leben wieder. Ich schwimme zwei oder drei Stunden täglich. Ich schwimme immer weiter hinaus, allein, an den schneeweißen Steilwänden der Buchten entlang. Ich tauche mit meiner Fernez-Brille, einem Schnorchel und meinen Flossen.

Ich nehme wieder Fühlung auf mit Schleimfischen, Muränen, Wolfsbarschen und Zackenbarschen. Weil ich selber körperlich leiden musste, sehe ich diese Lebewesen jetzt mit anderen Augen. Ich fühle mich ihnen näher, verwandter. Ich glaube sie zu verstehen. Ihr Blut fließt so rot wie meines …

Drei Monate nach meinem Unfall mache ich trotz meiner Verstümmelung den Führerschein für Motorrad, Pkw und Lastwagen. Der Prüfer beurteilt mich nach meinen realen Fähigkeiten und nicht nach meiner Krankengeschichte. Angesichts der bürokratischen Vorschriften von heute würde man keinem mehr einen Lkw-Führerschein geben, der an einer Hand nur noch Fingerstummel hat.

Ich bin wieder obenauf. Ich mache lange Ausfahrten in der *Bette* meines Vaters. Ich erkenne Säule um Säule die Steilküste von Soubeyrannes, die dreihundertneunzig Meter hoch über die Stadt Cassis ragt und als höchste Europas gilt. Ich umfahre die Ile Verte im Süden von La Ciotat und komme am Leuchtturm von Cassidaigne vorbei zurück; dieser warnt vor einer gefährlichen Klippe vor Cassis in der Nähe eines steil abfallenden Meeresgrabens von mehr als zweitausend Metern Tiefe.

An Schlechtwettertagen trainiere ich das Auslaufen aus der Bucht, indem ich mein Boot wie ein Seenotrettungsboot ins Wasser schiebe. Wenn ich Zeit habe, fahre ich bis zum Étang de Berre; damals wimmelte dieses salzige Haff von Krebsen, Muscheln und Fischen (Meeräschen, Seezungen, Aale usw.); heute ist es verödet. Es ist umweltgeschädigt, vor allem durch das Süßwasser des Kraftwerks von Saint-Chamas.

In unserem Urlaub fahre ich mit meinen Musketierfreunden zu den Iles d'Hyères hinaus. Porquerolles, Port-Cros und ihre Anhängsel sind Paradiese für Liebhaber unberührter Fischgründe; riesige Neptungraswiesen, Riffe wie Wohnsilos für Zackenbarsche, Felder von Hornkorallen, die stufenweise in dunkle Tiefen abfallen … Auf der Ile du Levant kommen zu diesen Unterwasserfreuden die nicht weniger faszinierenden irdischen Sirenen hinzu, die sich mitnichten mit überflüssigen Kleidungsstücken belasten.

Ich tauche, wo und wann immer sich eine Gelegenheit ergibt. Die Freude, unter Wasser zu sein, in dieser magischen Welt, in der die Fische den Zauberstab führen, baut meine Moral wieder auf, die mir das Unglück genommen hat.

Um diese Zeit lerne ich Jacques Mayol kennen. Ich bewundere diesen großen, schnurrbärtigen und stämmigen Kerl mit dem beeindruckenden Brustkorb, der sich für einen Delfin hält und tatsächlich fast einer ist! Wir tauchen gemeinsam bei Sormiou. Er schlägt mich mühelos; er kann siebzig Meter tief frei tauchen, nur so zum Spaß. Von fern verfolge ich später seine verschiedenen Versuche, den Weltrekord zu brechen. Mir geht es nicht um Rekorde; ich war nie von der Idee besessen, der Beste zu sein. Aber dieser Mensch fasziniert mich. Er ist ein Abenteurer mit einem Zigeunerleben. Er schlägt mir vor, mit ihm einige Monate in den kanadischen Wäldern zu kampieren. Die Sache reizt mich; ich nehme an. Aber im letzten Moment überlegt er es sich anders und haut ab nach Florida. Viele Jahre später sehe ich mir mit Vergnügen den Film an, den Luc Besson über seinen Wagemut gedreht hat – »Im Rausch der Tiefe«.

Meine finanzielle Situation ist alles andere als glänzend. Ich muss mir wieder Arbeit suchen. Mein Freund Etienne Paul, Personalchef beim Wiederaufbauministerium in Marseille, lässt mich zugleich als Bewacher für deutsche Kriegsgefangene und als Magazinverwalter/Fahrer/Mechaniker seines Ministeriums einstellen. Ich arbeite wie besessen, mit jener sorgenlosen Verrücktheit, wie sie in der unmittelbaren Nachkriegszeit üblich ist. Ich möchte mir ein Motorrad, dann ein Auto leisten können. Das Geld ist schwer verdient. Ich schinde Überstunden bei meinem Freund Georges Beuchat, der inzwischen eine Fabrik für Unterwasserharpunen und Tauchausrüstungen aufgezogen hat.

Eine meiner Gelegenheitsarbeiten führt mich nach Fontaine-de-Vaucluse, wo die Papierfabrik Bachet einen Taucher braucht, um ihren Staudamm zu reparieren. Die Arbeit besteht darin, mit Steinen eine Auskolkung zu verfüllen, die unter dem Fundament der Anlage ausgewaschen worden ist und sie zum Einsturz bringen könnte. Danach geht es darum, etwa zwanzig Metallpfosten einzubringen, zu verbinden und zu betonieren, sodass die zerstörende Kraft des Wasserschwalls gebrochen werden kann.

Es ist Schwerstarbeit, aber zum ersten Mal verdiene ich meinen Lebensunterhalt im Wasser, und allein das macht mich glücklich. An diese Zeit habe ich euphorische Erinnerungen. Mein Chef zahlt mir einen Teil der Vertragssumme bar aus. Ich kaufe mir 1949 für siebzigtausend Franc mein erstes Auto. Einen Amilcar Sport. Gebraucht.

Der Damm der Papierfabrik Bachet staut den Wildbach Sorgue, der der geheimnisvollen Quelle von Vaucluse, nahe der Ruine des Herrenhauses, entspringt, wo sich die schöne Laura und Petrarca liebten. Das Wasser ist klar und kalt. Algen und Wasserpflanzen bewegen sich in der Strömung.

Ich tauche unter. Forellenschwärme lösen sich auf und flüchten unter Steine. Zwei Männer am Ufer bereiten die eineinhalb Quadratmeter großen Steinplatten vor, die sie mir mit einer Winde zukommen lassen. Ich übernehme die Last, wenn sie die Wasseroberfläche berührt, und schaffe sie zu dem Kolk, den ich verfüllen soll. Ich bin jung, stämmig und begeistert. Mitten in meiner ersten Vertragswoche bremst mich mein Chef:

»Du bist viel zu schnell«, lacht er. »In diesem Tempo wirst du in einer Woche fertig; und ich habe drei Wochen Bauarbeiten eingeplant!«

Also verlangsame ich die Arbeit, bleibe Stunden im Wasser und beobachte das Treiben der Forellen. Ich gestehe, dass ich ein paar mit der Hand gefangen habe. Ich bringe sie der Köchin im Restaurant, wo ich zu Abend esse; sie bereitet sie mir zu.

Als ich damit fertig bin, die Platten in den Kolk zu schichten, mache ich mich an die Metallpfosten; ich verbinde sie und betoniere sie ein. Zuletzt pflastere ich das Flussbett mit Steinen von fünfzig bis achtzig Kilogramm Gewicht. Das macht mich zur Dorfattraktion. Die Einwohner von Fontaine-de-Vaucluse laufen zum Staudamm, um die Kreuzung von Froschmann und Tarzan bei der Arbeit zu sehen. Die staunenden Zuschauer sehen, wie ich ganz allein im Wasser Steinblöcke packe und mühelos transportiere, die meine Helfer am Ufer kaum zu zweit heben können. Ich komme in den Ruf eines Übermenschen, was mir nicht unangenehm ist, wenn ich samstagabends die Mädchen zum Tanz auffordere … Natürlich ist nichts Herkulisches an mir; die Dorfbewohner vergessen, dass mir im Wasser das archimedische Prinzip zu Hilfe kommt. Die Steine wiegen fast nur halb so viel wie an Land.

Nach den drei Vertragswochen, als ich in meinen Amilcar Sport klettere und Gas gebe, um nach Marseille zurückzufahren, bin ich ungeheuer stolz, meinen ersten Unterwasserbau vollendet zu haben. Ich sage mir, dass es nicht der Letzte war, ja, dass ich dafür wie geschaffen bin.

Ich habe neunzig Stunden mit den Forellen der Sorgue verbracht. Ich glaube ein wenig zu ihnen zu gehören, halte mich für einen Fischmenschen …

5
Das Zwischenspiel
mit der *Surcouf*

Kurs auf Korsika · Dieselöl schmeckt scheußlich ·
Der Finnwal bläst · Geister des Meeres · Eifrige Zollbeamte

Etienne Paul ist ein berühmter Fischer von Meerjunkern, Seeigeln und Seespinnen – berühmt zumindest in Marseille, also am Nabel der Welt.

1950 lässt er sich herbei, mir seinen Kahn zu leihen, ein *Pointu* von sechs Metern fünfzig Länge.

Das Boot heißt *Surcouf,* nach dem berühmten Freibeuter und späteren Admiral. Ich kann mir keinen stolzeren Namen vorstellen. Eine Kajüte, zwei Kojen, ein Sprietsegel – kurz, der reine Luxus, umso mehr, als es einen Acht-PS-Motor hat, der aus einem alten Citroën ausgeschlachtet worden ist und mit dem es bei gutem Wetter fünf Knoten läuft.

Eine Nussschale – aber eine ganz tolle.

Meine Mannschaft setzt sich zusammen aus Robert Prigent alias Bob oder Poup, Henri Plé alias *l'Oncle* und Paul Brémond (umgetauft in Boboss), mit dem ich bereits verschiedene Abenteuer erlebt habe. Wir haben uns auf eine Einheitskluft festgelegt: eine marineblaue Hose, ein quergestreiftes Hemd und dazu eine Matrosenmütze. Richtige Seebären, wie sie das Meer noch nicht erlebt hat!

Unser Ziel ist Korsika.

Am 1. Juli 1950 um 15.15 Uhr (man beachte die genaue Zeitangabe) laufen wir aus dem Rüsthafen von Marseille unter halb spöttischen, halb besorgten Augen von Verwandten und Freunden aus. Zwei Stunden später ankern wir in der Bucht von Sormiou. Erst von hier möchte ich richtig in See stechen. Ich werde dieses Mittelmeerfjords nie müde werden, wo das Wasser grün und blau unter den weißen Kalkfelsen schimmert und die Seefahrer des Altertums an der »guten Quelle« Süßwasser fassten, während sie darauf warteten, dass sich der Mistral legte und sie in den Hafen von Phokäa-Massilia einlaufen konnten ...

Sormiou, Ausgangspunkt aller meiner großen Fahrten!

Wir nehmen mit der gebotenen Feierlichkeit unsere letzte Mahlzeit zu Lande ein, in Jean-Louis Pibauds Restaurant »Le Lunch«, eine Basilikumsuppe, provenzalischer als die ganze Provence, mit Bohnen, Teigwaren und natürlich Basilikum.

Das weite Meer erwartet uns. Uns, Jason und die Argonauten; uns, Odysseus und Pytheas von Massilia!

Um 21 Uhr sticht die *Surcouf* in die Dünung, mit Kurs auf den Leuchtturm von Cassidaigne. Als gestandene Seeleute teilen wir die Wachen ein. Boboss übernimmt das Ruder am Leuchtfeuer von Cassidaigne. Ich steuere, als wir Kap Sicie runden, das die Einfahrt zur Reede von Toulon bewacht. *L'Oncle* löst mich ab, als wir die Halbinsel Giens sichten. Dann geht Poup ans Steuer. Bei Sonnenaufgang Frühstück auf dem Meer. Milchkaffee und dazu ein Kuchen von meiner Mutter.

Boboss hisst die Trikolore. Ein feierlicher Augenblick – etwas beeinträchtigt durch respektlose Fehlzündungen des Motors. Um 6.30 Uhr legen wir an der Ile du Levant an, damals berühmt, weil sie einen der wenigen Nudistenstrände Frankreichs, ja sogar Europas und der Welt beherbergte. Über diesen Ruf kann man heute nur lachen; jeder beliebige Strand der Côte d'Azur bietet dem Voyeur mehr.

Nicht die Anhänger der Freikörperkultur haben uns auf die Ile du Levant gelockt, sondern unser Freund M. Vial, Besitzer des Restaurants »La Reserve«, dem wir voller Stolz die *Surcouf* präsentieren.

Die Fahrt ist eigentlich eine Reihe von Besuchen bei Freunden.

Les copains d'abord, die guten Freunde zuerst, wie Georges Brassens später singen sollte… Wir nehmen Kurs auf den Leuchtturm von Titan. Wir wollen den Leuchtturmwärter besuchen und ihn nach dem besten Kurs fragen. Siebenhundert Stufen, bis man oben ist. Aber was für eine Aussicht… Auf der einen Seite die Côte d'Azur von Le Lavandou bis Cavalaire, auf der andern der blaue Horizont, zu dem wir unterwegs sind.

Bevor wir wieder losfahren, kann ich es mir nicht verkneifen, den Kopf in das klare Wasser zu stecken. Um den Leuchtturm herum wimmelt es von Fischen: riesige Zackenbarsche in ihren Höhlen, gigantische Gabelmakrelen, die an der Steilküste entlangpatrouillieren, Meerraben und Geißbrassen in ihren Felsenwohnungen, ganz zu schweigen von den Schwärmen von Friedfischen, vor allem Goldstriemen und Meeräschen.

Wir tanken auf, indem wir den Treibstoff von einem Riesenkanister in den Tank des Motors umfüllen. Dazu muss man am Schlauch saugen, und *l'Oncle* widerfährt, was unter derlei Umständen manchmal passiert: Er nimmt versehentlich einen gehörigen Schluck. Als ihm speiübel wird, notiert er im »Logbuch«, er hinterlasse uns in einem eigens auf dem Meer verfassten Testament alle seine weltlichen Besitztümer. Er vermache uns sogar sein Recht, Wache zu schieben. Ich muss an ihn denken, als ich viele Jahre später das furchtbare Schauspiel der Ölpest vor Augen habe – die armen Vögel, Robben oder Seeotter, die zwangsläufig Öl schlucken, wenn sie sich Gefieder oder Pelz putzen und sich daran vergiften und verenden…

Nach Einbruch der Nacht fahren wir los, mit dem Leuchtturm von Titan immer im Rücken. Als er hinter dem Horizont verschwunden ist, richten wir uns nach den Sternen. Nachdem der Himmel sich bezogen hat, gehen wir zum Kompass über: Kurs 145 Grad. Das Meer ist ruhig, es herrscht so gut wie kein Wind. Unser Kielwasser leuchtet von Millionen phosphoreszierender Pünktchen: Meeresleuchten, hervorgerufen von mikroskopischem Plankton, das im dunklen Wasser glitzert. Um Mitternacht kreuzen wir den Kurs zweier Kriegsschiffe, die volle Fahrt voraus laufen und uns nicht bemerken. Im ersten Morgenlicht erkennen wir direkt vor uns grau in grau die Silhouette der Berge Korsikas.

Fünf Uhr. Die *Surcouf* läuft weiter auf Kurs, aber Korsika ist im Nebel verschwunden. Plötzlich Kanonenschüsse. Ein Knallen, und dann Wasserfontänen etwa hundert Meter abseits vom Boot. Wir glauben an eine Schießübung der französischen Marine, und es wird uns als Zielscheibe äußerst mulmig. Wir sehen genauer hin. Da sind Blasgeräusche – und Wale, die mit der Schwanzflosse aufs Meer schlagen! Fast im Takt.

Zum ersten Mal begegnen mir diese Giganten der Giganten. Ich ahne noch nicht, dass ich in meinem Leben als Seemann und Kapitän der *Calypso* Gelegenheit haben werde, unzählige Walherden auf allen Weltmeeren zu bestaunen.

Ich weiß genug, um die Spezies bestimmen zu können: Es sind Finnwale, die größten Tiere, die im Mittelmeer leben, und die nächsten Verwandten der Blauwale, der größten Lebewesen, die die Erde je hervorgebracht hat. Finnwale werden dreiundzwanzig Meter lang und wiegen bis zu neunzig Tonnen, etwa so viel wie ein Dutzend Elefanten. Diese Herde hält sich das ganze Jahr im Mittelmeer auf, wie ich später im Verlauf meiner Fahrten auf der *Calypso* erfahre. Die Tiere kreisen unermüdlich um die Landmasse, die Korsika und Sardinien bilden. Dort, wo wir ihnen an diesem Tag begegnen, schwimmen sie an der Oberfläche über einer Wassertiefe von mehr als zweitausend Metern.

Die Wale blasen. Pfuffff!... Im Vergleich zu ihnen sind wir vernachlässigbare Größen, doch das Geknatter unseres Motors macht sie nervös. Ich erblicke dreißig Meter von der *Surcouf* entfernt einen Wal, der den Kopf mit der klassischen Spähbewegung seiner Gattung aus dem Wasser hebt. Ich vermute, dass er auszumachen versucht, was das für ein Radaumacher ist, auf dem vier Winzlinge herumhantieren. Er lässt sich wieder auf den Bauch fallen und jagt einen beeindruckenden Dampfstrahl in die Luft. Dann wirft er seine riesige Schwanzflosse hoch und taucht weg.

Die andern Mitglieder der Herde verteilen sich zwar über mehrere Seemeilen, scheinen sich aber an eine gemeinsame Ordnung zu halten: Sie verschwinden in der gleichen Minute in der Tiefe.

Wir fahren weiter auf die Insel der Schönheit zu, schon von den alten Griechen *Kallisto* genannt – »die Wunderschöne«.

Walen sollten wir nicht zum letzten Mal begegnet sein. Kaum sind die Finnwale in ihrem Wasserreich verschwunden, als uns eine Truppe Delfine entgegenkommt, Freunde der Menschen seit dem Altertum und an den Küsten der fünf Erdteile bekannt. Sie scheinen auf der Meeresoberfläche dahinzueilen. Sie tummeln sich, springen und spielen und bringen das Wasser zum Schäumen. Sie sind prachtvoll. Sie verkörpern die höchste Stufe der Evolution im nassen Element. Sie erinnern mich an Geister des Meeres.

Die Delfine umspielen die *Surcouf,* als wollten sie sie begrüßen. Einige davon vergnügen sich mit unserem Kahn. Sie setzen sich vor den Steven und lassen sich von der Bugwelle tragen. Sie surfen regelrecht. Andere springen hoch in die Luft und schlagen mit den Schwänzen himmelwärts. Wieder andere tun so, als wollten sie unsern Schiffsrumpf rammen, und weichen in letzter Sekunde aus. Glückliche Wesen.

Plötzlich stößt einer der Delfine einen Pfiff aus, den ich auch außerhalb des Wassers klar vernehme. Die ganze Truppe taucht ab und erscheint nicht wieder.

Wir nähern uns dem Festland. Als Seezeichen wählen wir den schneebedeckten Gipfel des Monte Cinto. Der Duft des Maquis steigt uns in die Nase. Er überwältigte schon Napoleon Bonaparte, der behauptete, ihn mit geschlossenen Augen von fern erkennen zu können. Rosmarin, Salbei, Lavendel und Myrte verströmen ihre ätherischen Öle, und diese Düfte mischen sich mit dem Harzgeruch der Seekiefern. Ein Labsal für die Nase … Wir fahren die Steilküste der Buchten von Piana entlang: Der Wind hat Tier-, Pflanzen- und Menschengestalten aus den Felsen herausgearbeitet, die je nach Lichteinfall alle Schattierungen von Weiß, Beige und Rosa zeigen.

Wir laufen in den Bootshafen von Porto ein und stürzen sofort zum Postamt, um mit Marseille zu telefonieren und unsere Familien und Freunde zu beruhigen – auch den Eigentümer der *Surcouf*. Dann bummeln wir durch die Stadt, die am Ende einer herrlichen Meeresbucht liegt und von grellroten Gebirgsausläufern umgeben ist, die bis ans blaue Wasser reichen. Bis zum Wehrturm an der Mündung des Flusses Porto dringen wir vor. Der Fluss verläuft zwischen zwei Alleen riesiger Eukalyptusbäume mit knotigen Stämmen.

Für die Nacht ankern wir nahe dem Strand von Bussaglia, der vor Westwinden besser geschützt ist als die eigentliche Reede von Porto. Zu Abend essen wir eine Suppe aus Fischen und von auf den umliegenden Felsen abgeernteten Seeigeln. Wir sind müde. Wir teilen die Schlafplätze auf: je ein Besatzungsmitglied auf die beiden Kojen, ein weiteres auf Deck und das vierte auf dem Ruderblatt, das wir ausgehoben und flach über die Motorhaube gelegt haben. Die Stechmücken übernehmen die Wache. Sie lösen einander gewissenhaft ab. Ihre Aufmerksamkeit lässt nicht eine Minute nach.

Eine der Freuden des Seemanns ist es, mit der Brise zu erwachen. Im Morgengrauen schlage ich die Augen auf, die Wange vom Wind gestreichelt. Ich bin im Reinen mit mir und der Welt. Ich habe meinen Weg gefunden. Er wird auf dem Wasser liegen und Schaumkronen tragen.

Das Leben eines Seemanns besteht nicht nur aus Vergnügen. Er muss das Ruder wieder in die Ösen setzen, die Wasserpumpe schmieren, den Tankinhalt prüfen und nachfüllen, fluchen, weil der Motor nicht anspringt usw. Er erlebt schweißtreibende und kritische Momente, in denen er manchmal bedauert, nicht auf dem Trockenen geblieben zu sein.

Als das Wasser wieder an den Planken des Rumpfes vorbeizischt und die Linie des Horizonts direkt voraus liegt, ist das Glück wieder da. Das sind die Höhen und Tiefen dieses Berufes, eine Art Heben und Sinken der Stimmung wie das Stampfen eines Schiffes …

Wir nehmen Kurs nach Norden. Mittags werfen wir Anker vor der Felseninsel Palazzo mit ihrem genuesischen Wachturm und ihrer Bronzekanone. Wieder tauche ich. Die Neugier auf das Leben unter Wasser ist bei mir bereits zur unheilbaren Sucht geworden. Ich entdecke in fünf Metern Tiefe eine Wundergrotte, deren Wände und Decke völlig mit Büschen roter Korallen bedeckt sind – den Edelkorallen der Juweliere. Tausende weißer Polypen, die aus den Öffnungen dieser mal rosa, mal dunkelroten Kalkkästchen herausragen, strecken ihre Tentakelchen in das Dämmerlicht: Es sieht fast aus wie ein Wald von Weihnachtsbäumchen.

Erneut auf Nordkurs. Nach einem kleinen Eintopf, der mit einer Flasche Rotwein hinuntergespült wird, fängt die Mannschaft der *Surcouf* zu singen an. Wir setzen Segel und laufen auf Galeria zu. Landgang. Schokolade, Eier, frisches Brot, Streichhölzer und Getränke. Wir tun so, als seien wir Korsaren, die beutegierig die Küste entlangfahren, doch bei unseren Überfällen auf Läden werden wir bloß unser weniges Geld los.

Mit Rückenwind segeln wir nach Calvi. Bevor wir unter dem Leuchtturm von Revellata vorbeilaufen, statten wir vorsichtig der »Grotte der Seekälber« einen Besuch ab. Ein fantastischer Ort: Die Felsgrotte, vom Meer aus rotem und rosa Gestein herausgewaschen, mündet in einen Höhlengang von zweihundert Metern Länge, wo das Wasser eine Tiefe zwischen fünf und zehn Metern erreicht. Früher war diese Kaverne die Zuflucht der Mönchsrobben. Doch diese Meeressäuger, die im Mittelmeer des Odysseus und des Philosophen Aristoteles, der sie beobachtete und beschrieb, heimisch waren, sind inzwischen fast ausgerottet. 1950 leben auf Korsika noch einige Exemplare; in der »Grotte der Seekälber« sehen wir sie zwar nicht, aber wir erkennen ihre Spuren in Gestalt einer merkwürdigen Rotfärbung des Sandes, die von ihren Ausscheidungen herrührt. Jetzt, wo ich diese Zeilen schreibe, ist die Mönchsrobbe so gut wie ausgestorben, getötet von Fischern, die sie bezichtigen, »ihren« Fisch zu fressen, aus ihren Hochzeitsrevieren und Kinderstuben verdrängt, weil der Mensch sich immer breiter macht mit Städten, Häfen, Fabriken, Hotels – kurz, alles zubetoniert. Von der Spezies sind keine fünfhundert Exemplare mehr übrig, versprengt von den Ägäischen Inseln bis Mauretanien. In den Gewässern um Korsika gibt es keine mehr.

In Calvi ist der Granit der Festungswälle von Feigenkakteen und hübschen rosa und gelben Blümchen überwachsen, die aus Südafrika stammen und unter dem Namen Hexenkraut bekannt sind. An der Eingangspforte zum Hafenkai ist das Motto der Stadt zu lesen: *Civitas Calvi semper fidelis.* Der Satz erinnert an die Belagerung von 1555, als sich die Männer und Frauen der Stadt gegen ein französisches, vom Korsaren Dragut unterstütztes Landungskorps heldenhaft schlugen.

Wir spielen Sommerfrischler, dann fahren wir am Salzturm vorbei (Zoll, Benzin). Wir wollen mitten auf der Reede ankern, zwischen Langustenfischern und Tunfischfängern.

Um 23.30 Uhr bricht ein Oststurm los. Wir fahren unter Motorkraft zum relativ geschützten Strand. Wir tun kein Auge mehr zu. Um 3 Uhr morgens legt der Wind noch zu, und unser Kiel hat in der Dünung immer wieder Grundberührung. Dann stehen wir alle vier im Wasser und schieben die *Surcouf* wie Verrückte zurück, um zu verhindern, dass sie aufläuft und zerbricht. Als der plötzliche Sturm sich legt, sind wir restlos erschöpft. Der Tag bricht an. Wir fallen auf unsere Schlafgelegenheiten. Doch ein Trupp Zollbeamter jagt uns hoch; sie haben unser nächtliches Treiben beobachtet. Da sie im tobenden Sturm nichts Genaues sehen konnten, halten sie uns jetzt für Schmuggler. Sie durchsuchen das Boot vom Kielschwein bis zur Mastspitze. Sie zwiebeln uns stundenlang, doch ohne kistenweise amerikanische Zigaretten beschlagnahmen zu können, die sie bei uns zu finden hofften. Und das aus guten Gründen!

6
Rundfahrt
durch das Ligurische Meer

*Bootspanne · Meine ersten Seekarten · Die
Lampenfischerei · Von Militär und Polizei kontrolliert ·
Die Krakensiedlung*

Die *Surcouf* liegt gut im Wasser. Der Wind schiebt uns unter
Segel in Richtung auf Ile-Rousse. Ich werde mich hüten, unsere
wahre Geschwindigkeit zu verraten; sie ist deutlich geringer als
bei einem Boot mit Außenbordmotor. Aber wir fühlen uns so wohl
dabei…

Eigentlich finde ich, dass Poup, für heute unser Schiffskoch, uns
viel zu früh geweckt hat… Wir treffen um 15 Uhr in Paoli mit
seinen ockerfarbenen Felsen und seinem belebten Hafen ein, wo
Schiffe Öl und Oliven, Zitronen und Apfelsinen aus den bewäs-
serten Tälern des Hinterlands übernehmen.

Am nächsten Tag, als *l'oncle* ein Gericht aus weißen Bohnen
mit Tomatensoße und Langusten köchelt, tauche ich im Hafen in
der Nähe der Mole. Ich verbringe eine Stunde damit, einen Stechrochen von zwei Metern Länge zu fotografieren. Das Tier segelt
gemütlich über Grund und streicht mit seinem Peitschenschwanz,
an dessen Ansatz ein Giftstachel sitzt, wenige Zentimeter vor meinem Gesicht vorbei. Solange der Rochen sich nicht bedroht fühlt,
besteht keine Gefahr.

Wir verlassen Ile-Rousse und nehmen Kurs auf die Steinwüste
der Agriaten. Wir verweilen ein paar Stunden in der Bucht von
Ostriconi, in die sich der gleichnamige kleine Fluss ergießt. Es
ist eine der schönsten Landschaften der Erde, wie ich behaupten
darf, nachdem ich den ganzen Planeten umrundet habe. Ein wei-

ßer Sandstrand, eingerahmt von Steilwänden, die mit Zistrosen, Rosmarin und baumartigem Heidekraut bewachsen sind; das Süßwasser bildet einen kleinen Sumpf, bevor es sich mit dem Meer vermischt; die Dünen sind vom Maquis überwuchert.

Die Steinwüste der Agriaten erstreckt sich im Norden Korsikas zwischen Ile-Rousse und Saint-Florent. Sie war nicht immer so öde; die Gegend war in der Römerzeit eine Kornkammer. Heute ist sie mit kargem Maquis bewachsen. Nur wenige Menschen benutzen die vergessenen Pfade, die man zwischen Affodillen und Lavendel ahnt. Wir ankern in der Nähe eines weißen Strandes. Ich tauche in Schwärme von Roten Fahnenbarschen, Goldstriemen, Meeräschen mit großen silbernen Schuppen hinab. Rote Seescheiden blähen ihre schlauchförmigen Leiber auf den Felsen. Hornkorallen recken ihr blutrotes Astwerk in die Strömung. Zwischen Büschen von grünem Neptungras stecken Steckmuscheln mit der Spitze im Sand; diese mit feinen Kalkrippen verzierten Muscheln sind die größten der gemäßigten Meere. Manche von ihnen, wie die Schinkenmuschel, werden bis zu neunzig Zentimeter lang.

Eine Meeresschildkröte! Sie kommt näher. Sie scheint keine Angst vor mir zu haben. Es handelt sich um eine Karettschildkröte. Sie trägt einen braunen Panzer mit geometrischer gelber Zeichnung und ist mehr als einen Meter lang. Mit Sicherheit wiegt sie hundert Kilo. Bevor sie unter einen Felsvorsprung schlüpft, verstelle ich ihr den Weg. Sie duldet mich, solange ich nicht versuche, sie anzufassen. Also betrachte ich sie nur… Die Spezies vermehrt sich im Mittelmeer, vor allem auf den Inseln vor Sizilien, in Griechenland und in der Türkei; die ionische Insel Zakynthos ist einer der weltweit größten Brutplätze.

Ich werde noch viele andere Gelegenheiten haben, zusammen mit der Mannschaft der *Calypso* mit Meeresschildkröten Bekanntschaft zu schließen. In Mexiko, in den Gewässern des Yucatán, sollte es mir gelingen, mich von einer grünen Meeresschildkröte schleppen zu lassen, indem ich mich an der Kante des dicken Panzers festhielt. Obwohl sie einen Hornschnabel hat, mit dem sie mit einem Biss einen Männerarm durchtrennen könnte, reagierte diese Schildkröte nur etwas unwillig.

Beim Verlassen des Strands der Agriaten, an den mich die *Surcouf* geführt hat, denke ich daran, dass die Meeresschildkröten zu den gefährdetsten Tierarten gehören. Der Mensch jagt sie seit Jahrhunderten wegen ihres Fleisches – und für die berühmte Suppe. Er stiehlt ihre Eier aus den Nestern. Er baut seine Hotels und Städte an die Sandküsten, wo ihr Instinkt ihr vorschreibt, ihre Eier zu legen. Er wirft Plastikbeutel ins Wasser, die die Schildkröten für Quallen und Salpen (ihre bevorzugte Beute) halten, schlucken und an Darmverschluss verenden.

Ich beende meinen Tauchgang. Als wir losfahren wollen, bricht uns die Anlasskurbel. Wir toben und fluchen. Dann beruhigen wir uns und basteln. Es gelingt uns, den Rennmotor knatternd in Gang zu bringen. Wir dürfen bloß vor dem nächsten Hafen nicht die Zündung abstellen, wenn wir nicht zu den Notrudern greifen wollen.

Versuchen Sie mal, in Saint-Florent einen Metalldreher zu finden… Vergebens laufen wir einen halben Tag lang die mit Rosenlorbeer geschmückten Dorfstraßen ab. Wir beschließen, nach Bastia zu fahren, aber der Bus fährt uns vor der Nase weg. Also mieten wir ein Taxi, das uns die unglaublichen Serpentinen zum Pass Teghime buchstäblich bis ins Innerste fühlen lässt.

Bastia, die Hauptstadt Nordkorsikas. Ein gelb-brauner Dom, ein alter Hafen und eine Festung… Außer einer neuen Anlasskurbel für die *Surcouf* kaufen wir dort eine Menge Seekarten. Meine ersten Seekarten… Noch heute, wenn ich auf der Brücke der *Calypso* eine Übersicht über Küstenverlauf neuseeländischer Fjorde oder Durchfahrten des Großen Barriereriffs in Australien oder die Mangrovenküste von Borneo nachschlage, denke ich an diese ersten Navigationsunterlagen, die ich studierte und die mit unsicheren Bleistiftstrichen und Löchern meiner Zirkelspitze verziert sind.

Wieder in Saint-Florent. Schraubenzieher und Schmierfett. Es geht! Mit unserem alten Citroën-Motor stechen wir wie ein Linienschiff in See. Aus dem Hafen heraus, nehmen wir Kurs auf Kap Corse. Buchten, gesäumt von unberührten Stränden, hoch darüber die blauen Sättel der Berge… Der Wind frischt auf. Wir lavieren zwischen den Markierungsbojen von Langustenreusen. Auf den Rat eines Fischers hin ankern wir in der Bucht von Centuri, einem der schönsten Bootshäfen von Kap Corse und einem Stützpunkt der Langustenfischer.

Der Wetterbericht verkündet Unheil. Wir verdoppeln unsere Vertäuung und machen einen Landgang: kleine Häuser, ockerfarben, rosa oder weiß verputzt, Schindeldächer aus grünem Serpentin.

Boboss, selber ein halber Korse, hat Verwandte im benachbarten Dorf Ersa. Er nimmt mich mit auf Besuch. Wir wandern zwei Stunden auf einem Weg, der sich im Gewirr der Macchia verliert, bevor wir wieder auf die Straße kommen. Zwischen riesigen Heidekrautbüschen, Erdbeerbäumen und Pistazien hindurch erblicken wir das Inselchen Giraglia mit seinem Leuchtturm vor dem äußersten Nordende Korsikas. Zur Belohnung für unsere Mühen wird uns von Boboss' Verwandten ein typisch korsisches Begrüßungsmahl serviert, ergänzt durch einen Korb frischer Eier und ein Kistchen Pflaumen zum Mitnehmen.

Während unserer Abwesenheit haben *l'Oncle* und Poup Geschirr gespült. Die beste Nachricht des Tages.

Wir missachten die Warnungen des Wetterberichts – und der Fischer. Im aufkommenden Sturm lichten wir Anker. Die Wellen gegen den Rumpf der *Surcouf* klatschen zu hören bereitet mir beinahe körperliches Vergnügen. Ich nehme das Ruder und treibe mein Spiel mit ihnen. Ich versuche, ihre Geschwindigkeit und Richtung zu erraten, um sie im sanften und nicht im spitzen Winkel zu schneiden. Wenn das Manöver gelingt, fängt die *Surcouf* an zu schweben – und ich mit ihr.

Eine Stunde später umrunden wir Kap Corse. Auf Wiedersehen, Kallisto! Wir nehmen Kurs auf die italienische Insel Capraia (Ziegeninsel), die zwischen der Nordspitze Korsikas und Italien liegt. Der Mistral schiebt uns voran. Kurs Ost mit Rückenwind, Motor volle Kraft voraus, Segel gerefft.

Die *Surcouf* ist nie schneller gelaufen.

Um Mitternacht finden wir die Einfahrt zum Hafen von Capraia – tasten uns sozusagen hinein. Wir machen an der Mole zwischen zwei piekfeinen Jachten fest. Die *Surcouf* liegt da wie ein gemeiner Renault 4CV zwischen zwei Rolls-Royce. Wir sind trotzdem nicht wenig stolz auf sie.

Am Morgen wird uns bewusst, dass wir jetzt in Italien sind. Seit damals habe ich etwa sechzig Länder der Erde besucht, von Guatemala über Indonesien und Chile bis Ruanda. Keines hat mich stärker beeindruckt als Italien an diesem Morgen. Ich betrete das erste Mal einen Boden, wo weder Französisch noch Provenzalisch gesprochen wird…

In der Hafenmeisterei, wo wir unsere Anlegeformalitäten erfüllen müssen, herrscht nicht viel Verständnis. Unsere Papiere werden eingezogen. Es wird uns allerhand Bedeutsames erklärt, aber im Maschinengewehrtempo auf Italienisch. Wir antworten in einem mit englisch-italienischen Brocken durchsetzten Französisch und liegen mit unseren Antworten auf die Fragen vermutlich jedes Mal schief. Alles klärt sich am Ende, da man uns schließlich wieder auf unsere *Surcouf* entlässt – und auf das Meer.

Wir kaufen Trinkwasser, das auf Mittelmeerinseln selten verschenkt wird. Wir angeln uns unser Mittagessen – ein paar Fahnenbarsche von tieferem Rot als die Flagge der Sowjetunion.

Wir erfahren, dass eine Französin im Dorf ein Restaurant betreibt, und suchen sie auf. Sie empfängt uns mit der Wärme, die wir bei einer Landsmännin erwarten. Als wir ihr Lebensmittel abkaufen, behält ihr Geschäftssinn jedoch die Oberhand. Sie verkauft uns Öl, Käse, Wurst und Brot zu Wucherpreisen.

Wir verlassen den Hafen bei Tagesende in Richtung auf die Insel Gorgona, die wir bei Einbruch der Nacht mitten in einer kleinen Flotte von Lampenfischern erreichen. Der Anblick ist eindrucksvoll – diese vielen Lampen, die ins Meer hinunterleuchten, um Fische anzulocken. Die Methode ist umstritten: Lampenfischerei ist typische Raubfischerei und in vielen Ländern verboten.

Damals ist Gorgona noch eine Sträflingsinsel. Nur der Hafen ist für Freizeitschiffer offen. Als uns zwei Italiener von seltsamem Äußeren heimlich anflehen, sie nach Livorno zu bringen, wird uns etwas mulmig. Ich werde nie erfahren, ob es wirklich entflohene Sträflinge waren. Auf jeden Fall sahen sie so aus. Da wir fürchten, selber nicht ganz vorschriftsmäßig zu sein, verdrücken wir uns.

Wir verlassen Gorgona im Morgengrauen. Um zehn Uhr fährt die *Surcouf* über eine Untiefe, die mich neugierig macht. Wir tun so, als sei der Motor ausgefallen, und ich tauche hinab. Die Überbleibsel eines Schiffbruchs, Amphoren, deren Hälse aus dem Sediment herausragen … Ein antikes Wrack!

Ich will es untersuchen, aber ich muss schleunigst wieder hoch. Eine Reihe heftiger Explosionen zerreißt mir fast das Trommelfell. Was los ist, begreife ich, als ich sehe, dass weniger als zehn Kabellängen von der *Surcouf* entfernt Fischer aus Livorno Dynamitfischerei betreiben, ganz unverhohlen, obwohl das Verfahren streng verboten ist. Eine Katastrophe! Ringsum treiben Tierleichen auf dem Wasser – nicht bloß ausgewachsene Speisefische, sondern auch ungenießbare Arten, Jungfische, Krustentiere, Weichtiere, Larven aller Art. Lampenfischerei und Dynamitfischerei sind die beiden Geißeln des Mittelmeers (und auch anderer Weltmeere, wie ich seither feststellen musste). Trotzdem werden sie auch heute noch betrieben.

Livorno: ein großer Industriehafen mit der Toskana als Hinterland. Von dieser erleben wir zunächst nur die Amtsstube der Carabinieri, in die wir wie Banditen zu einer gründlichen und umständlichen Identitätskontrolle gebracht werden. Wir haben weder Pass noch Gesundheitszeugnis, das damals obligatorisch war, und auch keine Papiere für die *Surcouf*, die dieses Namens wert wären.

Aber der Kommissar ist gnädig; er setzt nur zwei von uns fest, Poup und mich, und gestattet Paul und *l'oncle*, in der Stadt Wasser und Lebensmittel einzukaufen. So komme ich nicht in den Genuss, den Quatramores-Brunnen und die Statue Cavours bewundern zu dürfen.

Nachdem wir schließlich von den Carabinieri freigelassen worden sind, verbringen wir einen halben Tag im Hafen; die *Surcouf* ist neben einem Kreuzer festgemacht, dessen Schaluppen allein schon doppelt so groß sind.

Wir laufen wieder aus in Richtung Viareggio, wo wir neuen Ärger mit der Polizei fürchten. Aber niemand will unsere Papiere sehen. Wir gehen in diesem Touristenhafen von Bord, und unsere blauen Hosen und gestreiften Operettentrikots machen Furore.

Am Morgen des 14. Juli werden wir vom Hin und Her der Kutter geweckt, die vom Fischfang heimkehren. Die Rufe der Seeleute und die Preise, von den Versteigerern mit Höchstgeschwindigkeit heruntergerasselt und nur den Fischern und ihnen selber verständlich; silbriges Blau der Fische in den Kästen; violett angehauchte Kraken, wuselnde Krebstiere, Jakobsmuscheln in ihren Körben – in dieser Fischerhafenatmosphäre fühle ich mich zu Hause.

Wir lichten Anker und nehmen Kurs nach Norden. Der Getriebekasten fängt an zu rappeln; es qualmt aus den Kugellagern der Schraubenwelle. Sie werden so heiß, dass sie Schaden nehmen.

Wir haben kein Ersatzteil dabei, aber Boboss ist ein guter Mechaniker. Er nimmt den Motor halb auseinander. Auf dem Wasser ist das besonders kitzlig: ein leichter Wellenschlag, und alles geht über Bord – Schrauben, Ersatzteile und natürlich auch das Frühstück des Mechanikers. *L'oncle* bastelt. Er schmiert nach mit reichlich Schmiere. Es scheint zu halten. Es hält. In Wahrheit wird das Ganze nur noch vom Schmierfett zusammengehalten … Mit langsamer Kraft voraus erreichen wir den Leuchtturm von La Spezia. Wir feiern den französischen Nationalfeiertag und zugleich den Geburtstag von *l'Oncle*, der als Geschenk eine Schachtel Pralinen bekommt. Schwimmend im blauen Wasser des Mittelmeers, singen wir die Marseillaise.

Wir verbringen eine unruhige Nacht im Hafen Vernazza, mit Wind, Regen, Blitz, Donner und gewaltigem Wellengang. Der kleine Hafen ist schlecht geschützt. Die Rümpfe der Schiffe scheuern oder schlagen aneinander. Wir können nicht mal so lange die Augen zumachen, wie man braucht, bis der erste Traum kommt.

Am Morgen heult der Wind immer noch, und das Meer schäumt. Der Motor der *Surcouf* ist abgesoffen und weigert sich, loszuschnarchen (im Gegensatz zu unserem Freund Boboss, der sich entschieden hat, alles mit Schlaf zu überbrücken). Wir trocknen die Zündkerzen auf dem Gaskocher. Und dann stemmt sich die *Surcouf* tapfer gegen die Wellen des Golfs von Genua, wo die Dünung hochgeht und die Strömungen tückisch sind.

In Savona legen wir in dem Augenblick an, wo die Glocke auf dem Rathaus 8 Uhr abends schlägt. Die Hafenmeisterei ist geschlossen. Wir geraten in eine Patrouille der Militärpolizei, die einen Bewaffneten auf der Mole stationiert, der auf uns aufpassen soll. Bis zur Öffnung der Ämter sollen wir uns nicht von der Stelle rühren.

Wir haben nichts zu trinken und nichts zu essen. Die Besatzung einer französischen Jacht, in deren Nähe wir vertäut sind, hat Mitleid mit uns. Sie installiert ein System von Stricken und Rollen, über das sie uns Pastis, dann Salat, dann Omeletten, dann Wein und schließlich Kaffee zukommen lässt.

Wir schlagen uns den Bauch voll. Der Soldat marschiert auf der Mole auf und ab; er traut sich nicht, den Aperitif anzunehmen und auch nicht den Vorspeisenteller, den wir ihm anbieten. Neidvoll schielt er auf unseren Festschmaus.

Nach Öffnung der Ämter bekommen wir Besuch von den Carabinieri, dann vom Zoll. Da wir immer noch nicht vorschriftsmäßiger sind als in Livorno, schaffen dieselben Ursachen dieselben Wirkungen; wir werden des finstersten Schmuggels verdächtigt. Die Zöllner finden nicht den kleinsten Stummel einer amerikanischen Zigarette, den sie uns unter die Nase reiben könnten, aber sie fixieren uns drohend: So setzt man Behördenautorität durch.

Gottlob wissen sie nicht, dass ich beim Tauchen vor Capraia ein deutsches Gewehr aus dem Krieg gefunden habe; wir sind es während der Nacht losgeworden. Die Waffe liegt zehn Meter tief im Hafen von Savona. Dort liegt sie immer noch.

Wir bekommen unsere Papiere wieder, müssen aber an Bord bleiben, bis wir neue Anweisungen erhalten. Wir legen uns schlafen. Um drei Uhr morgens wacht *l'Oncle* auf; er wirft einen Blick zur Mole: Unser Zerberus mit Muskete ist weg! *L'oncle* rüttelt uns wach. Wir stellen keine Fragen; binnen einer Minute sind die Leinen los und ist der Motor angeworfen. Wir schleichen uns von der Mole weg. Adieu, Savona!

Wir hissen Segel und rauschen bis Kap Melo durch, das wir am Mittag runden. Poup entwickelt kulinarischen Ehrgeiz und macht uns eine Omelette mit Seeanemonen. Das Rezept habe ich verloren. Doch kann ich bestätigen, dass Seeanemonen gebraten essbar sind. Noch lebend aber braten sie sozusagen den ungeschickten Koch! Diese kleinen grünen und rosa Schmarotzerrosen haben Fäden mit Nesselzellen. Poup macht eine falsche Bewegung und lässt mir eine auf die Schulter fallen; die Verbrennung tut hundsgemein weh. Zwölf Stunden lang zittere ich im Fieber. Und drei Wochen lang behalte ich eine rote Narbe – wie das Brandmal eines Galeerensträflings.

Wir nehmen unsern Weg auf dem Wasser wieder auf. Es ist Sonntag; wir versuchen, uns in den Hafen von Imperia zu schleichen, wo Regatten und Wasserballspiele stattfinden. Kaum haben wir dem ersten Viertel des Schauspiels beigewohnt, als sich uns ein Polizeikreuzer nähert. Wir kneifen, indem wir zwischen Wettbewerbsteilnehmern durchschlüpfen. Dann steuern wir auf die hohe See hinaus.

Wir passieren Ventimiglia und die französische Grenze und holen die italienische Behelfsfahne ein, die Boboss in Capraia aus Stofffetzen genäht hat, die er Gott weiß wo aufgetrieben hatte.

In Menton schlafen wir zwölf Stunden. Danach treiben wir am Strand allerhand Schabernack. Ein Beispiel: Zu der Zeit, wo die meisten Leute baden, tut Boboss so, als gebe er Poup Schwimm-stunden. Er spielt zuerst einen gestrengen, dann einen gemeinen und zum Schluss einen regelrecht sadistischen Schwimmlehrer. Poup spielt die Rolle des Nichtschwimmers. Am Ende greift Boboss in sichtlichem Exzess zu drakonischen Maßnahmen. Er packt Poup und drückt ihm den Kopf unter Wasser. Dreißig Sekunden. Eine Minute. Zwei Minuten … Empörte Touristen wollen dem Er-säufen Einhalt gebieten. Doch in diesem Moment kommt Poup, der in Wirklichkeit ein nicht alltägliches Lungenvolumen hat, wieder hoch, brüllt vor Lachen und schwimmt im perfekten Kraulstil weg …

Diese Späße nehmen nicht unsere ganze Zeit in Anspruch. Wir tauchen zum Wrack einer deutschen Messerschmitt, die in zwölf Metern Tiefe vor dem Hafen von Menton liegt. Das Flug-zeug scheint unversehrt – kaum verbeult. Die Kanzel ist offen; der Pilot hat offenbar noch Zeit gehabt, mit dem Fallschirm abzu-springen.

Wir nehmen Kurs auf Monaco und besuchen das ozeanographi-sche Museum mit seinem Saal der Wale, seinen Regalen zoologi-scher Musterexemplare, seinem Aquarium und seinem Feuerwerk tropischer Fische: Kaiser- und Soldatenfische, Trompeten- und Papageienfische, Koffer- und Doktorfische … Ich kann mich kaum von dem Anblick losreißen. Ich werde noch nächtelang davon träumen. Ich habe natürlich keine Ahnung davon, dass ich auf einem Schiff namens Calypso nach Monaco zurückkehren werde, dessen Besitzer Direktor dieses Museums werden wird.

Die Côte d'Azur ist zu Beginn der Fünfzigerjahre noch schön: dasselbe Licht, aber viel weniger Häuser, Beton und Autos als heute. Auch eine gewisse Lebensfreude, die heute im Dunstkreis des großen Geldes verschwunden ist …

Nach Marseille fahren wir über die Ile des Lérins zurück; ich tauche, um unsere Vorräte an Frischfisch zu ergänzen, und komme mit Geißbrassen am Gürtel wieder hoch. Aber meine Freunde meinen, dass ich zu lange allein unter Wasser war, und lassen mich zur Strafe für meine Unvorsichtigkeit weitere zehn Minuten nicht heraus!

Saint-Tropez: Der kleine Ort kommt gerade langsam in Mode. Im Hafen liegen unglaubliche Jachten: Berühmtheiten vom Film und aus der Musik- und Literaturszene lassen sich bräunen oder spielen Boule.

Wir kommen erneut an den Iles d'Hyères vorbei, an der Ile du Levant und am Leuchtturm von Titan. Wir treffen unsern Freund Victor Buisson, Holzbildhauer und Tauchlehrer in den Grotten; er kommt mit einer Gabelmakrele und einem Zackenbarsch von der Unterwasserjagd zurück. Er lädt uns ein, sie mit ihm zu essen, am Strand auf Holzfeuer mit Provencekräutern gegrillt, doch unter der Bedingung, dass wir ihm beim Essen von der Kreuzfahrt der *Surcouf* erzählen.

Am nächsten Tag tauchen wir gemeinsam im Felsgewirr des Inselchens La Gabinière bei Port-Cros, einem Paradies der Zackenbarsche. Sie bevölkern alle Spalten, alle Unterwasserhöhlen, von sieben Metern Tiefe bis … wie tief? Ich weiß es nicht. Jedenfalls ist es ein regelrechter Wohnsilo für Fische! Ich bewundere die Tiere, die bisweilen mehr als einen Meter lang und bis zu fünfzig Kilo schwer sind. Sie haben Wulstlippen, und ihr Schwanz schließt glatt, fast ohne Einschnitt ab. Sie kennen keine Furcht vor dem Menschen. Nichts leichter, als ihnen einen Harpunenpfeil in den Bauch zu schießen … Die Zackenbarsche von La Gabinière, seit Jahrzehnten bejagt, sollten schließlich verschwinden. Nur die Einrichtung des Naturschutzgebiets von Port-Cros und strenge Aufsicht konnten ihnen ihre Unterwasserstadt zurückgeben. Ich bin Ende der Sechzigerjahre an derselben Stelle getaucht: eine Ödnis … Und dann wieder in den Achtzigerjahren: Ich habe in meine Maske gelacht, als ich feststellte, dass die Mieter des Wohnsilos zurück waren. Fast genauso zahlreich wie zuvor …

Drei Tage Mistral: Wir verbringen sie im Schutz von Port-Cros in der Bucht von Port-Man. Dann fahren wir weiter zur benachbarten Insel Porquerolles. Neptungraswiesen, strotzend von

Steckmuscheln, Stachelaustern, Seeigeln und hellroten Seesternen.

In der Bucht von Alicastre entdecke ich eine verblüffende Ansammlung von Kraken. Es wimmelt dort von diesen scheuen und schlauen Weichtieren; sie leiden unter dramatischer Wohnungsnot. Manche von ihnen, die Bessergestellten, haben eine römische Amphore oder eine neuzeitliche Konservenbüchse ergattert, in der sie bei Gefahr verschwinden. Andere verfügen nur über eine provisorische Bleibe und kämpfen darum, in eine geräumigere Wohnung umzuziehen. Ich erinnere mich an den Ort, als wir mit Cousteaus Mannschaft einen Film über Kraken drehen wollen; wir tauchen erneut in der Bucht von Alicastre, die von Cousteau und Dumas »Krakensiedlung« getauft wird.

Nachdem wir die Krakensiedlung hinter uns gelassen haben, ankern wir in der Bucht der Langustenfischer im Westen von Porquerolles, wo wir Marseiller Freunde treffen. Das Ehepaar Besson kreuzt dort mit seinem Boot, der *Marco Polo*. Wir organisieren eine Angelpartie zwischen der Spitze des Grand-Langoustier und der Halbinsel Giens. Sie ergibt eine denkwürdige Bouillabaisse.

Am 27. Juli um ein Uhr morgens wiegt die *Surcouf* ihren Rumpf in den glasklaren Wassern der Bucht von Sormiou, von der sie einen Monat zuvor ausgelaufen ist.

Ich habe die Rundfahrt durch den Golf von Genua geschafft – das ganze Ligurische Meer. Jetzt muss ich nur noch die Welt umrunden.

7
Die Launen der *Hou Hop*

Auf der Titanic II · Ein Eingeborenenruf · Der genuesische Turm · Tauchen bei den Sanguinaires · Mein erster Hai

Ich bin ernsthaft zur See gefahren. Ich träume nur noch davon, weiterzumachen. Je eher, desto besser. Aber mit welchem Boot?

Die *Surcouf*, ihrem Eigentümer zurückerstattet, liegt wieder im Heimathafen unter ihresgleichen, den Marseiller *Pointus*, die nie über die Ile du Frioul und den Sichtbereich der Marseiller Muttergottes auf der Kirche Notre Dame de la Garde hinausgelangt sind.

Ich brauche ein größeres, stabileres, ein hochseetüchtiges Boot. Das heißt, ich brauche vor allem Geld …

Reich bin ich nicht. In unserer Mannschaft der Musketiere besitzt nur Poup, älter als der Durchschnitt, Ersparnisse. Zu magere für unsere nautischen Ambitionen.

Wir kennen sogar ein Boot, das uns passen würde. Ein schönes Boot. Es ist in Marseille in der Nähe der Fähre vertäut, ein paar Faden von der Place aux Huiles entfernt, dem früheren Arsenal der Galeeren. Es hat einen stabilen Rumpf, ist zehn Meter fünfzig lang und heißt *Titanic II*. Ich weiß, es erfordert Mut, den Kauf einer *Titanic* zu erwägen, auch wenn sie die zweite ihres Namens ist. Wir werden so kühn sein – wenn wir das Nötige beisammen haben.

Eines Septemberabends lädt uns Poup mit verschwörerischer Miene zu sich ein. Er hat etwas Besonderes ausgeheckt. Er zeigt uns seinen Kamin, hebt die gusseiserne Ofenplatte hoch und deckt einen Haufen verbrannter Papiere auf. Nachdem er die Asche

70

weggeräumt hat, begreifen wir die Feierlichkeit seiner Inszenierung: Unter der Asche glänzen zehn Louisdor! Sein Erbe. Poup hat beschlossen, es für das Boot anzulegen, das wir uns wünschen.

Die folgenden Umarmungen und Freundschaftsbeteuerungen lasse ich aus... Aber das Boot ist unser!

Die *Titanic II* ist solide beplankt, und ihre Spanten sind in gutem Zustand. Viel Arbeit ist jedoch noch nötig, um daraus das Prachtschiff zu machen, das wir in Gedanken schon zwanzigmal ausgestattet haben. Wir lassen sie nach Sormiou schleppen (wohin sonst!). Wir versuchen, sie auf die höher gelegene Werftfläche hinaufzuziehen, aber die Zahnräder der Winsch brechen schlicht aus. Das Boot bleibt mit dem Heck im Wasser liegen, und wir können nichts unternehmen, um es weiter herauszuholen. Es ist Sonntag abend; wir müssen morgen früh zur Arbeit und alle andern Wochentage auch. Hoffentlich kommt in den nächsten sechs Tagen kein Ostwind mit Sturm auf, der unsere Träume buchstäblich zu Kleinholz machen würde.

Am Freitagabend tritt ein, was wir befürchten: Das Meer fängt zu toben an. Unser Wunder legt sich quer; es schlägt voll Wasser und Sand und droht, sich selbstständig zu machen. Der Besitzer des Restaurants von Sormiou benachrichtigt uns per Telefon.

Panik bricht aus. Wir springen in *l'oncles* Auto. Oben auf dem Hügel von Sormiou, wo damals die Straße endete, schultern wir das Material, das wir uns beschafft haben. Takel, Leinen, Taue usw. Es regnet in Strömen. Wir kommen auf den Steinen des Eselspfades ins Rutschen.

Riesige Wogen schlagen auf den Strand. Gischt peitscht unsere Leiber. Wir legen ein Tau um eine Tamariske (gottlob wächst da gerade eine!). Eine Stunde lang lenzen wir die *Titanic II*, die jetzt ihrem Namen alle Ehre macht. Nachdem der Seilzug befestigt ist, fangen wir an, den Bootsrumpf zu hieven. Er ist schwer, bleischwer und rührt sich nicht von der Stelle. Wir zerren aus Leibeskräften; er rutscht einen halben Zentimeter weiter. Wir versuchen es nochmals: ein ganzer Zentimeter. Und so fort... Nach kurzer

Zeit wissen wir gar nicht mehr, warum wir uns so schinden. In Regen und Kälte erstarren unsere Muskeln. Nur unter der Zunge sind wir noch trocken, wie es in Marseille so schön heißt.

Drei Stunden Sträflingsarbeit, um das Boot auf die schräge Ebene zu ziehen, um es vor dem Zorn Neptuns in Sicherheit zu bringen.

Aber was täten wir nicht alles für die liebe Seefahrt!

Den ganzen Winter durch kalfatern und schleifen wir am Wochenende. Wir streichen den Eichenrumpf zuerst rot (mit Mennige), dann schwarz. Das Boot nimmt langsam Gestalt an. Trotz des Vertrauens auf unsern guten Stern als Seeleute beschließen wir, die *Titanic II* umzutaufen; das Bild ihrer großen Schwester, die südlich von Neufundland in fast viertausend Metern Tiefe ruht, liegt uns schwer auf dem Gemüt.

Seit Jahren ermuntern wir uns bei gemeinsamen Kraftakten mit dem Ruf: »*Hou!… Hop!…*«; Poup, der Weitgereiste, behauptet, ihn bei den Eingeborenen der Neuen Hebriden gehört zu haben.

Hou Hop – Hauruck – dieser Name ist nahe liegend. Boboss schnitzt ihn in den Rumpf.

Teilweise wiederhergestellt, macht sich die *Hou Hop* auf den Weg nach Marseille, wo einige weitere Arbeiten vorgenommen werden sollen. Wir finden einen Liegeplatz für sie in der Nähe des Rüsthafens, der von der berühmten Festung Saint-Nicolas aus dem 17. Jahrhundert beschützt wird. Wir rüsten unser Linienschiff aus: eine Kajüte, ein Mast und ein elegantes schneeweißes Lateinersegel; einen hervorragenden Dieselvierzylinder von fünfunddreißig PS; ein Achterdeck, speziell für Taucherausrüstungen und Tauchen; drei Kojen aus Aluminiumrohr und Riemen, die wir aus Lastwagenschläuchen geschnitten haben … Der reine Luxus!

Die ersten Probefahrten finden vor Marseille zwischen den Iles du Frioul statt. Die *Hou Hop* ist seetüchtiger, als ich hoffte. Sie ist stabil wie ein Pottwal und grazil wie eine Möwe. Wellen und Brecher des Meeres reitet sie spielend ab. Ein Jahr nach dem Zwischenspiel mit der *Surcouf* bietet unser Juliurlaub Gelegenheit für eine zweite Fahrt nach Korsika.

Wir lichten den Anker, den Poup gesetzt hat; das Tauwerk häuft sich zu einem unordentlichen Wust, ähnlich wie die Handangeln der Amateurangler von Sormiou. Poup hat nie Talent dafür gehabt, mit Tauwerk umzugehen. *L'oncle* reibt ihm das mit einer Salve von Flüchen unter die Nase.

Am Ende der Litanei durchfurcht die *Hou Hop* das Wasser des Alten Hafens so schön, dass wir voller Glück ein dreifaches »Ho! Hop!« schmettern. Wir fahren dicht an den restlichen Pfählen des Verladekais vorbei, der im Krieg zerstört wurde. Zu unserer Rechten lassen wir Fort Saint-Jean hinter uns. Wir winken zu den Molen von Pharo hinüber.

Kurs auf Korsika.

Für die Überfahrt brauchen wir einen Tag und eine Nacht. Im Morgengrauen rechtfertigt die Inselgruppe der Sanguinaires ihren Namen mit einem Aufglühen blutroter Felsen. Der Duft des Maquis steigt uns in die Nase. Wir ziehen unter dem Wachturm von Parata vorbei. Anstatt gleich nach Ajaccio zu fahren, beschließen wir, uns einen Aufenthalt auf den Sanguinaires zu gönnen.

Wir ankern in einer Bucht der Grande Sanguinaire direkt unter dem Turm von Parata. Unser Lager schlagen wir in einer Ruine auf. Wir erklettern das alte genuesische Bauwerk, von dessen Spitze die Wachtposten die nordafrikanischen Piraten über mehr als zwanzig Kilometer Entfernung sehen konnten.

Die Inselgruppe der Sanguinaires ist wegen ihrer Schönheit berühmt, aber auch wegen ihres Wassermangels. Es heißt, man könne auf diesen Felsen nicht auf den kleinsten Tropfen Wasser hoffen, es sei dort trockener als mitten in der Sahara.

Kein Wasser? Mal sehen … Im Mittelsaal des Turms von Parata, der von schrägen Lichtbündeln erhellt wird, die durch die Schießscharten ringsum einfallen, erkenne ich einen Kamin und einen rechteckigen Brunnen. Ich werfe ein Steinchen hinein und höre ein »Plopp«. Da ist ja Wasser drin – ganz klares Regenwasser –

hunderte Liter Regenwasser, frisches Trinkwasser, mitten im Felsen perfekt gespeichert. Die Genuesen waren ganz schön schlau …

Wir sind auf den Sanguinaires, um zu tauchen, zu tauchen und abermals zu tauchen. Die Durchfahrten zwischen den roten Felsen werden von tausenden Fischen aller Arten bevölkert: kräftigen Meerraben mit anthrazitfarbenen Schuppen, eleganten grauen Wolfsbarschen, dicklippigen Zackenbarschen, schmerbäuchigen Gabelmakrelen … Ganz zu schweigen von den Schwärmen von Meerjunkern, Roten Fahnenbarschen, Rotbrassen, Brandbrassen, Muränen, Drachenköpfen …

Wir tauchen zweimal täglich in dieses Unterwasserparadies. Ich begeistere mich natürlich für Fische, aber auch für die unglaubliche Vielfalt der Wirbellosen.

Auf diesen fruchtbaren Unterwasserfelsen betrachte ich hellgelbe Kalkschwämme, gelbe und blutrote Hornkorallen, Seeanemonen mit langen grünen Tentakeln und sternähnliche gelbe Steinkorallen, die kurzen Zweige der roten Edelkorallen und die langen, schütteren Büsche Gelber Hornkorallen, Schalentiere (Stachelaustern, Jakobsmuscheln mit hellblauen Stecknadelkopfaugen, Stachelschnecken), Nacktkiemer in unwahrscheinlichen Farben, Kalmare, Tintenfische und Kraken, die Chamäleons des Meeres; Moostierchen, die aussehen wie Spitzendeckchen; Steingarnelen, schachtelförmige Bärenkrebse, Langusten mit Panzern wie spanische Kürassiere, Steinseeigel und Violette Seeigel, Sonnen- und Purpursterne; Seegurken, die dahinkriechen oder die weiße Milch ihrer Geschlechtsprodukte ausstoßen; Rote Seescheiden, die in ihrem geblähten Leib ein komplexes Nervensystem beherbergen.

Ich werde dieser Welt der Wunder nicht müde.

Eines Tages, als ich tauche, um die vier Fische für das Abendessen zu holen (nicht einen mehr!), beschließe ich, meinen Jagdgang sportlich zu beschließen. Ich will um die Grande Sanguinaire herumschwimmen. Poup begleitet mich, aber wir sind weit voneinander entfernt.

Die erlegten Fische sind an meinem Gürtel befestigt. Ich spüre jemanden hinter mir. Ich drehe mich um.

Ein Hai!

Ein großer. Zweieinhalb Meter lang oder länger… Ein Blauhai. Ein Hai, der im Ruf steht, Menschen anzufallen. Ein Schwimmtorpedo mit einem Maul voller messerscharfer Zähne und ausdruckslosen Knopfaugen… Es ist der erste Hai, dem ich in freier Wildbahn begegne. Ich versuche, nicht in Panik zu geraten. Ich lasse ihn nicht aus den Augen; ich weiß, das wäre ein Fehler.

Ich schwimme rückwärts und halte das Tier mit meiner Harpunenspitze auf Distanz. Ich würde gern meinen Gürtel mit den toten Fischen abmachen, die ihn angelockt haben, und sie ihm schenken (mehr will er ja schließlich nicht). Aber die Angst macht mich ungeschickt. Ich schaffe es nicht. Ich beobachte fasziniert die kraftvollen Schwimmbewegungen des Tieres: den Kopf, der nach rechts und links pendelt, den biegsamen Körper, den großen Schwanz mit seiner senkrechten Flosse, mit der er sich vorwärts wedelt. Eine großartige Kreatur… Aber ich will trotzdem nicht zu ihrer Abendmahlzeit werden!

Auf dem Rücken schwimmend entdecke ich eine Klippe, die aus dem Wasser ragt. Es gelingt mir, sie zu erreichen. Als ich nur noch einen Faden entfernt bin, springe ich mit einem Satz aus dem Wasser, den ich nie für möglich gehalten hätte… Alles spielt sich in Sekundenbruchteilen ab: mein erfolgreicher Sprung und der Angriff des Hais. Es geht so schnell, dass ich es gar nicht fasse: ein paar Spritzer, ein Schaumwirbel… Ich finde mich sitzend auf dem kleinen Felsen wieder, offenbar noch heil. Nur, dass ich eine Schwimmflosse verloren habe und die verbliebene einen Halbkreis tiefer Kerben hat, wie ein Klöppelmuster…

So endet meine erste Begegnung mit einem Hai. Wenn ich zurückdenke, war es zugleich auch die schlimmste. Mit der Mannschaft von Cousteau werde ich noch tausend Gelegenheiten haben, Haien zu begegnen, von harmlosen Katzenhaien und schüchternen Glatthaien bis hin zu den riesigen Räubern, dem Tigerhai, dem Weißspitzen-Hochseehai, dem Hammerhai und dem Weißen Hai. Ich werde auch dem Fleckhai, dem Zitronenhai, dem Ammenhai und dem Teppichhai zuwinken. Ich werde mich an der Rückenflosse des riesigen Walhais festhalten, der fünfzehn Meter lang wird und zwanzig Tonnen wiegt, aber nur Plankton und Fischlein von Sardinengröße frisst.

Ich werde diesen Tieren in die Augen blicken, deren Ahnen vor dreihundertfünfzig Millionen Jahren auf der Erde erschienen sind und die einen der dauerhaftesten Erfolge der Evolution verkörpern. Ich werde ihnen – friedfertig – mit einer Haigabel entgegentreten, einem rein symbolischen Stock mit eisenbeschlagener, aber ungeschärfter Spitze von sechzig Zentimeter Länge. Ich werde sie mit Ködern anlocken und zusehen, wie sie im Blutrausch angreifen und nach allem schnappen, was sich bewegt (dies allerdings vorsichtshalber im Schutz des Haikäfigs der *Calypso*). Ich werde eine Reihe wissenschaftlicher Experimente durchführen, um zu erfahren, wie gut diese Tiere sehen, mit welchen Sinnesorganen sie ihre Beute ausmachen und wie man sich gegen ihre Angriffe schützen kann.

Ich werde mit Haien zwar nicht intim werden, aber wenigstens so weit an sie gewöhnt und über ihr Verhalten und ihre Reaktionen aufgeklärt, dass ich wagen kann, sie im Vorbeischwimmen zu streicheln.

Dennoch werde ich jedes Mal, wenn ein Exemplar in Sichtweite kommt, an meinen Blauhai von den Sanguinaire-Inseln zurückdenken. An meinen ersten. An meine Aufnahmeprüfung als Taucher, wenn der Vergleich erlaubt ist…

Ich gestehe, dass ich an diesem Tag nicht gerade glänze. Auf meinen Rettungsfelsen gekauert, die Zehen sorgsam auf dem Trockenen, wage ich mich nicht zu rühren, aus Furcht, der Hai könnte noch in der Nähe kreisen. Ich stelle fest, dass auch Poup auf einem kleinen Felsen hockt. Er hat die Rückenflosse gesehen und genauso reagiert. Wir warten mindestens eine halbe Stunde, bevor wir den Mut haben, ins Wasser zu springen. Wir schwimmen schneller als je zuvor zur Küste.

Tags darauf habe ich mich beruhigt und denke nach. Sofern man einigermaßen vorsichtig und vor allem sehr wachsam bleibt, ist die Gefahr minimal. Ich versuche, meine Freunde zu überreden, dass wir das Ungeheuer fotografieren müssten. Sie sehen mich schräg an, wie Gesunde jemand ansehen, der reif ist fürs Irrenhaus. Doch die Lust am Abenteuer ist stärker; sie gehen schließlich darauf ein. Außerdem wissen sie, dass der Hai allerhand zu tun haben wird, wenn wir zu viert unter Wasser sind.

Ich lade meine Foca-Kamera. Wir legen Köder aus und tauchen. Ich fotografiere alle möglichen Fische. Der Hai erscheint nicht. Als er schließlich doch noch kommt, nachdem er uns zwei Stunden hat warten lassen, zeigt er uns nur kurz und von weitem seine Schwanzflosse.

Ich bin enttäuscht. Ich weiß noch nicht, dass wir auch auf der *Calypso*, trotz aller technischen Mittel und Schulungen, von großen Meerestieren (Haien, Delfinen, Walen) meist genau dasselbe ablichten werden: ihre Schwanzflosse.

8
Schiffswracks faszinieren mich

*Die Lavezzi-Inseln · Der Cousteau-Gagnan'sche Apparat · Der
Friedhof der Sémillante · Amphoren · Alles beschlagnahmt!*

Die *Hou Hop* mit ihrem tuscheschwarzen Rumpf erregt beim Einlaufen in den Hafen Ajaccio Aufsehen; die Korsen haben diese
Farbe überhaupt nicht gern, denn sie ist für sie die Farbe des Un-
heils oder der Trauer und erinnert sie zu sehr an die Piratenflagge
der Barbaresken. Etliche Müßiggänger vor Ort, die in der Stunde
des Aperitifs vor ihrem Gläschen sitzen, halten uns zwar nicht für
Korsaren, aber zumindest für Schmuggler.

Wir halten uns in Ajaccio nicht lange auf; nachdem wir uns mit
Lebensmitteln eingedeckt und unsere Diesel- und Wassertanks bis
an den Rand gefüllt haben, gehen wir auf Südkurs. Zu den Lavezzi-Inseln. Wir umrunden das Cabo di Muro und überqueren den
Golf von Valinco. Ein Gruß an Bonifacio und Kap Pertusato: Da
tauchen am Horizont schon die Felsen der Lavezzi-Inseln auf, hin-
gestreut in die Straße von Bonifacio zwischen Korsika und Sardinien.

Ich wollte aus einem bestimmten Grund hierher: Schiffswracks
faszinieren mich … Bei dieser Fahrt ist es noch reine Neugier. Bald
wird es Besessenheit werden. Bei Cousteau heuere ich unter anderem (vielleicht auch hauptsächlich) an, um auf der ganzen Welt
in Überbleibseln von Schiffsuntergängen stöbern zu können. Dieses leidenschaftliche Interesse an Wracks lodert auch noch nach
vierzig Jahren mit der *Calypso*, nachdem ich bereits Hunderte untersucht habe. Geweckt wird es 1948 durch einen Zufall. Ich ver-

folge in den Zeitungen die Bemühungen Henri Broussards, der das antike Wrack von Agay im Departement Var gefunden hat. 1949, als ich mich an einem Unterwasserjagd-Wettbewerb des Meeresklubs von Juan-les-Pins beteilige (den ich haushoch gewinne, wie ich zu meiner Schande gestehen muss), gibt mir einer der Leiter des Tauchklubs, Louis Lehoux, eine Illustrierte, in der man einen Taucher eine zweitausendjährige Amphore aus einem Muschelbett in vierzig Metern Tiefe bergen sieht. Wochenlang träume ich jede Nacht davon, es diesem Glücklichen nachtun zu dürfen. Etwas später, 1950, auf unserer Fahrt mit der *Surcouf*, entdecke ich in der Presse, dass das italienische Schiff *Artiglio II* unter Führung Kommandant Quaglias ein Amphorenlager vor Albenga untersucht. Das ist es, was ich will… sage ich mir.

Nach Schiffswracks tauchen. Versuchen, ein Wrack zu identifizieren, das Gänge bohrende und Holz fressende Lebewesen (Röhrenpolypen und Bohrmuscheln) auf seine einfachste Form reduziert haben. Vorsichtig sedimentbedeckte Schätze freilegen. Dabei mitunter auf ein einzigartiges Stück stoßen, ein Kunstwerk oder einen geschichtsträchtigen Gegenstand: Solche Unterwasserarbeit schlägt mich in ihren Bann. Ich kann nie genug davon kriegen. Ich könnte Tage – und Nächte – damit zubringen, wenn es mir gestattet wäre, beliebig lange unter Wasser zu bleiben. Mir ist klar, dass diese Vorliebe für versunkene Schiffe leicht abartig ist: Man ergötzt sich dabei an anderer Leute Unglück. Trotzdem: Bei der Suche nach Überbleibseln von Schiffbrüchen kann man nicht umhin, wenigstens in Gedanken Umstände, Ursachen und Ablauf der Katastrophe nachzuvollziehen. Man stellt sich die vom Sturm fast bis zum Wahnsinn verängstigten Matrosen vor, die den Orkan zu überschreien versuchen oder den Untergang schicksalsergeben hinnehmen…

Da ist aber auch wissenschaftliche Neugier, Wissensdurst. Anhand der von Meer und Sand bewahrten Anhaltspunkte vergegenwärtige ich mir gern, wie unsere Vorfahren gelebt haben, was sie als Fracht in ihre Schiffe luden (Nahrungsmittel, Kleider, Werkzeuge, Möbel, Kunstgegenstände usw.). Es macht mir Spaß, eine Fundstätte zu ordnen und den Aufbau des verloren gegangenen Schiffes zu rekonstruieren. Ich stelle mir den Kapitän, die Seeleute, die Passagiere vor. Ich versuche, sie lebend vor mir zu sehen, auf fröhlicher Seefahrt (sofern es nicht Galeerensklaven waren), vor dem Unglück... Mir scheint dann, dass ich an ihrem Leben teilhabe und in das große Abenteuer der Menschheit einbezogen bin.

Die *Hou Hop* schlängelt sich elegant durch die Riffe der Lavezzi-Inseln. Diese winzigen Eilande haben allerhand Schiffe auf den Grund geschickt, von phönizischen Galeeren bis zu modernen Frachtern. Ich zittere in Gedanken, wenn ich an der Straße von Bonifacio Hunderttausendtonnentanker dicht an den Felsen vorbeifahren sehe. Wenn sich einer von ihnen im Sturm oder auf Grund eines Manövrierfehlers oder wegen Trunkenheit des Kapitäns – alles schon vorgekommen – an einem Unterwasserfelsen den Rumpf aufreißt, würde die Ölpest diese empfindlichen und zauberhaften Küsten auf Jahrzehnte verseuchen.

Meine Freunde und ich hätten uns für unsere Unterwasserentdeckungen gern die berühmte Aqualunge von Cousteau-Gagnan gegönnt. Wir haben davon reden gehört. Wir wissen, dass Kommandant Jacques-Yves Cousteau und der mit ihm befreundete Ingenieur Emile Gagnan 1943/44 das Problem gelöst haben, an dem die Konstrukteure von Tauchapparaten mehr als ein Jahrhundert geknobelt haben. Indem sie an die Pressluftflaschen ein mit einer Druckmessmembran gekoppeltes Regelventil anschlossen, bewiesen Cousteau und Gagnan, dass dem Taucher exakt mit dem gleichen Druck Luft zugeführt werden kann, wie er in der Wassertiefe herrscht, in der er sich gerade aufhält. Schluss mit Unterdruckproblemen (man bekommt keine Luft mehr, der Kehlkopf wird vom Wasserdruck zusammengepresst) oder Überdruckproblemen (Lungenbläschen platzen) in der Luftleitung... Mit diesem Apparat erlangt der Taucher unter Wasser volle Bewegungsfreiheit. Er wird zum Fisch – solange er Pressluft in den Flaschen hat.

Wir haben von der Aqualunge reden hören. Ich habe sie sogar vor einiger Zeit in der Bucht von Canceou ausprobiert. Ein Taucher hatte sich eine gekauft, hatte jedoch Bedenken, sie zu benutzen. Ich schlug ihm vor, sie für ihn auszuprobieren. Es war eine Offenbarung... Etwas ganz anderes als das Behelfsventil, das uns Georges Beuchat 1944 eines Tages gebracht hatte und das uns alle nacheinander fast ersäuft hätte! Ich staunte: Mitten im Wasser schwebend, mit reichlich Atemluft, die mir ständig unter guten Bedingungen zugeführt wurde, konnte ich steigen und sinken wie ein Fisch...

Ausprobiert habe ich diese Taucherkombination zwar, aber sie ist zu teuer für uns. Wir werden die Lavezzi-Inseln wie üblich als Freitaucher aufsuchen, mit Maske, Schnorchel und Flossen. Wir bleiben zwei Minuten unter Wasser und tauchen trotzdem zwanzig oder dreißig Meter tief.

Außer mit dem Lot, dessen Gebrauch sehr mühsam ist, haben wir keine Möglichkeit, das Bodenprofil zu erkunden. Wir müssen uns selber umsehen, indem wir abwechselnd ermüdende Tauchgänge machen. Mir kommt der Gedanke, mich mit Maske und Schnorchel im Wasser am Steven der *Hou Hop* festzuklammern. Boboss nimmt das Ruder, *l'Oncle* und Poup lassen sich am Bug nieder, um dem Steuermann die Winkzeichen weiterzugeben, mit denen ich mich mit ihnen verständige. Wir fahren im Slalom um die Riffe.

Das Wasser ist lauwarm und klar. Es ist zauberhaft, derart über die Unterwassertäler hinzuschweben: Felslabyrinthe, gespickt mit Schwämmen, Hornkorallen und Seescheiden; steile Schluchten, in denen sich das Blau des Wassers in Schwärze verliert; wallende dunkelgrüne Neptungraswiesen, unterbrochen von Flecken weißen Sandes, wo sich Seesterne tummeln oder Steckmuscheln klaffen. Stechrochen lösen sich in silbrigen Schlammwolken vom Meeresgrund. Hunderte von Geißbrassen blitzen über Unterwasserfelsen wie Feuerwerk auf. Gruppen gravitätischer Meerraben ziehen von einer Höhle zur anderen. Muränen strecken ihren Schlangenkopf aus Schlupflöchern.

Vom Bug des Bootes durchs Wasser geschoben, komme ich mir vor wie ein Delfin. Die Wasserströmung streichelt mich und wiegt mich sanft nach rechts und nach links. Vom Meer geschaukelt, träume ich wachen Auges. Ich fühle mich wohl.

Zum Ankern haben wir eine vor Westwinden geschützte Bucht unterhalb des Friedhofs der *Sémillante* gewählt. Die *Sémillante* erlitt 1855 Schiffbruch, und mehr als siebenhundert Soldaten Napoleons III., zur Belagerung von Sewastopol und zum Krimkrieg unterwegs, fanden bei dieser Katastrophe den Tod.

Um unseren Ankerplatz herum entdecken wir Amphorenscherben, welche belegen, dass antike Schiffe hier recht zahlreich vorbeikamen.

Jeden Tag klammere ich mich an unseren Kahn und studiere das Gewässer. Schließlich kenne ich es auswendig. Ich entdecke Anomalien – Sandhaufen, seltsame Senkungen, Spuren, die schwerlich Tieren zugeschrieben werden können.

Eines Morgens bemerke ich in zehn Metern Tiefe dicht hinter einem Riff Amphoren. Nicht nur abgebrochene Hälse oder verstreute Scherben, sondern unversehrte, vollständige, formvollendete Amphoren.

Ich reiße die Arme hoch. *L'oncle* und Poup übersetzen dem Rudergänger mein Signal. Stopp! Boboss kuppelt aus. *L'oncle* wirft Anker. Ich ventiliere meine Lungen und tauche. Ich traue meinen Augen nicht: Ich habe einen Schatz antiker Keramik gefunden. Die Amphoren liegen durcheinander, die einen auf dem weißen Sand, die andern unter Neptungras. Manche scheinen halb im Sediment vergraben. Ich zähle zwei, fünf, zehn … Ich streichle eine im Vorbeischwimmen; ich fahre mit der Hand ihrem runden Bauch und ihrem schlanken Hals nach; ich verfolge mit dem Finger die Konturen ihrer grazilen Henkel.

Als ich wieder hochkomme, mache ich mir mit Freudenschreien Luft. Ich klatsche mit beiden Händen aufs Wasser. Mit einem begeisterten Flossenschlag schwinge ich mich bis aufs Achterdeck der *Hou Hop*. Ich erkläre meinen Freunden, was ich gesehen habe.

Meine Äußerungen sind so wirr, dass sie es mich wiederholen lassen, bevor sie allmählich verstehen.

Wir verankern unser Boot über der Fundstätte und stellen einen Ausgrabungsplan auf. Für den Anfang wechseln wir uns beim Tauchen ab und fotografieren den Fundort von allen Seiten. Dann legen wir mit tausend Vorsichtsmaßregeln die zwei am einfachsten zu hebenden Amphoren frei. Sie sind großartig. Ich sichere sie, und meine Freunde bringen sie hinauf. Sie sind mit grünen Meerketten überzogen, kleinen rosa und roten Schwämmen und gewundenen Kalkröhren, wie sie von Würmern ausgeschieden werden.

L'oncle staunt, dass die Stücke aus der Antike in so flachem Wasser den Meereswogen getrotzt haben. Die Erklärung für diese glückliche Anomalie ist, dass Riffe rings um die Fundstätte einen natürlichen Wall bilden, an dem sich die Kraft der Wellen bricht.

Am ersten Tag der Ausgrabung begnügen wir uns damit, zwei Amphoren zu bergen. Am nächsten Tag sammeln wir vier ein. Für Freitaucher in zehn Meter Tiefe ist das kein Kinderspiel. Jedes Mal, wenn wir ein paar Gramm Sediment weggeräumt haben, müssen wir wieder hinauf und Luft holen. Wir sind schnell erschöpft, erschlagen, dienstunfähig. Ach! Wären wir bloß Delfine …

Jede Amphore oder fast jede wird von einem Kraken bewohnt. Das Tier weigert sich erbittert, aus seiner Wohnung herauszukommen. Je mehr wir tun, um es herauszujagen, desto stärker saugt es sich darin fest – als wolle es mit dem gebrannten Ton verschmelzen. Erst wenn die Amphore auf dem Deck der *Hou Hop* anlangt, können wir das Weichtier enteignen.

Ich würde am liebsten jeden Zentimeter Sand um die Fundstelle sieben, und nicht nur die Amphoren heben, sondern all die vielen Gegenstände, die hier im Augenblick des Schiffbruchs verloren gegangen sein müssen. Aber die Elemente sind uns nicht günstig gesinnt; ein so heftiger wie anhaltender Westwind fängt an zu blasen. Er droht die *Hou Hop* auf die Riffe zu werfen. Während der

Nacht scheint er abzuflauen, frischt aber im Morgengrauen wieder auf und steigert sich zu Böen, die die Dünung hochgehen lassen.

Wir nehmen Kurs auf den Hafen Bonifacio, wo wir Zuflucht finden.

Aber da ist wieder die Küstenwacht… Sie interessiert sich für unsere Ladung, kommt an Bord und beschlagnahmt unsere Amphoren. Ein Offizier erklärt uns, es gebe ein Gesetz über Wracks. 1951 haben zwei Vorschriften Geltung: die Verordnung von 1681 und der königliche Erlass von 1735. Erstere gilt für gestrandete Schiffe und treibendes Wrackgut, Letzterer für Unterwasserwracks, also für Schiffe, von denen nach dem Sinken nichts über Wasser verblieben ist. Unser Wrack gehört zur zweiten Kategorie. Um an ihm Ausgrabungen vorzunehmen, hätten wir zuvor eine Genehmigung einholen müssen – und in diesem Fall bis zu neun Zehntel der Schiffsfracht im Fundzustand behalten dürfen.

Eine Genehmigung haben wir nicht; folglich schreiten die Küstenwächter zur Konfiszierung. Sie stellen uns eine Quittung aus, in der verheißen wird, die Amphoren würden uns am Ende zurückerstattet, wenn der für archäologische Ausgrabungen Zuständige sie beschrieben, identifiziert und eingeordnet habe. Wir haben sie nie wieder gesehen.

Seit damals hat sich die Gesetzgebung geändert. Archäologische Schätze sind jetzt besser geschützt. Niemand hat mehr das Recht, wie Falco von der *Hou Hop* zu tauchen und beliebige antike Gegenstände zu heben. Wird ein Wrack entdeckt, muss es gemeldet werden. Wenn die zuständigen Behörden den Fund lohnend finden, ordnen allein sie die Ausgrabungen an. Die Beute wird derart zwischen Staat und Finder aufgeteilt, dass der Staat den Löwenanteil und der Finder ein Schnäbelchen voll erhält.

Das ist gut so. Noch besser wäre es, wenn sich alle an diese Vorschriften hielten. Bei archäologischen Erkundungen der *Calypso* in griechischen Gewässern habe ich erlebt, wie professionelle

Plünderer vorgehen. Sie operieren von Schnellbooten aus. Sie heuern ganze Kolonnen von Tauchern mit Aqualungen an. Die Erträge ihrer Raubzüge veräußern sie dann an steinreiche Liebhaber, die niemand je anzeigt oder behelligt.

9
Cousteaus Nase

Kauf der Calypso · *Pauls Telegramm · Die Hüterin ·*
Mit konstantem Volumen · Ein guter Riecher…

Bald fünfzig Jahre ist es her, seit ich mit meinem Seesack auf das
berühmteste Schiff der Welt gekommen bin: auf die *Calypso*.
Fünfzig Jahre, die wie eine Hand voll Wasser aus einem Taucher-
handschuh zerronnen sind.

Auf diesen vielen Fahrten hatte ich Zeit und Gelegenheit, zahllose Abenteuer in meinem Kopf zu speichern; an meinen Wangen habe ich die Gischt aller Weltmeere gespürt. Die schönsten
Augenblicke waren die ganz zu Beginn, in den 1950er-Jahren, kurz
nachdem ich Kommandant Cousteau kennen gelernt hatte.

Unsere Wege kreuzten sich erstmals 1949, ohne dass ich es
wusste. Im Hafen von Marseille bemerkte ich mehrfach das Forschungsschiff der französischen Marine, die *Ingeniéur Eli-Mon-
nier*. Ich wusste damals nicht, dass Kommandant Cousteau gerade
einen Teil der Ausrüstung auf dieses Schiff schaffte und von dort
die Aqualungen ausprobierte, die er während des Kriegs zusammen mit seinem Freund Emile Gagnan erfunden hatte.

Ich hätte Cousteau auch schon im Juli 1950 in Monaco begegnen können. Während ich das Meeresmuseum besuchte und mich
von den Taten Fürst Alberts I., des Ozeanographen, der die Weltmeere auf seinen Jachten *Princesse-Alice I* und *II* und *Hirondelle*
I und *II* befuhr, faszinieren ließ, war der Kommandant in weniger
als zwanzig Kilometern Entfernung damit beschäftigt, den Kaufvertrag für die *Calypso* zu unterzeichnen…

Mein leider verstorbener Freund Alexis Sivirine beschreibt das Ereignis folgendermaßen: »Als Korvettenkapitän Jacques-Yves Cousteau 1950 von der französischen Marine beurlaubt wird, um sich völlig ungebunden der Meeresforschung widmen zu können, versucht er, sich das ideale Schiff zu beschaffen. Zum Glück läuft er Monsieur André Auniac über den Weg, dem Direktor der Marinewerft von Antibes, der ihn mit Loël Guinness zusammenbringt. Dieser, ein großer Freund des Meeres, bietet Cousteau an, Kauf und Ausrüstung eines Schiffs zu finanzieren. In Begleitung des Schiffbauers H. Rambaud reist Cousteau nach Malta, wo er einen ehemaligen Minenräumer namens *Calypso* findet, der in hervorragendem Zustand ist und der mit seinen Merkmalen alle Hoffnungen erfüllt. Der Kaufvertrag für die *Calypso* mit Joseph Gazan, der extra aus Malta angereist ist, wird am 19. Juli 1950 in Nizza unterzeichnet.«

Am 19. Juli 1950 befinde ich mich mit der *Surcouf* ganz in der Nähe des Mannes, dem es dank der Großzügigkeit eines britischen Mäzens gelungen ist, die *Calypso* zu erwerben.

Ein wenig später, im Laufe des Winters 1950/1951, während meine Kameraden und ich in Sormiou fieberhaft daran arbeiten, den Rumpf der *Hou Hop* zu sanieren, schuften andere Meeresenthusiasten auf der Marinewerft von Antibes. Sie bauen das Schiff um, das berühmt werden wird und schon den Namen *Calypso* trägt. Sie verpassen der *Calypso* eine falsche Nase und Bullaugen, durch die man unter Wasser das Meer vor dem Bug beobachten kann. Sie statten sie mit ihrem Kran, ihrer Brücke, ihren beiden Davits, ihrem Schornstein und ihrem Emblem aus, das eine Sirene und einen Delfin in Weiß auf einem grünen Rechteck zeigt (der ursprüngliche Entwurf stammt von dem Maler Luc-Marie Bayle). Mit einem Wort, sie geben ihr ihre neue Silhouette, an der man sie unter allen andern Schiffen herauskennt. Sie streichen sie neu: weiß für die Aufbauten, schwarz vom Deck bis zur Wasserlinie …

Im Sommer 1951, während ich mit meinen Freunden auf der *Hou Hop* die Gewässer um Korsika erkunde, macht die *Calypso* ihre ersten Probefahrten als Meeresforschungsschiff – um Korsika, besonders bei den Lavezzi-Inseln, ein paar Seemeilen von unserem Kahn entfernt. Ich muss gestehen, dass ich mich nicht erinnere, sie gesehen zu haben: aber in meiner Einbildung hat sie uns mehrmals gegrüßt.

Nach Korsika nimmt die *Calypso* Ostkurs und durchquert das Mittelmeer; im November passiert sie den Sueskanal; im Roten Meer fährt sie in Richtung auf die Farasan-Inselgruppe. Die Taucher schlagen ihr Lager auf dem Inselchen Abulat auf und versenken sich in die Pracht der Korallenwelt, die damals noch kein Menschenauge erblickt hat. Sie entdecken neue Pflanzen- und Tierarten, von denen einige inzwischen den wissenschaftlichen Beinamen *calypseus* oder *cousteaui* tragen. Als die Ersten der Welt beobachten sie heiße Quellen auf dem Meeresgrund. Der kleine Schwarzweißfilm, den die Mannschaft von dieser Episode mitbringt und der von dem Filmemacher Jacques Ertaud, vom Kommandanten Cousteau und von Frédéric Dumas unter systematischer Verwendung der Cousteau-Gagnan'schen Aqualunge gedreht worden ist, schlägt die Zuschauer in Bann. Als ich ihn in einem kleinen Kino von Marseille sehe, wünsche ich mir nur noch eines: zu dieser Mannschaft zu gehören. Selber hinunterzutauchen und die Kaiser- und Papageienfische, die Rotfeuer- und Soldatenfische, die rosafarbenen Lederkorallen, die tiefroten Hornkorallen und die gigantischen Riesenmuscheln mit ihren königsblauen Rändern begrüßen zu können.

Am 12. August 1952 bin ich wieder in Korsika, um ein paar Tage auszuspannen, als ich von meinem Freund Paul Bremond aus Marseille ein Telegramm erhalte. Es hat folgenden Wortlaut (ich weiß den Text noch auswendig, er hat mein Leben in neue Bahnen gelenkt):

»KOMMANDANT COUSTEAU SUCHT EHRENAMTLICHE TAUCHER. STOPP. SOFORT ZURÜCKKOMMEN. STOPP. ANHEUERN AUF CALYPSO MÖGLICH. STOPP. PAUL.«

Ich vollführe einen Delfinsprung auf meinem Bett, stopfe meine

Sachen in den Seesack und bin noch am selben Abend an Bord des Dampfers *Cyrnos* auf dem Weg nach Marseille.

Kaum in La Joliette angelangt, mobilisiere ich meine ganze Bekanntschaft – meine treuen Freunde Paul Bremond, Bob Prigent, Georges Beuchat, aber auch den Präsidenten des französischen Unterwassersportbunds, Monsieur Borelli, den ich gut kenne, und einen Taucher, von dem es heißt, er habe mit Cousteau Kontakt: Yves Girault. Um überhaupt eine Chance zu haben, auf der *Calypso* anzuheuern, brauche ich eine unschlagbare Bewerbungsakte. Doch ich besitze keinerlei Zeugnisse. Ich schustere einen Lebenslauf zusammen.

Sie helfen mir alle – Dank sei ihnen. Wir sammeln und ordnen in einem großen Spiralheft alle Presseausschnitte aus Marseille und ganz Frankreich, in denen ich ehrenhaft oder vorteilhaft erwähnt werde: Rettungsmedaillen oder sportliche Leistungen, Meisterschaften in Unterwasserjagd usw. Georges Beuchat ruft an Bord der *Calypso* an, um mir einen Termin zu verschaffen. Es gelingt ihm für den 16. August. Am fünfzehnten klettern wir auf dem Eselspfad nach Sormiou. Am sechzehnten in aller Frühe springen wir in die *Hou Hop*. Ich habe mein Heft unterm Arm und einen solchen Kloß im Hals, dass ich kaum schlucken kann.

Bald werde ich fünfundzwanzig. Und wieder einmal fahre ich von Sormiou aus meinem Schicksal entgegen …

Die *Calypso* liegt einige Meilen von »meiner« Bucht vor Anker, das Heck beinahe auf dem Felsen des Grand Conclu, zu dem mein Vater mich zum Angeln mitgenommen hat und wo ich jeden Felsvorsprung kenne. Die Mannschaft der *Calypso* treibt dort Unterwasserarchäologie. Kommandant Cousteau und Frédéric Dumas sind bereits mehrfach gemeinsam zu antiken Wracks hinabgetaucht, besonders zu dem vor Mahdia in Tunesien. Sie wollen ein weiteres Wrack vollständig erforschen, da sie überzeugt sind, dass die systematische Untersuchung dieser Schiffsreste eine Fülle historischer Informationen liefern wird.

Auf das Wrack am Grand Conclu ist Frédéric Dumas durch einen Helmtaucher namens Gaston Christianini hingewiesen worden. Als Langustenfischer im Skaphander wusste dieser noch nichts von Tauchertabellen. Nachdem er Opfer eines schweren Dekompressionsunfalls geworden war und nicht mehr unter Wasser konnte, vertraute er Dumas seine Geheimnisse an. Er sagte ihm: »Langusten gibt es massenhaft am Grand Conclu, dicht bei dem Haufen alter Töpfe.« Die Krebstiere interessierten Cousteaus Mitarbeiter kaum, dafür aber das Stichwort »alte Töpfe«. Frédéric Dumas und Cousteau tauchten zur Erkundung hinunter und fanden eine Lagerstätte von Amphoren – in fünfundvierzig Meter Tiefe, ein paar Kabellängen von der Ostspitze des Felsens entfernt. Und deswegen liegt die *Calypso* hier…

Die *Hou Hop* umrundet Kap Sormiou und nimmt Südkurs auf die Felsklippe von hundertsechzig Meter Länge, hundertzehn Meter Breite und fünfunddreißig Meter Höhe, zu der mich mein Vater so oft zum Angeln mitgenommen hat. Da liegt die *Calypso*! Jetzt kann ich sie schon gut erkennen. Dreiundvierzig Meter lang, dreihundertneunundzwanzig Bruttoregistertonnen; weiß und schwarz gestrichen, mit dem bewussten Portalkran, Schornstein und der Nymphe mit ihrem Delfin… Wir kommen näher. Wir legen an Backbord an. Ich berühre zum ersten Mal ihre Beplankung; ich streichle sie. In meinem ganzen Leben war ich noch nie so aufgeregt und werde es auch nie wieder sein.

Hände strecken sich über den Dollbord, um mir an Deck zu helfen. Als Erster begrüßt mich Ferdinand Lallemand, Professor für Archäologie; er sollte mein Freund werden. Er stellt mir einen Teil der Mannschaft vor: die Mechaniker Octave Léandri und Rene Robino; den Maat Albert Raud; einige Taucher, alle ehrenamtlich: Jean Delmas, Pierre Labat, André Galerne, Jean Besson; den Schiffsarzt Jean-Loup Nivelleau de La Brunnière und Madame Simone Cousteau, blond, schön, strahlend…

Ein wenig später werde ich den Chefmechaniker René Montupet treffen, den Ingenieur Jean de Wouters d'Oplinter, der die berühmten Unterwasserfotoapparate Calypsophot und Nikonos erfinden wird, und den Kapitän des Schiffes – den ersten Kapitän der *Calypso*, die in ein Wissenschafts- und Abenteuerschiff verwandelt worden ist: François Saout.

Ich blicke mich um. Aber wo bleibt *er* denn? Wo ist Cousteau selber? Simone – die von allen an Bord die »Hüterin« genannt wird – lächelt über meine Unruhe:

»Werden Sie nicht ungeduldig«, sagt sie. »Jacques ist in ein paar Minuten wieder da. Er ist mit Frédéric Dumas zum Wrack hinuntergetaucht. Sie grenzen das Ausgrabungsgebiet ein.«

Simone Cousteau zieht mich zum Achterdeck. Dieses ist mit einem unglaublichen Durcheinander von Tauwerk, Werkzeugen, Pressluftflaschen, Metallkörben und Amphoren bedeckt, die mit den Kalkausscheidungen von Röhrenwürmern, roten Schwämmen und dunklen Algen überzogen sind. Es ist der erste Eindruck, den ich vom Achterdeck der *Calypso* gewinne, und er ist repräsentativ: Bis auf einige kurze Augenblicke zwischen zwei Einsätzen, bei denen ein Durcheinander das andere ablöst, habe ich es nie freigeräumt gesehen. Hier, mitten unter den Töpferwaren, die er gerade sortiert, thront der Archäologe Fernand Benoît, Konservator des Museums Borély in Marseille und Leiter der Ausgrabungen am Grand Conclu. Der Wissenschaftler zeigt mir ein paar der Keramiken, die er gerade untersucht – eine schöner als die andere. Manche sind mit einer schwarzen Glasur dekoriert, die unglaublich neu wirkt. Sie sehen aus wie frisch aus dem Brennofen. Dazwischen liegen Parfümfläschchen, Trinkhörner in Form von Tierköpfen, Teller, Becher, Öllämpchen. Das Wrack, sagt Professor Benoît, ist auf das zweite Jahrhundert v. Chr. datiert. Es enthält Tausende solcher Gegenstände. Ich erschauere bei dem Gedanken, dass ich bei einem guten Ausgang meines Vorstellungsgesprächs mit Cousteau nach solchen Wunderdingen tauchen werde.

Zwei Gewehrschüsse knallen. Der Maat, der sie abgefeuert hat, erklärt mir, dass so die Taucher benachrichtigt werden, da ihre Zeit für die Arbeit unter Wasser abgelaufen ist und sie wieder hoch müssen. Die Mannschaft versammelt sich um die Leiter. Ich dränge mich nach vorn. Bläschen steigen zur Wasseroberfläche. Die Dekompressionsphase für diesen Unterwasserausflug ist kurz, drei Minuten; sie scheint mir endlos … In drei Metern Tiefe kann ich zwei Gestalten erkennen, die mich an Kraken erinnern.

Eine davon taucht auf: »Da ist Didi!« ruft Madame Cousteau. Frédéric Dumas trägt eine beige Taucherkappe mit einer großen Sieben darauf. Ich erfahre, dass jeder Taucher eine Zahl hat, um Irrtümern vorzubeugen (besonders bei den Dekompressionszeiten). Er steckt in einem hellbraun gestreiften beigen Anzug aus Schaumstoff ohne Ärmel oder Beinlinge; ein riesiges bronzenes Tauchermesser hängt an seinem Bleigürtel – mehr Fetisch als Waffe. Der Gefährte Cousteaus, der Mann, der damals den absoluten Weltrekord im Tauchen hält – mehr als neunzig Meter –, klettert langsam die Leitersprossen herauf. An Deck schnallt er seine Pressluftflaschen ab und legt sie sacht auf die Abdeckung der Ladeluke. Er wirkt müde und erschöpft. Er bibbert und reibt sich die Hände.

»Am Grund ist das Wasser eiskalt«, murmelt er. »Jacques hat ganz Recht, wenn er den Anzug mit konstantem Volumen angezogen hat.«

»Mit konstantem Volumen?« Ich weiß absolut nicht, wovon die Rede ist. Und wenn mich Cousteau genau das fragen sollte? Ich vermute, es handelt sich um eine wasserdichte Taucherkombination, in die zur Isolierung Luft eingeblasen wird und deren Volumen auch bei unterschiedlichem Wasserdruck gleich bleibt – daher der Name. Aber ich zittere beim Gedanken, etwas Dummes zu sagen …

Die zweite Gestalt durchstößt den Wasserspiegel in einem Gebrodel von Druckluft, das durch ein Ventil entweicht. Zwei lange Hände mit überraschend schmalen Fingern packen die Leiterholme. Als die Luft aus der Kombination entwichen ist, erscheint der Kopf des Tauchers über den Wellen und dann sein Körper.

Cousteau stemmt sich auf den Dollbord und setzt sich eine Weile darauf. Er ist es!

Eine Taucherkombination mit »konstantem Volumen« auszuziehen ist keine geringe Sache. Die Hofschranzen von Versailles wohnten dem *Petit Coucher* des Königs bei, ich habe zum ersten Mal Gelegenheit, zuzusehen, wie sich der Pascha nach der Rückkehr von einem Tauchgang entkleidet … Der Kommandant nimmt die Tauchermaske ab. Ich sehe zum ersten Mal *in natura* die große Hakennase, die nach hinten gekämmten, damals schon fast weißen Haare und den Mund, der sich nach unten zieht und stets ein wenig ironisch wirkt.

Das Gesicht von der Anstrengung gezeichnet, mit abwesendem Blick, streicht sich Cousteau mehrmals mit beiden Händen die Haare zurück, in einer Gebärde, die ich während unserer jahrelangen Forschungsfahrten tausendmal bei ihm sehen werde. Mit dieser Geste bringt er Ordnung in seine Gedanken, bevor er spricht.

Und Cousteau spricht – nicht mit mir. Obwohl seine Augen kurz auf meiner unscheinbaren Person geruht haben, hat er mich nicht wahrgenommen. Er beendet seinen Tauchgang, indem er ihn analysiert. Er beschreibt seinen Zuhörern den steilen Abhang jenseits des Wracks, wo das Geschirr hinabgerollt ist – bis in sechzig Meter Tiefe.

Als der Blick des Paschas zu mir zurückkehrt, zittere ich vor Erregung. Ich möchte sprechen, ich krächze nur. Ich kriege kein Wort heraus. Madame Cousteau kommt mir zu Hilfe; sie stellt mich vor. Ich schüttle Cousteau die Hand wie ein kleiner Junge seinem Schulmeister. Ich stehe dem Mann gegenüber, den ich für den großen Chef halte, den Erfinder des modernen Tauchens. Ich murmle eine erbärmliche Begrüßung: »*B'jour, tr's h'reux d'vous r'nc'trer s'r l'C'lyps …*«

Der Gong rettet mich, die Glocke, die an Bord das Mittagessen ankündigt. Der Kommandant lädt mich und Georges Beuchat ein. An dem großen Tisch in der Messe, an dem sich bereits ein großer Teil der Mannschaft niedergelassen hat, setzt er mich zu seiner

Rechten. Später erfahre ich, dass das der Ehrenplatz ist. Georges Beuchat, links von Madame Cousteau, bleibt gelassen. Er jedenfalls kommt nicht aus dem Tritt. Er zieht geschickt meine Bewerbungsakte hervor und streckt sie dem Kommandanten hin. Aber der legt sie auf die Sitzbank, ohne auch nur einen Blick hineinzuwerfen.

Ich bin restlos verzweifelt.

Cousteau redet von Gott und der Welt, nur nicht von meiner Bewerbung und dem Auftrag, den er mir geben könnte. Während die Vorspeise hereingebracht wird, beginnt er eine allgemeine Darlegung über Wracks – die sicher sehr spannend ist, mir aber fehl am Platze scheint und von der ich kein Wort behalte. Ich möchte unbedingt, dass er auf mich zu sprechen kommt. Beim Braten erklärt er die Schiffsreste vom Grand Conclu. Er ruft mich zum Zeugen ihrer Bedeutung auf. (Soll ich widersprechen?) Er will wissen, ob ich dafür sei, die gesamte Ladung zu bergen. (Und ob!) Er behandelt mich, als ob ich den Fundort schon seit langer Zeit kenne. Beim Nachtisch hebt er hervor, dass dieser archäologische Auftrag eine Weltpremiere ist; dass die seit zweiundzwanzig Jahrhunderten vor diesen Felsen ruhende Galeere die sagenhafteste Ladung antiken Geschirrs enthält, die je auf dem Meeresgrund gefunden wurde … Ich stimme zu, ich würde allem zustimmen! Ich schwebe auf einer Wolke – mitgerissen vom Vortrag des Paschas. Die *Calypso* wiegt sich bei diesem Mittagessen unter dem Einfluss einer sanften Dünung aus Westen.

Meine erste Mahlzeit an Bord … Ich sage mir schließlich, dass dieses Schiff nur noch auf einen Falco wartet, um noch viel Größeres zu vollbringen.

»Also gut«, sagt Cousteau, »fangen wir an …«

Ich komme von meiner Wolke herunter. Was soll anfangen? Ich? Aber wo? Wir sind noch beim Kaffee. Der Pascha hat nicht den kleinsten Blick in meine Akte geworfen; er erzählt hunderterlei Dinge über Wracks und verlangt dann von mir, dass ich anfange …

Panik!

Heute weiß ich, weil ich es vierzig Jahre lang miterlebt habe, dass Kommandant Cousteau immer so vorging. Über Diplome und Lebensläufe spottete er nur. Wenn er jemand einstellen sollte, redete er von etwas anderem. Er verblüffte seinen Gesprächspartner und beobachtete, wie er reagierte. Er versuchte, den Bewerber »zu spüren«, und fragte ihn dazu nicht über Kenntnisse aus, noch schilderte er ihm detaillierte Dienstpflichten. So konnte er sich eine präzise Ansicht über die Anpassungsfähigkeit und Selbstbeherrschung des Bewerbers bilden. Wenn der erste Eindruck günstig war, testete er den Mann im Einzelnen.

Plötzlich fühle ich mich völlig verloren. Ich habe Mühe, den Einsatzauftrag zu verstehen, den ich gleich erfüllen soll. Ich lasse mir alles noch mal im Detail von Frédéric Dumas erklären, der mich nicht so eingeschüchtert wie der Pascha und so geduldig wie ein Lehrer mit mir ist. Schließlich begreife ich, dass ich fünfundvierzig Meter hinunter soll, um den Stutzen des Saugrohrs abzumontieren.

Ich habe noch nie ein Saugrohr gesehen, auch wenn ich davon habe reden hören. Dieser riesige Staubsauger, dessen ringverstärkter Schlauch hundertzwanzig Millimeter Durchmesser hat, dient dazu, Sedimente vom Grund abzusaugen, um die im Sand verborgenen archäologischen Funde freizulegen. Das Gerät hat versagt. Es muss repariert werden. Und mir ist es zugefallen, den Stutzen heraufzuholen!

Während man mir hilft, einen Schaumstoffanzug anzulegen, denke ich daran, dass es in dieser Geschichte noch einen weiteren Versager geben könnte. Den jungen Falco! Bis zu diesem Tag bin ich erst etwa dreißigmal mit der Aqualunge getaucht, habe also ziemlich wenig Erfahrung. Ich schlüpfe in den Anzug. Ich lege die Flossen an. Etwas beklommen schnalle ich die schweren Flaschen um. Frédéric Dumas erinnert mich daran, wie der Apparat funktioniert. Ich stelle das Bedarfsventil ein. Die Luft kommt regelmäßig. Alles funktioniert, aber als ich mir die Maske über das Gesicht ziehe, bekomme ich wirklich Angst. Fünfundvierzig Meter, das fängt ja tief an ...

Die Würfel sind gefallen. Ich steige die Taucherleiter hinunter. Ich bin im Wasser. Um mich zu beruhigen, atme ich so langsam wie möglich. Ich tauche unter und halte mich an das ringverstärkte Saugrohr, das senkrecht in der Tiefe verschwindet. Während des Abstiegs begegne ich Dutzenden von Fischen, besonders Blökern, die an dem mit Moosalgen bewachsenen Metallrohr knabbern. Ich bewundere die Silberblitze ihrer Bäuche: wie Spiegelreflexe.

Wie viele Neulinge und sogar erfahrenste Taucher erwarte ich, auf dem Meeresgrund einen kompletten Schiffsrumpf mit Ladung und Masten und Segeln vorzufinden. Das Idealbild des unversehrten Wracks (auf das man nie stößt, außer in Bildergeschichten) ist unglaublich hartnäckig.

Alles, was ich in dreißig Metern Tiefe entdecke, ist ein Haufen grauer Sand von zwanzig Metern Länge und acht Metern Breite, aus dem die Hälse von Dutzenden von Amphoren herausragen. Unterhalb dieses Haufens Töpferwaren beginnt eine Kaskade von Sedimenten und Keramikscherben, die auf einem Absatz in fünfundvierzig Metern Tiefe endet. Der Stoß muss schrecklich gewesen sein, als das Schiff gegen die Felsen des Grand Conclu prallte, bevor es einen Teil seiner Ladung in dreißig Metern Wassertiefe verlor und dann schwerfällig ein Stockwerk tiefer rutschte ...

10
Unterwasserarchäologie

Auftrag erfüllt · Besichtigung der Calypso · *Tauchkameraden ·*
Jean-Pierre Servanti · Die Tragödie

Ich schlage ruhig mit den Flossen. Ich bin wieder auf vertrautem Gebiet. Im blauen Licht der Tiefe… Gern würde ich das Wrack im Einzelnen untersuchen, aber ich muss einen Auftrag erfüllen – und darf dabei nicht versagen.

Ich finde das Ende des Schlauches und hebe den Stutzen an einem seiner angeschweißten Griffe hoch. Ihn mit beiden Armen umfassend, versuche ich ihn aus dem schlammigen Untergrund zu zerren, in dem er sich festgesaugt hat. Das archimedische Gesetz hilft mir nicht viel: Er scheint tonnenschwer! Ich packe den Schraubenschlüssel, den Frédéric Dumas mir an meinem Gürtel festgemacht hat, und fange an, die drei Bolzen zu lösen, die den Stutzen mit der Pressluftzufuhr verbinden. Ich habe insgesamt fünfzehn Minuten für diese Arbeit, und bereits ein Drittel ist davon verbraucht. Mir wird zum ersten Mal bewusst, dass Unterwasserarbeit stets mit der Uhr im Kopf verrichtet wird. Die Sekunden verticken so schnell…

Ich beeile mich. Ein Bolzen ist ab. Jetzt der zweite. Der dritte klemmt natürlich… Ich gebrauche Gewalt, und der Mündungsstutzen des Saugers löst sich vom Rohr. Ich schleppe ihn bis zu einem Senklot, das vom Schiff herabgelassen worden ist, mache ihn gut daran fest und ziehe zweimal kurz am Seil, wie mich Frédéric Dumas angewiesen hat. Der Saugstutzen entschwebt, von der Mannschaft Hand über Hand nach oben verholt.

Es bleiben mir noch zwei Minuten. Ich nehme mir die Zeit, mich umzusehen. Der Grund ist abschüssig, viel unebener, als ich zuerst glaubte. Ich sehe Amphoren aus dem Sediment ragen. Ich streichle eine. Ihre Oberfläche ist rau, fast ganz von Algen, Schwämmen, Moostierchen, Röhrenwürmern und kleinen Molusken besiedelt. Ein Krake guckt mit seinen großen schlauen Augen daraus hervor. In einer anderen Amphore hat ein grauer Meeraal die hintere Hälfte seines Schlangenleibs geborgen; draußen wiegt er seinen schmalen Kopf mit offenem Maul und spitzen Zähnen. Auf einem Haufen zerbrochenen Geschirrs liegt ein Großer Drachenkopf, eine Meersau, reglos mit gesträubten Flossenstrahlen … Ich schwebe langsam über diese Wunder hin, die einen von Menschenhand geschaffen, die andern von der viel geschickteren Natur.

Zwei Schüsse knallen: mein Signal zum Aufstieg. Ich paddle nach oben. Das Amphorenfeld verschwindet hinter einem blauen Vorhang; ich habe den Eindruck, das Meerestheater beende für mich seine Vorstellung. Ein Schwarm silbriger Sardinen flieht Hals über Kopf, verfolgt von zwei gierigen Großen Gabelmakrelen. Bei dem für meine Dekompression vorgeschriebenen Aufenthalt sage ich mir, dass ich meine Probe nicht schlecht bestanden und eine Chance habe, Mitarbeiter des Cousteau'schen Unternehmens zu werden.

Als ich wieder auf dem Deck der *Calypso* anlange, zwinkert mir Frédéric Dumas verschwörerisch zu. Cousteau jedoch ist über den Stutzen gebeugt, den ich abgeschraubt habe, und erklärt dem Mechaniker Octave Léandri anhand einer Skizze die Veränderungen, die an dem Gerät vorgenommen werden müssen, um den Luftdurchlass zu erhöhen. Zwei Minuten später weist er den Maat Albert Raud an, die Bugankerkette etwas zu kürzen, weil der Mistral loslegt und das Heck der *Calypso* gefährlich nahe gegen die Steilküste dreht.

Endlich kommt der Pascha zu mir. Er lächelt mich an. Aber nicht der kleinste Glückwunsch. Das werde ich später immer wieder erfahren: Cousteau fällt es schwer, jemand zu loben.

»Kommen Sie mit, Falco«, sagt er schlicht. »Ich zeige Ihnen die *Calypso*…«

Wir nehmen den Backbordlaufgang, betreten die Messe und die Kombüse. Wir steigen zur Brücke hinauf. Dort, an das große messingbeschlagene Steuerrad gelehnt, erklärt er mir, warum er sich entschieden hat, einen Minenräumer zum Meeresforschungsschiff seiner Träume umzubauen. Erstens, sagt er, haben diese Schiffe einen hölzernen Rumpf und das tägliche Leben ist für die Mannschaft dort angenehmer als in einem Schiffsrumpf aus Stahl, in dem man im Winter vor Kälte zittert und im Sommer vor Hitze schmort. Zweitens sind solche Schiffe sehr solide gebaut. Um möglichen Minenexplosionen standhalten zu können, haben sie Spanten von bester Eiche und sind dazu noch außergewöhnlich stark beplankt. Außerdem haben sie einen großen Aktionsradius: Mit zwei Maschinen kann die *Calypso* bei einer Geschwindigkeit von zehn Knoten zwanzig Tage ohne Nachtanken fahren, beispielsweise über den Atlantik. Viertens kann sich dieser Schiffstyp mit seinem geringen Tiefgang über Untiefen wagen, die vielen anderen Schiffen zum Verhängnis würden: Die *Calypso* reicht nämlich nur zehn Fuß (drei Meter) unter die Wasserlinie, womit sie sich zwischen Riffe wagen und Taucher direkt vom Schiff an ihren nassen Arbeitsplatz entsenden kann.

Cousteau liebt die Technik. Er rüstet sein Schiff systematisch mit den neuesten Erfindungen aus. Er ist nicht wenig stolz, mir die Steuerhebel und Bildschirme der modernen Geräte zu zeigen, die er hat einbauen lassen: den Magnetkompass an der Decke über dem Rudergänger; den mit dem Autopiloten gekoppelten Brown-Kreiselkompass, das Präzisionsecholot EDO; das Funktelefonsystem usw. Ich bin beeindruckt; so etwas habe ich noch nie gesehen. Ich habe nicht ein Hundertstel davon auf meiner *Hou Hop*, die im Prinzip nur einen Gashebel, eine Kupplung und eine Ruderpinne besitzt!

Die *Calypso* ist ein Arbeitsschiff, kein Vergnügungsdampfer. Ich überzeuge mich davon, als ich die so genannte Bordwerkstatt besuche, mit ihren zwei Junker-Kompressoren (hundertzwanzig Kubikmeter stündlich), einer elektrischen Bohrmaschine, einer Präzisionsdrehbank, den Tiefkühlfächern, der beeindruckenden elektrischen Schalttafel. Wir gehen durch den Maschinenraum: Zwei riesige Achtzylinder-Reihenmotoren entfalten dort ihre Kraft; sie entwickeln beide fünfhunderttausend PS bei tausenddreihundertfünfzig Umdrehungen pro Minute.

Auf den Fersen des Paschas besichtige ich den hinteren und den vorderen Laderaum, die Pantry, wo die Lebensmittel gelagert werden, die Duschen und Mannschaftskabinen. Meiner Meinung nach sind Letztere mehr als spartanisch eingerichtet! Die meisten haben zwei Kojen übereinander.

Auf dem Achterdeck ist die Arbeit in vollem Gange. Ein Taucher hat den Stutzen am Sauggerät angebracht, das bereits wieder in Betrieb ist. Das obere Ende der dicken beweglichen Röhre spuckt ein Gemisch von Wasser, Luft und Sand aus. Diese schäumende, bräunliche Flüssigkeit stürzt in das Sieb eines großen Metallkorbs, der außen am Dollbord befestigt ist; dieser Filter hält kleine Fundstücke zurück. Die Spezialisten – Fernand Benoît und Ferdinand Lallemand – trennen Steine von archäologischen Funden. Bei jeder Entdeckung stößt Ferdinand Lallemand Schreie aus: »Oh! Ladeschäkel aus Blei! Oh! Ein prächtiger Schüsselboden mit Margeritenbemalung!…« Und so fort. Natürlich unterbricht von Zeit zu Zeit ein Ulk die Forschung: »Oh! Ein Geldstück von… Ach! Die Witzbolde! Sie haben mir eine Hundert-Sou-Münze raufgeschickt!«

Der Nachmittag verfliegt für mich wie ein Traum. Am Abend, als ich wieder in die *Hou Hop* hinabsteige, fragt mich Kommandant Cousteau, ob ich daran interessiert sei, morgen und die Folgetage wiederzukommen – unbezahlt. Er hätte mich genauso gut fragen können, ob ich in der staatlichen Lotterie gewinnen will.

Selbstverständlich komme ich zurück. Ich lerne eine ganze Gruppe von Tauchern kennen, von denen manche viele Jahre in der Mannschaft der *Calypso* verbringen und meine Freunde werden. Da ist Emile Robert, Henri (genannt Riquet) Goiran, Raymond (alias »Canoë«) Kientzy, Armand Davso (der die meisten unserer Unterwasserkameras perfektionieren wird), André Laban (der in Mußestunden mit Leinwand und Pinseln taucht, der erste Unterwassermaler der Geschichte). Da sind auch Jacques Medan und Jean-Pierre Servanti, Claude Strada, schließlich Raymond Coll, der wie ich mehr als fünfunddreißig Jahre an Bord verbringen wird. Yves Girault und mein alter Kumpel Georges Beuchat kommen von Zeit zu Zeit, um uns zur Hand zu gehen.

Wir tauchen. Wir arbeiten wie besessen. Bisweilen sind nicht weniger als sieben Taucher an der Arbeitsstelle unter Wasser.

Wir lösen vorsichtig das Geschirr aus seinem Sedimentbett, sammeln es ein und legen es in einen Korb an einem Tau; die alte Lombardini-Winde bleibt nicht müßig. Sie zieht die Amphoren zur Oberfläche hinauf, wo sie von den Archäologen in Empfang genommen werden.

Die Taucher lösen sich am Meeresgrund alle dreißig Minuten ab. Jeder von ihnen macht zwei Einsätze täglich, einen morgens und einen nachmittags, zwischen denen meistens drei Stunden Ruhezeit liegen müssen. Der Organismus muss Zeit haben, alle durch den Überdruck im Blut gelösten Gase auszuatmen. Zwischen den Mannschaftsmitgliedern herrscht eine Atmosphäre freundschaftlicher Konkurrenz – große Solidarität. Niemand vergisst, dass die Arbeit in vierzig Metern Tiefe gefährlich ist.

Ich jedenfalls lerne mein Handwerk. Ich hole mir Rat von Frédéric Dumas und den anderen. Ich vervollkommne mich. Ich lerne meine Dekompressionstabellen – von denen ich gerade zum ersten Mal gehört habe – auswendig und verschlinge die seltenen Artikel, die derzeit über die Physiologie des Tauchens veröffentlicht werden. Mir wird klar, in welche Gefahren ich mich begeben habe, ohne es zu wissen – indem ich ganz allein zusammengebastelte Taucherausrüstungen ausprobiert habe. Auch rufe ich mir meinen ersten Abstieg in Sormiou mit der Cousteau-Gagnan'schen Aqualunge ins Gedächtnis: Wie viele Fehler habe ich dabei gemacht! In zwanzig Metern Tiefe, völlig gebannt vom Gewimmel der Langusten, hatte ich alles Mögliche angestellt. Ich war planlos auf- und abgetaucht und hatte mich damit amüsiert, bis dicht an die Oberfläche aufzusteigen, die Lungen voller Pressluft. Und am Ende eines Tauchgangs nicht der kleinste Aufenthalt zur Dekompression! Es wird mir klar, dass ich nur rein zufällig keinen schweren Unfall erlitten habe. Eine Dummheit hat die andere kompensiert: Durch mein Hyperventilieren habe ich meine Pressluftflaschen im Handumdrehen geleert und deswegen nicht die fatale Zeitspanne unter Wasser verbracht, nach deren Ablauf ein Dekompressionsaufenthalt unerlässlich wird.

Hier am Grand Conclu verwandle ich mich in einen Berufstaucher. Und ich schwitze unter meiner Maske! Wir legen im Durchschnitt täglich etwa fünfzehn bis zwanzig Keramikgegenstände frei; der Rekord ist fünfundsechzig. Wie meine Kollegen bediene ich den Saugstutzen. Das ist ein launenhaftes und schwer handhabbares Gerät. Wenn die Ansaugöffnung wegen eines zu großen Brockens verfestigten Sediments, der nicht hindurchpasst, verstopft, füllt sich der Schlauch mit Pressluft und verwandelt sich in ein Schlangenungeheuer, das, sich windend und um sich peitschend, an die Oberfläche steigt. Die Bordmechaniker stürzen sich auf das Pressluftventil, um es zuzudrehen; erst dann sinkt das riesige Reptil wieder hinab. Aber Vorsicht bei den Tauchern unten!

Es gibt zahlreiche Zwischenfälle. Eines Tages verstopft das Ansaugrohr und wird dann abrupt wieder frei; Ferdinand Lallemand, der im Metallkorb Objekte sortiert, wird von einem Regen aus Steinen und Keramikscherben fast bewusstlos geschlagen.

Nur schlechtes Wetter unterbricht die Ausgrabungen. Jeden Tag hören wir den Wetterbericht. Der Pascha und Frédéric Dumas tauchen hinunter und arbeiten wie alle andern. Sie lassen uns einen Graben mitten durch den Keramikhaufen ziehen. Während wir Stück um Stück wegnehmen, um den Graben zu vertiefen, stoßen wir auf weitere Kostbarkeiten. Die ausgeschüttete Ladung ist von ungeheurem Umfang; wir graben alsbald zwischen zwei Amphorenmauern von vier Meter fünfzig Höhe!

Die Beute bereichert die Museen von Marseille, wo sie heute noch zu bewundern ist. Sie umfasst nicht nur große griechische und römische Amphoren, sondern Hunderte von Gefäßen, von denen eines schöner ist als das andere: mit Rosetten verzierte Schüsseln, Fischplatten mit Abteilungen für Soße, Becher aller Größen (mit oder ohne Henkel), Parfümväschen (Balsambehälter), Kelche, Trinkhörner. Dieses Prunkgeschirr war für die bessere Gesellschaft Phokäas und für den Handel mit Gallien bestimmt.

Dank unserer Arbeit erreichen diese Töpferwaren schließlich ihr Ziel – mit einer kleinen Verspätung von zweitausendzweihundert Jahren ... Als das Achterdeck der *Calypso* randvoll ist und die Bordarchäologen ihre Arbeit des Beschreibens, Fotografierens, Zeichnens und Klassifizierens beendet haben, lichtet das Schiff den Anker für die kurze Fahrt zum Alten Hafen von Marseille. Gegenüber der Canebière schaffen wir die Ladung huckepack an Land. Die ortsansässigen Fischer kommentieren das Ereignis: »Na so was!«, sagen sie. »Die *Calypso* ist eingelaufen ... Seht doch bloß den Kommandanten Cousteau: Der hat wohl nicht mehr alle beisammen! Der angelt vor der Insel Riou nach Tonkrügen statt nach Wolfsbarschen und Langusten!«

Von der Freude zur Trauer ist es nicht weit. Ein Drama überschattet unseren Einsatz. Am 5. November 1952 bemerkt Kapitän Saout nach einem denkwürdigen Sturm, dass eines der Ankertaue der *Calypso* lose hängt. Wir fragen uns, warum. Jemand muss nachsehen, was am Grund passiert ist. Jean-Pierre Servanti meldet sich freiwillig. Dieser Taucher der französischen Marine ist einer der erfahrensten der Gruppe. Er bereitet sich vor und verschwindet in der Tiefe. Als er wieder heraufkommt, verkündet er, der Anker habe sich von der Kette gelöst und sei verschwunden; die Kette schleife frei über den Sand.

Wir wollen den Anker wieder finden. Am Morgen des 6. Novembers taucht Jean-Pierre Servanti erneut. An der Stelle, wo wir den Anker vermuten, zeigt das Echolot siebzig Meter an – reichlich tief. Kommandant Cousteau macht sich Sorgen. Er beauftragt mich, den Einsatz von der Oberfläche zu überwachen. Ich sehe zu, wie mein Kollege im dunklen Wasser verschwindet; von der kleinen Jolle aus verfolge ich seine Luftblasen, zunächst große, dann immer kleinere.

Der Mistral erhebt sich und macht die Beobachtung schwierig. Allmählich erfasst mich Angst; etwas ist nicht geheuer. Die Bläschen werden viel zu klein, fast wie in Mineralwasser. Und jetzt hören sie ganz auf…

Alarm! Ich rufe die *Calypso*. Kommandant Cousteau mobilisiert alle Mann. Ich brauche kaum eine Minute, um meine Ausrüstung anzulegen, aber ich weiß, bei einem schweren Unfall ist jede Sekunde zu viel.

Ich springe ins Wasser. Vor zwanzig Minuten hat Jean-Pierre Servanti seinen Einsatz begonnen; eigentlich müsste er auf Dekompressionsstation sein. Dort ist er aber nicht. Ich suche tiefer, tauche hinunter. In vierzig Metern Tiefe entdecke ich eine der kleinen gelben Bojen, die er dabeihatte und deren Ankerschnur in der blau-schwarzen Tiefe verschwindet. Ich folge der Schnur, sie leitet mich in den Abgrund. Fünfzig Meter… Sechzig… Ich habe das Gefühl, in flüssigem Schlamm zu versinken. So tief bin ich noch nie getaucht. Mein Verstand trübt sich. Meine Körperbeherrschung lässt nach. Mein Wille zerfließt mit dem Wasser um mich herum. Ich zähle meine Finger, wie man es mir geraten hat: Noch geht es. Es sind immer noch fünf! Frédéric Dumas hat mir die Stickstoffnarkose erklärt, die auch Tiefenrausch genannt wird. Ich spüre ihre ersten Auswirkungen. Endlich Grund. Eine dicke Schlammschicht… Ich erkenne die gebrochene Ankerkette und finde an deren Ende den Anker.

Jean-Pierre Servanti hat seine Arbeit getan. Ich erblicke ihn bewegungslos zehn Meter von mir entfernt liegend.

So schnell ich kann, schiebe ich mich mit den Flossen zu ihm hin.

Mein Herz schlägt im Hals: Ist es vielleicht schon zu spät? Ist Jean-Pierre nur bewusstlos? Ich habe selber keine Luft mehr in den Flaschen. Mein Regelventil wird schon schwergängig. Wir könnten alle beide hier sterben… Ich drehe den Reservehahn auf. Seit zwanzig Minuten bin ich unten. Meine Maximalzeit ist vorbei.

Ich nehme Jean-Pierre in die Arme. Er hat sein Mundstück nicht mehr im Mund. Ich versuche vergeblich, es ihm wieder hineinzustecken. Ich gebe ihm meines, aber mein Kamerad atmet nicht mehr. Ich schnalle seinen Bleigürtel ab und versuche, ihn hinaufzubringen, indem ich ihn hinter mir herziehe, doch ich schaffe es nicht. Die Anstrengung in dieser Tiefe ist zu groß, umso mehr, als meine letzte Luftreserve rasch schwindet. Ich steige in einem Zug wieder hinauf, alle Gesetze der Dekompression missachtend. Ich durchstoße die Oberfläche und brülle meine Verzweiflung hinaus – ein furchtbarer Schrei, wie mir meine Freunde von der *Calypso* später sagen…

Jacques Ertaud und Yves Girault haben sich fertig gemacht. Ich zeige ihnen die Stelle, und sie tauchen hinab. Sie finden die Leiche Jean-Pierre Servantis und schaffen es, ihn ans Tageslicht zu bringen. Wir tragen den leblosen Taucher in eine kleine Druckkammer. Künstliche Beatmung, Herzmassagen auf dem Transport, dann im Krankenhaus: vergebens. Es ist zu spät. Unser Freund ist ertrunken. Er ist zu schnell und zu angestrengt in die große Tiefe geschwommen, um seinen Auftrag erfolgreich zu erledigen. Am Grund ist er bewusstlos geworden.

Drei Tage lang bleiben auf der *Calypso* die Taucheranzüge an den Haken. Und die Junker-Kompressoren füllen keine einzige Pressluftflasche. Kommandant Cousteau, völlig niedergeschlagen, fragt sich ernstlich, ob er das Recht hat, Menschenleben für Amphoren aufs Spiel zu setzen. Er ist kurz davor, das ganze Projekt abzubrechen.

Die Mannschaft versammelt sich. Wir trauern um Jean-Pierre Servanti, aber wir entscheiden uns, weiterzumachen. Wir wollen diese Ausgrabungsarbeiten zu Ehren des Toten erfolgreich zum

Abschluss bringen. Mit ein paar schlichten Worten beschwören wir den Pascha, nicht aufzugeben.

Er gibt keine Antwort. Einen Augenblick später sehen wir jedoch, wie er zum Tauchdeck geht. Schweigend legt er seinen Tauchanzug und seine Flossen an. Er füllt seine Flaschen. Mit einem Zeichen bittet er mich, seinen Abstieg zu überwachen. Dann verschwindet er im nassen Element.

Er will allein an den Ort der Tragödie in siebzig Meter Tiefe tauchen und den Auftrag beenden, der einem Kameraden das Leben gekostet hat. Er findet und markiert den Anker, den die *Calypso* bergen soll. Als er wieder heraufkommt und sich auf den Boden des von mir gesteuerten Beiboots setzt, ist sein Gesicht unter der Maske nass. Nicht vom Meerwasser.

11
Die Schätze des Wracks

*Ein hölzerner Bock · Port-Calypso · Der älteste Wein der Welt ·
Stammrollennummer IP 27818 · Deck schrubben*

Die Ausgrabungen gehen weiter...

Der Amphorenpaternoster kommt wieder in Gang, ebenso die
Ablösung der Taucher am Grund. Eine Arbeit, die immer wieder
gleich und trotzdem spannend ist... Indessen kann die *Calypso*
mit Beginn der Schlechtwetterperiode ihren Ankerplatz vor dem
Grand Conclu nicht jeden Tag halten. Sie muss im Hafen von Marseille Schutz suchen.

Kommandant Cousteau beschließt, auf der Insel ein komplettes
Arbeitslager einzurichten, die einzige Möglichkeit, die Ausgra-
bungen trotz der heftigen Winterstürme fortsetzen zu können.
Wir beginnen damit, einen großen hölzernen »Bock« von fünf-
undzwanzig Metern Länge zu bauen, der den Schlauch des Saug-
geräts tragen soll. Wir verankern diesen Brückenkran auf dem
Felsen, sichern ihn mit Spannseilen und lassen ihn so weit über die
Steilwand herausragen, dass sein Ende über dem Wasser ist. Der
Pascha hat bei den Militärbehörden erreicht, dass zeitgleich eine
Pioniertruppe abgestellt wird, die am Ufer eine Plattform errichtet. Darauf installieren wir ein Stromaggregat und einen Nieder-
druckkompressor. Auf einem Felsabsatz zwanzig Meter über der
Baustelle schaffen wir uns einen beinahe ebenen Platz und stellen
eine Blechbaracke auf. Eine kleine Mannschaft kann dort wohnen
und so trotz der hohen, vom Mistral und den Ost- oder Westwinden aufgepeitschten Dünung auf dem Inselchen bleiben.

An der *Calypso* müssen einige mechanische Reparaturen vorgenommen werden. Sie steht nicht zur Verfügung, als es darum geht, das Rahmengestell des Bocks zum Grand Conclu zu bringen; die Aufgabe wird meiner *Hou Hop* anvertraut. Ich hätte nie geglaubt, dass mein bescheidener Kahn die Ehre haben würde, einen Beitrag zu dem damals (und bis heute) größten Unterwasserarchäologieprojekt der Geschichte zu leisten. Für diesen Anlass rufe ich die anderen drei Musketiere zusammen: Boboss, Poup und *l'oncle*. Unbeschwert und fröhlich schaffen wir die Balken hinüber. Meine Freunde haben in Marseille Karriere gemacht, während ich mehr als je zuvor Fahrensmann bin. Ich spüre, dass unsere Lebenswege auseinander gehen; sie sehen das auch so. Doch erleben wir noch einmal den Geist der wagemutigen und improvisationsfreudigen Kameradschaft, der uns nach Korsika, ins Tyrrhenische Meer und in den Golf von Ligurien geführt hat.

Eine Woche lang sind zwei Taucher und ich dabei, das Lager auf dem Grand Conclu einzurichten. Ich muss den Kran streichen. Um mir die Aufgabe zu erleichtern, baue ich mir eine Leiter aus zwei Zweimeterholmen und sechs Stahlkrampen; ich verankere das Gerät im Felsen. Mehr als fünfunddreißig Jahre später, als ich von Sormiou aus im Kanu zum Grand Conclu hinausfahre, sehe ich gerührt meine Leiter wieder. Sie ist verrostet, aber noch vorhanden – als hätte ich einen Teil meiner Jugend im Kalkstein dieser Insel vor Marseille verankert.

Im Überschwang taufen wir unsere Arbeitsplattform und unsere Blechhütte »Port-Calypso«. Fünf Taucher verbringen den Winter auf dem Grand Conclu damit, die Fracht aus dem antiken Wrack zu bergen – und nach dem Auftauchen mit den Zähnen zu klappern. Eine schwere, anspruchsvolle, erschöpfende, an manchen Tagen aufregende und an anderen Tagen verzweifelt monotone Arbeit… Das aufwölkende Sediment. Die Rundungen des Tongeschirrs. Unsere Freude, wenn wir ein intaktes Stück bergen. Die empörte Verblüffung von Kraken und Langusten, die von uns aus ihren Wohnungen geworfen werden. Unsere Müdigkeit abends in der Blechbaracke, deren Ritzen der tückische Wind immer findet …

Außer mir sind dort Jean Delmas, der Leiter dieses Einsatzes; Henri »Riquet« Goiran, Raymond »Canoë« Kientzy und Robert Picassou, Taucher und Schiffskoch zugleich und in beiden Rollen Hervorragendes leistend. Häufig ist es nicht die *Calypso*, die uns unterstützt und versorgt, sondern ein kleiner, zur Meeresforschung umgebauter Fischkutter von achtzehn Metern Länge, der *Espadon* heißt und von Kapitän Toscano, genannt »Zé«, befehligt wird.

Wir schlagen uns mit dem Sauggerät herum, das sich allzu häufig in seiner Rolle als unheimlich zuckende Seeschlange gefällt. Der Schlauch ist täglich einmal verstopft, und dann fängt das Tier an zu toben. Es reißt sich los von denen, die es festhalten, windet sich und schlägt wütend nach jedem, der das Pech hat, in seinem Umkreis zu sein. Um es zu »purgieren«, gibt es kein anderes Mittel, als oben vom Kran ein Gewicht von fünfundzwanzig Kilogramm hindurchrutschen zu lassen, das die Röhre von innen fegt.

Wir tauchen morgens und nachmittags. Bisweilen geht die Dünung so hoch, dass wir nicht auf der Taucherleiter ins Meer hinabsteigen können. Wir lassen uns mit der Winde an einem Tau von der Plattform hinab. Wir berechnen unsere Arbeit unter Wasser so, dass wir nicht mehr als zehn Minuten Dekompressionsaufenthalt haben, denn in nur drei Metern Tiefe ist die Gewalt der Brecher phänomenal. Länger würden wir es nicht aushalten.

Die Ausgrabung geht weiter. Der Riesenhaufen Geschirr unter Wasser wird kleiner. Der Hauptteil der Fracht bildet einen lang gezogenen Hügel, dessen Form mich an eine Marzipanspezialität von Aix erinnert. Wir stellen fest, dass der Haufen eine obere Schicht römischer Amphoren, eine Mittelschicht verschiedener Keramiken und eine Unterschicht griechischer Amphoren enthält. Professor Benoît vermutet, dass der erste Teil der Ladung in Griechenland an Bord kam und der Laderaum des Schiffes schließlich in Italien aufgefüllt worden ist – bevor es nach Marseille auslief, wo es nie ankam…

Insgesamt erfordert die Bergung der Schätze vom Grand Conclu nicht weniger als dreitausendfünfhundert Tauchgänge – ein Unterwassermarathon! Und die Fundstelle ist noch nicht einmal erschöpft, so reich ist sie. Wir bergen nur die schönsten der dreitausend Amphoren und der zehntausend Geschirrteile, die das Wrack enthält. Im Drahtkorb des Saugrohrs sortieren wir Milliarden Scherben aller Art, Geldstücke und Kleingegenstände. Mein Rekord? Die Bergung von sechsunddreißig Amphoren in einem einzigen Tauchgang von zwanzig Minuten.

Rings um den Geschirrberg, dem wir die schönsten Keramiken entnehmen – sie zieren die Schaukästen mehrerer Museen von Marseille –, liegen immer noch Hunderte beim Schiffbruch verstreute Gegenstände. Man könnte sie bergen, sofern man Zeit und Geld dafür aufbringen will. Dafür wären jahrelange tägliche Tauchgänge vom Boot oder von einer Basis auf dem Felsen nötig, oder aber wochenlange intensive Arbeit für eine Mannschaft von Aquanauten, die acht oder zehn Stunden täglich an der Fundstelle arbeitet und die Nacht in einem Unterwasserhaus verbringt.

Wenn das Wetter es gestattet, besucht uns die *Calypso* in Port Calypso. Eines Tages, als sie da ist, graben wir eine noch verschlossene römische Amphore aus dem Sediment. Unter einem äußeren Siegel aus feinem Puzzolan ist ein unversehrter Korken. Wir schaffen das Gefäß unter tausend Vorsichtsmaßnahmen auf die Brücke. Die Mannschaft umlagert es. Es gluckert darin. Wenn das Wein wäre? Zweitausendzweihundert Jahre alt: der älteste Tropfen auf Erden!

Ich reiche Kapitän François Saout mein Tauchermesser, und er kratzt den Puzzolanton und den Korken heraus, der im Hals der Amphore festklebt. Da, sie ist offen. Der Kapitän lässt aus der Messe zwei Gläser holen. Er kippt das Gefäß feierlich; Amphitryon würde es nicht besser machen. Ein dunkelbrauner, dickflüssiger, klumpiger Sirup füllt die Kelche. Der erste ist für Kommandant Cousteau, der zweite für Professor Lallemand. Der Archäologe netzt die Lippen – und spuckt den Schluck sofort mit einer furchtbaren Grimasse über Bord. Mit stoischem Gesicht würgt der Pascha einen winzigen Schluck dieses ehrwürdigen Weins hinunter und lobt den Jahrgang, als sei es Ambrosia. Ich koste: ein fürchterliches Muffkonzentrat!

Aber, wie es so schön heißt, dieser Wein ist der schönste Schluck meines Lebens.

Wir haben den 22. September 1952. Frédéric Dumas spricht mich als Erster auf der Steuerbordlaufbrücke bei seiner Kabine an.

»Bébert«, fragt er, »wollen Sie fest angestellt bei uns bleiben?«

Auf diesen Satz habe ich gewartet! Ich fühle mich, als würde ich abheben. Ich lächle, kriege keine Luft, krächze ein »oui«, das wie ein Seufzer herauskommt. Frédéric Dumas schleppt mich zum Pascha.

»Sagen Sie mal, Bébert«, will Cousteau von mir wissen, »würden Sie gern fest angestellt bei uns bleiben?«

Auf die gleiche Frage ein vergleichbares Gestotter! Doch die beiden interpretieren mein Gekrächze als entschlossenes und begeistertes Ja. Mit Recht.

Jetzt bin ich voll gültiges Mitglied von Cousteaus Mannschaft.

Am nächsten Tag legt der Pascha seine schönste Offiziersuniform an – er ist Korvettenkapitän – und begleitet mich in die Rue de Phocéens von Marseille, in die Büros des Marineamts. Ich muss in die Stammrolle eingetragen werden. Ich bin im siebten Himmel.

In der Vorhölle der Marineverwaltung entwickeln sich die Dinge zum Schlechteren. Ich unterziehe mich der obligatorischen ärztlichen Untersuchung, nach deren Abschluss der Dienst habende Amtsarzt erklärt, ich sei zwar in bester Form, doch müsse er mich zu seinem größten Bedauern als »ausgemustert« abstempeln. Weil ich an vier Fingern meiner linken Hand jeweils zwei Glieder verloren hätte, präzisiert er, könne ich keine Seemannsarbeit verrichten. Vorschrift sei Vorschrift: Behinderte würden nicht in die Marine aufgenommen!

Der Himmel stürzt über mir zusammen.

Kommandant Cousteau lässt sich nicht beeindrucken. Er flüstert mir ins Ohr, auch ein Regiment von hinter dem Marinekodex verschanzten Bürokraten könne ihn nicht irremachen. Er meldet Widerspruch an, schlägt Lösungen vor. Er belagert das Amt, verlangt den Vorgesetzten zu sprechen. Er macht tausend Einwände, gibt tausend Begründungen, die aus seinem Mund überzeugend klingen. Schließlich sind die Zuhörer zermürbt. Er setzt seinen Kopf durch. Er kann den Beamten zwar nicht überreden, mich zum Vollmatrosen der Marine zu machen – die Vorschriften sind da ganz eindeutig –, aber er macht ihnen klar, ich könne dennoch Matrose auf einem Schiff werden, das mit keinem andern vergleichbar sei: auf der *Calypso*, die von der französischen Meeresforschung wissenschaftlich und filmtechnisch ausgestattet worden sei, um die Weltmeere zu untersuchen und Erkenntnisse über sie zu sammeln.

Dieser Kompromiss stellt alle Seiten zufrieden. Mich jedenfalls voll und ganz! Ich bin zwar nicht berechtigt, das Schiff zu wechseln, aber ich will ja gar kein anderes. Ich büße damit den Kapitänstitel ein, den mir meine Musketierfreunde von der *Surcouf* und der *Hou Hop* in dankenswerter Großzügigkeit verliehen hatten. Aber fortan besitze ich ein echtes Seemannsbuch. Mit dem bombastischen Titel eines Leichtmatrosen vierter Kategorie, Stammrollennummer IP 27 818.

Auf der *Calypso* führt mich Kapitän François Saout in die Arbeit an Bord ein. Ein paar meiner Berufspflichten kenne ich schon. Ich kann im richtigen Moment die richtigen Knoten schlagen. Aber ich habe noch so viel zu lernen! Ich bin zum Beispiel völlig verloren, wenn man mir Sätze hinwirft wie: »Tau schricken!«, oder »Tampen aufschießen!«, oder: »Belegen!« Der gute Kapitän Saout mit seinem bretonischen Akzent übersetzt mir den Jargon der seemännischen Handgriffe. Niemand ist dazu besser geeignet als er, der als Schiffsjunge auf einem der letzten Vollschiffe noch Kap Hoorn umsegelte und in nostalgischen Augenblicken von den Stürmen der Drakestraße, den Salpeterfrachten aus Peru oder den Kupferfrachten aus Chile schwärmt. François Saout liebt Schiffe wie ein klassischer Seefahrer. In mir findet er einen unruhigen Geist, der seine Träume von hochgehender See und exotischen Häfen teilt. Er steckt mich mit seiner Leidenschaft für große Fahrt an – aber auch mit seinem Sinn für exakte Arbeit. Er hat einen Tick (wie viele Kapitäne meiner Bekanntschaft): Er will ein blitzblankes Deck und einen makellosen Anstrich sehen. Er lässt uns das in Sklavenarbeit mit Schrubbern und Ätzkalk bewerkstelligen. Wenn wir die *Calypso* gescheuert haben, sind unsere Finger von der ätzenden Lauge aufgeweicht, und die Handflächen schälen sich.

Jeden Tag nehme ich mehr vom so genannten »Cousteau'schen Geist« in mir auf, der aus einer harmonischen Mischung von wissenschaftlicher Strenge und Abenteuerlust besteht. Durch die Keramiken vom Grand Conclu und dank des Wissens der Professoren Benoît und Lallemand lerne ich tausendmal mehr über die Geschichte von Marseille, als ich mir auf meiner Schulbank je hätte träumen lassen.

Zu anderen Zeiten erlebe ich die Gänsehaut des Wagemuts. Im November fällt der Sturm über den Küstenstrich her. Am Grand Conclu gehen die Arbeiten weiter, denn die Geräte sind fest installiert. Aber die *Calypso* läuft nicht mehr aus dem Alten Hafen aus. Wenn sie es riskiert, navigiert sie unter lebensgefährlichen Bedingungen. Eines Tages unterwegs ruft mich der Pascha auf die Brücke. Ich steige hinauf. Man sieht keine Kabellänge weit. Die Brecher laufen vorbei und donnern mit unglaublicher Kraft gegen die Steilküste der Buchten. Bei jedem Anprall stiebt eine haushohe Gischtwolke auf.

Der Pascha grinst.

»Falco«, sagt er zu mir, »nehmen Sie das Ruder. Jetzt machen wir uns einen Spaß. Fahren Sie dicht am Felsen entlang. Wir wollen mal sehen, ob die *Calypso* wirklich überall durchkommt!«

Ich steuere und halte mich dabei so gut wie möglich an seine Anweisungen. Das Schiff schiebt sich parallel zur Dünung voran. Es rollt von einer Seite auf die andere. Wir nähern uns gefährlich der Kalksteinwand, gegen die furios die Brecher schmettern.

»Wie schön!«, murmelt Cousteau.

»Wie schön!«, wiederhole ich mit leisem Zittern in der Stimme.

»Glauben Sie, dass wir genug Wasser unterm Kiel haben, um zwischen dem Inselchen Tiboulen und der Ile de Maïre durchzufahren?«

»Ich glaube, Kommandant, dort ist es acht Meter tief. Aber in einem Wellental könnten wir trotzdem…«

»Also, los… Langsame Kraft voraus! Ruder backbord, fünfzehn Grad!«

»Fünfzehn Grad backbord, Ruder liegt an!«

Tiboulen und Maïre, die ich wie meine eigene Tasche kenne, sind mir nie so nahe beieinander erschienen. Die Untiefe, die ich auf dem Papierstreifen des Echolots erscheinen sehe, wirkt furchtbar bedrohlich… Und wenn ich mich täusche? Wenn mitten in der Durchfahrt ein tückischer Unterwasserfelsen lauert, den ich bei meinen Tauchgängen nicht bemerkt habe? Kommandant Cousteau vertraut mir zwar, doch vielleicht werde ich sein Schiff beim ersten Steuerversuch versenken?

Ich schwitze wie der Held in einem Thriller…

»Na also, wir haben es hinter uns!«, sagt Cousteau. »Wir sind hindurch… Ich hab's ja gesagt: Die *Calypso* kommt überall durch. Nehmen Sie Kurs auf Château d'If.«

Ich stoße den tiefsten Seufzer meines Lebens aus. Dann bläht sich meine Brust vor Stolz: Ich habe dem Kommandanten gezeigt, dass ich auf dem Meer zu Hause bin. Die Dünung von Westen geht hoch, lässt uns schlingern und gibt uns solche Schlagseite, dass die Schiffsglocke von alleine anschlägt. Mir drängt sich der Gedanke auf, dass sie damit meine künftigen Erfolge einläutet…

In den Alten Hafen von Marseille steuere ich die *Calypso* in einer ähnlichen Gemütsverfassung wie Kapitän Cook nach seiner ersten Weltumseglung. Ich habe mich in dieses Schiff verliebt, das so gut rollt und läuft und auf das im Sturm Verlass ist – sofern man wie eine Napfschnecke an der Reling klebt und zwischen zwei Brechern blitzartig durch die Laufgänge flitzt.

12
Eine Reise nach Antikythera

*Zu fernen Horizonten · Marcus Sestius · Papa Blitz ·
Das Wrack von Antikythera · Ein Bronzenagel*

Ich wollte unbedingt auf große Fahrt – und siehe da, jetzt bin ich
angeheuert.

Ich habe meine Koje auf der *Calypso*, und die *Calypso* lichtet
Anker. Auf mich warten ferne Horizonte. Fliegende Fische, Seelöwen und Wale. Unter dem Kommando des sanftesten aller Paschas bekomme ich die Chance, die fünf Ozeane und die zehn
Meere zu durchfahren (nicht nachzählen, meine eigene Rech-
nung). Ich möchte meine Laufbahn als Taucher und Seemann in
Gesellschaft dieses einzigartigen, begeisterten, unermüdlichen,
ideenreichen, in einem Wort genialen Mannes fortsetzen, der
Cousteau ist. Ich möchte mit ihm einen Auftrag nach dem andern
erfüllen und versuchen, meinen Wissensdurst zu stillen, indem
ich dem unberührten Meeresboden ein Geheimnis nach dem anderen entreiße.

Die *Calypso*... Ich habe sie. Ich wohne auf ihr. Ich gehe zum
Bug, beuge mich über die Reling und betrachte den Steven, der
durchs Meer pflügt und zwei auseinander strebende Wellen aufschäumen lässt. Ich betrachte das Blau des Meeres, als ob ich unter Wasser neue Welten entdecken könnte.

Wir nehmen Kurs auf Griechenland.

Eine der Schlussfolgerungen aus der Untersuchung unserer
Archäologen, die sich auf die Amphoren des Wracks vom Grand
Conclu stützen, lautet, die Fracht habe einem gewissen Marcus

116

Sestius (oder Markos Sestios) gehört. Ein Teil der Keramiken trägt auf dem Hals ein Firmenzeichen aus den drei Buchstaben »SES« und davor oder danach eine Art Anker oder Dreizack.

Wochenlang haben die Professoren Benoît und Lallemand Bücher gewälzt, in dem Versuch, das Geheimnis des Inhabers dieses Markenzeichens zu lüften. Bei der Lektüre der *Annales* von Livius ist Fernand Benoît auf die Spur eines gewissen Marcus Sestius oder Markos Sestios gestoßen. Dieser Mann, seiner Herkunft nach ein Römer, hatte sich im zweiten Jahrhundert v. Chr. als Ausstatter auf der griechischen Insel Delos niedergelassen.

Auf nach Delos also. Werden wir tatsächlich zweitausendzweihundert Jahre später die Spur des Eigentümers wieder finden?

Das Wetter ist hervorragend. Das Meer ist von kleinen Wellen gekräuselt, die von einer leichten Brise erzeugt werden. Vom Bug der *Calypso* aus betrachte ich das Treiben einer Gruppe Delfine, altbekannte Freunde der griechischen Seeleute. Sie kommen näher ans Schiff heran. Ich zähle ein Dutzend. Sie tummeln sich an der Meeresoberfläche. Sie springen, drehen und überschlagen sich in der Luft. Dann setzen sie sich vor den kugelförmigen Bugvorsprung der *Calypso*. Sie nutzen die Kraft der Bugwelle aus und lassen sich in endlosem Gleiten vorantragen. Ich bewundere ihre samtblauen Rücken und ihre mit gelben Zeichnungen bedeckten Flanken. Sie scheinen ein Lächeln auf den Lippen zu haben – das ewige Lächeln der Delfine! Sie spielen eine Viertelstunde und verlieren sich dann im Reich des Poseidon.

Wir umrunden den Peloponnes und Kap Matapan, wo der tiefste Graben des Mittelmeers ermittelt worden ist: 5115 Meter. Wir laufen mit zehn Knoten zwischen Kythera und Antikythera durch und fahren mitten in die Inselgruppe der Kykladen ein. Wir lassen Milos und Sifnos an Backbord und Paros an Steuerbord hinter uns. Da ist schon das winzige Delos, die Insel Apollos, Sohn des Zeus, Bruder der Artemis und Sonnengott… Die Insel war nicht nur Kultstätte, sondern wurde schon im Altertum zum Handelszentrum: Um 250 v. Chr. haben die Römer dort einen Freihafen gegründet, der bis zum Jahre 88 vor unserer Zeitrechnung florierte – bis Archelaos und Menophones, die Admiräle von König Mithridates, ihn im Krieg gegen Rom plünderten.

Wir werfen Anker in der Nähe des antiken Hafens und schiffen uns aus. Ich bin sprachlos vor der Größe und Pracht der Ruinen. Der Apollotempel, die heiligen Stätten des Bergs Kynthos, die Höhle der Pythia, das Theater... Wir besichtigen den Ort unter Führung der Professoren Benoît und Lallemand. Zum Hafen kehren wir durch ein Gässchen zurück, das von eingestürzten Läden und Häusern gesäumt wird. Wir betreten, was von einer prunkvollen antiken Villa übrig ist, die einen Hof mit Impluvium und einen Säulengang hatte. Der Boden ist von Mosaiken bedeckt.

Eines davon, ziemlich groß, weist einen Dreizack und die drei Buchstaben »SES« auf: dasselbe Siegel, das auch die Hälse der Amphoren vom Grand Conclu ziert!

Das Rätsel ist gelöst. Hier haben wir den Beweis, dass die Keramiken des Schiffes, das vor nunmehr zweitausendzweihundert Jahren vor einer kleinen Marseiller Insel untergegangen ist, von einem Inselchen in der Ägäis an Bord kamen (zumindest teilweise). Unsere Archäologen strahlen. Wie sie spüren auch wir die Befriedigung einer vollendeten Arbeit.

Während dieser Fahrt nach Griechenland hat Kommandant Cousteau Professor Harold E. Edgerton an Bord der *Calypso* eingeladen. Er ist Amerikaner – und ein Gelehrter, wie man ihn sich vorstellt: eine Art zerstreuter Professor, aber mit mehr Humor als Zerstreutheit. Eine kleine Brille, ein formloser Hut auf dem Kopf, ein naiver Gesichtsausdruck – aber maliziös funkelnde Augen... Als ich seine Bekanntschaft mache, hat er gerade das elektronische Blitzlicht erfunden. Doch spricht er mit rührender Bescheidenheit von seiner Entdeckung. An Bord ist ein Spitzname für ihn bald gefunden: Papa Blitz...

Wir finden einander sympathisch. Ich erhalte Gelegenheit, ihn bei der Vervollkommnung einiger seiner Erfindungen zu beobachten. Ich darf zusehen, wie er Fotoapparate für Aufnahmen in großen Tiefen ausprobiert, die uns für unsere Untersuchungsprogramme der Abyssalregionen von großem Nutzen sein werden.

Ich assistiere Papa Blitz bei seinen Versuchen mit dem Seitenstrahlsonar *(Side Scan Sonar)*. Schon wieder eine Revolution... Zum Gerät gehört ein Sendetorpedo, wegen seiner schlanken Form »Fisch« genannt, der hinter dem Schiff hergezogen wird. Damit kann man auf dem Bildschirm oder auf Papier ein äußerst präzises Meeresbodenprofil erhalten, nicht bloß von unter dem Schiffsrumpf, wie beim klassischen Echolot, sondern auf einer Breite von zweihundertfünfzig Metern beidseits des Kiels. Die Bilder geben den Meeresboden in den kleinsten Einzelheiten wieder. Man entdeckt Hindernisse – oder Wracks –, die aus den herkömmlichen Zackenlinien nicht hervorgehen.

Ich habe die Ehre und das Vergnügen, Professor Edgerton bei seinem ersten Tauchgang mit der Aqualunge zu begleiten. Sein Sohn Robert (Bob) schließt sich uns an. Wir befinden uns im kleinen Hafen Potamos, der Hauptstadt der Insel Antikythera, wo die *Calypso* auf der Rückfahrt von Delos zu einem kurzen Landgang angelegt hat.

Der Unterwasserspaziergang verläuft gut: Papa Blitz ist für das Tauchen fast genauso begabt wie für die Elektronik. Beim Auftauchen grüßen wir zwei Fischer aus dem Dorf. Wir kommen ins Gespräch. Sie enthüllen uns, dass es bei Antikythera ein geheimnisvolles »Wrack von König Minos« gibt; wie überall in der Ägäis, wo der kretische Einfluss in der Bronzezeit groß war, schreiben die Inselbewohner »König Minos« alle archäologischen Überbleibsel zu, denen sie begegnen.

Tatsächlich liegt bei Antikythera ein Wrack. Es weckt die Fantasie des Paschas. Minoisch ist es nicht, aber griechisch – aus dem ersten Jahrhundert v. Chr. Um 1900 ist es von Schwammtauchern entdeckt und 1901 von Helmtauchern der griechischen Kriegsmarine teilweise geborgen worden. Es wurden wundervolle Bronzestatuen gefunden, auf die das Altertumsmuseum von Athen besonders stolz ist: die schönsten Stücke sind ein Hermes (oder

Perseus), im vierten Jahrhundert v. Chr. entstanden, und ein umstrittener Philosophenkopf aus einer etwas späteren Epoche.

Wir reden in der Messe der *Calypso* über diese Wunder. Der Pascha ist ganz aus dem Häuschen.

»Außer diesen Bronzen«, sagt er, »sind siebenunddreißig große Amphoren und Dutzende von Keramikgefäßen und Tonvasen geborgen worden. Aber 1901 waren die Bergungstechniken noch recht primitiv, sodass im Bodensediment bestimmt noch Gegenstände zu finden sind, die man bloß aufzusammeln braucht. Das Wrack liegt in vierundfünfzig Metern Tiefe. Allem Anschein nach haben die schweren Helmtaucher, die am Fundort gearbeitet haben, nur die größten und spektakulärsten Stücke bergen können. Es wird erzählt, sie hätten sich damit begnügt, den Sand wie Gärtner umzugraben. Sie konnten sich nicht einmal bücken, aus Angst, umzufallen, nicht mehr aufstehen zu können und schwere Druckausgleichsprobleme im Skaphander zu bekommen. Ihre Arbeitsbedingungen haben Gewissenhaftigkeit nicht gerade gefördert. Wenn wir die Untergangsstelle finden können, werden wir tolle Entdeckungen machen.«

Frédéric Dumas, den Wracks vielleicht noch mehr faszinieren als mich (und das will was heißen), nimmt mich auf seinen Nachforschungen mit. Wir fragen einen alten Mann aus, der als Kind 1901 die Bergungsarbeiten miterlebt hat. Der Mann liefert genaue Angaben. Die Helmtaucher, sagt er, tauchten von einem Schiff aus, das unter einer Steilwand genau unterhalb eines Steinmäuerchens verankert war, wo ein Wächter Tag und Nacht mit einer Flinte Wache hielt, um Plünderer abzuschrecken.

Frédéric Dumas und ich fahren in der Schaluppe die Inselküste entlang. Wir entdecken eine Steinmauer, die der Beschreibung des Alten entspricht. Das Bauwerk ist auf dem Kamm der gefährlichen Steilwand von Pinkakia errichtet, die von den von heftigen Ostwinden aufgepeitschten Wellen erodiert wird. Dies ist die Stelle …

Wir haben nur einen Tag, um uns zu vergewissern: die *Calypso* muss wieder nach Marseille zurück.

120

Wir tauchen, Frédéric Dumas und ich. Zehn Meter... Fünfzehn Meter... Wir sinken entlang eines schwärzlichen Steilhangs hinab, an dessen vulkanischem Ursprung kein Zweifel ist. Stellenweise ist der Basalt mit roten und gelben Hornkorallen bewachsen, hinter deren Zweigen sich Meerjunker mit regenbogenfarbenen Flanken und fleischrosa Meerbarben verbergen. Wir schweben über Schraubensabellen mit prächtigen hellgrauen Tentakelfächern hinweg. Wir beobachten einige Stachelschnecken – diese schönen Meerschnecken mit stachelgeschmücktem Haus lieferten in der Antike den kaiserlichen Purpur.

Vierzig Meter... Ein großer brauner Drachenkopf starrt uns an; ein Meeraal schiebt seinen endlosen perlgrauen Schlangenleib aus einem Loch und schlängelt sich in die Tiefe. Fünfzig Meter... Wir wedeln mit unseren Flossen über einem sedimentbedeckten Felsabsatz. Ich schaue mir die Augen aus, um einen möglichen Anhaltspunkt zu entdecken. In dieser Tiefe ungefähr liegt das Wrack.

Wir schwimmen hin und her. Unser Luftvorrat schwindet. Wir sind kurz davor, aufzugeben, als wir in dem verbackenen Sand eine längliche Form bemerken, die mich schwach an den Hügel vom Grand Conclu erinnert. Handelt es sich um die Überreste des untergegangenen Schiffes von Antikythera? Um das herauszufinden, wühlt Frédéric Dumas mit den Händen ein Loch ins Sediment. Er spürt etwas. Er buddelt heftiger. Als er den Gegenstand freigeschaufelt hat, macht unser Herz einen Sprung. Es handelt sich um eine lange Bronzespitze, eine Art Nagel, wie er große Möbelstücke oder eher noch die Planken eines Schiffsrumpfs zusammenhielt.

Genau gleiche Nägel sind 1901 gefunden worden. Das Wrack liegt also hier, auf diesem verschütteten Lavaabsatz.

Bei der Rückkehr auf die *Calypso* triumphieren wir. Der Pascha ist ganz schön ärgerlich. Er ist zwischen zwei Empfindungen hin- und hergerissen: Einerseits ist er entzückt von unserer Entdeckung; andererseits weiß er, dass der langfristige Terminplan der *Calypso* nicht geändert werden kann. Das Schiff muss zu einer

Generalüberholung ins Trockendock von Toulon. Es ist unmöglich, unsere Forschungen am Fundort fortzusetzen.

»Also gut«, sagt Cousteau, indem er sich mit einer Gebärde an die Stirn fasst, die bei ihm Verlegenheit bedeutet, »diesmal müsst ihr nachgeben. Wir graben das Wrack von Antikythera nicht aus. Aber ich gebe euch mein Wort, dass wir wiederkommen. Wann, weiß ich noch nicht. Aber mein Versprechen habt ihr!«

Der Pascha hielt immer Wort. Wir sollten tatsächlich nach Antikythera zurückkehren – 1976, dreiundzwanzig Jahre später – und das Wrack erforschen.

Die Stimmung auf der Rückfahrt nach Frankreich ist gedrückt. Aber wir wissen, dass die *Calypso* aus gutem Grund in den Hafen zurückkehrt: Sie muss in Stand gesetzt und auf eine schwierige und anspruchsvolle Meeresforschungs-Kreuzfahrt vorbereitet werden, die sie auf Ausschau nach Haien ins Rote Meer und auf der Suche nach Erdöl bis in den Persischen Golf führen wird.

13
Der Zauber
des Roten Meeres

Der Sueskanal · Die Welt der Steinkorallen ·
Prachtvolle Hornkorallen · Stelldichein der Haie ·
Ein riesiger Weißspitzen-Hochseehai

Das Arsenal von Toulon feiert an diesem 7. Januar 1954 am Spät-
nachmittag, als die *Calypso* den Anker lichtet …

Leinen los: Ich bin auf großer Fahrt und glücklich. Ich lehne
mich auf die Reling am Bug des Schiffes und sehe die Kais vor-
überziehen. Hinter uns zeichnet sich der Mont Faron gegen das
klare Blau des Provencehimmels ab. Es ist Winter. Wir sind auf
dem Weg in hitzeflirrende Wüsten.

Als wir die Reede verlassen, erhebt sich der Mistral. Ich steige
zur Brücke hinauf, wo Kommandant Cousteau seinen Lieblings-
platz eingenommen hat: auf seinem hohen Hocker links vor dem
Steuerruder. Ich blicke auf den Radarschirm und stelle mir vor,
dass die grünen Pünktchen darauf Sambuks und Ghanjas seien,
die das Rote Meer und den Persischen Golf durchpflügen.

Das Schiff schlingert. Die Nacht bricht herein. Der Wind frischt
auf. Die Dünung wird gewaltig, und dann schlagen die Wellen
über zu Brechern. Der Sturm ist nicht mehr weit. Schlafen ist
unmöglich; wir können uns kaum auf unseren Kojen halten. Am
Morgen erkennen wir in der Ferne bereits die Küsten Korsikas.
Nachmittags scheint sich das Meer zu beruhigen. Wir fahren in
die Straße von Bonifacio ein und grüßen die Lavezzi-Inseln, wo
die Strömungen schäumen. Hier habe ich vor drei Jahren mit der
Hou Hop mein erstes Wrack gefunden. Ich war Amateur; jetzt
fühle ich mich als Fachmann: ein riesiger Unterschied.

Wir nehmen Südkurs durch das Tyrrhenische Meer in Richtung auf die Straße von Messina. Der Sturm tobt jetzt richtig los. Die Brecher schlagen schwer auf uns ein und werfen uns umher, als sei die *Calypso* nur ein Korken auf dem Wasser. Weder Skylla noch Charybdis verschlingen uns indes...

Nachdem wir die Spitze von Kalabrien hinter uns haben, wird das Wetter besser. Wir nehmen Kurs auf die Insel Kreta, die wir nach kurzem Aufenthalt südlich umfahren. Das östliche Becken des Mittelmeers überquerend, fahren wir nach Ägypten. Der Autopilot fällt aus; es muss von Hand gesteuert werden, und das Meer erhebt sich erneut. Die Winterstürme im *Mare Nostrum* erreichen Windstärken, die man ihm kaum zutrauen würde. In meinen Jahren mit Cousteau erlebe ich mehrfach die Wildheit eines Mittelmeersturms.

Regen und Hagel, von einem wild gewordenen Wind fast waagerecht gedrückt, peitschen in eine Dünung von merkwürdig graugrüner Farbe. Während meiner Wache fühle ich mich auf diesem Schiff von vierunddreißig Metern Länge und etwa vierhundert Tonnen Wasserverdrängung sehr, sehr klein. Von der Brücke aus kann ich nicht einmal mehr den Bug erkennen. Die Brecher schlagen über den Dollbord, fegen über das Deck und durch die Laufgänge. Wehe dem leichtsinnigen Matrosen!

Wir laufen in den Hafen von Port Said ein. Welche Erlösung! Nachdem Dieselöl, Trinkwasser und Lebensmittel aufgefüllt sind, fahren wir in den Sueskanal ein. Ich habe das Ruder auf diesem internationalen Wasserweg, der mich schon immer fasziniert hat und von dem mein Vater manchmal erzählte, wenn wir auf Fischfang waren. Ferdinand de Lesseps, der Kanal – das alles schien in der Bucht von Sormiou so fern... Wir begegnen großen Tankern, deren Kielwassersog uns mitzieht.

Wir lassen Sues, den Kanal und die Mittelmeerstürme hinter uns. Strahlende Sonne grüßt die *Calypso* auf den blauen Wassern des Roten Meers. Wir passieren den Leuchtturm vom Riff The Brothers. Kommandant Cousteau lässt in der Nähe eines Unterwassergebirges Anker werfen, das kaum über den Wasserspiegel ragt und dessen Spitze dicht unterhalb ein ovales Riff bildet. Wir tauchen.

Es ist das erste Mal, dass ich in ein tropisches Meer tauche. Ein Märchengarten! Das Wasser, das uns umspült, ist lauwarm und schmeichelnd wie im Mutterleib. Wir schweben in ein Aquarium hinab. Henri »Riquet« Goiran und Raymond »Canoë« Kientzy schwimmen voraus, Frédéric Dumas und ich folgen in einigen Metern Abstand.

Wir dringen in die Welt der Korallen ein. Wir erliegen ihrem Zauber und fühlen uns wie Kinder im Märchen. Ein Feenpalast tut sich vor unseren ungläubigen Augen auf. Die Abhänge des Riffs sind mit Korallen aller Art bedeckt: verzweigte Schwarze Korallen, Pilzkorallen wie Champignons; glutrote und goldgelbe Hornkorallen bilden Unterwasserwälder, abwechselnd mit Büschen von rosa oder violetten Lederkorallen und Ansammlungen weißer Hornkorallen. Die Steinkorallenstöcke sind mit Schwämmen besetzt, die wie Schokoladencreme verlaufen oder wie Blumentöpfe aufragen. Moostierchen breiten hier und da kleine Spitzendeckchen darüber. Sattblaue oder ziegelrote Bartwürmer, die bisweilen feine ockerfarbene oder braune Bärte haben, strecken ihre spiralförmigen Tentakelfächer aus.

Überall wimmelt es von Muscheln und Schnecken: stark gegliederte Kreiselschnecken und Fingerschnecken, braune oder ockerfarbene Porzellanschnecken, weiße Stumpfmuscheln, Stachelschnecken und große Tritonshörner mit blassrosa Lippen... Blaue, grüne oder gelbe Nacktkiemer kriechen herum: Nichts ist farbenfroher oder vielgestaltiger als diese schalenlosen Schnecken, die in aller Ruhe die giftigen Tentakeln der Korallenpolypen abweiden und die Nesselzellen ihrer Beute als Abwehrmittel im eigenen Gewebe speichern.

Die Krebstiere sind durch große Hahnenkammkrabben vertreten, die ihre Scheren wie einen Deckel über die Mundöffnung klappen; durch Langusten, die wie Juwelenkolliers leuchten, und durch winzige, glasig-durchsichtige Felsgarnelen. Stachelhäuter marschieren mit Legionen von knallroten oder zitronengelben Federsternen, Lanzenseeigeln und Diademseeigeln auf, dickbäuchigen Seegurken, blauen, orangeroten oder häufig stachelbewehrten roten Seesternen.

Die Fische sind so schön wie nirgends sonst. Verglichen mit diesen Juwelen würden meine strahlenden Meerjunker von Sormiou verblassen! Stachelrochen segeln vorbei, ihren schmalen Schwanz peitschenartig nach hinten gestreckt: Nicht anfassen – Giftstachel am Schwanzansatz! Soldatenfische beobachten uns beim Vorbeischwimmen und verdrehen dabei die großen Glotzaugen; sie haben ihre brandrote Paradeuniform angelegt. Wimpelfische strecken ihre »Antennen« aus, die in Wirklichkeit dünne Fortsätze der Rückenflosse und der Bauchflossen sind. Grüne Papageienfische weiden gierig Korallen ab: Man hört das »Krack! Krack!« ihrer Zahnplatten, mit denen sie über das Kalkriff herfallen. In einer blauen Grotte schlängeln sich hellrosa-orange Schwärme von Fahnenbarschen, denen blaue Mönchsfische folgen. Allenthalben im Durcheinander der Steinkorallen wetteifern Doktorfische an Pracht mit Gaukler- und Engelfischen. Gold- und Silbertöne mischen sich mit Türkis und Saphirblau. Das schönste Tier dieser Meeresgegend, der Imperator-Kaiserfisch, trägt an den Flanken unglaublich harmonische blaue, weiße und gelbe Längsstreifen.

Jede Vertiefung des Riffs ist besetzt. Hier streckt eine Muräne ihr mit zwei seltsamen Auswüchsen verziertes Maul heraus. Dort kommt ein Diamantbarsch aus seinem Loch und lässt das Zinnober seiner mit hellblauen Punkten getüpfelten Schuppen bewundern. Etwas weiter stören wir eine Familie von unglaublich buntscheckigen tropischen Meerjunkern auf.

Ich werde des Schauens nicht müde. Ich komme mir vor, als verschlänge ich diese Pracht. Sie weitet meinen Verstand. Jede Sekunde erbringt einen neuen Beweis der schöpferischen Fantasie des Meeres. Ein Trompetenfisch stöbert mit seiner langen Nase in Korallenverzweigungen und sucht nach einer Garnele. Ein

Schwarm Süßlippen defiliert wie eine Versammlung von Lakaien mit schwarz-braun gestreifter Weste vorbei. Ein Napoleonsfisch (Tapiro) führt in kaiserlicher Erhabenheit wie am Vorabend der Schlacht seinen von einem großen Buckel überragten Quadratschädel spazieren.

Da! Ein weiß getüpfelter Riffhai. Er wirkt sanft und harmlos. Er misst kaum einen Meter fünfzig in der Länge. Ich grüße ihn mit einer Handbewegung. Er blickt mich an und wendet sich ab. Harmonisch wedelt er im blauen Wasser davon. Ein gelungenes Exemplar der Schöpfung.

Er ist nicht allein. Ein weiterer seiner Art gleitet aus einem Korallentunnel. Dann noch einer und noch einer… ein halbes Dutzend Haie zeigt sich. Jetzt sind es schon ein Dutzend, zwanzig, dreißig! Was hat das zu bedeuten? Ich blicke Frédéric Dumas an; unter der Maske zeigt er einen Gesichtsausdruck höchster Überraschung. Er gibt mir ein Zeichen, ihm hinter einen Korallenvorsprung zu folgen, der uns relativen Schutz gewährt. Wir haben keine andere Waffe als eine Haigabel dabei, ein Gerät, das Kommandant Cousteau und Frédéric Dumas 1948 erfunden haben, nachdem sie bei einem Tauchgang im Atlantik Nase an Nase mit einem riesigen Weißspitzen-Hochseehai zusammengeraten sind; das Abenteuer wäre beinahe böse ausgegangen. Der Pascha hatte das Tier nur verjagen können, indem er ihm die Kamera heftig auf den Kopf schlug. Dadurch war er auf den Gedanken gekommen, einen Stock von etwa sechzig Zentimeter Länge zu basteln, mit einer Eisenspitze, die aber nicht verletzen kann. In Gegenwart von Haien darf nie Blut ins Wasser kommen; der Geruch erregt sie und macht sie tausendmal aggressiver.

Und jetzt lehnen wir uns an dieses Riff im Roten Meer, die Haigabel erhoben und bereit, Haie zu verjagen, die zu unternehmungslustig werden. Wenn es so viele sind, haben sie vermutlich eine große sterbende oder tote Beute gewittert; aber wir sehen nichts. Wir haben weder ihren höchst vervollkommneten Geruchssinn noch ihre Seitenlinie, mit der sie im Wasser die winzigsten Schwingungen wahrnehmen, noch die erstaunlichen elektronischen Sinnesorgane, mit denen Haie Potentialveränderungen, die bei der Bewegung der Atemmuskeln von Beutefischen entstehen, festzustellen vermögen. Wir sind Eindringlinge – und noch dazu behinderte – in dieser Unterwasserwelt, für die sie so hervorragend ausgestattet sind und die sie seit dreihundert Millionen Jahren bewohnen – so gut wie unverändert seit der Urzeit.

Die Haie haben uns natürlich geortet. Sie kommen nacheinander vorbei und besichtigen uns, halten aber Abstand. Der Respekt ist gegenseitig. Wir erscheinen ihnen riesig. Mit unseren Flossen und vorgestreckten Armen messen wir fast drei Meter; nur wenige Meerestiere sind größer. Nun sind Haie aber wie alle Raubtiere der Welt: Sie gehen den Weg des geringsten Widerstandes. Sie fallen über die schwächste Beute her – das Jungtier, die versprengte Waise, das kranke oder verletzte Tier. Ein einsatzfähiger Taucher ist für sie eine problematische Jagdbeute. Gewiss können sie ihn angreifen – aber nur als letzte Möglichkeit, vom Hunger getrieben… Sie kreisen dann lange und vorsichtig um das Objekt ihrer Begierde, um es einzuschätzen. Sie nähern sich. Sie zögern.

Die Gefahr wird groß, wenn einer der Haie es wagt, zuzubeißen, und Blut fließt. Dann werden alle Haie von Mordlust erfasst. Der Blutgeruch macht sie rasend, und sie lassen jede Vorsicht fahren. Ein regelrechter Blutrausch kann die Folge sein.

Frédéric Dumas weiß das. Wir haben darüber geredet, seit wir zusammenarbeiten. Unter Wasser werden wir jetzt überprüfen können, ob seine Beobachtungen zutreffen; indem wir wachsam bleiben und uns gegenseitig vor einem Überraschungsangriff schützen, müssten wir unsere Forschungen fortsetzen können, ohne übermäßige Risiken einzugehen. Ich gestehe, dass ich nicht so ruhig bin wie in meiner Bucht von Sormiou: Inzwischen kreisen über hundert Haie um das Riff.

Wir paddeln vorsichtig den Korallenabhang entlang. Wir müssen bei den Raubtieren den Eindruck vermeiden, dass wir von

Bild 1: Am Ruder der *Calypso* zwischen den Marquesas-Inseln. Ich frage mich, wie ich als bescheidener Buchhaltersohn aus Marseille Kapitän dieses Schiffes werden konnte, das auf der Welt nicht seinesgleichen hat und dessen Seele Kommandant Cousteau ist… *(Foto: Fondation Cousteau)*

Bild 2: Ich erlebe zumindest in Ausschnitten, wie artenreich das Mittelmeer ist. Ich fische für die Familie. Mit zwanzig Jahren und meiner ersten Gabelmakrele. *(Foto: A. Falco)*

Bild 3: Zusammen mit Henri Plé probiere ich in den Buchten eine Cousteau'sche Aqualunge aus, die uns Georges Beuchat geliehen hat. Ich kann nicht sagen, dass mich der Versuch überzeugt. Sie war falsch eingestellt. Aber bald wird sie zur Offenbarung… *(Foto: A. Falco)*

Bild 4: Meine ersten Taten als Seemann vollbringe ich auf der *Surcouf* in Gesellschaft meiner Freunde Henri Plé *(l'Oncle)*, Robert Prigent *(Bob)* und Paul Brémond *(Boboss)*. Wie Dumas' Musketiere sind wir zu viert und Enthusiasten. *(Foto: A. Falco)*

Bild 5: Kurs auf den Felsvorsprung von Sormiou, dann auf die Iles d'Hyères, danach auf Korsika. Im Laufe dieser Fahrt lernte ich Meeresströmungen, Stürme, Delfine und Wale kennen – die Macht und die Größe des Meeres. *(Foto: A. Falco)*

Bild 6: Die *Titanic II*: Das war der erste Name dieses »Schiffes« (einer *Gangui* von vier Meter fünfzig Länge), die von den Musketieren von Sormiou wieder hergerichtet und in *Jou Hop* umgetauft wird, bevor sie mit ihr eine Rundfahrt durchs Ligurische Meer machen. *(Foto: A. Falco)*

Bild 7: Jacques-Yves Cousteau! Frédéric Dumas!… Für mich waren die beiden Männer unzertrennlich. Zusammen mit Emile Gagnan haben sie das moderne Tauchen erfunden. Meine Chance gaben sie mir beim Wrack am Grand Conclu. *(Foto: Fondation Cousteau)*

Bild 8: Vor »Port-Calypso« auf dem Grand Conclu verankert, liegt die *Calypso*, mein damaliges Reich. Als ehrenamtlicher Taucher engagiert, erlebe ich die Freude, dass mir der Pascha feste Arbeit an Bord anbietet. *(Foto: Fondation Cousteau)*

Bilder 9 und 10: Nach der Ausgrabung des antiken Wracks von Marseille folgt eine Expedition der anderen. Griechenland, Rotes Meer, Persischer Golf, Atolle des Indischen Ozeans… *Oben:* Im Taucheranzug auf Antikythera in Griechenland. *(Foto: Fondation Cousteau) Unten:* Damals schon am Ruder der *Calypso…* *(Foto: A. Falco)*

Bild 11: Welche Vielfalt des Lebens im Meer! *Oben:* Eine Seenelke.
(Foto: R. Murphy/Fondation Cousteau)

Bild 12: Ein Schwarm Roter Fahnenbarsche hält Wacht am Eingang einer mit Schwämmen und Hornkorallen bewachsenen Grotte. *(Foto: A. Falco)*

Bild 13: Mit ihrem kräftigen Schnabel weiden die Papageienfische gierig Korallen ab. *(Foto: D. Noirot/Fondation Cousteau)*

Bild 14: Die Kalmare wechseln ihre Farbe schneller als Chamäleons, vor allem bei der Hochzeit. *(Foto: R. Rinaldi/Fondation Cousteau)*

Bild 15: Wann immer ich kann, gehe ich mit der »tauchenden Untertasse« unter Wasser. Dieses zweisitzige kleine Forschungstauchboot kann bis auf dreihundertfünfzig Meter Tiefe tauchen. *(Foto: Fondation Cousteau)*

Panik erfasst sind; der Schwimmer, der zu schnell mit Händen und Füßen strampelt, erzeugt im Wasser Schwingungen wie ein verletztes Tier. Das aber – und der Blutgeruch – zieht die Haie am meisten an und macht sie toll. Für sie ist ein geschwächtes Tier willkommene Beute; sie schnappen unverzüglich zu.

Zum Glück stoßen wir wieder auf »Riquet« Goiran und »Canoë« Kientzy, die wir aus den Augen verloren hatten. Zu viert können wir uns der Gefahr stellen.

Die weißgetüpfelten Riffhaie werden selten länger als zwei Meter fünfzig. Wenn einer von ihnen zu neugierig wird, hauen wir ihm mit der Haigabel auf die Schnauze. Er schüttelt sich und flüchtet wie ein feiger kleiner Köter, der einen Tritt bekommen hat.

Wir durchqueren ein Unterwassertal, in dem wir exponierter sind. Auf der andern Seite ist der Meeresgrund das reine Wunder: Steinkorallen, Hornkorallen, Lederkorallen, Moostierchen und Bartwürmer bilden mit Schalentieren, Krebsen, Seeigeln und Seesternen eine Landschaft wie in Ali Babas Höhle. Zugleich ist sie Zuflucht, Kinderstube und Speisekammer für hunderte Arten von Fischen aller Größen, aller Formen und Farben. Große Wrackbarsche halten vor ihrer Höhle Wacht. Manche sind einen Meter fünfzig lang und wiegen zweihundert Kilogramm; sie fürchten Haie nicht. Sie haben eine originelle Jagdmethode. Sie legen sich in ihrem Loch auf die Lauer, und wenn eine Beute in Reichweite vorbeischwimmt, reißen sie abrupt und hörbar ihr wulstiges Maul auf. Der durch das Maulaufreißen erzeugte Unterdruck genügt, das Opfer bis in den Schlund des Raubfischs zu schnellen, der es mit einem zufriedenen »Glupp« verschluckt.

In einer Art Korallenmanege, deren Rund mit schneeweißem Sand bedeckt ist, wächst eine Population von Schwarzen Korallen. Ich bin von dieser buschförmigen Art fasziniert, die nicht zu den Steinkorallen, sondern zu den Dörnchenkorallen gehört und, obwohl sie »Koralle« genannt wird, von den riffbildenden Korallen entwicklungsgeschichtlich etwa so weit entfernt ist wie die Möwe vom Frosch. Die Schwarze Koralle bildet silbrige Verzweigungen von äußerster Feinheit. Sie erreicht mehr als einen Meter fünfzig Höhe. Das Adjektiv »schwarz« ist erst berechtigt, wenn man den Überzug weißlichen Lebendgewebes entfernt hat, der ihr Kalkskelett bedeckt. In der Schmuckwarenindustrie sehr gesucht, wie die rote Edelkoralle des Mittelmeers, ist auch sie von Ausrottung bedroht.

Wir verweilen bei einem Schwarzkorallenbusch, der verzweigter und schöner ist als die anderen. Wir betrachten und fotografieren ihn.

In diesem Augenblick begreifen wir, dass etwas Ungewöhnliches vorgeht. Eine Schule junger Barrakudas schießt aus der Tiefe und verschwindet im Blau. Eine Wolke Mönchsfische steigt ebenfalls auf und verzieht sich ins Korallendickicht. Einen Augenblick später haben sich die meisten Riffbewohner in ihren Löchern verkrochen.

Wir blicken uns um.

In dem klaren Wasser sind die kleinen Haie genauso zahlreich wie vorher. Aber sie sind nicht mehr allein. Ein anderer Kunde begleitet sie jetzt. Ein gefährlicher Kunde.

Ein Weißspitzen-Hochseehai.

Das ist eine der fünf oder sechs Haiarten von insgesamt mehr als zweihundertfünfzig, die dem Menschen gefährlich werden können – zusammen mit dem Menschenhai oder Weißen Hai, dem Blauhai, dem Tigerhai, dem Heringshai, dem Hammerhai und dem Gemeinen Grundhai. Man kann ihn an der spitzen Schnauze, dem charakteristischen Schwanz und vor allem an den riesigen gestreckten Brustflossen erkennen, die wie Arme ausgebreitet sind.

Allem Anschein nach ist der Weißspitzen-Hochseehai auf Patrouille. Er wendet sich hierhin und dorthin, und man könnte fast sagen, er wittert. In seiner Art der Fortbewegung – schwerfällig und geschmeidig zugleich – erinnert er an einen Bären. Er bewegt seinen großen Kopf von einer Seite auf die andere, um feststellen zu können, woher die guten Gerüche kommen, die ihn hergelockt haben. Sein halb offen stehendes Maul lässt Reihen von spitzen, scharfen Zähnen sehen.

Hier haben wir nichts mehr verloren... Frédéric Dumas weist mit beredter Geste zur Meeresoberfläche. Wenn der Weißspitzenhai von dem Blutgeruch erregt ist, der die Riffhaie in dieses Gebiet gezogen hat, kann er plötzlich auf uns losgehen. Völlig abrupt. Ohne Warnung. An diesem Tier von vier Meter fünfzig Länge, das zum Schwimmen wie geschaffen ist und furchtbare Waffen hat, würde sich dann zeigen, wie gut unsere Haigabeln sind. Wir ziehen es vor, das Experiment zu vertagen.

Wir nehmen die Verteidigungsstellung ein, die Kommandant Cousteau und Frédéric Dumas erfunden haben und die wir »Rücken an Rücken« nennen. Wir steigen jeweils zu zweit auf, wobei jeder Taucher sich mit dem Rücken dicht an den Partner lehnt und seine Hälfte der Meeresumgebung überwacht. Dies ist die einzige Möglichkeit, über längere Zeit der Gefahr zu begegnen, die von Großhaien ausgeht. Wenn sie angriffslustig sind, umkreisen die Tiere den Taucher, zunächst langsam, dann immer schneller. Ein einzelner Mensch kann bei diesem Karussell nicht mithalten. Irgendwann ist der Hai dann hinter ihm, reißt das Maul auf und schlägt zu. Die »Rücken an Rücken«-Position erhöht die Chancen des Menschenpaars.

Außerdem lässt sie dem Hai die potenzielle Beute doppelt so groß erscheinen und trägt dazu bei, dass er zögert.

Der Weißspitzenhai hat uns ausgemacht. Er kommt bis auf zwanzig Meter heran und entfernt sich dann wieder. Wir hoffen gerade, dass er weg ist, als wir ihn wieder von unten anschwimmen sehen. Und er beginnt zu kreisen. Er hat uns gestellt – nicht zuletzt, weil wir drei Meter unter der Oberfläche einen Dekompressionsaufenthalt einlegen müssen. Noch nie sind mir Minuten so lang erschienen. Aneinander gepresst warten wir alle vier. Der Hai zieht seine Kreise immer enger. Nichts ist unangenehmer, als das Interesse eines solchen Lebewesens zu wecken: Man fühlt sich wie ein Lamm vor dem Schlächter!

Als wir unseren Tauchgang begannen, hatten wir vor, unseren Dekompressionsaufenthalt bei der *Calypso* abzuwarten. Der Weißspitzenhai hat anders entschieden. Jetzt haben wir keine Wahl mehr. Die Strömung zieht uns zum Riff. Wir treiben dorthin, wo die Brandungszone des Riffs anfängt und die Dünung sich in schäumende Brecher auflöst. Die Wellen und Wirbel verbergen den Hai vor uns, und ihre Gewalt reißt unsere Gruppe auseinander. Das ist das Schlimmste, was uns passieren konnte. Wir verlieren den Hai aus den Augen und bilden nicht mehr die Masse, die ihn vom Zuschlagen abhalten kann. Jede Sekunde fürchten wir zu spüren, wie sich messerscharfe Kiefer um eines unserer Beine schließen. Blankes Entsetzen …

Instinktiv schwimmen wir aus Leibeskräften mit den Wellen auf die Untiefe zu. Der Zwischenfall endet im Chaos. Ich sehe nichts mehr. Ich fühle mich wie ein Strohhalm von den Strudeln herumgewirbelt. Ich hebe ab, lande, schieße einen Purzelbaum nach dem anderen, ohne meine Bewegungen unter Kontrolle zu haben. Die Brecher schleifen mich über die scharfen Korallen. In wenigen Sekunden bin ich von Abschürfungen und Blutergüssen übersät. Das Meer wirft mich wie ein Bündel schmutzige Wäsche auf die Untiefe – aber außer Reichweite des Weißspitzenhais.

Ich schüttle mich. Ich zähle meine Glieder. Ich stehe auf, um nachzusehen, ob meine Kameraden noch da und heil und gesund sind. Ich sehe sie aufstehen – wie ich geschunden, blutend, erschrocken … Alle vier lachen wir nervös und rufen uns zehnmal gegenseitig beim Namen, als müssten wir immer wieder feststellen, dass keiner fehlt und keiner in den letzten wilden Sekunden des denkwürdigen Tauchgangs eine Hand oder ein Bein eingebüßt hat.

Raymond Coll, der unseren Einsatz von der Jolle aus verfolgt hat, versucht, uns vom Riff abzuholen. Auch er wird von den Brechern umhergeworfen. Wir fürchten, dass der Hai noch umherstreift und sich mit dieser leichten Beute Genugtuung verschafft. Doch wir bergen beides – das Boot und Coll – in annehmbarem Zustand.

Die Rückkehr auf die *Calypso* ähnelt Napoleons Rückzug aus Russland. Man stelle sich ein Bataillon jammernder und lahmer Invaliden vor, das der Schiffsarzt – Dr. Nivelleau de La Brunnière – stundenlang zusammenflickt, vernäht, mit Jod bepinselt, verbindet. Am Abend in der Messe bemerkt ein ganz Schlauer, dass uns der Weißspitzenhai schließlich nicht angetastet habe und wir allein an unseren Schnittwunden und Blutergüssen schuld seien. Ein anderer Witzbold bemerkt, die Wahrheit dieser Haigeschichte sei ja durch nichts belegt. Wir hätten alles bloß erfunden, lässt er durchblicken, um eine Ausrede für die blödsinnige Ungeschicklichkeit zu haben, mit der wir in die Brecher hineingeschwommen seien.

Der Pascha lächelt über diese Sticheleien. Die einzig gültige Lehre, die er aus diesem Abenteuer zieht, lautet, dass wir eine verblüffende Bildfolge hätten aufnehmen können, wenn wir eine Kamera dabeigehabt hätten.

»Und damit«, schließt er, »hätten wir es uns künftig ersparen können, nach einem zweiten Weißspitzenhai zu suchen!«

Ich denke im Stillen, dass es mir damit nicht eilt. Solche Begegnungen sind eindrucksvoller, wenn sie rar bleiben.

14
Der Geruch des Erdöls

*Louis Malle · Der Riesenrochen · In der Elphinstone-Bai ·
Das Erdöl der Emire · Wasserschlangen*

Die *Calypso* fährt weiter ins Rote Meer hinein. Die Ufer des Golfs
von Sues bieten einen faszinierenden Kontrast: So reich die Unterwasserwelt an millionenfachem pflanzlichem und tierischem
Leben ist, so unfruchtbar ist die Küste. Sie ist nicht ohne Großartigkeit und bisweilen sogar unwirklich schön. Aber es ist eine
Wüstenei: an Steuerbord die Arabische Wüste, an Backbord der
Sinai.

Versunken betrachte ich zusammen mit Louis Malle, wie das
Blau des Meeres mit den warmen Farben des Festlandes harmo-
niert. Er ist ein Mann des Films und hat den Blick dafür. Er lehrt
mich zu sehen. Seit mehreren Tagen bitte ich ihn, mir die Hand-
habung der Filmkamera zu erklären. Er tut das mit rührender Lie-
benswürdigkeit. Natürlich weiß niemand an Bord, welcher Pionier
des bewegten Bildes sich hinter seinem scheinbar schüchternen
und sanften Wesen verbirgt. Louis Malle lernt später tauchen, um
den Film »Die schweigende Welt« zu drehen, der ihm 1956 zusammen mit Kommandant Cousteau beim Festival von Cannes eine
Goldene Palme und im Jahr darauf in Hollywood einen Oscar
eintragen sollte. Später erbrachte er ebenso eindrucksvolle, in-
tellektuelle Pionierleistungen mit Filmen wie »Fahrstuhl zum
Schafott«, »Herzflimmern«, »Lacombe Lucien« oder »Auf Wiedersehen, Kinder«.

An jenem Abend hat mich Cousteau als Wachhabenden eingeteilt; Louis Malle steht mir zur Seite. Ich gestehe, dass ich mir nicht viel darauf einbilde: Als Steuermann habe ich keine große Erfahrung. Ich möchte in einem Meer voller Riffe keinen irreparablen Fehler machen. Louis Malle macht mir Mut und versichert mir, dass schon alles glatt gehen wird. In Wahrheit fühlt er sich auch nicht sicherer als ich.

Wir passieren die Meerenge von Gubal und die Südspitze des Sinai, die wie ein zu fest gebackenes Roggenbrot braun, rot und schwarz ins Meer hinausragt. Wir lassen Kap Ras Mohammed hinter uns und gehen auf Südkurs. Wir fahren mitten hinein ins Korallenlabyrinth der Queisum-Inseln, auf denen Fischadler nisten. Auf manchen dunklen Felsblöcken bewegen sich Millionen weißer Tupfen: Tölpel, die in Scharen auffliegen und um die *Calypso* herum im Sturzflug ins Wasser einfallen. Sie fliegen etwa zwanzig Meter über den Wellen; wenn sie eine Beute erspäht haben, stürzen sie sich kopfunter mit halb angelegten Flügeln und Schnabel voraus ins Wasser. Beim Auftauchen haben sie fast immer einen Fisch gefangen, den sie mit zurückgeworfenem Kopf hinunterschlingen.

Meine Wache in Gesellschaft Louis Malles verläuft bestens; wir lassen die *Calypso* nicht auflaufen und bringen sie sogar dahin, wo sie hin soll…

Die Kreuzfahrt geht weiter zu den Zebair-Inselchen. Diese jungen Vulkaninseln, von grau-schwarzen Sandstränden gesäumt, werden allmählich von Korallen besiedelt. Kommandant Cousteau manövriert sein Schiff einwandfrei zwischen zwei Basaltkegeln hindurch, um die kobaltblaues Wasser brandet. Wir lassen ein Beiboot zu Wasser, landen und erforschen das Eiland. Es ist ein paar Kilometer lang und hat so gut wie keine Pflanzen, Insekten, Landtiere. Aber ein Gewimmel von Seevögeln: Tölpel, Fregattvögel, Tropikvögel, Kormorane, Pelikane, Möwen, Seeschwalben… Mitten auf der Insel erstreckt sich ein flacher Salzsee, in dem Tausende von Flamingos waten, rascheln und schreien.

Wir kehren zum Strand zurück und rüsten zum Tauchgang. Wir lassen uns in kristallklares Wasser fallen. Riffbildende Steinkorallen sind am Werke; schon jetzt ist der Meeresboden von verschiedensten Korallenarten und -formen überzogen. Schwämme, Seeanemonen, Hornkorallen, Moostierchen, Würmer, Mollusken, Krebse, Seeigel, Seesterne bilden ein komplexes und überwältigendes Ökosystem. Gauklerfische und Riffbarsche, Doktor- und Papageienfische wetteifern in Farbe und Zeichnung mit Engelfischen, Süßlippen, tropischen Zackenbarschen und Blaufleckenstachelrochen.

Wir tauchen bis zu einem Felsabsatz in fünfunddreißig Meter Tiefe hinunter. Frédéric Dumas ist vor mir; er taucht weiter nach unten. Ich halte an, irgendwie beunruhigt. Ein Weißspitzenhai schwimmt spielerisch auf mich zu; er kommt bis auf einen Meter an mich heran. Ich stoße ihm die Haigabel gegen den Schädel. Er flüchtet, wenn man so sagen darf, mit dem Schwanz zwischen den Beinen. Unter mir hat Frédéric mit zweien dieser Haie zu tun, dann mit dreien, dann vieren. Na wunderbar! Es geht schon wieder los!

Als ich gerade zur Vorsicht mahne, verschwinden die Haie wie durch Zauber in der Wasserferne, und aus der Tiefe taucht ein Phantom mit weißem Bauch und dunkelblauem Rücken auf. Ein Riesenrochen! Er misst mehr als fünf Meter von einer Flügelspitze zur andern und wiegt mit Sicherheit drei Tonnen. Eines der kraftvollsten Meerestiere. Vielleicht das schönste. Er schwebt im blauen Azur und schlägt langsam mit seinen riesigen Flügeln. Vor dem Maul hat er zwei so genannte Futterflossen, die ihm seinen wissenschaftlichen Namen eingetragen haben *(Manta birostris)*. Sein zwei Meter breites Maul könnte mich verschlingen, aber der Riesenrochen frisst keine Taucher; er begnügt sich mit Plankton und kleinen Fischen von Sardinen- und Anchovisgröße. Fast streift er mich, doch hebt er im letzten Augenblick die Flosse, als achte er darauf, mir nichts zu tun.

Ich werde noch andere Gelegenheiten haben, Mantas zu begegnen: in der Karibik, im Cortezmeer, im Südpazifik ... aber der erste, der mich hier im Roten Meer begrüßt, wird mir der liebste bleiben – sein Bild hat sich mir tief ins Gedächtnis gegraben, keinen seiner weiten Flügelschläge kann ich vergessen.

Wir laufen mit mehr als zehn Knoten Durchschnittsgeschwindigkeit nach Südosten. Das Rote Meer verzaubert mich; ich würde gern Tage, Wochen darin verbringen, manche Riffe gern von Anfang bis Ende erforschen. Kommandant Cousteau versichert mir, das komme noch. Aber diesmal hat die *Calypso* einen andern Auftrag, und zwar im Persischen Golf.

Navigation. Das Spiel der Meeresvögel. Fliegende Fische, die im Abendrot aufsteigen ... Wir durchfahren die Meerenge von Bab el-Mandeb und laufen in den Golf von Aden ein. Kurz vor Dschibuti, wo wir anlegen wollen, reiten wir einen Sturm von unerhörter Stärke ab. Die Wellen brechen mit solcher Gewalt über unser armes Schiff herein, dass ich zweifle, ob der Rumpf das aushält. Das Stampfen und Schlingern wird so stark, dass die *Calypso* wie eine Schiffsschaukel auf dem Jahrmarkt den Bug einmal tief eintaucht und ein andermal himmelhoch hebt. Doch unser umgebauter Minenräumer hat schon allerhand hinter sich. Spanten und Beplankung sind sehr massiv. Er hält Kurs.

In Toulon haben wir ein Gravimeter, einen Probenbohrer und weitere wissenschaftliche Ausrüstungsgegenstände zur Untersuchung von Meeressedimenten an Bord genommen. Die *Darcy Exploration Company*, eine Tochtergesellschaft der British Petroleum (BP), hat uns mit einem geologischen Auftrag entsandt; ihre Ingenieure vermuten, dass Erdöl- oder Erdgaslagerstätten unter dem Persischen Golf liegen. Wir sollen den Nachweis liefern, dass diese Kohlenwasserstoffe kein Hirngespinst sind. Im Jahre 1954, so unglaublich das jenen scheinen mag, die die Ölkrisen der Siebzigerjahre erlebt haben, ist der Golf noch ein Meer ohne große geostrategische Bedeutung, das vor allem von Perlenfischern befahren wird und an dessen Ufern Beduinenpfade enden.

Wir passieren Aden, dann Mukalla im Jemen. Wir fahren die

Südküste des Emirats von Oman entlang. An Backbord ocker-farbene und braune Steilküsten, die in ein Meer von magischem Blau abstürzen. Plötzlich lässt rings um die *Calypso* herum eine Schar Delfine das Meer aufschäumen. Sie springen, tummeln sich, schlängeln sich und schlagen Purzelbäume. Sie überholen uns mit hoher Geschwindigkeit. So viele auf einmal habe ich noch nie ge-sehen. Zweitausend? Dreitausend? Viertausend? Unmöglich, sie zu zählen. Sie springen nach rechts, nach links, nach vorn, zurück. Auf einer Fläche von mehreren Quadratmeilen durchfurchen sie die Oberfläche des Ozeans. Ich weiß, dass sich diese Kleinwale gern zu großen Scharen zusammenfinden – aus unbekannten Gründen.

Aber ich hatte keine Ahnung, dass das in so dichter Masse ge-schehen kann.

Am 5. Februar morgens nimmt die *Calypso* schließlich wieder Nordkurs, durch den Golf von Oman. Sie passiert die Meerenge von Hormus. An Backbord ragen die grandiosen gelben und kah-len Felsküsten der Halbinsel Musandam auf. Ein Steinmonument. Ein erdrückendes und abweisendes Panorama.

Wir ankern für den Tag auf der andern Seite des Kaps, an der Elphinstone-Bai, angeblich einer der heißesten Flecken der Erde. Am Ende der gewundenen Einfahrt, wo grau-braune Felswände einen metallblauen Wasserspiegel überragen und die Sonne fast betäubend niederbrennt, erkennen wir am Strand ein paar Fi-scherhütten. Wir fahren in Jollen heran, landen aber nicht. Die Eingeborenen bekommen hier wenige Fremde zu Gesicht, und wir haben uns sagen lassen, sie hätten überhaupt nichts für sie übrig. Wir winken den Dorfbewohnern von fern zu.

Tags darauf kommen die Eingeborenen in ihren Holzbooten von selbst aus allen Richtungen auf die *Calypso* zu. Vom Kommandan-ten Cousteau eingeladen, steigt das Haupt der Gruppe an Bord. Madame Cousteau hat ihren Badeanzug gegen ein langes Kleid vertauscht und ihr blondes Haar unter einem Kopftuch verborgen.

Wir wollen diese Moslems nicht schockieren, deren Glaube und Lebensart seit der Zeit des Propheten fast unverändert geblieben sind. Außerdem sind sie arm. Man braucht sie nicht lange anzusehen, um zu begreifen, dass sie aus dem Meer ihr Leben fristen.

Sie bedeuten uns, dass sie kein Süßwasser mehr haben und der Weg zum nächsten Brunnen sehr weit ist. Wir schenken ihnen Trinkwasser. Während wir ihre Wassersäcke füllen, gehen sie ein wenig aus sich heraus. Sie hatten Angst vor uns, genau wie wir vor ihnen: ewiges Mißverständnis zwischen verschiedenen Menschengruppen bei ihrer ersten Begegnung. Unser Verhältnis wandelt sich und wird beinahe herzlich.

Sie laden uns ihrerseits in ihr Lager ein und bieten uns Tee an. Sie ernähren sich fast ausschließlich von Fisch und salzen einen Überschuss für schlechte Zeiten ein. Sie sammeln auch verschiedene Schalentiere (Kreiselschnecken, Fingerschnecken, Austern). Zu manchen Jahreszeiten angeln sie Haie. Wenn sie Glück haben – großes Glück –, orten sie einen Dugong und können diesen großen Meeressäuger, der auch Seekuh genannt wird und mehr als vierhundert Kilogramm wiegen kann, harpunieren – für sie ein Festmahl.

Aber zur Zeit läuft der Fischfang nicht gut. Hunger droht. Diese Menschen haben eine natürliche Würde an sich, sind aber bestürzend mager. Ich schenke den Kindern heimlich eine Tafel Schokolade. Sie wickeln das Silberpapier ab, das ihnen sehr gefällt, und verwahren es als Kostbarkeit. Dann kauen sie auf einem Stückchen Schokolade herum – und spucken es angewidert aus. Dergleichen haben sie noch nie gekostet. Sie schmeißen die Schokoladentafel ins Meer.

Das war 1954. Große Öltanker fahren noch keine durch die Straße von Hormus. Niemand weiß, dass das Gestein unter dem Meeresboden von Dubai, Abu Dhabi und Bahrain wie ein Schwamm voller Kohlenwasserstoffe steckt. Erst wir werden diesen Reichtum entdecken.

Am 12. Februar, nachdem Kommandant Cousteau dem Emir

von Abu Dhabi einen feierlichen Besuch abgestattet hat, fängt die *Calypso* mit ihrer ersten Messreihe an. Der ausgewählte Ort ist die Insel Dasa westlich von Abu Dhabi. Wir müssen in diesem Teil des Golfs insgesamt vierhundert wissenschaftliche Messstationen abklappern. Wir lassen unser Gravimeter ins Wasser; auf den Meeresgrund abgesenkt, ermittelt das Instrument Schwerkraftanomalien, von denen manche Lagerstätten von Erdöl oder Erdgas anzeigen.

Wir setzen auch unseren Probenbohrer ein – wie jeder anständige Prospektor. Dieses Rohr, normalerweise von einem stählernen Bohrturm aus betrieben, ist hier am Kran der *Calypso* montiert. Es bohrt sich ein, um Gesteinsproben zu entnehmen. Beim ersten Versuch wird unser Gerät zu einem Akkordeon gestaucht. Die Bordmechaniker reparieren es den ganzen Nachmittag. Am nächsten Tag dasselbe Missgeschick… In dieser Gegend scheint der Meeresboden sehr hart!

Die Operationen zur Entnahme von Proben des Meeresbodens laufen an den Folgetagen besser – bis sich ein wütender Sandsturm erhebt und unser Schiff herumwirft. Der Kamsin schüttelt uns nicht nur durch und füllt uns die Nase mit Wüstenstaub, sondern er macht auch jede weitere Probenentnahme unmöglich. Kommandant Cousteau schickt Tauchermannschaften hinunter, um Gesteinsproben mit dem Geologenhammer zu holen. Das ist schwere Arbeit. Haie, von der Bewegung im Wasser angezogen und umso gefährlicher, als sie in einem von aufgerührten Sedimenten getrübten Meer fast unsichtbar sind, ziehen immer engere Kreise. Wir haben uns mit einem Haiabwehrkäfig versehen. Diesen verankern wir und flüchten, ohne den starken Mann zu spielen, hinein, sobald die Haie aufgeregter wirken als üblich.

Noch beängstigender als die Haie sind die Wasserschlangen. Diese Reptilien schlängeln zahlreich in den lokalen Gewässern herum. Sie sind schön mit ihrem großen, vertikal abgeplatteten Schwanz und ihrem silbernen und kohlschwarz geringelten Leib. Es sind Gewöhnliche Seeschlangen, wie aus unserem Bordlexikon hervorgeht. Dass wir ihnen einen Namen geben können, ist keine Beruhigung. Diese Wassertiere sind hochgiftig. Mit Giftzähnen im Oberkiefer injizieren diese Nattern ein viel stärkeres Gift als ihre engen Verwandten, die indischen Kobras. Glücklicherweise sind sie nicht aggressiv und eignet sich ihr kleines Maul nur dazu, Fische zu beißen. Aber wer weiß? Ein Unfall ist schnell geschehen. Sie schlängeln sich überall durch, auch zwischen den Stäben des Haiabwehrkäfigs. Ein Taucher braucht eine nur aus Unachtsamkeit zu berühren, und wenn sich die Schlange wehrt – nicht auszudenken.

15
Die Schildkröten von Aldabra

Gewissenskonflikt · Perlmuscheln · Die Seychellen vor den
Touristen · Die grüne Lagune · Der Quastenflosser

Unsere Ölsuche geht mal schneller, mal langsamer voran, je nachdem, was Kamsin, Haie und Wasserschlangen uns gestatten. Kommandant Cousteau ist immer mehr überzeugt, dass der Untergrund voller Erdöl und Erdgas steckt. Aber er stellt sich auch Fragen. Er hat diesen geologischen Auftrag übernommen, weil die *Calypso* ein Meeresforschungsschiff ist und ein Forscher eben forschen muss. Aber was wird aus der bisher noch intakten Umwelt des Golfs, wenn die großen Erdölgesellschaften Bohrtürme und Bohrplattformen errichten und der Golf täglich von Dutzenden riesiger Tanker durchpflügt wird?

Das ewige Dilemma der Wissenschaft. Erkenntnisse müssen publik werden, denn sie gehören der Menschheit insgesamt. Das Problem ist, dass manche Menschen diese Erkenntnisse rücksichtslos für ihren eigenen Profit nutzen und dabei die Vernichtung anderer Menschen oder der Natur in Kauf nehmen. Immer wieder werde ich den Pascha auf der *Calypso* auf diesen Aspekt unserer Fahrten zurückkommen hören. Haben wir gut daran getan, der Welt das Vorhandensein dieses Schatzes an fossilen Energieträgern zu offenbaren?

»Jedenfalls«, folgert Frédéric Dumas, durch und durch Fatalist, »wenn wir das Erdöl im Golf nicht gefunden hätten, hätten es andere an unserer Stelle getan.«

»Richtig«, räumt Cousteau ein. »Aber denkt bloß mal, ich hätte einen Cent Provision pro gefördertes Barrel verlangt. Mein ganzes Leben lang hätte ich keine Sorgen mehr gehabt, wie ich die Fahrten der *Calypso* finanziere!«

Der 16. März wird für mich ein schlechter Tag. Als ich meinem neuen Freund Maurice Léandri, der für diese Expedition zu uns gestoßen ist, Tauchunterricht gebe, entdecke ich einen Schwarm prächtiger Großmakrelen. Diese mehr als meterlangen Fische, die Tunfischen ähneln (obwohl sie nicht zur Familie der Tunfische, sondern der Stachelmakrelen gehören), schmecken köstlich. Der Schiffskoch hätte gewiss nichts dagegen, wenn ich eine fürs Abendessen fange. Es gelingt mir, einen der Fische zu harpunieren. Das Tier wehrt sich heftig. Ich will sein Leiden abkürzen und steche es mit dem Tauchermesser in den Kopf. Doch die Klinge rutscht ab und schneidet in den kleinen Finger meiner linken Hand, bis auf den Knochen. In den einzigen Finger, der nach meinem Unfall beim Minenräumen an meiner armen linken Hand noch unversehrt ist.

Blut verströmt ins Wasser. Die Haie, die am Rande des Blickfelds träge kreisen, nehmen Witterung auf. Ich flüchte mich schleunigst in die Jolle. An Bord der *Calypso* näht mich der Arzt, so gut es geht. Ohne Betäubung… Ich kippe fast um, aber am meisten trifft mich, dass die Sehne durchtrennt ist. So ein Pech!

Mehrere Tage lang kann ich mit meinem riesigen Verband nicht mehr tauchen. Ich irre wie eine verlorene Seele in den Laufgängen herum. Kaum hat sich die Schnittwunde geschlossen, stelle ich mich taub für die Empfehlungen des Arztes und kehre zu meinen Freunden unter Wasser zurück.

Einer der Schätze des Golfs, der noch vor dem Erdöl die Emire von Abu Dhabi, Katar und Bahrein reich machte, ist die Perlmuschel. Auf manchen Meeresböden, wo wir unsere geologischen Proben entnehmen, bedecken Echte Seeperlmuscheln zu Tausenden den Meeresboden. Bei einer Audienz hat der Scheich von Abu Dhabi Kommandant Cousteau das feierliche Versprechen abgenommen, dass wir sie nicht anrühren werden. Der Pascha hat es geschworen. Aber wie sollen wir widerstehen?

Wir sammeln jeden Tag eine oder zwei dieser Schalentiere auf und verstecken sie in der Badehose. Wenn Cousteau uns den Rücken kehrt, machen wir sie auf und sehen nach.

Der Emir von Abu Dhabi verliert dabei nichts; keiner von uns findet eine Perle – mit Ausnahme von Bootsmann Albert Raud. Er sollte eine sehr schöne Perle finden – eine einzige: sehr groß, von hervorragendem Luster und birnenförmig. Er lässt sie für seine Braut in einen Ring fassen. Aber pst! Niemandem weitersagen!

Hier im Persischen Golf, im Lande der Scheichs, des Erdöls und der Perlen endet meine Lehrzeit als Seemann. Fortan kann ich an Bord alles selbstständig erledigen. Ich lege den Kurs fest, trage unsere Route auf der Karte ein, benutze das Radar, ich schiebe meine Brückenwachen, steuere die *Calypso* über Untiefen. Wenn nötig, springe ich bei anderen Arbeiten ein. Ich helfe den Maschinisten, ich nehme das Ölkännchen und schmiere. Das Kind, das in seinem Boot nach der Insel Riou ruderte, hat sich in einen jungen Seebär verwandelt, der in weiter Ferne auf großer Fahrt ist. Der kleine Angler von Meerjunkern in Sormiou hat sich zum Berufstaucher entwickelt, der Biologen, Geologen, Planktonspezialisten, Archäologen zur Hand gehen kann. Die *Calypso* ist meine Welt geworden. Wie alle Seeleute neige ich dazu, dieses Schiff für ein Lebewesen zu halten, für einen großen, beruhigenden und schützenden Organismus, der mich nährt und wärmt, fährt, wohin ich will, und auf Fingerdruck gehorcht – dem sachtesten Ruderausschlag und der kleinsten Verschiebung der Hebel des Maschinentelegrafen.

Berauschend.

Nachdem unsere geologische Forschungsfahrt beendet ist, unsere Bodenproben ordentlich an die Analytiker von British Petroleum verschickt sind, passieren wir wieder die Straße von Hormus. Wir laufen mit guter Geschwindigkeit auf den Indischen Ozean hinaus. Den Geruch des Erdöls haben wir vergessen. Meeresvögel – Seeschwalben, Sturmschwalben, Sturmvögel, Seemöwen und einige

Tropikvögel – umkreisen die *Calypso* und schreien über unseren Köpfen. Wir nehmen Kurs auf die Seychellen.

Wir begegnen einer kleinen Walherde: Finnwalen. Wir können uns den Riesentieren nähern, ohne sie zu erschrecken. Sie schwimmen träge dahin, und einer davon tut uns den Gefallen, uns mehrere Minuten anzusehen, dann scheint er uns mit der Flosse zu grüßen. Abends entdecken wir einen weiteren dieser Wale, der unbeweglich an der Meeresoberfläche liegt. Wir lassen ein Schlauchboot zu Wasser und schleichen uns vorsichtig an – nur mit Paddeln. Von seinem riesigen Leib ragt nur die sichelförmige Rückenflosse aus dem Wasser. Wir sehen seine Atemlöcher, die sich auftun, um die verbrauchte Luft abzublasen und frische Luft einzusaugen; dann schließen sich die Nüstern, und der Schädel des Riesen sackt unter Wasser. Eine Minute oder anderthalb Minuten später kommt die Atemöffnung wieder herauf. Pst! Der Wal schläft! Wir entfernen uns paddelnd, gewissermaßen auf Zehenspitzen.

Wir laufen in den Hafen Mahé ein, wo wir Station machen. Die Seychellen vor der Ankunft der Touristen: eine wahre Pracht! Wenn der Begriff Paradies auf Erden je etwas bedeutet hat, dann hier. Niemand kann die Schönheit dieser Koralleninseln beschreiben, die nur wenig über das türkisfarbene und tiefblaue Wasser ragen und eine Bürstenfrisur aus grünen Kokospalmen zu tragen scheinen. Noch niemand hat bisher die Durchsichtigkeit dieses Wassers, die Ultramarin- und Silbertöne dieser gelben, sandumsäumten Buchten gemalt.

Wir tauchen in ein regelrechtes Aquarium hinab. Korallenbüsche und -blöcke, Hornkorallen, Lederkorallen, Schwämme aller Farben und Formen bilden die Kulisse für Armadas von Bartwürmern, Muscheln, Meeresschnecken, Nacktkiemern, Seesternen, Seeigeln und Fischen. Ich bewundere unter tausend anderen Aufführungen das Ballett der Riffbarsche; den Ausflug einer Gruppe von Trompetenfischen in ein Korallenlabyrinth, in dem es von Glasgarnelen wimmelt; das rote Auge des Soldatenfisches; den

Schlangenleib der Muräne; die prächtigen Stacheln des Rotfeuer-
fisches; die Zahnplatten des Papageienfisches, der Korallen zermalmt; das Hellgelb der langschnauzigen Engelfische; die blau-
gelben Streifen des Imperator-Kaiserfisches und das Königsblau
der Doktorfische ... Wie kann das Gedächtnis eines einzigen Menschen so viele Lebensformen speichern?

In Mahé nehmen wir zwei Männer an Bord, die per Flugzeug
zu uns gekommen sind: den Franzosen Gustave Charbonnier, Professor im Naturkundemuseum von Paris, und den amerikanischen
Schriftsteller James Dugan, der unsere Abenteuer aufzeichnen
und sein Werk mit hervorragenden Tuschskizzen und Aquarellen
schmücken wird.

Kurs auf Madagaskar. Wir legen im Hafen von Diégo-Suarez
an, um unsere Lebensmittel und unseren Dieselkraftstoff zu ergänzen. Abfahrt nach Aldabra ...

Die drei einsamen Inseln Assumption, Cosmoledo und Aldabra
gehören zu den Seychellen; aber sie liegen mehr als sechshun-
dert Meilen südwestlich von Mahé, unweit der Inselgruppe der
Komoren.

Aldabra umschließt eine grüne, flache und algenreiche Lagune.
Es ist ein Atoll, das kaum über das Meer hinausragt und bei dem
man sich vorstellen kann, dass es durch einen einzigen Zyklon un-
tergeht ... Es ist mit einer dichten Vegetation von Mangroven und
Keulenholzbäumen bewachsen – dazwischen ein paar Kokospal-
men. Sein Korallensockel ist von Rissen durchzogen wie eine alte
Brotkruste. Ziegen weiden dort; sie wurden von frühen arabischen
Seefahrern ausgesetzt.

Das verblüffendste Tier der Inseln ist die Riesenschildkröte,
eine Landschildkröte und Verwandte der Galapagos-Schildkröte –
trotz der riesigen Entfernung zwischen den beiden Orten. Ein seltsames, prähistorisches Schuppenreptil ...

Wir beobachten einige Exemplare. Sie wiegen mehr als zweihundert Kilogramm und müssen bis zu anderthalb Jahrhunderte
alt sein. Ihr dunkelbrauner, mehr als ein Meter langer Panzer

besteht aus großen, glänzenden, vieleckigen Platten. Ihre krallen-besetzten Beine erinnern an Baumstämme mit Wurzeln. Ihr Kopf, der am Ende eines überlangen Halses mit pergamentfaltiger Haut sitzt, mündet in einen starken Schnabel. Die Riesenschildkröten von Aldabra sind Pflanzenfresser. Von den Seeleuten sind sie nicht stark gejagt worden, da ihr Fleisch ungenießbar ist. Bedroht werden sie aber von den Ziegen, die ihnen einen Teil ihrer Nahrung wegfressen, und von den Ratten (ebenfalls von den Menschen eingeführt), die ihre Eier rauben. Diese Überbleibsel aus Jahrhunderten, deren Art die Dinosaurier des Mesozoikums überlebt hat, sind zugleich durch ihren Panzer vor natürlichen Feinden gut gewappnet und doch bedroht.

Mindestens zwei Arten von Meeresschildkröten besuchen ebenfalls die Insel Aldabra: die Suppenschildkröte und die Karettschildkröte. Im Gegensatz zur Landschildkröte wird ihnen unbarmherzig nachgestellt. Der Ersten ihres Fleisches wegen, der Zweiten wegen ihres kostbaren Schildpatts. Seeleute haben Gemetzel unter ihnen angerichtet. Die Eingeborenen jagen sie immer noch vom Boot aus. Sie fangen sie mit Netzen oder Harpunen. Sie graben die Eier aus, die sie in den Sand der Strände legen. Manche Einwohner von Aldabra fangen sie lebend und halten sie in einem Vivarium im Meer. Einmal im Monat kommt ein Schiff aus Mahé und holt die Reptilien ab; die Suppenschildkröten, zerlegt und in Konservendosen verpackt, werden nach Europa und Amerika versandt, um die berühmte Suppe daraus zu machen. Die Karettschildkröten, deren Fleisch nicht schmeckt, erleiden ein ebenso trauriges Schicksal; nur ihr Panzer wird gewonnen, um zu Kämmen, Haarspangen und Touristennippes zersägt zu werden.

So schwerfällig, ungeschickt und linkisch die Landschildkröten in der Fortbewegung sind, so flink und elegant sind ihre aquatischen Verwandten in ihrem Element. Wir tauchen mit ihnen. Wir folgen ihnen auf den Grund; sie verweilen dort manchmal mehr als eine Stunde, ohne zum Luftholen aufzutauchen. Wir nähern uns ihnen. Wir berühren ihren Panzer oder ihre großen, schuppigen Flossen. Sie sind nicht aggressiv, dennoch könnten sie uns mit einem einzigen Biss ihres riesigen Hornkiefers den Arm abtrennen.

Bei anderen Ausflügen umrunden wir das Reservat von Aldabra zu Fuß. Wir gehen auf dem Sand oder zwischen Mangroven unter ohrenbetäubendem Vogelgeschrei. Die Fregattvögel überschütten uns mit Schmähungen, wenn wir uns ihren Nestern nähern. Die Männchen blähen ihren knallroten Kehlsack auf, um die Weibchen anzulocken. Es sind die schnellsten Seevögel. Sie schaffen Sturzflüge mit dreihundert Stundenkilometern. Der Fregattvogel macht sich nicht die Mühe, zu fischen; er wartet, bis ein Vogel einer anderen Art von der Arbeit kommt, und nimmt ihm im Flug die Beute ab – indem er ihn zum Auswürgen zwingt.

Rings um die Fregattvogelkolonie segeln Pelikane, Tölpel, Kormorane, Tropikvögel, ohne die riesigen Scharen der Seeschwalben oder Silbermöwen zu vergessen. Jedes dieser Wesen lebt sein Leben, mal in der Luft, mal auf der Insel, mal im Wasser. Ich wäre gern ein Meeresvogel.

Wir lassen Aldabra wie einen Garten Eden hinter uns und laufen Anjouan auf den Komoren an, wo uns Professor Millot erwartet. Er ist spezialisiert auf den Quastenflosser, dieses lebende Fossil, das an manchen Orten des Indischen Ozeans zwischen zweihundert und achthundert Metern Tiefe vorkommt. Wir befragen die Fischer: Hat einer von ihnen in seinen Netzen je eines dieser sagenhaften Tiere gefangen? Nein ...

Der *Coelacanthus* ist ein Fisch aus der Ordnung der Knochenfische; seine auf Stummeln sitzenden Brust- und Bauchflossen ähneln Armen und Beinen; sein Schwanz ist wulstig, und er verfügt über eine rudimentäre Lunge. Vor mehr als vierhundert Millionen Jahren, im Silur, sind aus ähnlichen Tieren die Vierfüßer hervorgegangen, die das Festland erobert haben. Verwandte des Quastenflossers sind die Urväter der Amphibien, die zu den Reptilien führten, von denen sich die Vögel und die Säuger ableiten. Wir

Menschen stammen zwar nicht direkt vom Quastenflosser, aber zumindest von Verwandten dieses bizarren Wesens ab.

Früher konnte man sich nicht einmal vorstellen, dass solche Lebewesen noch existieren könnten; man kannte sie nur als Fossilien. Aber 1938 fingen Fischer in den Gewässern der Komoren einen solchen »Urfisch«, und ein Wissenschaftler hatte das Glück, ihn untersuchen zu können. Diese Entdeckung hatte eine Revolution in der Paläontologie zur Folge...

1954, als wir mit der *Calypso* in diesen Gewässern unterwegs sind, waren von den Fischern der Komoren erst vierzehn Exemplare dieser Quastenflosser gefangen und von Wissenschaftlern geborgen worden. Wir hätten natürlich gern den fünfzehnten... Von Professor Millot geführt, umfahren wir die Inselgruppe – Anjouan, Moroni, Grande Comore, Moyotte... Wir nehmen in den Tiefen, in denen sich das Tier aufhält, die von Professor Edgerton speziell entwickelten Fotoapparate mit: vergebliche Liebesmühe! Die lebenden Fossilien zeigen sich nicht.

Wir müssen nach Frankreich zurück. Ich hatte fast vergessen, dass es ein Land dieses Namens gibt.

Wir fahren wieder nach Norden durch den Golf von Aden, die Straße von Bab el-Mandeb, das Rote Meer, den Sueskanal. Wir nehmen Kurs auf Marseille... Ich denke an diese sechsmonatige Kreuzfahrt als meine erste echte große Fahrt: der Zauber der Riffe, die Elphinstone-Bai, die Ölsuche von Abu Dhabi, die Perlen des Persischen Golfs, die Kaiserfische der Seychellen, die Riesenschildkröten von Aldabra, unsere fruchtlose Suche nach dem Quastenflosser... Eine wunderbare Reise! Sindbad der Seefahrer, vom Persischen Golf zu seiner Reise aus Tausendundeiner Nacht aufgebrochen, hat auch nicht mehr Wunder erlebt.

Jeder an Bord der *Calypso* ist davon so überzeugt, dass wir Beifall klatschen, als uns der Pascha vorschlägt, so bald wie möglich wieder in diese Meere zu fahren.

16
Kreuzfahrt
in die schweigende Welt

Die Schwelle von Sizilien ·
Die tauchende Untertasse wird erfunden · Fliegende Fische ·
Die Tragödie des jungen Pottwals · Blutrausch

Ich kehre mit dem Gefühl nach Marseille zurück, dass ich viel gelernt habe und noch mehr lernen muss …

Kommandant Cousteau widmet das zweite Halbjahr von 1954 dem Mittelmeer – *meinem* Mittelmeer. Ich bereite mich auf diesen Einsatz durch ein paar schöne Tauchgänge mit der Aqualunge in der Bucht von Sormiou vor. Jedes Mal, wenn ich unter Wasser gehe, habe ich den Eindruck, zu einem Stelldichein zu schwimmen. Meine Kumpel, die Zackenbarsche, erwarten mich schon. Im Gegensatz zum Weltenbummler der *Calypso*, der ich geworden bin, sind sie unverbesserlich sesshaft. Sie verlassen nicht nur ihre Bucht nicht, sondern verbringen praktisch ihr ganzes Dasein in derselbe Höhle.

Ende August laufen wir zu einer meereswissenschaftlichen Kreuzfahrt unter Leitung von Professor Jean-Marie Pérès von der Forschungsstation Endoume aus. Von Marseille fahren wir nach Biserta. In vierzehn Tagen erforschen wir – mit Echolot, Schleppnetz und Fotoapparat – die so genannte Sizilianisch-Tunesische Schwelle oder Schwelle von Sizilien. Es handelt sich um ein Gebiet von Untiefen zwischen Sizilien und Tunesien, wo sich das Mittelmeer in seine zwei Becken teilt: in das westliche und das östliche.

Der folgende Einsatz – Unterwasserkartografie – führt uns in die Gewässer von Port-Vendres vor den östlichen Pyrenäen. Die dritte Ausfahrt des Halbjahrs ist eine geologische Meeresforschungsfahrt zwischen Nizza und Ajaccio: Professor Jacques Boucard, Inhaber des Lehrstuhls für Physikalische Geologie an der Sorbonne, hat ihn angeregt. Als junger Matrose mit nur einem Hauptschulabschluss wage ich kaum, das Wort an die wissenschaftlichen Kapazitäten zu richten, die nacheinander an Bord kommen. Aber ich bin mir klar, dass die Besitzer wahren Wissens einen kleinen Taucher nicht verachten und sogar bemerkenswert begabt sind, die Ziele und Errungenschaften ihrer Disziplin in einfachen Worten zu erklären. Es braucht nicht erwähnt zu werden, dass ich durch den täglichen Umgang mit solchen Gelehrten nach ein paar Monaten meereskundlicher Fahrten mehr gelernt habe als in etlichen Jahren Schule. Und ich ahne nicht ohne geheime Befriedigung, dass diese großen Geister uns beneiden: Wir entdecken beim Tauchen – mit eigenen Augen – die Phänomene, die sie nur abstrakt kennen, oder Arten, die sie nur tot zu Gesicht bekommen.

Auf der Rückkehr von dieser Fahrt nach Korsika erfahre ich mit Freuden, dass mein Freund Henri Plé – *l'Oncle*, einer der vier Musketiere der *Surcouf* und der *Hou Hop* – auf der *Calypso* anheuert. Er wird Verwaltungsaufgaben übernehmen, sich mit Hafenrechten, Meldeformalitäten usw. befassen, er wird wie alle seine Wachen gehen, und er wird uns, wenn nötig, beim Tauchen helfen.

Ende 1954 höre ich zum ersten Mal von den seltsamen Forschungs-U-Booten, die später den Namen »Tauchende Untertassen« erhalten und in meinem Abenteurerleben große Bedeutung einnehmen sollten. Der Gedanke dazu kommt dem Pascha eines Tages, als wir in der Messe der *Calypso* beim Essen sitzen. Er wettert dagegen, dass die Taucher trotz aller Anstrengungen und allen Muts rasch an ihre Grenzen stoßen. Tiefer als siebzig Meter sind sie kaum mehr leistungsfähig. Sie können nur wenige Minuten arbeiten, da sie lange Dekompressionszeiten einhalten müssen, und sie laufen Gefahr, mehr oder minder schwer vom Tiefenrausch (Stickstoffnarkose) erfasst zu werden. Aber die Meeresböden in hundert, zweihundert, dreihundert Metern Tiefe jenseits der Reichweite der Aqualunge verbergen mit Sicherheit spannende Geheimnisse. Um sie zu erforschen, muss also ein lenkbares Klein-U-Boot erfunden werden.

Cousteau nimmt zwei Teller vom Tisch. Er legt sie Rand an Rand gegeneinander. Und dann erklärt er mit amüsierter Feierlichkeit:

»Da haben wir unser Tauchboot!«

Die Ingenieure des französischen Büros für Unterwasserforschungen (O. F. R. S.) machen sich an die Arbeit. 1955 präsentieren Jean de Wouters, Claude Strada und André Laban Cousteau ein Modell des künftigen Forschungsgeräts im Maßstab 1:10. Die Drucktests, die im Materialprüfungszentrum des Arsenals von Toulon durchgeführt werden, zeigen, dass die Form auf Anhieb perfekt ist. Wir nennen unsere Untertasse *Tortue,* wie das 1775 von dem Amerikaner David Bushnell gebaute erste Unterseeboot. Von diesem Moment an sollte es nicht weniger als vier Jahre dauern, bis das Gefährt in voller Größe in der Fabrik und im Meer getestet und an die Mannschaft der *Calypso* ausgeliefert wird.

Am 8. März 1955 habe ich Migräne; doch ist es einer der schönsten Tage meines Lebens. Wir werfen die Leinen los, es geht auf zum Drehort des Films, der mit der Goldenen Palme in Cannes und dem Oscar in Hollywood Berühmtheit erlangen wird: »Die schweigende Welt«.

Beim Anbordgehen ahnt das natürlich noch niemand. Wir spüren, dass wir ein neues Abenteuer anfangen – aber nicht, dass wir Geschichte schreiben werden! Wir wissen, dass die Gründe des Roten Meeres, wo wir den größten Teil unserer Zeit zubringen werden, wundervoll, von Leben wimmelnd, außergewöhnlich, großartig sind. Wir sind überzeugt, dass wir dort die schönsten Bilder drehen werden, die jemals vom Leben unter Wasser gemacht worden sind. Aber einen Welterfolg lassen wir uns nicht träumen.

Louis Malle, der Regisseur, überwacht die Verladung der Kameras, Filme, Projektoren, Batterien wie eine Gluckhenne. Frédéric Dumas, André Laban, Edmond Séchan, Pierre Goupil und andere beschäftigen sich an Deck; es ist so viel zu schleppen, in die Laderäume oder in die Taucherbasis zu stauen, zu überprüfen und nochmals zu überprüfen. Der Schiffsarzt, Denis Martin Laval, zählt seine Medikamentenkoffer. Kapitän François Saout sortiert seine Seekarten. Der Pascha spricht mit der Presse.

Bei der Fahrt durchs Mittelmeer müssen wir den heftigen Sturm ertragen, auf den wir abonniert scheinen. Am 14. März sind wir in Port-Saïd, am sechzehnten laufen wir aus ins Rote Meer. Wir werden dort von einem Geschwader Fliegender Fische begrüßt. Diese bilden das Manna der tropischen Meere – ein wichtiges Glied der Nahrungskette zwischen dem Plankton und den großen Räubern wie Tunfischen, Goldmakrelen, Haien. Unter Wasser sehen sie aus wie simple Makrelen. Wenn sie aber aufgestört werden, steigen sie zur Wasseroberfläche, wriggen immer schneller mit der Schwanzflosse, entfalten ihre riesigen Brustflossen und heben ab. So segeln sie einen Meter über der Wasseroberfläche ein paar Dutzend Meter weit. Mit dieser Taktik können sie manchen Räubern entkommen; doch geschieht es, dass der Tun oder Hai ihren Segelflug verfolgen und sie am Ende mit aufgesperrtem Rachen erwartet.

Im Allgemeinen fliegen diese Flugfische nicht hoch; aber wenn sie von einem Wogenkamm starten, können sie bis aufs Deck eines Schiffes geschleudert werden. Unser Freund Luis Marden, der das nicht glauben wollte, bekam einen mitten ins Gesicht! Eines Nachts landete ein Fliegender Fisch durch ein offenes Bullauge auf der Koje von Raymond Coll – glitschiges Erwachen!

Im Roten Meer besteht unser erster Auftrag darin, präzise ein Wrack zu orten, dessen Vorhandensein Kommandant Cousteau einem Marinedokument entnommen hat und dessen Lage ungefähr bekannt ist – unweit der Südspitze der Halbinsel Sinai bei Ras Mohammed. Wir kreuzen stundenlang mit dem Echolot. Ohne

Erfolg. Wir erweitern unseren Suchkreis. Frédéric Dumas unten in der Beobachtungskammer der falschen Nase der *Calypso* erkennt als Erster die Silhouette der Masten des Schiffsrumpfs. Es handelt sich um ein großes Schiff von etwa hundert Metern Länge. Wir vermerken sorgfältig seine Position; im Detail werden wir es erst auf dem Rückweg untersuchen. Fürs Erste begnügen wir uns mit einem kurzen Erkundungstauchgang, den ich in Gesellschaft von Frédéric Dumas ausführe.

Wir steigen in das klare Wasser hinab. Das Wrack ist noch nicht alt; es ist während des Zweiten Weltkriegs versenkt worden. Ein zauberhafter Anblick; Rumpf, Brücke, Tauwerk, Masten – alles ist mit Algen, Schwämmen, Lederkorallen, Hornkorallen, Seeanemonen und Austern besetzt. Langusten winken mit ihren langen Fühlern unter den Spills hervor. Wrackbarsche patrouillieren in den Laufgängen. Barrakudas hausen in den Kabinen. An Deck und in den Laderäumen finden wir Kriegsmaterial: Kanonen, Maschinengewehre, Waffen und Munition aller Art, dazu Motorräder, Lastwagen usw.

Am Ende eines Laufgangs stoßen wir auf ein Ungeheuer. Zwei Meter lang, mehr als hundertfünfzig Kilogramm schwer. Eine hohe Rückenflosse. Ein riesiger Kopf mit einem großen Buckel auf der Stirn – wie eine Melone. Das Tier erinnert mich an einen Lastwagen, also nennen wir es fortan auf der *Calypso* »Lastwagenfisch«. Es hat grünliche Schuppen und feine Längsstreifen. Es nähert sich furchtlos und blickt mich durch meine Maske an. Wulstlippen, kleine Augen ... Einen Augenblick später stoßen ein Dutzend seiner Genossen zu ihm; sie tanzen eine Art langsamen Walzer um das Wrack. Später finde ich den wissenschaftlichen Namen der Spezies in der Schiffsbibliothek: *Cheilinus undulatus*, der Gigant aus der Familie der Lippfische, der riesenhafte tropische Vetter der kleinen Lippfische von zehn Zentimetern Länge, die ich so häufig in Sormiou beobachtet habe und bei denen die Männchen ein Nest aus Algen bauen, vor dem sie dann hin und her paradieren in der Hoffnung, ein Weibchen anzulocken.

154

Die *Calypso* fährt weiter ins Rote Meer hinein. Nachts betrachte ich das Kreuz des Südens. Wir machen Station beim Riff von Abu Latt südlich von Dschidda in saudi-arabischen Hoheitsgewässern. Die *Calypso* war dort schon auf ihrer ersten Fahrt im Roten Meer gewesen; damals gehörte ich noch nicht zur Mannschaft. Meine Gefährten – vor allem Frédéric Dumas – haben es mir als Unterwasserparadies geschildert. Als wir tauchen, stelle ich fest, dass dies keineswegs übertrieben ist. Im Korallenlabyrinth leben Wolken tropischer Fische, farbiger als ein Feuerwerk am französischen Nationalfeiertag.

Wir lassen Louis Malle alles filmen, was ihm an Stein-, Horn-, Lederkorallen und Porzellanschnecken, Garnelen und vielfarbigen Seesternen vor die Linse kommt. Ich versuche mich hinter der Kamera. Ich filme Explosionen von Riffbarschen und Großaugenbarschen. Ich zähle sieben oder acht Arten Gauklerfische und ebenso viele Spielarten von Engelfischen. Beim Aufsteigen erlebe ich fasziniert den Vorbeiflug eines dunkelblauen Geschwaders von einem Dutzend Mantas, von denen der kleinste vier Meter Spannweite hat! Ich habe nie zu fragen gewagt, weder Louis Malle noch den Kommandanten Cousteau, was sie aus diesen meinen fantastischen Filmsequenzen gemacht haben. In der »Schweigenden Welt« habe ich sie nicht wieder gesehen. Meine Hypothese ist, dass sie zu rücksichtsvoll waren, sie mir vor Augen zu führen …

Nach dem Leuchtturm von Dschebel Teir, wo die Osmanen den größten Leuchtturm des Roten Meers bauen ließen – heute ist er nur noch eine Ruine –, steuern wir die Zwölf Apostel an, schwarze Vulkaninselchen, die sich unweit der jemenitischen Küste aus dem Meer erheben. Wir verlassen das Rote Meer und nehmen am Vierundzwanzigsten in Aden Trinkwasser, Lebensmittel und Dieselöl auf. Dann gehen wir auf Südkurs in den Indischen Ozean.

Der 28. März ist ein schwarzer Tag. An diesem Datum erlebe ich eine der schmerzlichsten Episoden meiner ganzen Laufbahn als

Mannschaftsmitglied der *Calypso*. Ein menschlicher Fehler führt zu einem Massaker – zu einer Wahnsinnstat…

Um acht Uhr morgens ruft der Ausguck eine Herde Wale aus: »Er bläst! Steuerbord voraus!«

Wir stürzen an Deck. Pottwale! Die größten Zahnwale, von der Art des Moby Dick. Ein halbes Dutzend dieser braun-schwarzen Ungeheuer aus Muskeln und Speck mit gestreiftem Leib und riesigem Kopf schwimmen in einer halben Meile Entfernung. Sie blasen ihre typische Dampfwolke gen Himmel – nur ein einziger Strahl mit fünfundvierzig Grad Neigung nach vorn, da – anders als bei den Bartenwalen – nur das linke Blasloch funktionstüchtig ist.

Wir machen uns an die Verfolgung. Niemand auf der *Calypso* will ein Zusammentreffen mit diesen Leviathanen verpassen. Die Wale schwimmen schnell. Sie halten mühelos Distanz.

Plötzlich ein Stoß unterm Rumpf… Die Schraube vibriert und macht ungewöhnliche Geräusche, der Motor wird so langsam, als wolle er aussetzen. Wir blicken ins Kielwasser. Eine dunkle Gestalt windet sich dort. Eine Katastrophe! Wir haben einen jungen Pottwal gerammt!

Warum sich das Jungtier derart weit von den schützenden Flossen seiner Mutter entfernte, weiß ich nicht. Walkühe lassen ihre Kälber normalerweise nicht so weit zurück, vor allem nicht, wenn Gefahr droht.

Das Jungtier an der Wasseroberfläche krümmt sich vor Schmerz. Rücken und Flanken sind übel zerschnitten. Es verblutet. Ringsum rötet sich das Meer. Es kippt auf die Seite, reißt das Maul auf und hebt eine Flosse wie ein Hilferufender. Einen Augenblick vermeine ich, dass es mich mit seinem Knopfauge anblickt, und ich glaube in diesem klugen Auge einen Vorwurf zu lesen. Wie ich mich schuldig fühle! Wie ich mir vorwerfe, diesen Unfall mit verursacht zu haben! Es drückt mir das Herz ab. Ich finde keinen Trost in dem Wissen, dass die Schiffe der Menschen auf diese Weise jedes Jahr Hunderte von Walen verletzen oder töten.

Das Leben des Babywals läuft mit seinem Blut aus. Er bewegt sich nur noch ruckweise – mit immer größeren Abständen dazwischen. Und es kommt, was kommen muss: ein Hai, zwei Haie, zehn Haie, vom Blutgeruch angelockt. Sie beginnen zu kreisen. Die Rückenflossen vermehren sich wie durch Zauber. Es sind Blauhaie – die Jäger des Meeres, die dem Schiffbrüchigen auf seinem Floß folgen. Ich sehe auch die Brustflossen eines riesigen Weißspitzen-Hochseehais.

Die Haie sind außer sich. Sie haben leichte Beute gewittert. Der kleine Pottwal, der im Todeskampf ein letztes Mal an der Meeresoberfläche um sich schlägt, reizt sie bis zum Äußersten.

Einer der Haie greift an. Er schießt auf den Wal zu, rammt die Flanke des Todgeweihten, reißt das Maul auf und schnappt zu. Er reißt ein großes Stück Fleisch heraus. Die andern tun es ihm nach; es gibt ein Gedränge, eine unglaubliche Metzelei. Die Räuber, trunken von Blut und Fleisch, beißen sich in Bauch und Schwanz ihres Opfers fest. Sie werfen den Kopf hin und her, zerschneiden Schwarte, Speck und Muskeln mit ihren dolchspitzen Zähnen. Sie reißen, fetzen, schleppen Stücke von drei oder vier Kilogramm ab.

Diese Gier erschüttert uns und macht uns selber rasend. Wir wissen genau, dass dies das Gesetz der Natur ist; dass die Haie mit ihrem winzigen Gehirn weder Mitleid noch Moral noch Rachsucht kennen; dass sie einfach die gute Gelegenheit nutzen; dass sie unschuldig ihre Rolle als Fleischfresser erfüllen... Wir sind uns bewusst, dass wir allein am Tod des Pottwals Schuld haben. Aber der Verstand setzt sich unter solchen Umständen nicht durch. Uns packt ein absurder, unüberwindlicher Hass auf diese Haie. Einige von uns schnappen sich Ruder und schlagen auf die Raubtiere ein, um sie fern zu halten. Wir packen, was uns in die Hände fällt – Enterhaken, Harpunen, sogar Gewehre – und töten. Wir massakrieren... Die Mordlust erfasst uns, wie sie sich der Haie bemächtigt hat. Das Meer wird rot vom Blut des Pottwals und der Haie. Eingeweide, Hautlappen, Fleischfetzen bilden an der Oberfläche ein widerliches Treibgut. Und wir schlagen und stoßen unsere Waffen in Rücken und Bäuche der Haie... Wir drehen durch... Wir lachen, wenn wir sehen, wie verletzte Haie ihrerseits Beute ihrer Artgenossen werden.

Die Metzelei und das Durcheinander dauern eine halbe Stunde. Als die Haie schließlich abziehen, ist vom Pottwal nur noch das Skelett übrig. Wir sehen einander sprachlos an und spüren eine große Scham in uns aufsteigen. Was hat uns da gepackt? Warum dieser Wahnsinn? Was war der Sinn dieses Massakers? Wir haben an den Haien ein Unglück rächen wollen, für das wir allein verantwortlich sind. Nichts ist dümmer, nichts unmoralischer, nichts unwürdiger bei Menschen, die sich der Wissenschaft und dem Artenschutz verschworen haben...

Es war mir daran gelegen, diese Episode zu schildern, auf die ich keineswegs stolz bin; es war das einzige Mal in fast vierzig Jahren Fahrt auf der *Calypso*, wo ich Mannschaftsmitglieder auf Meerestiere habe einschlagen sehen. Die Tragödie sollte uns eine Lehre sein. Jedes Mal, wenn einer von uns versucht ist, die Stimme des gesunden Menschenverstandes zu überhören, hält ihm ein anderer entgegen: »Denk an den kleinen Pottwal!«

17
Jojo der Wrackbarsch

Wieder die Seychellen · Farquhar, Aldabra und
Assumption· Tanz mit einem Fisch · Jojo überfrisst sich ·
Das Wrack der Thistlegorm

Wir wollen den schlimmen Vorfall vergessen – die Haie, das Blut, die Raserei der Männer – und nehmen Kurs auf die Seychellen. Hoffentlich wird uns dieses Paradies im blauen Meer wieder Frieden schenken.

Zwischenaufenthalt in Mahé. Ergänzung der Vorräte, dann Südwestkurs nach den Inseln Farquhar, Gambetta, Assumption und Aldabra, lauter Perlen in der großen Auster des Indischen Ozeans.

Wir tauchen auf den Farquhar-Inseln, wo uns im Wasser Geschwader von Barrakudas begegnen, ganz zu schweigen von Scharen von Weißspitzenhaien!

Wir tauchen in Assumption. Ein Wunder … Zwei Meter unter der Meeresoberfläche ziehen Schwärme von Kaiserschnappern, Süßlippenfischen, Drückerfischen, tropischen Meerjunkern, Mönchfischen, Fahnenbarschen, Doktorfischen, Kaiserfischen und hundert andere Arten vorbei – die einen grotesk, die andern anmutig aussehend, die einen farblich an ihre Umwelt angepasst, die andern gemustert wie Harlekine. Diese Lebewesen bevölkern jeden Teil des Meeres, jedes Felsloch, jede Korallennische. Wir schwimmen bis zu einer Fläche hellgrauen Sandes, wo wir merkwürdige Fische sehen, Schlangen ähnlich, die mit dem Schwanz im Meeresboden stecken. Es sind Röhrenaale. Diese schreckhaften Tiere lassen uns nur auf fünf oder sechs Meter herankommen; sobald sie mit der Seitenlinie die geringste Bewegung im Wasser spüren, ziehen sie sich im Handumdrehen in ihr Schlupfloch zurück.

Am nächsten Tag fahren wir zur Insel Aldabra. Wir landen an der Mangrovenküste und gehen »unsere« Riesenschildkröten begrüßen, die wir schon letztes Jahr ungefähr zur selben Zeit beobachtet haben und mit denen uns der Pascha ein Wiedersehen versprochen hatte. Eine erkenne ich ganz genau: Ihr Panzer, auf der linken Seite beschädigt, hat eine U-förmige Kerbe. Dieses Tier hat bereits ein Jahrhundert auf dem Buckel. Wenn es nicht von einem Menschen getötet wird, wird es noch gemächlich umherkriechen, wenn ich längst in Rente bin.

Wir verbringen Stunden damit, Riesenschildkröten zu filmen, aber auch Vögel – Fregattvögel, Tölpel, Tropikvögel, Kormorane und Seeschwalben. Wir beobachten das Treiben der Winkerkrabben auf dem Mangrovenwatt: Die Männchen postieren sich neben ihrem Loch. Sie winken mit der hypertrophierten rechten Schere, die zehnmal größer ist als die linke. Mit dieser Bewegung sollen vorüberhastende Weibchen angelockt werden. Wenn sich diese – sie haben zwei gleich kleine Scheren – gewinnen lassen, legen sie ihre Eier in der Behausung des Glücklichen ab, der sie dann befruchtet.

Doch Aldabra kennen wir bereits, und alle an Bord haben immer noch die Pracht der Korallengründe von Assumption vor Augen. Als der Pascha uns einen erneuten Einsatz auf Assumption vorschlägt, gehen wir begeistert darauf ein. Ich jedenfalls habe den Eindruck, dass in diesen Gewässern nicht nur noch nie ein Taucher war, sondern dass auch noch kein Mensch je dort gefischt hat. Die Tiere fürchten die Spezies Mensch nicht, es ist wie im Paradies! Sie nähern sich uns neugierig, ohne Misstrauen, in aller Unschuld.

Wir werfen also erneut Anker im Zaubergarten von Assumption in einem traumhaft blauen Wasser, das von Myriaden von Meerestieren bevölkert ist.

Kaum treten wir Wasser mit unseren Flossen, als schon ein riesiger Wrackbarsch die Fußsohlen unseres Tauchkameraden und Fotografen Luis Marden beschnüffelt. Der Fisch ist einen Meter fünfzig lang und wiegt sicher mehr als dreißig Kilogramm. Er ist hellgrau mit großen schwarzen Flecken auf Rücken und Flanken. Mit seiner gerade endenden Schwanzflosse und seinen Wulstlippen, die ihn aussehen lassen, als schmolle er, wirkt er sehr beeindruckend. Nachdem er die Flossen von Luis Marden beknabbert hat, schwimmt er auf Frédéric Dumas zu, der unter Wasser eine Tanzbewegung ausführt. Zu unserer Verblüffung macht sie der Fisch nach. Dumas schlägt einen Purzelbaum – der Wrackbarsch tut desgleichen. Hofft er darauf, etwas zu fressen zu ergattern?

Auf jeden Fall ist es der Beginn einer unglaublichen Geschichte. Der Fisch, den wir Jojo nennen, wird später zum Filmstar in »Die schweigende Welt«; nach der Verleihung der Goldenen Palme in Cannes wird ein Journalist schreiben, er sei jetzt eine Berühmtheit wie Brigitte Bardot, wenn auch mit ganz anderen Reizen!

Drei Wochen lang kommen wir in den paradiesischen Gewässern der Insel Assumption mit Jojo zusammen. Der Fisch versteht sich von uns allen am besten mit Frédéric Dumas. Umgekehrt gilt das auch. Hier muss erwähnt werden, dass »Didi« nie vergisst, einen kleinen Leinensack mit Fleischstückchen mitzunehmen, und dass diese kleinen Geschenke die Freundschaft erhalten. Der Wrackbarsch nimmt diese Geschenke nicht nur an, sondern frisst dem Taucher sogar aus der Hand.

Allerdings zeigt sich Jojo nicht immer so kooperativ. Er ist launisch. An manchen Tagen lässt er sich streicheln, was bei einem wild lebenden Tier äußerst selten ist; es scheint ihm sogar zu behagen, vor allem, wenn es zu den Streicheleinheiten kleine Häppchen gibt! Aber an andern Tagen meidet er uns. Wenn wir ihm nachschwimmen, äußert er seinen Ärger, indem er mit der Schwanzflosse zuckt. Wenn er richtig wütend wird, erzeugt er knallende Geräusche, indem er ruckartig das Maul aufreißt. Wenn er meint, wir gingen zu weit, verschafft er sich körperlich Respekt:

Er schießt Kopf voraus auf die Objektive unserer Foto- oder Filmapparate zu. Ein Wrackbarsch dieser Größe hat vor nichts Angst, nicht einmal vor einem Hai.

Doch diese Launen dauern nicht lange. Kurz darauf wird Jojo wieder das sympathische Wassertier, das wir lieben – gefällig, neugierig und vor den Kameras eitel. Frédéric Dumas behauptet, er sei anhänglich wie ein Hund.

Eines Tages reißt Jojo Frédéric Dumas das Leinensäckchen aus der Hand, in dem das Fleisch ist, und schlingt es hinunter! Das bekommt ihm schlecht. Am nächsten Tag bleibt er in seinem Korallenversteck. Wir statten ihm einen Besuch ab: Er liegt reglos mit dem Bauch auf dem Sand, die Kiemen flattern unregelmäßig. Er ist offensichtlich krank. Vierundzwanzig Stunden später geht es ihm noch schlechter. Am übernächsten Tag glauben wir, dass er am Verenden ist. Der Arzt, der mit uns getaucht ist, diagnostiziert einen Darmverschluss und redet von Operieren.

Am vierten Tag ist Jojo aus seiner Wohnung verschwunden. Wir suchen ihn fieberhaft. Ich bin schon überzeugt, dass er sich irgendwo auf dem Riff einen Platz zum Sterben gesucht hat, als mich plötzlich jemand von hinten an einer Flosse zieht. Ich wende mich um. Da ist Jojo, gieriger denn je, offenbar in Hochform, und bettelt um seine tägliche Fleischration!

Wieder auf dem Damm, hat der Wrackbarsch überhaupt nichts aus diesem Missgeschick gelernt. Er bekommt die zweite Verdauungsstörung, weil er einen ganzen Barrakuda verschlingt. Einfach so: glubb! Sein Magen ist zu kurz, um die Beute ganz zu fassen, und ihr Schwanz hängt ihm zwei Tage lang aus dem Maul. In seiner Wohnung festgehalten, unfähig, auch nur eine Flosse zu rühren, erholt sich Jojo von seiner Fressorgie. Wir schließen Wetten ab: Wie lange brauchen seine Verdauungssäfte, um die gewaltige Mahlzeit aufzulösen? Am dritten Tag ist der Barrakuda verschwunden; aber Jojo, übersättigt, frisst eine Woche lang nichts.

Auf meinen Erkundungsgängen entdecke ich, dass ein Dutzend Schiffshalter sich als blinde Passagiere an die *Calypso* gehängt haben. Ich besuche sie täglich. An den Schiffsrumpf heften sie sich mit ihrer ersten Rückenflosse, die zu einer Saugscheibe mit Querrippen umgebildet ist. Ich zähle sie und merke: Jeden Morgen fehlt einer. Wenn das so weitergeht, ist bald keiner mehr da. Ich lege mich auf die Lauer und ertappe den Schuldigen: einen großen Barrakuda. Dieser Pfeilhecht, in einem Korallenloch ein paar Kabellängen entfernt hausend, hat die *Calypso* als willkommene und gut gefüllte Speisekammer entdeckt. Im Morgengrauen kommt er aus seinem Loch und holt sich sein Frühstück. Schnapp! Ein Schiffshalter weniger… Satt schwimmt er wieder heim. Wir filmen das ebenso wie Jojos Kapriolen, Tänzchen, Wutanfälle und Verdauungsstörungen.

Wir lassen unseren Fischfreund ein paar Tage im Stich, um Anschlussszenen in Aldabra zu drehen und Trinkwasser, Lebensmittel und Dieselöl im madagassischen Hafen Diégo Suarez zu übernehmen.

Als wir nach Assumption zurückkommen, wartet Jojo schon auf uns. Offenbar erkennt er uns wieder: Er zeigt keinerlei Scheu und kommt sein Stückchen Fleisch erbetteln. Er wirkt erfreut und wie am ersten Tag wagt er ein Tänzchen mit Frédéric Dumas. Als er sich in seine Gemächer zurückzieht, tut er das äußerst würdevoll. Wir wohnen dem kleinen Coucher eines Königs bei: Jojo schiebt sich in seine Wohnung, eine Höhle mit zwei Kammern, durch einen Sifon verbunden, in den sich der Fisch rückwärts hineinschiebt, dabei mit den Schuppen über den Felsen schabend.

Wir nehmen unsere täglichen Besuche wieder auf. Jojo folgt uns überallhin. Er mischt sich in alles ein und treibt das so weit, dass er zum Störfaktor wird: Wir können keine Meergurke oder Nacktschnecke mehr filmen, ohne dass er mit aufs Bild will! An diesen Tagen begnügen wir uns damit, ein wenig weiter am Riff entlangzuschwimmen. Jojo begleitet uns. Doch sobald er ungefähr vierzig Meter von seinem Loch entfernt ist, kehrt er um. Das ist die Grenze seines Reiches. Er traut sich nicht hinaus in die weite Welt.

Eines Tages jedoch wagt er es – der Liebe wegen. Er hat ein Weibchen vorbeischwimmen sehen. Sie scheint bereitwillig. Er folgt ihr auf der Flosse, und wir wohnen ihrem Liebestanz bei. Die beiden Fische verfärben sich vor Erregung: Jojo wird beinahe weiß, seine Gefährtin dagegen immer dunkler. Schließlich setzt sie ihre Eischnüre an einer Riffpflanze ab, und der glückliche Vater befruchtet den Laich mit seiner Milch. Wrackbarsche sind Hermaphroditen, wie andere Fische auch, ausgestattet mit männlichen und weiblichen Sexualorganen. Zu Beginn ihres Erwachsenenlebens dominieren die männlichen Keimdrüsen, später gewinnen die Eierstöcke die Oberhand. Mit dem Älterwerden wechseln die Tiere das Geschlecht. Jojo, jetzt noch Männchen, also trotz seiner beträchtlichen Größe noch recht jung, wird irgendwann eine Wrackbarschin werden.

Als wir die Pracht von Assumption endgültig verlassen, um Kurs nach Norden zu nehmen, wird allen das Herz schwer. Niemals zuvor ist ein Fisch derart unser Vertrauter, Spielkamerad, Freund geworden. Das erleben wir nie wieder. Jojo der Wrackbarsch war einzigartig. Er hat seinen Filmruhm vollauf verdient. Noch Jahre später fragen sich die Taucher auf der *Calypso*, was wohl aus ihm geworden sei. Lebt er noch? Ist er eines natürlichen Todes gestorben? Von einem Angler gefangen worden? Oder hat ihn die Harpune eines Unterwasserjägers durchbohrt?

Nach einem kurzen Aufenthalt in Aden fahren wir ins Rote Meer ein und nehmen Kurs auf die Südspitze des Sinai – auf Kap Ras Mohammed. Der Pascha hat das Wrack nicht vergessen, das dort in dreißig Metern Tiefe liegt. Auch nicht die »Lastwagenfische«, die in seinen gähnenden Laderäumen lauern …

Wir tauchen an der Untergangsstelle. Die Eisenteile des gesunkenen Schiffes sind mit Meerestieren bewachsen. Was der Zahn der Zeit anrichtet, wird unter Wasser durch Girlanden von Schwämmen, Büschen von Hornkorallen, Auswüchsen von Steinkorallen, beweglichen Vorhängen vielfarbiger Fische verdeckt. Ich tauche den Rumpf entlang hinab, dessen Stahl von einer Explosion zerfetzt und verbogen, aber mit goldgelben Hydropolypen, Spitzendecken von Moostierchen, blassrosa oder malvenfarbenen Kalkalgen bewachsen ist. Ich schwimme in Begleitung von Frédéric Dumas zum Bug des Schiffes. Wir entdecken die Ankerkette und den Anker, zur Hälfte im Sand versunken. Wir paddeln zur Brücke hinauf. Frédéric Dumas zeigt mir die bronzene Schiffsglocke; er schlägt mit seinem Tauchermesser dagegen und erzeugt einen hellen Ton, der in dieser Friedhofsstille seltsam schallt.

Wir erforschen die Laderäume, in denen ein Durcheinander rostigen, von Meeresorganismen besiedelten Schrotts liegt: Dampflokomotiven, Flugzeugflügel, Motorräder, Lastwagen... Alles ist mit rötlichem Schlamm bedeckt, einer Mischung aus Rost und Sedimenten. Soldatenfische, ebenfalls rötlich, huschen in Munitionskisten...

Den »Lastwagenfischen« begegnen wir am Ende des Laufgangs. Sie sind noch genauso riesig, auch immer noch so grotesk, mit ihrem Buckel auf der Stirn. Wir folgen ihnen. Sie führen uns am Heck des Schiffes bis zu den Schrauben. Dann machen sie kehrt und geleiten uns zur Kapitänskajüte, wo wir den Safe knacken. Er enthält einen sagenhaften Schatz von zwei kanadischen Dollar und einem Pfund Sterling.

Frédéric Dumas mit seinem typischen Riecher entdeckt in der Kajüte die überwachsene Bronzeplakette mit den eingravierten Werftdaten. Er kratzt sie mit der Spitze seines Tauchermessers sauber. Wir lesen: »Joseph L. Thompson & Son Ltd.« und die Worte »North Sounds Nr. 599« und »1940 – Sunderland«.

Nach der Rückkehr in Marseille stellen wir Nachforschungen im Marinearchiv an und können das Wrack identifizieren. Es ist der britische Kriegsfrachter *S. S. Thistlegorm*, zehntausend Bruttoregistertonnen, beladen mit Lastwagen, Lokomotiven, Flugzeugteilen, Motorrädern, Bomben, Minen, Torpedos und Kleinmunition, der bei einem deutschen Luftangriff am 6. Oktober 1941 versenkt wurde.

So enden Kriegskatastrophen: in den wallenden Tentakeln von Seeanemonen und dem gleichgültigen Flösseln von Trompetenfischen.

18
Ankern überm Abgrund

Äquatortaufe · Griechische Schwammtaucher ·
Das Festival von Cannes · Der Romanchegraben ·
Gefährliche Gewässer

Wenn ich an die Äquatortaufen denke…

Ich weiß nicht mehr, wie viele ich mitgemacht habe. Alle waren gleich lustig. Kostüme: ein Neptun mit falschem Bart und Papp-krone, eine Amphitrite (ein Funker oder Schiffskoch, grauenhaft geschminkt), ein paar Tritonen, Piraten und Kannibalen (man fragt sich, was Letztere mit Mythologie zu tun haben)… Vor allem massenhaft Schmierseife, Maschinenöl und Rasierschaum, um die Neulinge, die zum ersten Mal den Äquator überqueren, zu traktieren. Und traditionelle Leckerbissen, mit denen die Kandidaten gefüttert werden: frisch gebackene Fastnachtskrapfen – aber mit einer Füllung aus Pfeffer, Senf oder Putzwolle…

Erst nach der Äquatortaufe, diesem seemännischen Brauch, ist man ein richtiger Matrose. Ich selber habe sie bei der ersten Fahrt der *Calypso* zu den Seychellen über mich ergehen lassen müssen. Den Nachgeschmack habe ich immer noch im Mund.

Wir passieren den Sueskanal und fahren aufs Mittelmeer hi-naus. Kurs auf die Küste Kretas. Wir legen in dem kleinen Lokal-hafen Nikolaos an. Der Pascha will Schwammtaucher filmen, die im Helmskaphander hinuntergehen. Sie haben Spitzgattboote (eines davon ähnelt der *Bette* meines Vaters). Wenn sie über der Stelle sind, wo sie Schwämme sammeln wollen, lassen sie sich in ihren Lederkombinationen ins Wasser fallen, ihre Luftschläuche hinter sich herziehend, über den Kopf einen altertümlichen Metallhelm mit Bullaugen gestülpt. Trotz dieser Rüstung – und den Bleisohlen – bewegen sie sich auf dem Grund ziemlich schnell vorwärts; doch das Risiko von Überdruck oder Unterdruck ist groß. Jedes Mal, wenn sie einen Schwamm entdecken, reißen sie ihn mit einer Eisengabel los und stecken ihn in einen Sack.

Der Helmtaucher, den wir am häufigsten filmen, ist ein Riese von zwei Metern Größe – ein Naturbursche. Die physiologischen Gesetzmäßigkeiten des Tauchens kennt er genauso wenig wie seine Kollegen. Von Dekompressionstabellen hat er noch nie gehört. Er taucht nach Lust und Laune. Läuft Hunderte von Metern über den Grund und kommt wieder hoch, ohne sich um Dekompressionsstufen zu scheren. Er weiß nur, dass er nicht zu lange unter Wasser bleiben und auch nicht zu tief hinunter darf.

Am Abend im Dorf bewirten uns die urwüchsigen Helmtaucher von Nikolaos mit Retsina – geharztem Wein –, einem starken Trank, der den Gaumen kitzelt und zu Kopfe steigt. Sie wissen, dass ihre Unterwasserausflüge gefährlich sind. Etliche ihrer Freunde sind beim Tauchen ertrunken oder nach dem Heraufkommen gelähmt geblieben. Der Lokalbrauch will es, dass man einen Kranken, um ihn »zu pflegen«, am Strand bis zum Hals in den Sand eingräbt. Spätnachts erzählen uns die Schwammfischer von ihren Unterwasserabenteuern. Manche haben sie wirklich erlebt. In andern treten Medusenungeheuer mit Schlangenhaaren, lockende Sirenen, alles verschlingende Hydren auf; sie scheinen mir aus derselben tausendjährigen Quelle zu stammen wie Homers *Odyssee*.

Am 27. Juni 1955 um drei Uhr nachmittags beenden wir unsere dritte Kreuzfahrt für »Die schweigende Welt« in Marseille. Fünfzehntausend Seemeilen in sechs Monaten… Jetzt kann ich von mir sagen, dass ich weiß, wo es langgeht.

Die *Calypso* bekommt keine Ruhe. Am 11. Juli 1955 werfen wir die Leinen los zu einer meereskundlichen und biologischen Studienfahrt im östlichen Mittelmeer: Biserta, Sizilien, Kreta, die Kykladen, Piräus, die Sporaden, Istanbul, der Bosporus – und auf dem bekannten Nachhauseweg wieder zurück nach Marseille. Unter Leitung von Henri Lacombe, Professor für Meereskunde im Naturkundemuseum von Paris, und Francis Bernard, Zoologieprofessor an der Naturwissenschaftlichen Fakultät von Algier, führen wir Hunderte wissenschaftlicher Versuche durch, bei denen wir Probeentnahmen (Meerwasser, Sedimente, Plankton usw.) und klassische Messungen (Temperatur, Salzgehalt usw.) mit Direktbeobachtungen beim Tauchen verbinden. Vor dem Peloponnes lassen wir an einem Stahlkabel einen von Professor Harold E. Edgerton entwickelten Fotoapparat hinunter, mit dem wir die ersten Aufnahmen vom Boden des Matapangrabens machen können – der tiefsten Stelle des Mittelmeers.

Nach dieser Fahrt machen wir im Alten Hafen von Marseille eine Reihe von Unterwasser-Fernsehaufnahmen. Hierzu benutzen wir neue Kameras, die vor dem Objektiv eine Linse klaren Wassers haben und mit denen man auch in den trübsten Gewässern saubere Bilder aufnehmen kann. Bei dieser Gelegenheit stelle ich fest, dass der Alte Hafen ein Trübgewässer *par excellence* für solche Versuche ist – mit ein Grund, mich jedes Mal, wenn ich nicht gerade Wache auf dem Schiff habe, zum Tauchen ins reine Blau der Bucht von Sormiou davonzustehlen.

Die *Calypso* nimmt ihre Arbeit im Frühjahr 1956 wieder auf. Am 28. April läuft sie im Triumph in den Hafen von Cannes ein, wo die Jury des Festivals unserem Film »Die schweigende Welt« die Goldene Palme verliehen hat. Rückblickend scheint mir nichts verdienter als diese Prämie; mit diesem Film hat der Pascha den Menschen auf fünf Kontinenten gezeigt, dass es noch einen sechsten gibt – einen Kontinent, wasserbedeckt, blau, von mal karger, mal üppiger Schönheit, mit wimmelndem Leben und wunderbaren, grotesken, unvergesslichen Wesen.

Pailletten und Starlets nicht ohne Bedauern hinter uns lassend, nehmen wir Westkurs auf die Straße von Gibraltar und den Atlantik. An Bord haben wir einen neuen Elektriker. Der alte, Jean Mollard, ist bei der französischen Behörde für Unterwasserforschungen mit dem Bau der »tauchenden Untertasse« beschäftigt. Sein Vertreter, Jacques Roux, besser bekannt unter dem Beinamen »Gaston«, ist ein Bastelgenie und Erfinder. Er wird die »tauchende Untertasse« übernehmen und ihr zweiter Vater werden.

Wir haben eine Reihe von Wissenschaftlern dabei, vor allem Meeresbiologen. Im Atlantik laufen wir nach Süden an der afrikanischen Küste entlang. Wir untersuchen den Stoffwechsel dieses Meeresbereichs, die Flora und Fauna der Gewässer Mauretaniens, Senegals, Guineas, der Elfenbeinküste, Kameruns, aber auch der Inseln im Golf von Guinea, die bisweilen als »Kakaoinseln« bezeichnet werden: Sao Tomé und Principe, Fernando Poo, Annobon. Wir machen Hunderte von Schleppnetzfängen, Probeentnahmen, Analysen. Wir entdecken neue Arten. Wenn wir an Land gehen, werden wir Zeugen, wie eine Ära zu Ende geht: die Kolonialzeit. Ein Teil der Weißen klammert sich an ihre Privilegien und will sie auf ewig behalten. Die Abhängigkeit und Rückständigkeit, in der die eingeborene Bevölkerung gehalten wird, schockieren mich. In Annobon (heute: Pagalu) grassiert die Schlafkrankheit. Die portugiesischen Militärs versuchen die Seuche mit radikalen Mitteln auszurotten. Mit Revolvern und Gewehren schießen sie alle Säugetiere ab, auf die sie treffen: Kühe, Schweine, Hunde, Katzen … Ein widerliches Gemetzel, im Übrigen völlig nutzlos.

Abidjan, Kurs Südwest. Wir drehen achthundert Seemeilen vor der afrikanischen Küste bei, über einem der tiefsten Tiefseegräben des Atlantiks: dem Romanchegraben, 7601 Meter. Wir werden ein erstaunliches Experiment versuchen: an dieser Stelle zu ankern. Es wird der tiefste Ankerplatz sein, seit der Mensch das Schiff erfunden hat. Unser von André Laban speziell entwickelter Anker besteht aus einem Ballastgewicht von einer Vierteltonne, einer dreißig Meter langen Kette, mit einem fünfzig Meter langen Stahlkabel; das Ganze hängt an einem Nylontau von sechs Millimetern Durchmesser und zehntausend Metern Länge, das von einer großen Rolle abgewickelt wird, die am Kran der *Calypso* hängt. Langsam, ganz langsam läuft das Tau aus; es dauert volle zweieinhalb Stunden, bis der Anker den Grund des Romanche-grabens erreicht!

Professor Harold E. Edgerton nutzt das Nylonkabel, um einen kleinen Aufzug zu installieren und einen seiner Fotoapparate mit Elektronenblitz auf den Meeresgrund zu schicken. Auf diese Weise erhalten wir die ersten Bilder eines Tiefseegrabens und der dort lebenden Tiere: wenige Zylinderrosen, Seelilien, Asselspinnen, seltene Fische…

Die Aufnahmen von »Papa Blitz« sind großartig. Aber wie so häufig folgt auf eine gute Nachricht eine schlimme. Gerade als Professor Edgerton begeistert seine auf der Welt einmaligen Fotos betrachtet, erhalten wir über Funk die Nachricht, dass sein ältester Sohn beim Ausprobieren einer neuen Sauerstoffaqualunge mit geschlossenem Kreislauf in den Vereinigten Staaten ertrunken ist.

Die Tragödie beendet unsere Fahrt. Wir kappen das Nylonseil unseres Rekordankers und laufen nach Dakar, wo wir »Papa Blitz« und den Pascha absetzen, der ihn im Flugzeug nach Amerika begleitet. Wir fahren über Funchal (auf Madeira) nach Marseille zurück.

Einen Monat später nehmen wir die Forschungsarbeit wieder auf. Wir beginnen eine neue Fahrt mit hydrologischen Messungen und biologischer Meeresforschung im östlichen Mittelmeer, die uns nach Griechenland und in den Libanon führt. In Beirut legen wir an. Mich beeindruckt die Friedfertigkeit des Landes, in dem christliche und moslemische Glaubensgemeinschaften zwar nicht in gegenseitiger Liebe, aber zumindest vernünftig zusammenleben. Ich verbringe dort unvergessliche Abende. Wie könnte ich ahnen (und wer ahnte das damals?), dass die »Schweiz des Nahen Ostens« eines Tages ein Ort des Hasses und der Maschinenpistolen, ein von Granaten gepflügtes Leidensfeld werden wird?

In Beirut begrüßen wir an Bord der *Calypso* Professor Jean-Marie Pérès, der unseren nächsten wissenschaftlichen Einsatz in den ägyptischen Gewässern leiten soll. Wir erscheinen am 29. Oktober 1956 vor Alexandria, am selben Tag, als Frankreich und

Großbritannien ihre Fallschirmspringer über dem Kanal absetzen, den Oberst Gamal Abdel Nasser gerade verstaatlicht hat. Wir machen augenblicklich kehrt, laufen äußerste Fahrt voraus und entgehen knapp der Falle.

Das wird nicht das letzte Mal sein, dass die *Calypso* ungewollt ihre falsche Nase in Konfliktherde steckt. An Bord sind wir recht gut darin, die Reaktionen von Haien oder Barrakudas vorauszusehen, aber nicht, wenn es um die Gewalttätigkeiten der Menschen geht. Das erstaunt mich nicht: Tierisches Verhalten lässt sich aus einer begrenzten Zahl von Reizen ableiten und vorhersagen. Die Gattung Mensch dagegen handelt ohne Logik, unter dem Diktat der Leidenschaft. Sie zeigt genau den unglaublichen Blutdurst, den sie ungerechterweise den Haien und den Barrakudas zuschreibt.

Auf dem Weg nach Norden zu einer Ersatzmission in der Ägäis entgehen wir dem Krieg noch immer nicht. Die Spannungen zwischen der Türkei und Griechenland haben abrupt zugenommen.

Die beiden Länder stehen am Rande eines bewaffneten Konflikts. Wir geraten mit unserem unschuldigen Boot zwischen Geschwader von Kriegsschiffen und laufen jeden Augenblick Gefahr, für Feinde gehalten zu werden. Weil wir zudem einen griechischen Wissenschaftler an Bord haben, Professor Anastase Christomanos, riskieren wir, von den Türken der Spionage beschuldigt zu werden, wenn es ihnen in den Sinn kommt, uns anzuhalten.

»Jetzt reicht's«, sagt der Pascha. »Wir fahren zurück nach Frankreich.« Wir weichen Zerstörern und andern Kriegsschiffen aus, geben jedes Mal Fersengeld, wenn sich eines dieser Schiffe nähert, und seufzen erleichtert auf, als wir diese gefährlichen Gewässer hinter uns haben.

19
Der Zauber von Alborán

Internationales Geophysikalisches Jahr ·
Der Tod des Delfins · Die Säulen des Herkules ·
Tauchboot gesunken · Die Algenwälder von Alborán

Der Anfang des Jahres 1957 vergeht für mich wie für andere Mannschaftsmitglieder der *Calypso* mit Werftarbeiten. Das ist nicht die schönste Seite des Bordlebens, aber eine Zeit, die die Charaktere formt, Freundschaften stiftet und die Mannschaft zusammenschweißt. Die Männer müssen nacheinander Kesselschmiede, Schlosser, Zimmerleute, Tischler, Mechaniker, Maler, Deckschrubber spielen. Kommandant Cousteau hat beschlossen, mehrere Teile des Schiffes umbauen zu lassen. Die Arbeiten werden in Antibes ausgeführt, also dort, wo die *Calypso* ehemals in ein Forschungsschiff verwandelt worden ist. Das Oberdeck wird verlängert, die Taucherbasis umgebaut und die Kajüte auf das Dreifache vergrößert. Die Navigationsgeräte werden generalüberholt. Die Sonderausstattung wird in einem Kartenraum zusammengefasst.

Wir sind so weit, bereit, an Forschungen im Rahmen des Internationalen Geophysikalischen Jahres von 1957 bis 1958 teilzunehmen, bei dem Dutzende von Forschungsgruppen aus allen Ländern der Welt friedlich zusammenarbeiten.

Unser erster Auftrag besteht darin, den Bathyskaphen *F.N.R.S. III* und sein Begleitschiff *Ingénieur Elie-Monnier* zu unterstützen. Wir helfen, das Tiefseeforschungs-Tauchboot vor Toulon zu Wasser zu lassen. Der Pascha taucht in Begleitung von Kommandant Houot mehrere Male in die Tiefsee hinab. Auch ich würde gern in dieser von einem benzingefüllten Auftriebskörper getragenen

Stahlkugel hinabtauchen und einige Geheimnisse des Reiches der Finsternis lüften, doch ist mir dies noch nicht vergönnt. Die *F.N.R.S. III* ist das leistungsfähigste Unterwasserschiff der Welt. Sie wurde speziell entworfen, um den Grund der tiefsten Tiefseegräben der Welt zu erreichen.

Nach der Rückkehr von einer Tauchfahrt gibt Cousteau eine zugleich komische und niederschmetternde Anekdote zum Besten, die er vier Jahre zuvor erlebt hat.

»Es war bei einem unserer ersten Einsätze des Bathyskaphen«, erzählt er. »Genau hier, 1953 im Graben von Toulon. Wir wollten die *F.N.R.S. III* in mehr als tausend Metern Tiefe testen. Ich tauche mit Kommandant Houot hinab – dem Ass der ›Bathyskaphenfahrer‹. Wir erreichen problemlos den Grabengrund. Tausendfünfhundert Meter unter der Meeresoberfläche: damals Weltrekord! Wir erkennen den Meeresboden im Kegel unserer Scheinwerfer. Ich entdecke auf dem dunklen Sediment ein geisterhaftes, weißes, flaches Etwas und schreie: Ein ›Riesenrochen!‹ Aufgeregt schüttle ich meinen Kollegen am Arm und zeige ihm das Ding. Houot bleibt skeptisch. Er hat Recht: Als wir das ›Ungeheuer‹ berühren, stelle ich fest, dass es sich um ein aufgefaltetes Exemplar des Figaro handelt, bei dem wir sogar die Schlagzeile lesen können! Als ich meinen Irrtum erkenne, schwanke ich zwischen einem Lachanfall und Betroffenheit. Ich sage mir, wenn der Mensch beim ersten Abstieg in tausendfünfhundert Meter Tiefe einer alten Zeitung begegnet, so ist das der beste Beweis für seine Nachlässigkeit und Unsauberkeit.«

Auf großer Fahrt um die Erde werden wir leider Grund genug bekommen, zu beklagen, dass die Gattung Mensch das Meer als kostenlosen und bequemen Mülleimer benutzt… Im Augenblick jedoch führt die Mannschaft der *Calypso* zwischen zwei Tauchreihen des Bathyskaphen den soundso vielten wissenschaftlichen Auftrag vor Korsika durch. Danach kehren wir zu meiner größten Befriedigung nach Marseille zurück und nehmen Kurs auf die Insel Grand Conclu. Wir tauchen mit der Aqualunge zu dem antiken

Wrack hinunter, dem ich es verdanke, Mitglied der Mannschaft Cousteaus geworden zu sein.

Anlass für unseren erneuten Besuch sind die Medien (das Wort war damals noch nicht üblich). Das französische Fernsehen soll seine erste Eurovisionssendung ausstrahlen. Warum nicht eine Direktübertragung vom Meeresgrund zur Feier des Ereignisses? Cousteau ist von dem Einfall begeistert.

Wir bereiten uns fieberhaft darauf vor. Alles muss erfunden, neu entwickelt oder angepasst werden: wasserdichte Kameras, Beleuchtung, Unterwassermikrofone usw. Die Sendung wird am 15. Juni 1957 ausgestrahlt und ist ein Erfolg. Es ist das erste Mal auf der Welt, dass Fernsehbilder unter Wasser gedreht und direkt zu den Zuschauern übertragen werden. Acht Tage später machen wir eine weitere Sendung der gleichen Art, aber mit Nachtaufnahmen auf dem versunkenen Frachter *Dalton*, der unweit des Marseiller Leuchtturms Du Planier liegt.

Im Juli betraut mich der Pascha mit einem Auftrag, der mich zugleich begeistert und erschreckt. Er möchte, dass ich zwei Delfine einfange, die dem Publikum in einem besonderen Becken des Meereskundemuseums von Monaco gezeigt werden sollen.

Ich höre schon die Kommentare: einen Delfin fangen, ein Sakrileg, eines Tierfreunds unwürdig. Diese geselligen, empfindsamen, intelligenten Kleinwale leiden schrecklich, wenn sie eingesperrt werden. Sie halten den Kerker nicht aus, den ein Delfinarium für sie bedeutet. Sie gehen vor Verzweiflung ein oder rennen sich sogar in Selbstmordabsicht den Kopf an den Bassinwänden ein.

Das ist mir bekannt… Aber erst heute! Damals, 1957, weiß die Gemeinschaft der Wissenschaftler und die Besatzung der *Calypso* überhaupt nichts über Delfine. Albert I. von Monaco – der Fürst und Meeresforscher – kannte keine andere Methode, Delfine zu untersuchen, als sie zu harpunieren und ihnen den Bauch aufzuschneiden. Das ist die Situation 1957. Walfänger lassen dreißigtausend Wale jährlich verbluten, ohne dass jemand protestiert.

Meeressäuger haben bei den Menschen noch nicht die Popularität wie in den Achtzigerjahren erlangt.

Um die zwei Delfine einzufangen, die der Pascha von mir haben will, benutze ich die *Espadon*. Ich installiere im Bug des Schiffes einen Balken, der mehrere Meter übers Wasser hinausragt. Wenn Delfine auftauchen und auf der Bugwelle reiten, lege ich mich darauf und versuche, mit einem Strick mit Slipknoten einen von ihnen einzufangen. Ein Schlauchboot begleitet mich, um das mit dem Lasso eingefangene Tier an Bord zu hieven und es auf dem schnellsten Weg zum Museum zu bringen.

Nach mehreren fruchtlosen Versuchen fange ich ein Männchen. Es wehrt sich, aber viel weniger, als ich angenommen hatte. Dann ergibt es sich. Es wirkt wie unter Schock und atmet schwer. Ich habe Angst, dass der Stress tödlich sein wird. Wir geben ordentlich Gas, um nach Monaco zurückzukommen. Als wir den Delfin ins Wasser seines Beckens setzen, geht es ihm so schlecht, dass er sofort wegsackt. Ich tauche, um ihn wieder an die Oberfläche zu holen. Ich halte ihn lange fest, das Atemloch über Wasser. Als er wieder zu sich kommt, schießt er stracks auf die Wand seines Gefängnisses zu und stößt sich daran halb bewusstlos. Ich halte ihn an der Flosse fest und streichle ihn vorsichtig. Er öffnet ein Auge und zittert. Ich möchte ihn beruhigen und schwimme im Wasser voran; er folgt mir. Ohne die Flosse loszulassen, versuche ich, einmal mit ihm ums Becken zu schwimmen. Ich lasse ihn die Wand mit der Schnauze berühren. Ich muss ihn überzeugen, dass jenseits des Betons kein offenes Meer ist und seine Fluchtversuche vergeblich sind. Ich bin hin- und hergerissen zwischen der Freude, mit einem in der Berührung so angenehmen, so kraftvollen und so schönen Tier Umgang zu haben, und dem Kummer, es in seiner Realität zu sehen – als elenden Sträfling, den sein Wärter die Mauer des Kerkers befühlen lässt.

Einige Tage später fange ich ein Weibchen ein. Ich hoffe, dass meine Gefangenen als Pärchen nicht so unglücklich sind. Aber ach – das Männchen geht nach weniger als einer Woche ein – an

Krankheit und Verzweiflung. Das Weibchen erträgt die Haft den Umständen entsprechend. Es gewöhnt sich an mich und wird sogar zutraulich. Morgens, wenn ich komme und es die Türe quietschen hört, stößt es ein Zwitschern, Girren, klickendes Quieken aus, das ich – vielleicht vorschnell – als Freudengeschrei interpretiere. Wenn ich mit ihm tauche, ist das ein Freudenfest. Es wendet sich, schlägt Purzelbäume, springt, reibt sich an meinem Körper und gibt mir liebevolle Nasenstüber.

Wir sollten das Delfinweibchen sechs Monate in seinem Becken halten können. Eines Tages bleibt es bei meiner Ankunft hartnäckig stumm. Trotz meines Streichelns und der schönen Fische, die ich ihm anbiete, weigert es sich, zu spielen, sich auch nur zu rühren. Am nächsten Tag finden wir es tot auf.

Für den Pascha ist es das erste und letzte derartige Experiment. »Wenn ich Direktor des Museums von Monaco werde«, sagt er, »wird es kein Delfinbecken geben. Ich werde das Delfinarium nie billigen...«

Nicht alles an dieser Geschichte ist negativ. Im Kontakt mit den Delfinen habe ich Geduld gelernt, Sanftheit, die Langsamkeit der Bewegungen. Die Achtung vor dem andern, auch wenn es ein Tier ist... Jetzt weiß ich, insbesondere dank der langen Stunden mit dem gefangenen Delfinweibchen, dass jeder Wal Charakter und Persönlichkeit hat, dass er einzigartig ist und dass er in diesem Sinne genauso viel Rücksicht verdient wie ein Mensch.

Die Delfine noch auf dem Gemüt, schiffen wir uns auf der *Calypso* für einen hydrologischen Einsatz in Gibraltar ein. Wir wollen untersuchen, wie sich die Wasser des Atlantiks und des Mittelmeers vermischen. An Bord haben wir die Professoren Henri Lacombe, Paul Tchernia und Jacqueline Lenoble. Ihre Erkenntnisse lüften das Geheimnis dieser Meerenge, die die alten Griechen als Säulen des Herkules bezeichneten. Es gibt in Gibraltar nämlich zwei Strömungen: einen Oberflächenstrom, der vom Atlantik ins Mittelmeer fließt, und einen Tiefenstrom in hundertfünfzig Metern Tiefe mit salzigerem und daher schwererem Wasser, der von

177

Ost nach West strömt. Ersterer transportiert mehr Wasser als Letzterer. Durch Verdunstung verliert das Mittelmeer nämlich jedes Jahr mehr, als durch die Flüsse (Ebro, Rhône, Po, Nil usw.) zufließt; der Atlantik macht das wieder wett.

Um die von uns nachgewiesenen Tiefenströmungen auch materiell zu veranschaulichen, sollten wir zwanzig Jahre später, 1977, ein seltsames Experiment durchführen: Im Mittelmeer vor Gibraltar, hundertfünfzig Meter tief, stellen wir die Maschinen ab und senken einen riesigen Fallschirm ab, der beschwert und mit einem Tau festgebunden ist. Der Tiefenstrom entfaltet dieses Unterwassersegel. Und so lassen wir uns nur durch die Kraft des unsichtbaren »Stromes« auf den Atlantik hinausziehen. Es heißt (ich bin nicht sicher, ob es stimmt), die phönizischen Seefahrer hätten den Trick auch schon gekannt und dazu genutzt, ihre Galeeren gegen den Wind in den Atlantik zu verholen, wenn sie den Ozean jenseits der Säulen des Herkules befahren wollten.

Wir widmen den Spätsommer 1957 physikalischen und biologischen Meeresforschungen, die uns in den Golf von Gascogne auf die Reede von Brest, vor Spanien, zu den Azoren und nach Madeira führen.

Das große Ereignis spielt sich im Herbst ab. Ich spreche vom Abschluss der ersten Vorversuche mit der »tauchenden Untertasse«.

Ich hänge sehr an diesem kleinen Unterseeboot, das ich seit seiner Indienststellung mehr als tausendmal gesteuert habe und durch das ich zahllose Wunder beobachten konnte – unglaubliche Unterwasserlandschaften, groteske Schauspiele, fantastische Lebewesen, Dutzende von Wracks... Als ich das U-Boot das erste Mal zu Gesicht bekomme – nicht mehr als Modell, sondern *in natura* –, ankern wir gerade im Alten Hafen von Marseille. Ich erinnere mich noch verblüffend genau an den ersten Eindruck. Ein Lastwagen kommt, und André Laban lässt die Plane wegziehen – da steht sie auf der Ladefläche! Eine makellose Blase, eine grellgelb gestrichene abgeplattete Kugel... Ich weiß nicht, warum ich mich in derselben Sekunde, wie ich sie sehe, im Einklang mit ihr fühle. Sie flößt mir sofort Vertrauen ein (was eingestandenermaßen nicht für alle Tauchinstrumente gilt, auch wenn sie von Cousteaus Mannschaft erfunden worden sind). Ich habe das Gefühl, sie schon immer zu kennen und dass mir mit ihr nichts Böses zustoßen kann.

Wir beginnen mit unbemannten Versuchen. Die *Calypso* ankert einige Kabellängen vor der Insel Riou senkrecht über einem Unterwassercanon. Die Untertasse ist bis auf dreihundertfünfzig Meter Tiefe ausgelegt (und trägt deswegen den Namen *S.P. 350*). Aber wir wollen eine angemessene Sicherheitsreserve und testen deshalb die Haltbarkeit des Rumpfs in vierhundert Metern Tiefe. Wir lassen das Fahrzeug an einem Kabel hinunter. Als wir es wieder heraufziehen, finden wir nicht den kleinsten Tropfen im Innern. Viel versprechend.

Während des Winters installieren wir auf dem Achterdeck der *Calypso* einen starken Kran vom Typ »Jumbo«, mit dem wir die dreitausendfünfhundert Kilogramm des Unterwasserfahrzeugs problemlos zu Wasser lassen und wieder herausheben können.

Vor der Bucht von Morgiou (neben der von Sormiou gelegen) wollen wir zwei weitere unbemannte Versuche vornehmen. Der erste verläuft ohne Zwischenfälle. Der zweite wird zur Katastrophe. Ein Glück, dass niemand in der Untertasse gewesen ist! Beim Raufziehen des Tauchboots entsteht durch ein plötzliches Überholen der *Calypso* eine zu große Spannung am Tragkabel: die Trosse reißt. Das gelbe Unterseeboot versinkt unwiederbringlich im blauen Meer. Die gerissene Trosse peitscht wie eine wild gewordene Schlange über das Achterdeck; wie durch ein Wunder bekommt nur Raymond Coll etwas ab – eine Abschürfung an der Backe. Die Untertasse aber ist im Abgrund versunken. Mit unserem Präzisionsecholot orten wir sie fast ganz auf dem Grund in tausend Metern Tiefe. Sie ist nicht mehr zu bergen.

Ich verzichte darauf, unsere Enttäuschung zu beschreiben. Der Pascha lässt uns keine Trübsal blasen; er verabscheut das Wort

»Fehlschlag«. Er benutzt es nie. Er gesteht nur »Rückschläge« ein – und auch das nur selten! Er versammelt uns in der Messe der *Calypso*, um uns zu verkünden, dass er sofort eine neue Untertasse bauen lassen wird. Seine positive Haltung steckt uns an. Wir schwören, dass das zweite Tauchboot schöner und sicherer als das erste und das beste Tauchboot der Welt werden wird.

Zufrieden mit unserer Reaktion, nutzt Cousteau die Stimmung, um uns das Programm für den Rest des Jahres 1958 bekannt zu geben. Wir werden ohne Atemholen, aber mit der Begeisterung von Leuten, die eine Welt zu entdecken haben, nacheinander eine optische und eine seismische Erkundung vor Nizza vornehmen, einen geologischen Auftrag in Korsika und einen biologischen vor Marseille erfüllen.

Wir lichten den Anker zu einer Reihe hydrologischer und biologischer Untersuchungen auf beiden Seiten der Meerenge von Gibraltar. Gegen Ende dieser Expedition, die uns nach Funchal auf Madeira, nach Lissabon und dann nach Porto führt, mache ich eine meiner schönsten Entdeckungen, eine von denen, auf die ich wirklich stolz bin.

Am 3. September werfen wir auf der Rückfahrt nach Marseille Anker bei der kleinen Insel Alborán, einem öden Felseneiland auf halbem Wege zwischen Spanien und Marokko, das nach nichts aussieht – zumindest an der Oberfläche.

Wir werfen in Küstennähe nach dem Zufallsprinzip das Schleppnetz aus, wie wir das gewohnt sind. Wir bringen riesige Braunalgen herauf – verzweigte Laminarien, die bisweilen bis zu fünf Meter lang sind. Mir wird klar, dass diese Gewässer auch einen lebenden Schatz enthalten. Ich will unbedingt tauchen. Raymond Coll kommt mit mir. Da wir gegen die kräftige Oberflächenströmung nicht ankämpfen können, lassen wir uns durch ein mit Schwebeteilchen und Plankton gesättigtes Meer hinuntersinken. Wir landen in einem regelrechten Unterwasserwald – einem Wald von Riesenalgen mit »Stämmen« von zehn bis fünfzehn Zentimetern Dicke und »Blättern« von mehr als fünfzig Zentimetern Breite. Ein

Wald, der so dicht, so reich, so üppig ist wie ein Eichenwald. Ein Wald, in dem ein seltsames Zwielicht herrscht, das Träume und Märchen begünstigt...

Zwischen den fest auf den Grundfelsen verankerten Büschen wimmelt es von Leben, Millionen Lebewesen aller Größen nutzen die Fruchtbarkeit dieser Umgebung. Man braucht kein Ökologe zu sein, um zu begreifen, dass dieser Unterwasserwald nur infolge des Rückflusses aus dem Atlantik existiert, der sauerstoffreiches Wasser und Nährstoffe in das Mittelmeer bringt, dem es überall sonst daran mangelt. Hier gibt es orangerote und dunkelrote Schwämme, Moostierchen und Seeanemonen, Ringelwürmer mit ausgebreiteten Tentakeln, Stachelschnecken und Klappmuscheln, Nacktkiemer in schreienden Farben, Garnelen, Langusten und Krabben, Seegurken, Seesterne, Seeigel...

Auch von Fischen wimmelt es: graue Lippfische, Schriftbarsche, Rote Fahnenbarsche, silbrige Blöker, gelbäugige Scharfzähner, grau-violette Ringelbrassen... Drei Seriolafische von einem Meter Länge jagen zwischen den Algenstämmen wie Wölfe in der Taiga. Eine ihrer Verwandten, eine riesige Gabelmakrele mit silbrigen Flanken, lässt mich mehr an einen Tiger denken: Einzelgängerin, in ihrer Haltung fast katzenartig, unglaublich schnell im Angriff... Ein Zackenbarsch harrt bewegungslos der Beute, die er mit einem unwiderstehlichen Maulaufreißen hineinziehen und verschlucken wird. Muränen wiegen sich am Fuß der Algen. Ein Meerrabe trägt seine dunklen Schuppen zwischen den grünlichen »Stängeln« spazieren. Mehrere Drachenköpfe – große braun-rosa Meersäue – verstecken sich zwischen mit Kalkalgen bedeckten Steinen.

Und da erscheint ein seltsames, groteskes, unförmiges Wesen: ein ungewöhnlich gestalteter Hai, dessen fast dreieckig wirkender Körper riesige Flossen trägt. Man nennt diese Art Schweinshai oder Meersauhai. Ein seltenes Tier: Es ist das erste Mal, dass ich ihn an einer anderen Stelle als in einem Buch oder in einem Formalinbehälter im Museum von Monaco sehe. Er verkörpert in meinen Augen die Einzigartigkeit von Alborán – dieses Lebenswunder, zu dem wir mehrfach mit der *Calypso* und der *Espadon* zurückkehren werden. Später beantragen wir beim spanischen Staat, die Insel als Naturschutzpark auszuweisen.

20
Feuer im Tauchboot

Der Bathyskaph des kleinen Mannes ·
Erdgas aus Algerien · Die Kontinentalverschiebung ·
New York, New York! · Probefahrt mit Explosionen

Ein besonderes Merkmal Jacques-Yves Cousteaus – für die Matrosen der Pascha, für seine Freunde JYC – bestand darin, dass sein Verstand dauernd sprudelte. Kaum hatte er eine Idee geboren, staunte er, dass noch keiner darauf gekommen war, und hatte dann gleich die nächste. Während wir auf den Rumpf der »tauchenden Untertasse« warten, die die verlorene ersetzen soll, zeichnet er Pläne für einen Tiefsee-Fotoschlitten.

Interessant ist an diesem automatischen Gerät, das vom Schiff an einem Kabel geschleppt wird, dass es Bilder aus großen Wassertiefen liefert, ohne Tauchfahrten eines so komplizierten und teuren Unterwassergefährts zu erfordern, wie es ein Bathyskaph ist.

»Es ist sozusagen«, sagt Cousteau, »der Bathyskaph des kleinen Mannes. Es passt ganz genau zu unseren Finanzen!«

Der Tiefseeschlitten kann Fotos bis in achttausend Metern Tiefe machen. In Anlehnung an den russischen Schlitten »Troika« genannt, besteht er aus einem Bügel und zwei Holmen. Er ist mit Aufnahmegeräten bestückt (wasserdichte Kameras, elektronische Blitzgeräte), die Edgerton entwickelt hat, und so ausgelegt, dass er sich nach einem Umkippen unter Wasser durch den Zug des Kabels von selbst wieder aufrichtet und auf seine Kufen zurückfällt.

Wir erproben die Troika im Mittelmeer: einwandfreie Fotos! Dann besuchen wir nochmals den Unterwasserwald von Alborán und nehmen anschließend eine Reihe von Planktonuntersuchungen im Golf von Genua vor.

Die Gesellschaft Gaz de France schlägt uns vor, die Realisierbarkeit einer Unterwassergasleitung zu ermitteln, die algerisches Erdgas nach Europa leiten soll. Wir setzen unsere besten Geräte ein, insbesondere ein hochpräzises Echolot, das uns die Wassertiefe bis auf dreißig Zentimeter genau angibt und die Bodenbeschaffenheit bis in eine Tiefe von zwei Metern. Wir nutzen unsere Troika. Außerdem verfügen wir über ein elektromagnetisches Positionsbestimmungsgerät. Auf dem Heck der *Calypso* montieren wir eine Antenne von vierzehn Metern Spannweite.

Häufige Funkgespräche werden nötig zwischen dem Generalinspekteur der Gaz de France, Kommandant Cousteau und seiner rechten Hand, Kommandant Jean Alinat; Kapitän Saout von der *Calypso* leitet das Manöver; ich assistiere ihm zusammen mit meinen Freunden Henri Plé, Octave Léandri, Bernard Marcelin, Raymond Coll, Raymond »Canoë« Kientzy und anderen.

Unter Zuhilfenahme der Seekarten untersuchen wir die kürzeste Verbindung quer durch die Meerenge von Gibraltar. Undurchführbar: zu zerklüftet ... Wir wählen eine einhundertvierzig Kilometer lange Trasse zwischen dem algerischen Mostaganem und dem spanischen Cartagena. Hier liegt der Meeresboden bis zu zweitausendvierhundert Meter tief; aber die Abhänge verlaufen sanft und der Untergrund ist fest. Die richtige Trasse ... Wir stoßen mit Champagner an. Die Entscheidung, die Gasleitung zu legen, steht unmittelbar bevor. Nur an ein einziges Problem hat Gaz de France nicht gedacht, nämlich an den Algerienkrieg und die bevorstehende Unabhängigkeit ... Für Politik bin ich nicht begabt, aber ich versuche, dem großmächtigen Vertreter der staatlichen Gesellschaft ein Wörtchen dazu zu sagen. Er lacht mir ins Gesicht. Die Gasleitung wird ohnehin niemals gebaut werden. Ich halte mich in Zukunft lieber an meine Fische ...

Im Juli 1959 ist die »tauchende Untertasse« fertig. Wir taufen sie im Alten Hafen von Marseille mit Champagner, wie es sich gehört, und wagen an den Iles du Frioul einen Neubeginn. Unser zweisitziges Forschungstauchboot ist ein Wunder: Tauchfähig bis dreihundertfünfzig Meter Tiefe, verfügt es über einen Aktionsradius von sechs Kilometern und eine Tauchdauer von vier bis fünf Stunden (Atemluft hat es bei einem Störfall für vierundzwanzig Stunden). Angetrieben und gesteuert wird es mit Wasserstrahlen aus zwei Düsen; es bewegt sich nach dem Rückstoßprinzip (wie die Kalmare) und bezieht seine Energie aus elektrischen Batterien. Sein Gesamtgewicht beträgt dreieinhalb Tonnen.

Die beiden Passagiere sind während der ganzen Tauchdauer unter normalem Luftdruck. Der Pilot und sein Begleiter liegen auf dem Bauch, jeder vor einem Weitwinkelbullauge von hundertdreißig Millimetern Durchmesser. Das Tauchboot ist mit einem Greifarm für Probeentnahmen, mit Ultraschalltelefon zur Wasseroberfläche und mit Fotoapparaten und Filmkameras ausgestattet. In der Tat ein Wunderwerk der Technik!

Die ersten Tests lassen wir es »blanko« machen – ohne Passagiere. Das Boot ist vollkommen wasserdicht, und die Steuerung funktioniert zufriedenstellend.

Noch mehr befriedigt mich eine Frage des Paschas: »Sagen Sie mal, Falco, was halten Sie davon, der erste Pilot der Untertasse zu werden?«

Was ich davon halte? Ich träume davon... Die Untertasse kenne ich gut; ich habe den Eindruck, dass sie wie für mich gemacht ist. Ich bin während des Baus in Marseille häufig hineingeschlüpft. Ich habe nur noch einen Wunsch: sie im offenen Meer zu steuern, wo sie ihre Leistungsfähigkeit unter Beweis stellen wird.

Das Ereignis soll im Oktober vor Puerto Rico stattfinden. Jetzt laschen wir das Tauchboot erst einmal im Laderaum der *Calypso* fest und lichten Anker. Ziel: New York, wo Kommandant Cousteau am 1. September zum ersten Weltkongress für Meeresforschung erwartet wird.

Wir schlagen den längsten Weg ein und verweilen über dem mittelatlantischen Rücken – dieser ungeheuren Bergkette von zwanzigtausend Kilometern Länge, die den Atlantik mitten durchschneidet. Wir interessieren uns für die Guyots, merkwürdige Unterwasserberge in Form von Kegelstümpfen, die sich bisweilen mehr als viertausend Meter über die Ebene der Tiefsee erheben.

Unser Fotoschlitten Troika liefert uns Tausende von Fotografien des Tiefseebodens. Diese Bilder, die wir den Erfindungen von »Papa Blitz« verdanken, halten eine große Überraschung für uns bereit: Sie zeigen, dass es mitten auf dem mittelatlantischen Rücken Haufen von so genannter Kissenlava gibt. Das ist der Beweis, dass es in den großen Tiefen aktive Vulkane gibt und am Ort der ungeheuren unterseeischen Gebirgskette, die von Norden nach Süden durch den Atlantik verläuft, Magma aus dem Erdinneren quillt.

Auf dem New Yorker Kongress begeistert unsere Entdeckung die Geophysiker. Sie unterstützt die Anfang des 20. Jahrhunderts von Alfred Wegener formulierte Hypothese der Kontinentaldrift. Diese hat zur Formulierung der Theorie der so genannten Plattentektonik beigetragen, derzufolge die Erdkruste aus einem Dutzend großer »Felsschollen« besteht, die auf dem flüssigen Erdmantel schwimmen, hier auseinander reißen und dort zusammenstoßen – Bewegungen, die Vulkane, Erdbeben, Gebirgsketten und Tiefseegräben erzeugen.

Unsere Ankunft in New York bleibt mir im Gedächtnis: Einen solchen Triumph hätte ich mir nie vorstellen können! Besser als der Empfang für den Transatlantikdampfer *Normandie*! Feuerlöschboote spritzen überall ihre Wasserfontänen, Hunderte kleiner Boote wimmeln um uns herum; Frachter und Passagierdampfer tuten… Der Empfang durch die Amerikaner ist von überschäumender Herzlichkeit. In den folgenden Tagen fahren wir den Hudson River bis zum berühmten Meeresforschungsinstitut von Woods-Hole hinauf, dann den Potomac bis Washington.

Nach Verlassen der Vereinigten Staaten gehen wir auf Südkurs. Wir schleppen die Troika und ihre Fotoapparate an der tiefsten Stelle des Atlantiks entlang, im Tiefseegraben von Puerto Rico –

fast achttausendvierhundert Meter tief. Dazu müssen wir insgesamt zwölf Kilometer Stahltrosse abrollen.

Für mich kommt endlich der große Moment. Unweit der Westküste von Puerto Rico nehme ich am 9. Oktober 1959 um 15.15 Uhr Platz in der »tauchenden Untertasse«, in Gesellschaft meines Freundes Jean Mollard, der das Tauchboot federführend entwickelt hat. Wir schließen das Luk. Der Kran hebt uns vom Deck der *Calypso* und setzt uns aufs Wasser. Auf ins Abenteuer! Bei diesem ersten Einsatz bleibt das Tauchboot an der Trosse befestigt. Wir verlassen die Oberfläche. Wir tauchen in das Blau ein, in dem Myriaden winziger Planktonwesen leuchten. Die Taucher der *Calypso* begleiten uns hinunter, um sicherzugehen, dass alles in Ordnung ist; sie machen uns durch die Bullaugen Handzeichen. Wir werden von unserem Ballast stetig nach unten gezogen. Ich habe starkes Herzklopfen, bin aber zuversichtlich. Ich benutze die Steuerdüsen: Die Untertasse gehorcht meinen Befehlen. Ich neige sie in alle Richtungen; ich lasse sie kreiseln. Zum Manövrieren pumpe ich das Ballastquecksilber um. Es kommt mir vor, als würde ich im Wasser tanzen. Ich freue mich über das unglaubliche Gefühl der Schwerelosigkeit, die dieses Gefährt vermittelt, dessen spezifisches Gewicht praktisch dem des Meerwassers entspricht.

Für den ersten bemannten Versuch gehen wir nicht sehr tief: nur sechzehn Meter. Aber die Verheißung ist groß. Beim Aufstieg nach vierzig Minuten komme ich mir vor, als hätte ich geträumt. Außerdem habe ich schreckliches Kopfweh, weil in der Tauchkugel Überdruck entstanden ist.

Am nächsten Morgen gehen wir eine Stunde lang auf zwanzig Meter hinab, an einem Sicherungsseil aus Nylon von hundert Metern Länge hängend. Ich spiele Bockspringen über Korallenstöcke, indem ich das Quecksilbergewicht der Untertasse nach achtern pumpe und die beiden Motoren anstelle. Ich amüsiere mich damit, den Fischen hinterherzufahren. Das Ruder nützt nicht viel; zum Wenden ist es viel einfacher, die Düsen zu drehen. Als wir wieder an Bord der *Calypso* sind, wissen wir, dass wir ein großartiges Gerät ausprobiert haben und eine neue Etappe der Unterwasserforschung begonnen hat. Mit der Untertasse wird es möglich sein, die Siebzigmeterbarriere zu durchbrechen, jenseits derer Aqualungentaucher nicht mehr leistungsfähig sind.

Für die, die es wissen wollen, ein paar Angaben über das Steuern:

Die Untertasse wird auf dem Bauch liegend mit beiden Händen gesteuert. Links sind zwei hydraulische Steuergeräte für die Düsen, die sich um zweihundertsiebzig Grad drehen lassen. Ein Hebel regelt die Leistung der beiden Motoren: Wenn der Rückstoß aus den Düsen gleichstark ist, fährt das Boot geradeaus; wird er bei einem Motor gedrosselt, dreht sich das Boot in die entsprechende Richtung. Links befindet sich außerdem die Steuerung für einen Teleskoparm mit einer Lampe von drei Kilowatt.

Rechts unter der Liege des Piloten sind auf der Instrumententafel der Einschaltknopf für den Motor, die Steuerung zum Umpumpen des Quecksilbers nach vorn oder achtern (um das Tauchboot schräg zu legen), der Bedienungshebel für den Greifarm, der Einschaltknopf für die Wasserpumpe (um die Ballasttanks zu leeren), der Hebel zum Abwerfen des Ballasts (den ersten bei der Ankunft auf dem Grund, den andern zum Wiederaufstieg) und schließlich die allgemeine Beleuchtung. Mit einem weiteren Hebel achtern kann der Sicherheitsballast von zweihundert Kilogramm abgeworfen werden.

Die andern Bordinstrumente (Echolot, Unterwassertelefon, Auslöser für Fotoapparate und Kameras usw.) werden entweder vom Piloten oder vom Passagier bedient.

Im Wasser, wo sie praktisch gewichtslos ist, reagiert die Untertasse wie eine Billardkugel. Der kleinste Unterschied im Düsenausstoß, die geringste Berührung mit einem Steilwandvorsprung oder einer Hornkoralle genügt, und sie ändert die Richtung. Die Steuerung ist ein Zwitter zwischen Schützenpanzer und Raumschiff. Am schwersten zu meistern sind die drei Dimensionen. Der Pilot muss von Anfang bis Ende des Einsatzes konzentriert bleiben: eine Nervenprobe. Er darf nie vergessen, dass es nach jeder eingeleiteten Bewegung eine gewisse Zeit dauert, bis sie korrigiert ist. Die Reaktionen des Boots auf Befehle sind zeitverschoben; um das Tauchboot zu beherrschen, muss man vorausdenken können und Fingerspitzengefühl haben wie eine Spitzenklöpplerin! Die Lehrzeit ist lang – aber auch nicht schwieriger als beim Autofahren.

Gegenwärtig läuft die *Calypso* in Richtung der Kleinen Antillen. Wir erreichen Guadeloupe, wo wir Station machen. Vor dem Islet aux Pigeons machen wir sechs Tauchfahrten in der Untertasse. Hier durchtrennen wir endlich die Nabelschnur. Der Kran setzt uns aufs Wasser; ein Taucher wirft die Trosse los: Wir sind frei – und verletzbar. Bei einer Panne haben wir nur noch die Möglichkeit, darum zu bitten, uns so schnell wie möglich hochzuholen.

Der letzte dieser drei Einsätze ist mir im Gedächtnis haften geblieben. Er wird zu einem wahrhaft heißen Tauchgang…

Von Anfang an geht alles schief. Aus irgendeinem geheimnisvollen Grund sinken wir zu rasch. Ich wage kaum, durch das Bullauge hinauszusehen. Jean Mollard, der ganz entspannt ist, verpasst auch nicht eine Kleinigkeit des Schauspiels und äußert ständig, es sei ganz toll. Der Lichtkegel unserer Scheinwerfer enthüllt ihm eine andere Welt. Wir fahren eine Steinkorallentreppe hinunter, die von einem Wald von Hornkorallen überwuchert ist. Eine Wolke von Mönchfischen setzen wir in Panik. Wir überfliegen einen Abhang, der von sich windenden Schlangensternen und von schwerfällig dahinkriechenden Seegurken übersät ist. Wir kommen einem großen Hai in die Quere – vermutlich einem Grauhai oder einem Heringshai.

Der ungesteuerte Gleitflug hat uns auf siebzig Meter hinuntergebracht. Wir landen hart auf einem Korallennest, das von der Untertasse zerdrückt wird. Korallenzweige legen sich über die Düsen: Das Tauchboot ist blockiert! Steuerlos… Ich quäle mich ab, es freizubekommen: ohne Ergebnis.

Keine Panik... Die beste Möglichkeit ist vermutlich, nach einer Seite auszubrechen. Ich lege abrupt den Rückwärtsgang ein. Die Korallenfalle lässt uns frei. Ich werfe den Aufstiegsballast ab; die Untertasse hebt ab, im Wasser leicht wie ein Heißluftballon in der Atmosphäre.

In diesem Moment beunruhigt uns etwas Neues: Wassertropfen laufen innen an der Rumpfwand herunter. Wo kommen die denn her? Wir verfolgen sie bis zum Ursprung. Sie stammen vom Lukenrand. Jetzt kriegen wir Angst. Natürlich können wir den Notaufstieg auslösen, indem wir den Sicherheitsballast und als letztes Mittel sogar unseren Quecksilberballast abwerfen. Aber wir wollen doch, dass diese Tauchfahrt zu einem klaren und eindeutigen Erfolg wird.

Wir nähern uns der Wasseroberfläche. Kommandant Cousteau kommt uns in Taucherkombination entgegen. Er zeigt uns durch das Bullauge eine Schiefertafel, auf der geschrieben steht: »Wollen Abwerfen des Sicherheitsballasts filmen!«

Besser zupass konnte es uns gar nicht kommen! Ich schicke mich an, der Anweisung zu folgen, als in der Untertasse eine laute Explosion zu hören ist, die uns regelrecht betäubt. In den Batterien ist irgendetwas explodiert. Cousteau blickt durch das Bullauge beunruhigt zu uns herein. Die Taucher der *Calypso* werden aktiv. Sie haken uns an der Trosse des »Jumbo«-Krans fest, der uns aus dem Wasser zieht und auf dem Achterdeck des Schiffes absetzt. Ich bin gerade dabei, die Luke des Tauchboots aufzuschrauben, als ich hinter mir Jean Mollard vernehme, der mit erzwungener Ruhe sagt:

»Bébert, an deiner Stelle würde ich mich mit dem Aufmachen beeilen. Wir haben Feuer in der Untertasse!«

Wir zwängen uns aus dem Tauchboot und husten uns dabei in einer schwarzen Rauchwolke die Lungen aus dem Leib; der Kran senkt das Tauchboot wieder ins Wasser, um den Brand zu löschen. Wir stellen die Schäden fest und finden die Ursache des Kurzschlusses: die Messingbehälter der Batterien.

Ich dusche mich, esse, schlafe. Am nächsten Tag versammelt sich die Mannschaft in der Messe der *Calypso* und zieht Bilanz aus den Versuchen. Insgesamt positiv, heißt es, obwohl ein Brand ausgebrochen ist. Unbedingt beseitigt werden müssen: falsche Ballastierung beim Abstieg, Undichtigkeit der Luke; Sicherheitsmängel der Elektrik. Arbeit für unsere Techniker.

Das Missgeschick kann die Begeisterung nicht mindern. Als der Pascha mich fragt, was ich ehrlich von der Untertasse halte, stammle ich eine verzückte Antwort, in der kaum zum Ausdruck kommt, wie gut mir das Gefährt gefällt.

Die *Calypso* überquert den Atlantik bis Dakar, wo sie ein von Professor Jacques Forest geleitetes Wissenschaftlerteam an Bord nimmt. Dieses soll meereskundliche Forschungen bei den Kapverdischen Inseln durchführen. Inzwischen fliegt Ingenieur Jean Mollard nach Frankreich, um neue Batterien zu bestellen – und Behälter aus Plastik statt aus Messing.

Bei den Kapverdischen Inseln stößt er wieder zu uns. Die Untertasse wird repariert, und das Abenteuer beginnt erneut. Kommandant Cousteau nimmt mit mir im Tauchboot Platz. Wir schließen die Luke. Dreißig Meter unter der Oberfläche grüße ich durch das Bullauge Jean Alinat, der unseren Abstieg filmt. Wir gehen tiefer als hundert Meter. So tief sind wir noch nie gewesen. Wir jubeln – bis zu dem Moment, wo wieder Explosionen knallen!

Alles an der Untertasse vibriert, sie tanzt lange Minuten herum, bevor sie sich stabilisiert. Der Tiefenmesser funktioniert nicht mehr. Ich blicke durch die Scheibe hinaus: Das Schwebeplankton steigt mit hoher Geschwindigkeit nach oben. Schöne Bescherung! Das bedeutet, dass wir in die Tiefe rasen!

Ich werfe ein Ballastgewicht ab. Der »Aufstieg« des Planktons kommt kurz zum Stillstand und fängt dann wieder an. Ich trenne mich vom zweiten Gewicht: mit demselben kurzfristigen Resultat.

Der Pascha tippt mir auf die Schulter. Wir verstehen uns ohne Worte: Der große Sicherheitsballast muss abgeworfen werden. Aber schnell…

Von diesem Gewicht von zweihundert Kilogramm befreit, macht die Untertasse einen Satz nach oben. Wir klammern uns an unsere Liegen. Ich habe den Eindruck, im Expressaufzug eines Wolkenkratzers zu sein. Wir schießen wie ein Torpedo zur Oberfläche. Glücklicherweise hat Jean Alinat gemerkt, dass irgendetwas schief gegangen ist, und Alarm ausgelöst.

Drinnen fühlen wir uns nicht wohl. Kleine Rauchwölkchen beginnen in den Steuerraum zu dringen. Durchs Unterwassertelefon führen Cousteau und Alinat einen surrealistischen Dialog.

»Wir kommen«, sagt Alinat. »Bleibt nur liegen!«

»Wo sollen wir denn sonst hin?«, fragt Cousteau lachend und hustend.

»Die Untertasse knattert regelrecht«, sagt Alinat. »Das muss ja ein Riesenkurzschluss sein…«

»Schön, dass wir euch was zu bieten haben«, erwidert der Pascha. »Aber wenn wir schon warten müssen, können wir unterdessen auch vespern!«

So unglaublich das scheint, Cousteau wickelt seine belegten Brote aus und entkorkt die Flasche Wein, die wir in Erwartung einer Tauchfahrt von mehreren Stunden mitgenommen haben, und fängt an zu kauen, trotz des Rauchs, der immer dichter wird.

Draußen vertäuen die Taucher die Untertasse und schleppen uns mit der Schaluppe bis zur *Calypso*. Der Kran hebt uns heraus und setzt uns auf Deck. Ich öffne die Luke und klettere unverzüglich aus dem Tauchboot. Währenddessen beendet Cousteau seelenruhig seinen Imbiss und trinkt sein Glas aus. Als er endlich, von Rauch umwölkt, aus der Luke klettert, hätte man schwören können, hier komme ein Teufel direkt aus der Hölle.

21
Einsätze im Tauchboot

Kapitän Saout · Fürstin Gracia von Monaco · Ein Korallenzweig ·
Karneval in Rio · Mein schönster Tauchgang

Die zweite Knallgasexplosion in der Untertasse hätte zur Tragödie werden können. Noch nach Jahren läuft es mir beim Gedanken
daran kalt über den Rücken… Im Augenblick jedoch ist sie nur
eine aufregende Episode mehr in einem Abenteurerleben, auf das
ich mich immerhin freiwillig eingelassen habe.

Doch der Pascha macht sich Sorgen. Er verlangt von Jean Mollard eine Generalrevision des Batteriesystems. Der Ingenieur widmet sich dem Problem und wechselt das Fabrikat. Die Akkus, die
er auswählt, werden uns in dreißig Jahren intensiver Tauchfahrten nicht mehr die geringsten Schwierigkeiten machen.

1960 geht François Saout in den Ruhestand. Er wird als erster
Kapitän der zum Meeresforschungsschiff umgebauten *Calypso*
in Erinnerung bleiben. Ein Veteran der französischen Marine, ansonsten ein Spezialist der Segelschifffahrt. Ein alter Fahrensmann! Als er uns nach neun Jahren Fahrt verlässt und Kapitän
Maritano an seine Stelle tritt, ahne ich noch nicht, dass ich nach
meiner Tätigkeit als Taucher und Cheftaucher der *Calypso* eines
Tages seinen Titel erben werde.

In Marseille generalüberholt, kommt die »tauchende Untertasse« auf ihr Mutterschiff zurück. Wir ankern vor Korsika. Ich
steige in das Tauchboot. Der Pascha begleitet mich zu einem erneuten Einsatz in großer Tiefe.

Wir gleiten über einen Felsabsatz in dreißig Metern Tiefe hin.

Die Taucher der *Calypso* folgen uns und filmen uns. Wir überprüfen, ob alles in Ordnung ist. Dann kippen wir ab in Richtung Abgrund. In fünfundvierzig Metern Tiefe verlassen uns die Männer in Tauchkombination. Wir sinken an einem Abhang entlang, der mit Hornkorallen und Zylinderrosen besetzt ist und über dem Langusten, Rote Fahnenbarsche, Stechrochen und Zitterrochen leben.

Bei hundert Metern blicke ich dem Pascha etwas ängstlich in die Augen. Noch keine Explosion? Also tiefer! Hundertzehn Meter: Im Felssubstrat sind Hunderte von Löchern, in denen Kraken hausen. Hundertfünfzig Meter: eine Ansammlung von Seeigeln und Schwämmen. Hundertzwanzig Meter: Ich schalte unseren großen Scheinwerfer ein. Zweihundert Meter: Wir überprüfen nochmals alle Systeme. Alles funktioniert. Ich gebe wieder »Gas«, indem ich das Quecksilber zum Bug pumpe; das Tauchboot neigt sich und sinkt weiter. Wir überfliegen einen sanften Abhang, wo wir einen Schwarm Eberfische kreuzen, die wie Schmetterlinge wirken. Wir sehen scharlachrote Hornkorallen und Gelbe Gorgonien, die langen, verzweigten, blassen Würmern ähneln. Ein Katzenhai schwimmt geschmeidig über einen Schlammgrund.

Der Abhang wird steiler: Wir haben erreicht, was die Ozeanographen als Abbruchkante des Kontinentalschelfs bezeichnen. Zweihundertfünfzig Meter. Zweihundertachtzig. Dreihundert…

Bei dreihundertzwei Metern stoppe ich den Motor.

Noch nie ist ein Forschungstauchboot – außer dem kaum steuerbaren Bathyskaphen – so tief getaucht. Ich setze sanft auf einem Sandbett auf. Das Schweigen des Meeres ist absolut; um uns ist es so still, dass ich mein Herz schlagen höre. Wir bleiben fünf Minuten liegen, ohne ein Wort zu sagen – bedrückt von der feindlichen Erhabenheit der Unterwasserfinsternis und zugleich beglückt, dass wir diese extremen Grenzen erreicht haben. Plötzlich ein Stoß, mehrere klatschende Geräusche…

»Nein!«, schreie ich. »Geht das schon wieder los!«

»Hat nichts zu sagen«, beruhigt mich Cousteau. »Ein paar Wasserstoffbläschen entweichen.«

Er hat Recht. Einen weiteren Alarm gibt es nicht. Ich schalte den Motor wieder an und manövriere, damit der Pascha den Grund und die Lebewesen dort filmen kann: Seefedern, die im Sand stecken wie Gänsefedern im Tintenfass eines Schriftstellers; ein Glatthai auf Pirsch; ein seltsam gegliedertes Wesen, das auf langen Beinen daherkommt und einer Spinne ähnelt: eine Asselspinne; Zylinderrasen, Seeanemonen, Seegurken… Mit dem Greifarm des Tauchboots nehme ich Bodenproben.

Beim Blick auf unser Chronometer stellen wir fest, dass wir schon vor zweieinhalb Stunden die Meeresoberfläche verlassen haben! Wir müssen wieder hinauf. Nacheinander durchfahren wir die Meeresetagen – diesmal aufwärts. Ich versuche, mit dem Tauchboot Bodenberührung zu vermeiden; an manchen Stellen ist der Abhang steil und das Sediment instabil. Ich will keine Schlammlawine auslösen, die uns verschütten könnte.

In fünfzig Metern Tiefe machen wir Halt – um zu vespern. Das ist rasch Gewohnheit geworden; bald wird es die Regel sein. Ich kann mir inzwischen keine Tauchfahrt in der Untertasse ohne eine gute Hartwurst mit Rotwein vorstellen.

Wir tauchen auf. Ich betätige die Düsen des Tauchboots, deren Strahl weithin zu sehen ist. Die Schaluppe macht uns aus und schleppt uns zur *Calypso*. Ich habe schweres Kopfweh, bin aber glücklich. Nicht, weil ich Masochist wäre: Ich bin zufrieden, weil wir die »Schallmauer« von dreihundert Metern durchbrochen haben, und Migräne habe ich, weil der Kohlendioxidanteil in der Luft der Steuerkabine nach vier Stunden Tauchfahrt über zwei Prozent gestiegen ist.

Das Jahr 1960 ist verschiedenen kurzen, aber aufschlussreichen Einsätzen gewidmet. Wir untersuchen die Meeresströmungen zwischen dem Festland und Korsika. Ich zeige Professor Harold E. Edgerton und anschließend Professor Jean-Marie Pérès, wie die Untertasse funktioniert. Die *Calypso* schleppt ihre Troika vor Villefranche-sur-Mer, Bastia und der Insel Elba über den Meeresboden.

Mit Professor Bourcart entnehmen wir dem Untergrund Bohrproben, mit Professor Trégouboff Planktonproben; mit Professor Edgerton machen wir Schleppnetzfänge in der Tiefsee und fotografieren den Matapan-Graben; mit Professor Pérès führen wir hydrologische Forschungen in der Ägäis und mit Professor Ivanoff weitere in Algerien durch; dann folgt ein physikalischer Meeresforschungseinsatz in Marokko mit Professor Lacombe...

Ich muss gestehen, dass die Professoren, die einander auf der *Calypso* ablösen und die ich in der Untertasse mitnehme, mich sehr beeindrucken. Sie sind derart belesen; sie haben so viel im Kopf. Aber beim täglichen Umgang mit ihnen stelle ich fest, dass die meisten sehr schlichte Menschen sind. Herzlich, freundschaftlich, immer zu Erklärungen bereit. Vielleicht sind sie nicht so entspannt und freundlich, wenn sie an der Universität ihre Vorlesungen halten. Vielleicht betrachten sie ihre Fahrten auf der *Calypso* trotz der intensiven Arbeit, die sie dort leisten müssen, als eine Art Urlaub. Dennoch hätte ich diesen Männern gern zugehört, wenn ich hätte studieren dürfen.

Es gibt noch eine andere »Elite«, in der ich mich dagegen überhaupt nicht wohl fühle. Ich meine die Welt der Fürsten und Fürstinnen, die ich lieber der Fantasie der Hausfrauen und der Leser der großen Illustrierten überlasse.

Am 10. Dezember 1960 stellen wir in Monaco ein riesiges Schlauchboot von zwanzig Metern Länge der Presse vor – das größte der Welt –, von Kommandant Cousteau entworfen und von der Firma Zodiac gebaut. Das Fahrzeug heißt *Amphitrite*. Fürstin Gracia ist Taufpatin. Sie zerschlägt die Flasche unter rasendem Geklicke von Kameraverschlüssen. Zusammen mit Fürst Rainier wird sie an Bord der *Calypso* empfangen.

Cousteau stellt mich Ihren Hoheiten als einen seiner besten Taucher und als ersten Piloten der Untertasse vor. Ich erröte bis zum Haaransatz. Ich stottere. Gracia von Monaco ist überwältigend – der Inbegriff einer Blondine, mit einem Hauch von Noblesse, und dazu noch der Titel... ich fühle mich lächerlich in mei-

nem Leihsmoking mit Fliege und den ganz bestimmt herunter-
gerutschten Socken. Als die Fürstin mir sagt, ich hätte Glück, ein
so aufregendes Leben führen zu dürfen, möchte ich nur einen Moment lang das Talent haben, die Gefühle beim Tauchen beschreiben zu können. Aber alles, was ich meinem gelähmten Hirn und
Mund abringen kann, ist ein lächerliches: »Auch Sie, Hoheit, haben Glück!«

Statt »Hoheit« hätte ich fast »Madame« gesagt. Ein Glück, dass
kein Journalist diesen Fauxpas mitbekommen hat.

Ich schicke mich ins Unabänderliche: Mit Fischen fühle ich
mich wohler als mit Fürstinnen. Aus diesem Grund zwänge ich
mich zwei Tage später wieder in meine Untertasse.

Ich fahre Professor Laborel im Labyrinth des Cañons von Cassidaigne vor der Bucht von Marseille herum. Über diesem Graben
bin ich mit der *Surcouf* und der *Hou Hop* navigiert. Hätte ich mir
damals träumen lassen, dass ich ihn auch einmal von unten betrachten würde?

Es handelt sich um eine Kluft mit Steilwänden, die mit
Schwämmen, gelben und roten Hornkorallen, roten Edelkorallen
und großen Dörnchenkorallen besetzt sind. Von Letzteren ist
mein Passagier ganz gebannt. Es sind koloniebildende Tiere, die
mich an Unterwassertamarisken erinnern; man würde sagen, Büsche mit rosa »Blüten« (Polypen). Der Professor will, dass ich mit
dem Greifarm des Tauchboots einen Zweig abbreche. Am Abhang
in einer starken Strömung ist das keine leichte Sache. Ich komme
mir vor wie bei einem jener Spiele auf dem Jahrmarkt, wo man
einen Ring über eine Flasche werfen soll und bei zehn Versuchen
neunmal danebentrifft.

1961 ist das Tauchboot erneut im Einsatz für die Wissenschaft,
diesmal vor Port-Vendres und den Ostpyrenäen. Wir erforschen
einen Unterwassercañon, der auf den Seekarten Rech Lacaze Du-
thier heißt. Ich diene einer Reihe von Professoren als Unterwasser-
chauffeur: Reyss, Monniot, Laubier, Dangeard, Drach u. a., alles

hervorragende Spezialisten auf ihrem Fachgebiet. Wenn Intelligenz ansteckend wäre, hätte ich spätestens jetzt etwas abbekommen. Insbesondere habe ich die Ehre, Mademoiselle Devos, die berühmte Biologin der Meeresstation von Port-Vendres, auf dreihundert Meter Tiefe zu bringen; sie ist meine Passagierin beim fünfzigsten Einsatz des Tauchboots und außerdem die erste Frau, die in der Steuerkabine Platz nimmt. Ich kann dem jugendlichen Drang nicht widerstehen, ihr mit dem Greifarm einen Korallenzweig zu pflücken. Es hat schon Romantischeres gegeben; aber Romeo ist eben nie getaucht ...

Im Verlauf meiner Einsätze zusammen mit Professor Reyss in etwa hundertzwanzig Metern Tiefe erlebe ich überrascht, wie ein riesiger Zackenbarsch aus seiner Spalte kommt. Er wiegt mehr als fünfzig Kilogramm, der größte, der mir im Mittelmeer je begegnet ist. Das »Ungeheuer« greift uns an ... Von unseren Lampen erschreckt, rammt es uns! Der Stoß ist heftig; unser Tauchboot schaukelt wie das Pendel einer Standuhr. Das wütende Tier greift erneut an ... Ich schalte die Turbinen auf volle Kraft, um diesem Wüterich zu entkommen. Ich frage mich, wie Jojo der Wrackbarsch auf die Untertasse reagiert hätte. Vielleicht auch nicht freundlicher als sein Vetter von Port-Vendres ...

Nach den Ostpyrenäen laufen wir zu einem hydrologischen und fotometrischen Einsatz vor Korsika, Sardinien, Sizilien und Tunesien aus. Dann beschäftigen wir uns mit Unterwassergeologie in den französischen Buchten, wo wir unsere Troika einbüßen.

Unweit von Nizza weise ich André Laban in die Steuerung der Untertasse ein. Plötzlich, in zweihundertsiebzig Metern Tiefe, spritzt mir ein Wasserstrahl auf die Oberschenkel, während ein rotes Lämpchen aufleuchtet. Alarm! Binnen einer Sekunde habe ich unseren Notballast abgeworfen. Wir schießen zur Oberfläche empor. Das Leck scheint an der Einstiegsluke zu sein. Ich sage mir, dass wir verloren sind. Das Tauchboot wird voll laufen und sinken, und wir müssen ertrinken.

Ich sehe genauer hin: Es ist ernst, aber glücklicherweise ist es nicht die Luke. Eine Dichtung der Pumpe hat versagt; das Wasser drückt so stark herein, dass es zuerst am Lukendeckel abprallt, bevor es über mich spritzt.

Wir kommen rechtzeitig hinauf – klar, sonst säße ich nicht hier und könnte es nicht erzählen.

Und die *Calypso* fährt auf ihrer blauen Straße … Gibraltar und seine Meeresströmung. Messungen der Radioaktivität des Meerwassers zwischen Nizza und Korsika. Und so fort.

Wir nehmen Kurs auf Südamerika. Der Einsatz beginnt ruhmlos mit einem Leck im Toilettenausfluss; bis Dakar müssen wir pumpen. Scheuertuch und Schrubber: die geheimen Pflichten eines Forscherlebens! Wir überqueren den Äquator; bei dieser Äquatortaufe heißt der Meeresgott Maurice Léandri. Wir erreichen Recife in Brasilien. Wir machen unsere biologischen Untersuchungen um die Inseln Rocas und Noronha; dann fahren wir nach Bahia, Porto Seguro und Rio de Janeiro. Weiter nach Montevideo in Uruguay, wo wir Weihnachten verbringen; dann nach Mar del Plata in Argentinien, wo wir Neujahr 1962 feiern. Danach geht es wieder nach Norden. Durch einen merkwürdigen Zufall sind wir zum Karneval in Rio. Schließlich verdächtige ich den Pascha nicht, sich das ausgerechnet zu haben!

Zur Beruhigung: Den Karneval von Rio beschreibe ich hier nicht. Alle Welt hat seine Musik im Ohr und seine Paillettenkostüme vor Augen. Ich ertappe mich bei dem Gedanken, dass die Kostüme der Sambatänzerinnen auch nicht bunter sind als die der Riffbarsche oder der tropischen Meerjunker und dass bei genauerer Überlegung die Funktion dieser strahlenden Farben bei den Menschen die Gleiche ist wie bei den Tieren: gesehen werden, das andere Geschlecht aufreizen …

Auf unserer Rückfahrt nach Europa werden wir für unseren Karneval in Rio mit einer unwahrscheinlichen Pannenfolge bestraft. Die Steuerbordmaschine der *Calypso* fällt aus; dann ist die Kupplung der Backbordmaschine an der Reihe. Die elektrische Schaltzentrale steht unter Wasser und hat einen Riesenkurzschluss. Einer unserer Stromgeneratoren schmort durch. Am anderen bricht eine Rohrleitung und überschwemmt den Maschinenraum und so fort …

Niemals, seit ich mit meinen Musketierfreunden die *Hou Hop* reparierte, habe ich so viel gesägt, gefeilt, geschweißt – die Hände im Schmierfett und die Füße im Motoröl.

Kaum sind wir in Marseille zurück, fahren wir erneut zu wissenschaftlichen Fahrten im Mittelmeer aus. Geologie. Hydrologie. Im Juni 1962 führt die *Calypso* zwischen Nizza und Korsika ihren vermutlich gefährlichsten Einsatz aus: Für eine reflexionsseismologische Untersuchung nimmt sie zweiundfünfzig Granaten von jeweils dreißig bis hundertdreißig Kilogramm an Bord – genug, um den alten Minenräumer in kleine Stücke zu sprengen.

Im Laufe des Sommers gehöre ich der Fußballmannschaft der *Calypso* an, als sie ein Freundschaftsspiel gegen die Mannschaft des Museums von Monaco bestreitet. Wir erhalten Verstärkung durch ein paar gegnerische Spieler, damit wir so tun können, als schössen wir Tore, und selber nicht so viele einstecken müssen … Am Abend der Begegnung empfangen wir die gegnerische Mannschaft und ihre Familien an Bord der *Calypso*. Die Kinder spielen in den Laufgängen; zufällig trete ich gerade aus der Messe, als eins davon, noch ganz klein, zwischen Kai und Schiffsrumpf ins Wasser stürzt. Gleich wird es in diesem Wasser mit Dieselölschleiern ertrinken. In voller Kleidung springe ich nach und hole es aus dem Wasser. Es ist der schönste Tauchgang meines Lebens.

22
Das Unterwasserhaus

Stickstoffsättigung · Der erste Aquanaut ·
Das Fass des Diogenes · Ein Albtraum im Druckbehälter ·
Grüner Kaviar

Ein Unterwasserhaus …

Mitten im flüssigen Element leben, dort schlafen, arbeiten, seine Freizeit verbringen: besser als bei Jules Verne! Diesen Tauchertraum hatte bereits Alexander der Große; der Eroberer, der unbedingt wissen wollte, was sich unter der Meeresoberfläche verbirgt, ließ sich mit einem *Colympha* genannten Fass mit Scheiben ins Mittelmeer absenken.

Ich hätte Mühe zu sagen, wann genau der Gedanke an ein Unterwasserhaus geboren wurde. Mir scheint, als hätte ich ihn schon immer gekannt, zumindest seit ich mit Cousteau zusammenarbeite. Es muss nämlich gesagt werden, dass man als Aqualungentaucher allmählich einen Hass auf einschränkende Zwänge bekommt. Man möchte gern Stunden auf dem Grund verweilen. Aber die Gesetze der Physiologie setzen genaue Grenzen. Man atmet Pressluft oder Gasmischungen, die immer ihre Tücken haben. Bei Pressluft riskiert man unterhalb siebzig Meter den Tiefenrausch (oder die Stickstoffnarkose). Bei den komplizierten Gasgemischen, bei denen der Stickstoff teilweise oder ganz durch Helium oder Wasserstoff ersetzt wird, treten andere Nachteile ein, vor allem starke Wärmeverluste.

Und obendrein ist da noch diese verdammte Dekompressionszeit … Wenn man ins Wasser hinabtaucht, das achthundertmal dichter ist als Luft, wird man buchstäblich unter Druck gesetzt:

Alle zehn Meter steigt dieser um eine Atmosphäre. Die Gase in den Lungen treten massiv ins Blut über und lösen sich dabei. Wenn man zu schnell wieder aufsteigt, tritt dieses Gas in Form von Bläschen wieder aus – wie bei aufschäumendem Sekt in einer Flasche, bei der man den Korken springen lässt. Sie richten Schäden in Blutgefäßen, Gelenken und im Hirn an. Lähmungen, Ohnmachten, bisweilen tödliche Embolien sind die Folge. Um diese Gefahren zu meiden, muss man die gelösten Gase sehr langsam über die Lungen wieder abatmen. Deswegen müssen beim Aufstieg Dekompressionsstufen eingehalten werden. Die Dauer dieser Aufenthalte, in Dekompressionstabellen festgelegt, hängt sowohl von der Zeit unter Wasser als auch von der maximalen Tauchtiefe ab. Sie kann erheblich sein. Für einen einstündigen Einsatz in hundert Metern Tiefe muss man beim Aufstieg zum Beispiel vier Stunden geduldig die Dekompression abwarten.

Diese Dekompressionsaufenthalte sind die Strafe des Tauchers. Sie nehmen kein Ende. Man langweilt sich, friert und fühlt sich schlecht.

Eine der wichtigsten Entdeckungen der Tauchphysiologen (von denen ich den amerikanischen Marinearzt George Bond und unseren Freund aus dem *Centre d'études marines avancées*, Professor Jacques Chouteau, nennen will) lautet, dass sich der Körper nach einer gewissen Zeit (zwischen zwölf und vierundzwanzig Stunden, je nach Aufenthaltstiefe) mit gelösten Gasen sättigt. Mehr Gas können Blut und Zellflüssigkeit nicht aufnehmen, ganz gleich, wie lange der Unterwasseraufenthalt noch dauern mag.

Von da an nimmt die erforderliche Dekompressionszeit nicht mehr zu und verbessert sich das Kosten-Nutzen-Verhältnis. Wer zwölf Stunden in hundert Meter Tiefe bleibt, braucht drei Tage Dekompressionszeit. Wer drei Wochen in derselben Tiefe verbringt, braucht ebenfalls nur drei Tage, um unter normalen Luftdruck zurückzukehren, seine nutzbare Arbeitszeit ist aber sehr viel länger.

Damit haben wir schon die ganze Idee des Unterwasserhauses:

Es geht darum, die Taucher mit Gas zu sättigen; ihnen eine Arbeit unter günstigsten Bedingungen zu ermöglichen – ohne dass sie nach jedem Tauchgang wieder hoch müssen; ihnen den nötigen Komfort zu geben, damit sie sich ausruhen und ihre Freizeit gestalten können (im Trockenen, in einem Druckbehälter); und sie am Ende jedes Unterwasseraufenthaltes eine einzige und im Verhältnis zur Gesamtverweildauer kürzere Dekompressionszeit durchlaufen zu lassen.

Wenn der Mensch den Meeresgrund auf Dauer besiedeln will, steht ihm keine andere Methode zur Verfügung – außer wenn man ihm Fischkiemen verpflanzen oder welche für ihn erfinden würde; aber das gehört in den Bereich der Zukunftsromane.

»Wir werden nie in der Tiefsee leben können, in drei- oder sechstausend Metern Tiefe«, erklärt der Pascha, als er uns die Sachverhältnisse in der Messe der *Calypso* erklärt. »Aber wir können uns darauf einstellen, dass die Menschheit eines Tages das Kontinentalschelf besiedeln wird, diese Verlängerung der Kontinente unter der Wasseroberfläche in null bis zweihundertfünfzig Metern Tiefe. Das Kontinentalschelf ist in der Tat der reichhaltigste und interessanteste Teil der Meere. Das ist der Grund, warum ich mich entschieden habe, unser Experiment *Précontinent* zu taufen. *Précontinent I*, weil später noch weitere folgen werden...«

Die Vorstudien zur Vervollkommnung des Unterwasserhauses werden in Marseille durchgeführt, vom *Office français de recherches sous-marines (O.F.R.S)*, 1968 in *Centre d'études marines avancées (C.E.M.A.)* umbenannt.

Das praktische Ergebnis für mich ist, dass mich Kommandant Cousteau zusammen mit meinem Freund Claude Wesly zum ersten Mieter des ersten Unterwasserhauses der Welt bestimmt. Zum ersten Aquanauten! In einer Zeit, in der auch der erste Kosmonaut aufsteigt – Juri Gagarin, am 12. April 1961 –, kann mir der Pascha keine größere Ehre erweisen.

Das O.F.R.S. stellt das Haus fertig, und wir schaffen es auf die

Calypso. Man stelle sich keinen Palast vor, auch keine Vorstadt-villa. Ein gelb gestrichenes Stahlfass von fünf Metern Länge und zwei Meter fünfzig Durchmesser, mit einer Einstiegsschleuse am Boden. Da es sich um ein Fass handelt, nennen wir es *Diogène*, in Anspielung auf die Wohnung, die der Philosoph Diogenes im Al-tertum gewählt hatte.

Und der Ort, an dem das Experiment stattfinden soll? Einmal mehr »meine« Marseiller Inseln, genauer Pomègue, ein paar Ka-bellängen vom Château d'If entfernt. Während meine Freunde damit beschäftigt sind, den Wohnbehälter in zehn Metern Tiefe auf einem Felsvorsprung zu verankern, rechne ich konzentriert nach. Wir werden sieben Tage unter Wasser bleiben. Im Prinzip birgt dieser Einsatz keine Gefahren. Die Spezialisten der C.E.M.A. haben die Auswirkungen von Sättigungstauchen an Tieren getes-tet – an Schafen, Ziegen, Schweinen. Wir müssten das genauso aushalten wie das liebe Vieh! Trotzdem spüre ich Angst in mir auf-steigen. Ich blicke Claude Wesly an, meinen Gefährten für das Ex-periment: Auch er hat ein verzerrtes Lächeln im Gesicht. Wir wer-den etwas tun, das noch kein Mensch vor uns versucht hat.

Wir wissen, dass wir – bei Todesstrafe – nicht mehr hinauf kön-nen, wenn wir erst einmal mit Gas gesättigt sind, ohne eine lange Dekompressionszeit einzuhalten. Das Sonnenlicht werden wir nicht ganz entbehren müssen (zehn Meter sind schließlich nicht so tief); aber wir werden keinen Augenblick das Recht haben, die paar Flossenschläge zu machen, die genügen, um zur »normalen« Welt aufzutauchen. Das wird das Schwerste werden. Tauchen, auf dem Grund arbeiten, das kennen wir; das ist unser täglich Brot. Aber es ist etwas ganz anderes, sich zum Gefangenen der Druck-verhältnisse zu machen – und zu wissen, dass man eine gewisse Zeit braucht, bevor man wieder zum normalen Menschen wird… Und wenn wir krank werden? Oder wenn Claude oder ich drin-gend operiert werden müssen?

Am 14. September 1962 ist alles bereit. Das Unterwasserhaus wird versenkt. Die *Diogène* erwartet uns. In großer Zahl wimmeln

Journalisten auf Mietbooten um die *Calypso* und die *Espadon* herum, das Schiff der C.E.M.A., das uns bei diesem Experiment unterstützt. Kameras laufen. Fotoapparate klicken. Claude Wesly und ich haben Taucheranzüge an. Kommandant Cousteau zwinkert uns zu. Um zwölf Uhr verabschieden wir uns von unseren Freunden und umarmen unsere Familien. Um 12.20 Uhr springen wir ins Wasser.

Mit drei Flossenschlägen erreichen wir unsere Wohnung. Das Haus ist in einem Faden Tiefe über dem Felsen verankert, mit Ketten umgürtet und mit dreißig Tonnen Ballast beschwert. Wir schwimmen unter die gelbe Röhre und schlüpfen einer nach dem andern durch das senkrechte Einstiegsloch in unser »Appartement«. Als ich in den trockenen Innenraum komme, spüre ich Bedrückung. Ich kenne ihn auswendig, weil ich während des Baus so oft darin gewesen bin. Aber das war auf dem Festland. Hier ist das Licht ganz anders – blau-grün, ungewiss... Sobald wir aus dem Einstiegsloch sind, ziehen wir die Taucheranzüge aus. Wir atmen jetzt Pressluft mit einem Druck von zwei Kilogramm pro Quadratzentimeter. Wir sind zu Hause.

Alle Installationen von *Précontinent I* sind doppelt ausgelegt, um ein reibungsloses Funktionieren zu gewährleisten: zwei Kompressoren pumpen Luft in den Wohnraum; mit zwei Fernsehkameras können die Leute an der Wasseroberfläche uns überwachen; alles ist doppelt elektrisch verkabelt usw. Trotz des beengten Raums ist die *Diogène* bequem: Wir haben Radio und Fernsehen, eine kleine Bibliothek und sogar ein Bild an der Wand: ein Gemälde, das unser Unterwasserkünstler André Laban gemalt hat. Ein Schlauch mit Warmwasser zum Duschen kommt direkt von der *Espadon*. Unsere oben zubereiteten Mahlzeiten werden uns im Dampfkochtopf von Tauchern heruntergebracht. Wir verfügen auch über zusätzliche Nahrungsmittelvorräte. Unsere Wohnung wird durch elektrische Heizkörper erwärmt; die Temperatur liegt über zweiundzwanzig Grad Celsius. Wenn wir schon sterben sollten, erfrieren werden wir sicher nicht.

Zwölf Taucher, geleitet von Raymond »Canoë« Kientzy, sind uns zu Diensten. Professor Jacques Chouteau und der Arzt Xavier Fructus werden täglich herunterkommen, um uns zu untersuchen (Blutabnahme, Urinanalyse, Muskelspannung, Elektrokardiogramm, Elektroenzephalogramm: das ganze Programm).

Kommandant Cousteau kommt uns um 19 Uhr besuchen und hilft uns, uns einzurichten. Wir speisen zu dritt an dem kleinen Tisch des Unterwasserwohnzimmers zu Abend. Als der Pascha uns verlässt, um wieder hinaufzusteigen, und wir uns anschicken, unsere erste Nacht als Aquanauten zu verbringen, wissen wir, dass etwas Unvermeidliches im Gange ist: Schon morgen werden wir gasgesättigt sein. Die zehn Meter, die uns von der frischen Luft trennen, werden dann so unüberwindlich sein wie die Berliner Mauer während des Kalten Krieges.

Schließlich haben wir uns eingerichtet. Jeder hat seine Vorlieben, die er mit auf Berggipfel, in den Weltraum oder auf den Meeresgrund nimmt. Claude Wesly und ich sind keine Ausnahmen. Wir sehen kurz fern (Varieté). Dann strecken wir uns auf unseren Kojen aus. Die Luftfeuchtigkeit (hundert Prozent!) ist störend, wir fühlen uns klamm. Abgesehen davon ist mir nicht gut. Ich mache die Augen zu. Ich schlafe ein.

Die beiden ersten Tage verlaufen wunderbar. Wir leisten täglich fünf Stunden Arbeit (zwei vormittags, zwei nachmittags, eine nachts). Wir gehen im Taucheranzug hinaus. Wir schwimmen weit von der *Diogène* weg. Wir gehen bis auf fünfundzwanzig Meter hinunter. Wir heben Ballastgewichte, machen Ketten fest, Schrauben, hämmern Blech … Wir unterziehen uns psychomotorischen Tests, die unsere Ärzte für uns zusammengestellt haben: Es geht darum, Würfel ineinander zu stecken, Geraden zu zeichnen, Puzzles zusammenzufügen usw.

Am Morgen des dritten Tages schlägt die Stimmung um. Claude Wesly und ich stehen mit der falschen Flosse auf … Sind unruhig. Irritiert. Wir fühlen uns nicht wohl in unserer Haut. Wir fühlen uns gefährdet. Wir haben keine Lust, wie üblich Scherze zu machen. Die Arbeit gehen wir ohne Begeisterung an. Ich habe Angst, nicht ganz auf der Höhe zu sein, nicht das ganze Experiment durchzuhalten. Es ist, als hätte ich ein zähes Hindernis vor mir, das nicht zu überwinden ist. Wir haben den Auftrag, denen an der Oberfläche die kleinsten Ängste, die leiseste Veränderung unserer Gemütsverfassung mitzuteilen. Natürlich tun wir nichts dergleichen. Am Abend haben wir Mühe einzuschlafen. Ich verbringe eine furchtbare Nacht. Das Folgende habe ich am nächsten Tag in mein Tagebuch geschrieben:

»Ich, der ich seit ewigen Zeiten nicht mehr richtig geträumt habe, fange wieder damit an. Ein grässlicher Albtraum: Druck, Ersticken, Angst, Panik… Eine Hand würgt mich, ich muss raus aus dieser Stahltonne – hinauf… Ich wache auf, gehe zum Ausstiegsloch, blicke ins Wasser. Ich überprüfe die Messgeräte. Alles ist normal. Claude schläft. Ich lege mich wieder hin, aber mit offenen Augen. Ich fühle mich allein, im Stich gelassen, in der Falle. Ich bin dazu verdammt, eine ganze Woche unter Wasser zu bleiben. Ich kann nicht nach Belieben wieder hinauf. Ich würde gern die Sterne sehen; ich sehne mich nach der Milchstraße. Aber um hinaufzukommen, muss ich meinen Stickstoff abatmen, und das kann ich nur sehr langsam mit Hilfe derer, die oben auf mich aufpassen. Ich habe Angst, eine irrationale Angst. Um mich zu beruhigen, sage ich mir, dass alle Vorsichtsmaßnahmen getroffen sind. In diesem Moment beobachtet mich jemand oben am Fernseher. Aber ich schaffe es nicht, mich zu beruhigen. Ein absurder Gedanke verfolgt mich: Was ist, wenn das Bullauge platzt? Wenn das Wasser steigt? Sicher würde oben im Caisson so viel Luft bleiben, dass wir Zeit haben, unsere Taucheranzüge anzulegen und rauszugehen. Aber danach? Wir können so lange nicht wieder hinauf, wie unser Dekompressionsproblem nicht gelöst ist… Ich kann nicht wieder einschlafen. Das Geräusch, das die entweichende Abluft oben auf dem Wasserspiegel macht, ist höllisch. Nachts wird es zur Belastung. Die Luftbläschen platzen wie in einem riesigen Wasserkessel. Es hört sich an wie Kieselsteine, die vom Sturm auf den Strand geworfen werden…«

Am vierten Tag kann man mich nicht einmal mehr mit der Zange anfassen. Ich empfange den Taucher, der uns das Frühstück bringt, mit einem brüsken: »Dein Zwieback, das sind ja lauter Krümel!«

Er sieht mich erstaunt an. Meine Bordkollegen sind solche Anraunzer von mir nicht gewohnt. Ein paar Minuten später erscheint ein anderer Taucher in unserem Unterwasserhaus: der Schiffskoch Guilbert. Er überreicht mir ein Päckchen Zwiebacke – aber ganze!

Offenbar haben sie mich da oben gehört ... *Big Brother is watching you*. Guilbert stammelt Entschuldigungen. Das Gesicht, das er macht, gibt mir die gute Laune wieder; ich bitte ihn, mein Geschimpfe zu vergessen.

Einen Teil des Vormittags verbringen wir mit psychomotorischen Tests mit Professor Chouteau. Unsere Aufgabe besteht darin, so schnell wie möglich Mosaikmotive mit schwarz-weißen Würfeln nachzubauen. Ich falle in meine Kindheit zurück; es ist lange her, dass ich mich so gut amüsiert habe. Vor allem, weil Chouteau anschließend von uns verlangt, Stühle und Tische übereinander zu stellen!

Mittags stößt der Pascha zu uns. Er teilt uns mit, dass unsere Tests gut verlaufen: Lange Unterwasseraufenthalte bringen also das Gehirn des Aquanauten nicht durcheinander! Ich erzähle ihm von meinen nächtlichen Ängsten. Bei der Kameraüberwachung hat niemand etwas gemerkt – nur dass ich ein bisschen nervös war. Wir frühstücken, wir trinken Kaffee. Am Abend reden wir am Telefon wieder lange miteinander. Cousteau macht mich darauf aufmerksam, dass Claude und ich das Fernsehen nicht angestellt haben. Wir haben nicht einmal daran gedacht. Er will von mir wissen, was uns wirklich unterhalten würde. Ich antworte, während Claude mir kopfnickend zustimmt: »Ein Plattenspieler mit klassischer Musik!« Der Pascha bemerkt, dass sich auch unser Geschmack beim Essen verändert habe: Wir verlangen keine Gerichte mit Soßen mehr; nur noch Gegrilltes und Gemüse. Welche Beziehung besteht zwischen klassischer Musik und Gegrilltem?

Wir geben Cousteau zu verstehen, dass die – gut gemeinten, aber nutzlosen – Besuche unserer Taucherfreunde uns auf den Geist gehen. Wir bewohnen ein elektronisches Haus, in dem man nur auf einen Knopf zu drücken braucht, um bedient zu werden. Wir verfügen über vierzig Arme, vierzig Beine, aber keinerlei Eigeninitiative und keinerlei Intimsphäre – fast keine Persönlichkeit mehr. Ich denke, dass es Kosmonauten in ihrer Raumkapsel ähnlich geht. In mein Tagebuch schreibe ich:

»Dieses erste Experiment ist übersetzt. Das nächste Mal hätte ich gern, dass man mich in meinem Behälter einschließt und mir sagt: Sieh zu, wie du mit deinen Fischen zurechtkommst!«

Am fünften Tag haben wir ein kleines Problem. Wir arbeiten daran, in zwanzig Metern Tiefe und hundert Meter von der *Diogène* entfernt ein Gitter zu bauen, als Claude Wesly mir ein Zeichen gibt, dass er keine Luft mehr hat. Ich reiche ihm mein Mundstück. Er füllt sich die Lungen. Wir bewegen uns aufs Unterwasserhaus zu. Immer wieder gebe ich ihm Luft ab. Zwanzig Meter vor dem Eingang schwimmt er los aufs Haus. Die Erklärung des Zwischenfalls: Sein Viererersatz Pressluftflaschen ist oben ungenügend gefüllt worden. Damit so etwas nicht noch einmal vorkommt, lässt uns der Pascha hier und dort auf dem Meeresgrund Notbehälter mit Pressluft installieren, sodass wir Atemluft für fünf oder sechs Minuten finden können, während wir auf volle Flaschen warten.

Der sechste Tag ist wunderbar. Ich freue mich meines Lebens als Aquanaut. Zum ersten Mal habe ich Zeit, mich unter Wasser umzusehen. Schluss mit dem Diktat der Zeituhr! Ich inspiziere jeden Meter der Neptungraswiese. Manche dieser Pflanzen blühen: hübsche, gelb-grüne, unscheinbare Blütenkränze, die ich vorher nie bemerkt hatte. Nachts im Scheinwerferlicht wimmelt die Unterwasserwiese von Leben. Seeanemonen und Zylinderrosen entfalten ihre Tentakelfächer: Wehe der Garnele, die eine dieser Giftpeitschen berührt! Krabben ziehen dahin. Steckmuscheln klaffen. Rote und ockerfarbene Seesterne bewegen sich über den Grund; wenn sie eine Muschel ertasten, zerren sie sie mit kräftigen Armen auf, dann stülpen sie ihren Magen ins Muschelinnere und verdauen sie an Ort und Stelle.

Seepferdchen klammern sich mit dem Schwanz an den Wasserpflanzen fest. Ich sehe welche bei der Paarung: Das Weibchen legt seine Eier in eine Bauchtasche des Männchens. Dieses brütet sie aus. Wenn die Brut schlüpft, hat er die Geburtswehen: Dann kommt Monsieur nieder…

Mit Claude zusammen beobachte ich eine Seegurke, die ihren fasrigen Magen ausspuckt, um einen Meeraal abzuschrecken. Eine Schule Blöker segelt über das Grün und kreuzt ein Geschwader Goldstriemen. Hie und da Muränen, Zahnbrassen, Zackenbarsche…

Claude und ich fangen an zu vergessen, was sich oben abspielt. Wir vergessen die Zeit. Wir machen weder das Radio noch das Fernsehen an. Uns scheint, dass wir auf unbestimmte Zeit unter Wasser leben können. Ich habe den Eindruck, dass die Zeit sich verzerrt: Manchmal beschleunigt sie sich, manchmal dehnt sie sich. Ich überrasche mich bei dem Glauben, dass wir erst gestern in die *Diogène* gekommen sind und dass wir lange Monate hier bleiben.

Am Abend des sechsten Tages isst der Pascha erneut mit uns. Er bringt eine Flasche Bordeaux mit und öffnet eine Dose Kaviar: Die Fischeier sind grün! Wir wissen, dass sich der Druck auf unseren Farbsinn auswirkt; aber unmöglich, spinatfarbenen Kaviar hinunterzuwürgen… Als Kommandant Cousteau die Flasche aufmachen will, drückt sich der Korken hinein, statt herauszukommen: ein neuer Streich des Überdrucks! Dann versucht der Pascha zu pfeifen, es geht nicht. Claude und ich schaffen es, aber wir haben auch lange trainiert.

Beim Nachtisch gerät Cousteau ins Schwadronieren:

»Ihr habt bewiesen, dass es möglich ist. Ihr geht in die Geschichte ein! Euch ist es zu verdanken, wenn die Menschheit bald zur Eroberung des Kontinentalschelfs aufbricht… Wir werden Stützpunkte einrichten wie im Himalaja: Lager 1, Lager 2, Lager 3 usw.; aber in umgekehrter Richtung: immer tiefer. Mit speziellen Atemgemischen, bei denen wir Stickstoff durch Helium oder Wasserstoff ersetzen, kommen wir tiefer als hundert Meter. Erinnert euch an den Grand Conclu; wir haben dort jahrelang in vierzig Metern gearbeitet, aber nach einer Viertelstunde Tauchen erinnerten euch drei Schüsse daran, dass ihr wieder heraufmusstet. Wenn wir die *Diogène* gehabt hätten…

Wie lange das wohl noch dauert, diese Eroberung der Tiefe? Ich weiß nicht. Aber ich bin sicher, dass es eines Tages Unterwasserdörfer geben wird. Mit Frauen, Kindern, Schulen, Läden – und natürlich auch Bistros! Wie könnten wir ohne Bistros auskommen?«

Ist das die Wirkung des Drucks oder des Bordeaux? Ich habe den Pascha noch nie so exaltiert erlebt. Er treibt es so weit, sich Claude Wesly in der Uniform eines Unterwassersheriffs vorzustellen!

Am 21. September bereiten wir uns zum Wiederaufstieg vor. Professor Chouteau lässt uns mehrere Stunden lang eine Mischung aus achtzig Prozent Sauerstoff und zwanzig Prozent Stickstoff atmen – die umgekehrte Zusammensetzung wie in der Atmosphäre. Seine eigene Erfindung… Mit dieser Maßnahme, so mühselig sie ist, wird die Ausscheidung der Gase, die unser Blut und unser Zellwasser eine Woche lang gespeichert haben, erstaunlich beschleunigt. Die Dekompressionskammer steht bereit. Wir verlassen die *Diogène* und schließen uns in der Kammer ein. Wir müssen noch weitere lange Stunden in dieser Stahlröhre verbringen, bevor wir wieder in die Welt der Menschen oben hinaustreten können.

Als wir aus dem Wasser kommen, wird die Reede von Marseille von strahlender Sonne beschienen. Ich lobpreise das Licht.

23
Ein Dorf im Roten Meer

Port Sudan · Shab Rumi · Zwei Häuser ·
Unterwassergarage und Werkzeugschuppen ·
Papageienvogel – Papageienfisch

Wenn man die begeisterte Atmosphäre einer Weltpremiere hinter sich hat, kommt man schlecht mit der Wirklichkeit zurecht. Ich muss gestehen, dass mir die klassischen Meeresforschungseinsätze der *Calypso* nach *Précontinent I* langweilig, fade, gewöhnlich vorkommen... Aber, wie der Pascha sagte, die Meereswissenschaft kommt mit kleinen Flossenschlägen voran. Große Experimente und geniale Einfälle sind selten. Ich bemühe mich, wieder hineinzukommen.

Ende 1962: Reflexionsseismologie, Radioaktivitäts- und Strömungsuntersuchungen im Mittelmeer.

Ich finde mich mit der Routine ab. Aber im Kopf bereite ich wie meine Gefährten bereits *Précontinent II* vor. Nicht nur eine Woche, sondern einen Monat unter Wasser. Nicht bloß ein Haus, sondern ein ganzes Dorf. Die Entscheidung, das Experiment durchzuführen, fällt im Oktober 1962. Wir haben nur noch wenige Monate, um alles vorzubereiten. Die *Calypso* geht zur Überholung; aus ihr wird wieder eine Schönheit gemacht.

Im Februar 1963 werden das Unterwasserhaus *Précontinent II,* seine Tiefenstation, seine Garage für das Tauchboot und sein Werkzeugschuppen – die vier Bestandteile des »Dorfs« – gebaut.

Der Frachter Rosaldo nimmt sie an Bord. Die *Calypso* lichtet Anker. Die beiden Schiffe werden sich am Einsatzort wieder treffen.

Als Rahmen für dieses Projekt hat der Pascha das Rote Meer ausgewählt – das Meer der Wunder, wie es Frédéric Dumas nennt. Kommandant Cousteau will die Erkenntnisse von *Précontinent I* vertiefen (im Wortsinne) und außerdem einen abendfüllenden Film drehen – die Fortsetzung von »Die schweigende Welt« mit dem Titel »Welt ohne Sonne«.

Westliches Mittelmeer, Sueskanal: Die *Calypso* kennt den Weg schon, ich auch ... Wir kommen wieder am Wrack der *Thistlegorm* vorbei. Ich würde dort gern noch mal tauchen, um meine Kumpel zu begrüßen, die »Lastwagenfische«. Doch die Dünung geht zu hoch, als dass wir ankern könnten. Am nächsten Tag fällt eine Bö von Windstärke sechs über das Schiff her, das mit Saharasand bedeckt wird. Die *Calypso* war weiß, jetzt wird sie rot-braun. Ich finde sie nicht mehr so schön; aber ein Regenguss stellt die gewohnte Farbe wieder her.

Wie man Perlen auf eine Halskette fädelt, erkunden wir die Riffe auf der Suche nach einem Standort für das Unterwasserdorf: Shab All, Daedalus, Elba, Khebir, Baracut, Dzeberdjet, Shab Aubier ... Diese Namen sind wie Gesang, aber für uns ist es harte Arbeit. Ich gehe zwei- oder dreimal täglich mit dem Tauchboot hinunter. Raymond Coll und Dominique Sumian (ein Neuer in der Mannschaft; er sollte in wenigen Jahren Einsatzleiter werden) helfen mir dabei. Wir finden nicht, was wir suchen. Wir sind anspruchsvoll. Wir brauchen ein farbiges und von Leben wimmelndes Korallenmassiv, das von klarem Wasser umspült wird und zwei natürliche Absätze hat, einen in zehn, den zweiten in fünfundzwanzig Metern Tiefe. Auf diesen Absätzen wollen wir unsere Häuser errichten.

Am 16. März begrüßt uns ein heftiger Regenguss bei der Einfahrt in Port Sudan – dem einzigen sudanesischen Hafen, der diesen Namen verdient. Ein weiß behandschuhter englischer Lotse geleitet uns zu unserer Ankerboje. Zu Lande machen wir die Bekanntschaft Mohammed Alis, des Verbindungsmanns unserer Mannschaft mit den Ortsbehörden. Er empfiehlt uns das Riff von

Shab Rumi jenseits des Leuchtturms von Sanganeb, dreißig Seemeilen weiter nördlich.

»Ein wunderbarer Ort«, sagt er. »Auf Arabisch bedeutet Shab
Rumi die Insel der Rumis oder Römer, das heißt der Christen…«

Von der Wasseroberfläche aus gesehen macht das Riff Shab
Rumi nicht viel her: ein Seegebiet, von grauen Korallenriffen übersät, die für die Schifffahrt gefährlich sind. Von unten betrachtet ist
es ein Paradies: eine Farbenexplosion von Steinkorallen, Feuerkorallen, Lederkorallen, Hornkorallen, Schwämmen, mit Pflanz-
beeten von Muscheln, Seesternen und Seeigeln, mit Wolken von
Fischen, eine schöner als die andere.

Ich gehe mit dem Tauchboot hinunter auf der Suche nach einem
günstigen Ort. Bei drei Erkundungsfahrten hintereinander erlebe
ich nur Enttäuschungen. Einer der Orte, die ich aufsuche, verfügt
zwar über eine natürliche Stufe in zehn Metern Tiefe; aber der Abhang darunter ist Schwindel erregend: ein Absturz von mehr als
vierhundert Metern. Wenn das Haus sich von seiner Verankerung
losreißen und in den Abgrund stürzen sollte, wären die Aquanauten verloren.

Schließlich erspähe ich eine ideale Stelle. Zwei Korallenstufen
in der richtigen Tiefe. Ganz in der Nähe eine Lagune, in der die *Ro-*
saldo und die *Calypso* ankern könnten. Ich gehe mit dem Tauchboot hoch. Eine Stunde später tauche ich erneut mit der Aqualunge, begleitet von Kommandant Cousteau, Kommandant Alinat
und Frédéric Dumas. Wir schwimmen an einem Kalkabsturz entlang, der mit Hornkorallen, Lederkorallen und Büschen Schwarzer Korallen bewachen ist. Frédéric Dumas misst die Tiefen. Die
erste Stufe ist in elf, die zweite in achtundzwanzig Metern Tiefe.

Hier sind wir richtig.

Wir warten auf die Ankunft unseres Begleitfrachters; die *Ro-*
saldo, bis an die Lukenränder mit schwerem Material beladen, läuft
nicht so schnell. Wir machen uns an die Arbeit: harte Arbeit – ich
erinnere mich nicht, in vierzig Jahren Arbeit auf der *Calypso* derart geschwitzt zu haben.

Wir stecken den Ort mit gelben Bojen ab. Wir legen die Fundamente für das Unterwasserhaus, indem wir das Korallenriff einebnen. Wir füllen Löcher auf, um eine horizontale Plattform zu erhalten. Die Arbeiter außerhalb des Wassers schmoren in der Saharasonne. Die Taucher schleppen riesige Blöcke; sie tappen wie schwere Helmtaucher über die Korallen und keuchen beim Überwinden des Wasserwiderstands in ihre Mundstücke. Um die Versenkung des Hauses vorzubereiten, verteilen wir auf der Plattform Bleigewichte, die Maurice Léandri uns an der Krantrosse herunterlässt. Vier Tonnen Gewichte von jeweils fünfzig Kilogramm…

Wir schleppen das Unterwasserhaus zu seinem Unterwasserfundament. Ein Zwischenfall. Der Druck im Wohnzylinder sinkt, er droht abzusaufen. Ich will durch das Einlassventil wieder Pressluft hineinblasen. Als ich mit den Beinen im Wasser den Schlauch anschraube, spüre ich ein grausames Brennen; mir kommt es vor, als wären meine Waden in Schwefelsäure getaucht. Ich springe schnell zurück ins Boot. Meine Haut ist von den Knien bis zu den Zehen rot und geschwollen. Ich bin mit den Füßen in eine Bank von Feuerquallen geraten, deren mit Nesselzellen besetzte Tentakeln jeden, der sie berührt, mit einem schlimmen Gift impfen.

Die Quallen werden von der Strömung abgetrieben, und die *Rosaldo* schickt sich an, in die Lagune einzulaufen. Ich tauche mit Raymond Coll und Christian Bonnici, um die Durchfahrt zu erkunden und dem Kapitän präzise Angaben für seine Manöver zu machen. Aber dieser, der noch nie in Schlangenlinien zwischen Riffen durchgefahren ist, gerät in Panik. Er gerät quer zur Fahrtrinne, macht ein unglückliches Rudermanöver und rammt ein Korallenriff. Dabei hätte er beinahe sein Schiff aufgerissen, das wie durch ein Wunder mit Schrammen am Rumpf davonkommt.

Wir verankern die *Rosaldo* und bauen eine Brücke aus Metallrohren, auf der wir vom Frachter bis senkrecht über das Unterwasserhaus laufen können. Jetzt geht es darum, dieses zu versenken. Wir bringen an der Wohnröhre bleierne Ballastgewichte an, dabei unter ständigem Zeitdruck arbeitend. Wenn nämlich schwere Dünung aufkommt, könnte das Haus über den Korallenabhang abkippen: Alles wäre verloren… Wir wuchten insgesamt viertausendsiebenhundertneunzig Bleigewichte von jeweils fünfzig Kilogramm!

Das Haus, geschlossen und unter Druck, sinkt auf seine Korallenfundamente hinab. Wir verankern es auf dem Korallenabsatz elf Meter unter der silbrig schimmernden Wasseroberfläche. Gute Arbeit.

Dann müssen wir dasselbe noch einmal mit der Garage für das Tauchboot, dann mit dem Materialschuppen und zum Schluss mit der Tiefenstation durchführen!

Ich erspare mir eine Beschreibung dieser Arbeiten. Wir schrammen mehrere Male knapp an einer Katastrophe vorbei. Bei der Versenkung der Garage für das Tauchboot haben wir uns verrechnet. Sie sinkt zu schnell, setzt krachend auf den Korallen auf und legt sich auf die Seite. Wir müssen alle Ballastgewichte abnehmen, sie mit Pressluft wieder flottmachen, ihre verbogenen »Beine« reparieren – und wieder von vorn beginnen. Und das alles in ständiger Furcht, dass ein Sturm aufkommen könnte.

Bei der Tiefenstation läuft es noch schlechter. Wir senken sie ab. Zwei Elektriker und Taucher, Jacques Roux und Pierre Servelot, sind an Bord. Sie verteilen Ausrüstung, als die Wohnröhre zu schwanken beginnt, dann in einer Riesenwolke von Luftbläschen die Korallen hinunterrutscht. Pierre Servelot schlägt Alarm, bevor die Trossen reißen. Jacques Roux kann sich aus der Falle befreien, aber sein Kollege wird mit in den Abgrund gerissen. Raymond Coll, der ihnen assistierte, wird von einer eingeklemmten Flosse ebenfalls in die Tiefe gezogen. Die Station rutscht bis zu einer weiteren Stufe in fünfzig Metern Tiefe – wo sie wie durch ein Wunder zum Stehen kommt. Wir tauchen hinunter, um unsere Freunde zu retten. Raymond Coll mit seinen stählernen Nerven kommt alleine frei. Wir holen einen ziemlich geschockten Servelot heraus. Das Unterwasserhaus indessen muss mit Pressluft »gefüllt« werden, damit wir es wieder heraufholen können. Und alles wieder von vorne. Knochenarbeit.

Diese Schufterei beschäftigt uns einen Monat lang. Die Taucher erkranken. Christian Bonnici, Bernard und Marcelin fühlen sich unwohl. Wir gehen um sechs Uhr morgens ins Wasser und kommen erst um acht Uhr abends wieder heraus. Beim Betrachten des Films »Welt ohne Sonne« kann sich niemand vorstellen, wie viel Schweiß bei der Errichtung des Unterwasserdorfs bei Shab Rumi vergossen wurde. Es wirkt in seiner Korallenlandschaft mit Fischen so harmonisch. Man könnte meinen, es sei schon immer da gewesen. Aber wir, wir zählen, wie viel Spritzen wir gebraucht, wie viele blaue Flecken wir bekommen, wie oft wir uns das Kreuz verrenkt und die Finger geklemmt haben.

Von den Haien ist nichts zu befürchten. Ich hatte Angst gehabt, sie könnten ein Problem sein, weil ich bei meinem ersten Tauchgang an dieser Stelle sehr viele gesehen hatte. Doch bei Beginn der Bauarbeiten haben sie die Flucht ergriffen, vom Lärm und Durcheinander verscheucht, regelrecht terrorisiert von diesen Großfischen mit ihrer Gummihaut, die Schlammwolken aufwirbeln, gelbe Ungeheuer verankern, wo bisher nur Korallen waren, und einen höllischen Radau im Meer erzeugen… Haie sind Angsthasen!

Andere Fische sind nicht so scheu wie sie: die Papageienfische zum Beispiel – zwei oder drei haben in der Gegend ihren Wohnsitz genommen –, die roten Kaiserschnapper oder die Drückerfische… Letztere werden zutraulich. Sie schlafen in der Durchfahrt zur Lagune. Sie adoptieren uns. Den ganzen Tag folgen sie uns auf unseren Tauchgängen. Sie schnappen sich die Beutetiere, die durch unsere Arbeiten aufgestöbert werden. Schlaue Kerle…

Am 15. Juni 1963 ziehen die Aquanauten in das große gelbe Unterwasserhaus, das wir wegen seiner Form Seestern nennen. Es besteht aus einem Zentralblock (Salon, Messe, Schaltzentrale) und vier Seitenarmen (zwei Kajüten mit je zwei Kojen, eine Dusche mit Umkleideraum und eine Kombüse mit Labor). Die vier Hel-

217

den sind Claude Wesly, der Schiffskoch Pierre Guilbert, André Folco, Unterwassertechniker, und Professor Raymond Vaissiére, Direktor des Meeresbiologischen Labors des Meereskundemuseums von Monaco. Sie erhalten einen besonderen, silbrig schimmernden Taucheranzug, der sie von den anderen Tauchern im schwarzen Anzug unterscheidet und sozusagen bedeutet: »Aufstieg zur Oberfläche ohne längere Dekompressionsperiode verboten ...«

Die vier Männer verbringen ihre erste Nacht in dem Haus, in dem sie fast einen Monat leben sollen. Der Pascha hat mit ihnen zu Abend gespeist. Ich besuche sie auch; sie haben ein bisschen Angst, sind aber glücklich.

Die ersten Tage des Experiments verlaufen ohne große Ereignisse. Die Aquanauten arbeiten. Claude Wesly erhält mit dem Dampfkochtopf als Transportmittel eine eigenartige Sendung: einen Papagei! Einen echten, lebenden Papagei mit Federn und Krummschnabel, der nicht etwa Coco genannt wird, sondern Claude, nach seinem neuen Herrn. Der Vogel ist nicht zum Vergnügen mit von der Partie: Er soll toxische Gasentwicklungen melden. Wenn das Luftreinigungsgerät des Unterwasserhauses versagt, fällt er als Erster um; die Aquanauten können Alarm schlagen, bevor sie selber die ersten Vergiftungssymptome spüren. Der Papagei Claude passt sich ohne Schwierigkeiten seiner grotesken Umgebung an; er ist der Erste seiner Art, der zehn Meter unter Wasser lebt. Als der Papagei Claude durch das Bullauge vorbeiziehende Fische beäugt und plötzlich einen Papageienfisch vor sich hat, genauso grün wie er und mit einem ebenso harten Schnabel, entbehrt die Szene nicht der Komik.

In diesem Experiment *Precontinent II* besteht eine meiner Aufgaben darin, die »tauchende Untertasse« zu steuern; ich bin sozusagen das Unterwassertaxi. Da wir das Haupthaus *Étoile de mer*, Seestern, genannt haben, erhält auch die Garage des Tauchboots einen zu ihrer Form passenden Namen: *Oursin*, Seeigel. Dort hineinzufahren, ist nicht so einfach, wie das Auto in der Garage eines Vorortbungalows abzustellen! Ein oder zwei Taucher müssen mich einweisen. Ich visiere in drei Dimensionen – Vorsicht, nicht an die Decke stoßen! –, um das Tauchboot zwischen zwei oder drei Beine des Seeigels einzufädeln. Ich stabilisiere es, wenn es senkrecht unter dem unteren Eingang zur Kuppel ist. Dann warte ich, bis meine Helfer draußen das Boot festmachen; ein Kran hebt mich bis zum Wasserspiegel innerhalb der Kuppel hinauf. Ich kann trockenen Fußes aus der Steuerkabine aussteigen – und im Taucheranzug oder als Freitaucher wieder ins Wasser springen, um an die Oberfläche und zur *Calypso* zu gelangen.

Ich gehe ein- oder zweimal täglich hinunter, um den Aquanauten bei ihren Tätigkeiten zu assistieren. Ich helfe ihnen, ihre Werkzeuge aus dem Materiallager zu schaffen oder ihre Unterwasserfahrzeuge in Gang zu setzen. Ich sehe nach, was Jules so treibt.

Jules ist am Einzugstag erschienen. Es ist ein Barrakuda und ein riesiges Exemplar! Mehr als zwei Meter lang, mit silberblauen Schuppen und einem Maul voll spitzer Zähne und vier beeindruckenden Dolchen. Damals waren wir an Barrakudas noch nicht gewöhnt. Wir fürchteten sie aus demselben Grund wie die Haie: Sie sind gut bewaffnet und schnell. Wir befürchteten, sie könnten – nur um mal zu kosten – eine Wade oder einen Arm eines Mannschaftsmitglieds schnappen wollen. Nach Jahren des Tauchens in Meeren, wo es viele dieser Raubfische gibt, kann ich heute sagen, dass sie den Menschen nie gefährlich werden. Mir sind Hunderte begegnet, bisweilen in dicht gedrängten Schwärmen wie Ritterheere des Mittelalters. Nie haben sie angegriffen. Das einzige Mal, wo ich einen Barrakuda habe zubeißen sehen, war bei einem verletzten Exemplar, das ein Angler gerade aus dem Meer zog. Reine Notwehr!

Jules schläft an einem Standbein der Garage für das Tauchboot. Seit dem Morgen beobachtet er, wie die Aquanauten herauskommen. Er inspiziert sie, wenn sie die Außenwände ihres Wohngebäudes säubern, die sich rasch mit kalkbildenden Algen, Würmern und Muscheln bedecken. Von Zeit zu Zeit erwischt er dabei ein

Häppchen, das er sofort verschluckt. Unsere Wühlarbeit schätzt er sehr, weil sie aus dem Sediment schöne fette Beute aufjagt. Er scheint sich sogar für die psychomotorischen Tests, für die Experimente der Meeresbiologie und für die Sammlung der Muster von Korallen und Wirbellosen zu interessieren!

Im großen Unterwasserhaus verläuft das Leben ohne übermäßige Spannungen – als gehöre das Unterwasserleben von nun an zur Routine. Die Aquanauten essen, schlafen, arbeiten und verbringen ihre Freizeit wie zu Hause. Sie nehmen Sonnenbäder, indem sie sich in dieser Welt ohne Sonne der Ultraviolettstrahlung einer Höhensonne aussetzen. Die Mitglieder der Mannschaft Cousteau tun das nicht aus kosmetischen Gründen. Das Ultraviolett, das die Haut braucht, um Vitamin D aufzubauen, ist für ihre Gesundheit erforderlich.

Die Tage vergehen. Die Männer gewöhnen sich ein. Ihr Organismus passt sich an die Zwänge des Lebens unter Überdruck an. Sie amüsieren sich über einige kuriose Erscheinungen. Die Atmosphäre des Unterwasserhauses, zweimal so dicht wie oben, bremst die Ventilatoren und lässt einen nach dem andern durchbrennen. Zigarettentabak verglüht doppelt so schnell, da die Pressluft im Seesternhaus doppelt so viel Sauerstoff enthält wie die Atmosphäre. Kratzer von Korallen heilen wie durch Hexenwerk. Umgekehrt wächst der Bart nur noch halb so schnell. Im übrigen leiden die Riffbewohner unter dem einheitlichen Blauton ihrer Haut. Sie wünschen sich mehr Farbe … Fisch wollen sie nicht zum Essen, sie würden meinen, die wunderschönen Engel- und Gauklerfische zu essen, die sie jedes Mal verzaubern, wenn sie hinausgehen. Vielleicht fühlen sie sich selber ein wenig als Fische?

Zwei neue Aquanauten bereiten sich vor: André Portelatine und Raymond »Canoë« Kientzy. Sie sollen nicht im Seesternhaus wohnen, sondern in der Tiefenstation, die fünfundzwanzig Meter unter der Meeresoberfläche verankert ist. Mit einer silbrigen Kombination – und einer schwarzen Maske zur Unterscheidung – tauchen sie hinab. Sie nehmen ihr »trautes Heim« in Besitz. Der Pascha und ich begleiten sie bis an die Schwelle ihres Zuhauses. Das Gasgemisch, das sie eine Woche lang atmen sollen, ist nicht Pressluft, wie im großen Haus, sondern ein Gemisch von Sauerstoff, Stickstoff und Helium unter dreieinhalb Atmosphären Druck. Sie sollen jeden Tag ein oder zwei Einsätze bis ungefähr hundert Meter Tiefe ausführen.

Ich beteilige mich an allen Einsätzen, die der Pascha mir aufträgt, und an ein paar anderen, die ich für sinnvoll halte. Ich baue zusammen mit meinen Freunden, den Unterwasserbürgern, eine große »Fischvolière« aus einer Grundplatte und Metallgittern, in denen wir ein paar Stunden lang Tiere einsperren, die wir auf dem Riff einfangen und deren Verhalten Professor Vaissière studieren will. Jetzt hat das Unterwasserdorf auch seinen Hühnerhof. Nur hat das Geflügel statt Federn Schuppen, und es gackert nicht, es macht stumm das Maul auf und zu.

Wir erforschen das Riff in alle Richtungen. Wir werden nicht müde, die Korallenpracht zu bewundern. Ich bin hingerissen von einer Kolonie riesiger Bartwürmer, deren Röhren zwei Meter in die Höhe ragen; die Tiere selbst entfalten ihre Tentakelfächer in die Strömung. Obwohl sie alle derselben Art angehören, sind die einen gelb, die andern braun, andere violett, wieder andere granatrot oder blau usw. – ein Beweis, wenn es dessen bedürfte, dass Farbe nur ein Detail der Merkmale eines Organismus ist und Rassentheoretiker keine Ahnung von den elementaren Gesetzen der Biologie haben.

Da sich die Haie verflüchtigt haben und Jules der Barrakuda friedfertiger ist, als wir dachten, sind die imposantesten Riffbewohner die großen Papageienfische. Nach Einbruch der Nacht schlafen sie alle in ihren Löchern. Morgens machen sie Toilette, indem sie sich auf dem Grund heftig im Sand wälzen. Dann kommen sie wieder zur Schar zusammen und fangen an, Korallen zu brechen. Sie stoßen wie rasend mit dem harten Maul voran auf die Steinkorallen. Der Aufprall lässt die Zweige der Kolonien bildenden Polypen abbrechen, die sie dann mit ihren kräftigen, zu einem

Schnabel verwachsenen Zähnen zerbeißen. Man hört, wie ihre Kiefer arbeiten; sie kauen den Kalkstein wie Zwieback. Dann spucken sie den zerkrümelten Kalkstein aus und schlucken die kleinen weichen Polypen hinunter, die ihre Nahrung bilden.

Professor Vaissière ist der erste Spezialist für Meeresbiologie, der seine Musterexemplare im Lebendmilieu in zehn Metern Tiefe studieren kann. Er betrachtet Plankton unter dem Mikroskop. Er schreibt seine Notizhefte voll. Er füllt Schachteln und Glasbehälter mit Proben, die er an seine Kollegen auf der ganzen Welt verschickt. Wenn er seine Beobachtungen ins Reine schreibt, braucht er nur den Kopf zu heben, um am Bullauge Geschwader von Riffbarschen oder Kaiserfischen vorbeiziehen zu sehen.

Das Verhalten der Meerestiere bietet ständige Überraschungen. Einsiedlerkrebse spazieren mit ihren Schneckenhäusern umher. Die Putzergarnele wedelt in den Korallen mit ihren langen Fühlern; die Fische kennen dieses Signal; sie nähern sich und halten still. Die Garnele zückt ihre Scheren und befreit sie fein säuberlich von ihren Parasiten; sie betreibt eine so genannte Putzerstation.

Begleitet vom Kommandanten Cousteau fahre ich im Tauchboot den Riffabsturz hinab. Bis zu einer Tiefe von neunzig Metern herrscht zuckendes, überschäumendes, farbiges, prachtvolles Leben. Abrupt und unerklärlicherweise ist es verschwunden. Zwischen neunzig und zweihundertzwanzig Metern ist der Kalkabhang eine Wüste abgestorbener Korallen. In zweihundertfünfzig Metern Tiefe beginnt ein neues Stockwerk des Lebens. Ein Petersfisch mit seinen »Antennen« (Auswüchse seiner Rückenflosse) zeigt seine grauen Flanken, auf denen ein Fleck als großes Drohauge sitzt. Ein rot und dunkelbraun gestreifter Krake verzieht sich in sein Loch. In dreihundert Metern Tiefe steuere ich das Tauchboot in Richtung auf eine gähnende Höhle, in die es problemlos hineinfahren kann. Die Grotte erweitert sich und bildet einen riesigen Dom, dessen Decke von unseren Scheinwerfern kaum erreicht wird. Kolossale Stalaktiten bilden die Säulen dieser Unterwasserkirche.

Am Tag nach dieser Entdeckung geht das Experiment *Precontinent II* zu Ende. »Canoë« Kientzy und André Portelatine unterziehen sich ihrer Dekompression (für »Canoë« leicht aufregend, weil er zu schnell machen wollte und ihm ein kleines »Bläschen« passiert). Sie kommen wieder herauf. Der unermüdliche Pfeifenraucher Kientzy hat eine Woche lang ohne seine Droge auskommen müssen. Kaum zurück vom Einsatz, stopft er sich eine ordentliche Pfeife – und hustet wie ein Pennäler bei der ersten Zigarette. Die vier Aquanauten des Seesternhauses behaupten, sie wären gern noch länger geblieben. Vorsichtig bringen sie den Dampfkochtopf zur *Calypso* zurück, in den sie das fünfte Besatzungsmitglied eingesperrt haben, den Papagei Claude. Und dieser reagiert, nachdem er als Vogel so tief unter Wasser war, auf den Anblick der Sonne mit glücklichem Geflatter.

Der Pascha lächelt: Dieses neue Experiment hat gezeigt, dass der Mensch problemlos einen Monat lang gasgesättigt leben kann. Wir feiern den Erfolg mit Champagner (Bläschen, immer diese Bläschen!). Dabei trinken wir auch gleich auf den Hochzeitstag des Kommandanten Cousteau und der Hüterin.

24
Donald Duck

Geheimnisvolle Insel · Précontinent III · Helium atmen ·
Quaken wie die Enten · Arbeit in fast hundert Metern Tiefe

1963 sind es bereits mehr als zehn Jahre, dass ich mit Cousteau unterwegs bin, und ich kenne noch immer nicht alle Aspekte seiner Persönlichkeit. Unter anderem besaß der Pascha seherische Fähigkeiten. Er wusste, dass sich unsere Gattung vielleicht erst im 21. oder 22. Jahrhundert zum Leben unter Wasser entscheiden wird. Doch führte er schon damals den Beweis, dass das möglich ist. Vor Cousteau fühlte ich mich ein bisschen wie ein Schiffsjunge, der gerade angeheuert hat, mit dem Unterschied, dass sich der Seemann seinen Kapitän nicht aussuchen kann, dass er ihn nicht unbedingt schätzt und ihn selten schließlich als zweiten Vater betrachtet. Cousteau wurde 1910 geboren; ich war siebzehn Jahre jünger als er. In gewissem Maße hat er mich aufgezogen, wie man ein Kind aufzieht …

Ende 1963 machen wir neue Fahrten mit dem Tauchboot in den Mittelmeercañons von Cassidaigne und Cassis; wir suchen die spanische Insel Alborán und ihren Wald von Riesenalgen vor Gibraltar wieder auf, machen mehrere Fahrten zur biologischen Meeresforschung oder zur Untersuchung der Radioaktivität des Wassers zwischen der Côte d'Azur und Korsika.

Wir beginnen das Jahr 1964, indem wir *Ile Mystérieuse* inszenieren, nicht Jules Vernes Roman über die geheimnisvolle Insel: Unsere Insel ist ein revolutionäres Bojenschiff mit Labor, entworfen vom Kommandanten Alinat und gebaut unter Leitung des Ingenieurs Jacques Picard. Es besteht aus einem »Fuß« und einem »Kopf«. Der Fuß oder Vorderteil des Schiffes – ein Zylinder von neunundsechzig Metern Länge und zwei Metern Durchmesser – lässt das Bojenschiff nach Flutung der Ballasttanks in die Senkrechte kippen und reicht zweiundfünfzig Meter unter Wasser. Das Heck des Bojenschiffs ragt dann wie eine seltsame, siebzehn Meter hohe Insel aus dem Wasser und enthält vier Labors übereinander, gekrönt von einer Landepiste für den Helikopter. Sechs Personen leben an Bord dieser modernsten und eigenwilligsten Meeresforschungsstation, die auf offenem Meer mit den Strömungen treiben kann. Ein Fahrstuhlschacht von fünfunddreißig Metern Länge verbindet die oberen Abteile im Heck mit den Probeentnahme- und Beobachtungsstellen unter Wasser.

Wir schleppen die *Ile Mystérieuse* in der Waagrechten auf dem Wasser in das vom Pascha ausgewählte Versuchsgebiet, den äußersten Süden der Reede von Villefranche-sur-Mer zwischen Nizza und Monaco. Von der *Espadon* versorgt, wird das Bojenschiff den geplanten Tests unterzogen. Alles funktioniert: Die Wasser-, Sediment- und Planktonproben, die an Ort und Stelle analysiert werden können, liefern eine Fülle neuer Daten.

Wir schleppen die *Ile Mystérieuse* zu einem Punkt auf halber Entfernung zwischen Nizza und Korsika. Sie wird über großer Tiefe verankert. Mehrere Mannschaften lösen sich im Folgenden an Bord ab, zum größten Nutzen der physikalischen, chemischen und biologischen Meeresforschung.

Am 19. Februar 1963 wird das Bojenschiff durch einen Brand teilweise zerstört: Kurzschluss im Fahrstuhl. Wir können gerade noch die Mannschaft retten. Repariert, bringt die *Ile Mystérieuse* bis 1971 eine unglaubliche wissenschaftliche Ernte ein.

Wir brechen zu neuen Abenteuern auf… Wir sammeln Probengläser voll roten Schlammwassers vor Cassis, an der Stelle, wo die Produktionsabfälle der Bauxitverarbeitung des Departements Var ins Meer geleitet werden. Im Laufe der Einsätze, an denen ich beteiligt bin, werde ich Zeuge, wie schnell die Meereswelt vernichtet wird. Ich vergleiche den Artenreichtum des Mittelmeers mit dem zu der Zeit, als ich in meiner Bucht von Sormiou Schwimmen lernte. Welch ein Zusammenbruch…

Wir fahren zum italienischen La Spezia, wo wir eine Sonderbestellung des Kommandanten Cousteau in Empfang nehmen: eine Galeazzi-Tauchkapsel zur Dekompression. Dank dieses zylindrischen Caissons, in dessen Innern der Luftdruck verändert werden kann, tauchen wir furchtlos mit der Aqualunge in Tiefen hinab, die wir bisher nicht risikolos erreichen konnten, und halten uns dort länger auf. Beim Wiederaufstieg erwartet uns die Kapsel in fünfzig oder sechzig Metern Tiefe an einer Trosse hängend. Durch eine Schleuse gelangen wir hinein. Wir schließen das Luk. Der Kran hievt uns aufs Deck der *Calypso* hinauf. Wir können im Trockenen, im Warmen und in Sicherheit die stundenlangen Dekompressionszeiten abwarten, die wir im Wasser schwebend gar nicht hätten aushalten können. Dank dieses Geräts (sozusagen einer Schutzhütte unter Wasser) können wir außerdem häufiger mit binären (Sauerstoff/Helium) oder ternären Atemmischungen (Sauerstoff, Helium/Stickstoff) tauchen.

Wir erforschen die Lichtdurchlässigkeit des Wassers in der Nachbarschaft des Stromboli: Der Vulkan spuckt Funken – eines der schönsten Feuerwerke, die ich je gesehen habe. Wir tauchen mit dem Tauchboot vor Port-Vendres. Wir untersuchen die Verseuchung mit Rotschlamm im Golf von Korinth in Griechenland. Ich stelle immer wieder fest, dass ein großartiges Naturschauspiel von einer Tragödie der Plünderung oder Verödung abgelöst wird. Es tut mir weh, wenn ich sehen muss, wie mein Meer den Kanalisationen, den Abwasserleitungen der Fabriken, dem Krebsgeschwür der Küstenverstädterung, dem verheerenden Tourismus oder der industriellen Überfischung anheim fällt.

1965 fallen für eine Reihe von Meeresforschungsfahrten wie ein Schwarm sympathischer Silbermöwen erneut Professoren auf der *Calypso* ein: Lacombe, Tchermia, Muraour, Picard, Ivanoff, Vaissière – wie viele Kubikdezimeter grauer Zellen! Ich meinerseits komme wieder herum: von Nizza bis Tunis und von Toulon bis Casablanca.

Im August gibt mir Kommandant Cousteau einen vertraulichen Auftrag: einen günstigen Platz für unser drittes *Précontinent*-Experiment zu finden. Diesmal soll es ein Monat in hundert Metern Tiefe werden. Nicht mehr und nicht weniger.

Ich fange wieder damit an, den Grund mit dem Tauchboot zu erkunden, nicht mehr im Roten Meer, sondern im Mittelmeer bei Kap Ferrat, am östlichen Ende der Reede von Villefranche-sur-Mer. Ich untersuche die Tiefenlinie bei hundert Meter. Ich bewundere die Kaskaden von dunkelroten und orangeroten Hornkorallen, die Schwammfelder und die Ansammlungen von Zylinderrosen mit langen weißen und braunen Tentakeln. Dreihundertfünfzig Meter südlich des Leuchtturms finde ich einen passenden Felsabsatz. Die Fläche ist zum Teil sandbedeckt. In einer Spalte sitzt ein großer Krake. Hierhin werden wir umziehen; der Krake soll das Maskottchen der Operation werden.

»Das Kontinentalschelf zwischen null und zweihundert Metern Tiefe«, erläutert der Pascha, »ist der wirklich ›nutzbare‹ Teil des Meeres. Dort leben die meisten Weichtiere, Krebstiere und Fische. Das übrige Wasservolumen ist so öde wie die Sahara. Diese acht Prozent der Meeresoberfläche sind das Äquivalent von vierundzwanzig Prozent des Festlands. Dort liegen auch Erdöl und zahlreiche mineralische Bodenschätze.«

Cousteau referiert über das Kontinentalschelf vor einem Saal voller Journalisten, denen er den Wohnbehälter von *Précontinent III* vorgestellt hat, der schwimmend im Hafen von Monaco liegt.

Das neue Unterwasserhaus ist eine Kugel von fünf Meter siebzig Durchmesser, gefertigt aus zwanzig Millimeter dickem Stahl und auf einem rechteckigen Unterbau von vierzehn mal acht Metern montiert. Die Außenhaut widersteht einem Druck von dreißig Atmosphären. Die Einrichtung wiegt insgesamt, mit Ballast, dreißig Tonnen.

Einebnen der Fläche in hundert Metern Tiefe. Im Schlepp-
zug zum Einsatzort. Versenken. Probleme. Regulierung. Erneute
Schufterei … Die Mannschaft der Aquanauten besteht aus André
Laban, dem Chefingenieur des Einsatzes, dem Arzt Jacques Rollet,
Philippe Cousteau, dem fünfundzwanzigjährigen Sohn des Paschas, Cheftaucher Christian Bonnici und den Tauchern Raymond
Coll und Yves Orner. Unter einem Dauerdruck von elf Atmosphären werden sie ein Atemgas aus siebenundneunzig Prozent Helium, zwei Prozent Sauerstoff und Spuren von Stickstoff und
Kohlendioxid atmen. Die von den Männern ausgeatmete verbrauchte Luft wird durch Natronkalk vom Kohlendioxid gerei-
nigt.

Einzug ist am 22. September 1965. Ich begleite die Aquanauten bei ihrem Abstieg. Beeindruckend: In hundert Metern Tiefe
herrscht noch nicht die Dunkelheit der Tiefsee; aber es ist finster,
recht finster. Das hat nichts mehr mit der blauen Helle des Roten
Meers zu tun …

Die Männer nehmen ihre Bleibe in Besitz. Jeder seine Koje. Sie
finden sich schnell in ihre Gewohnheiten. Wo er auch hinkommt,
steckt der Mensch sein Territorium ab. André Laban und seine
Kollegen nehmen ihre erste Mahlzeit zu sich, schlafen ihre erste
Nacht, werden das erste Mal zu ihrer Arbeit im Meer geweckt. Am
nächsten Tag und am übernächsten geht es genauso weiter. Nach
einer Woche könnte man schwören, dass sie schon immer so gelebt haben. Sie verlassen täglich für mindestens drei Stunden das
Unterwasserhaus, um auf ihrer Baustelle »zu bosseln«, wie sie
selber sagen. Ihre Arbeit besteht im Wesentlichen darin, auf hundertzwanzig Meter hinunterzugehen, wo sie zu Übungszwecken
einen Ventilkopf für ein Erdölbohrloch abmontieren und wieder
anmontieren. Bei diesen Exkursionen atmen sie durch elastische
Schläuche, Nargilehs, nach den orientalischen Wasserpfeifen benannt, die aus dem Unterwasserhaus kommen. Von der Meeresoberfläche aus werden sie mit den herkömmlichen Dampfkoch-
töpfen versorgt. Durch Kabel erhalten sie von der Überwasserwelt

alles, was sie an modernem Komfort wünschen: Strom, Fernsehen, Telefon usw. Drei Schiffe stehen ihnen zu Diensten: die *Calypso*, die *Espadon* und die *Winnaretta-Singer*, die dem Meereskundemuseum von Monaco gehört, ohne die »tauchende Untertasse« zu zählen, die von mir gesteuert wird.

Ein leichtes Leben führen sie nicht, diese Pioniere, deren Anstrengungen ich zweimal täglich bewundere, wenn ich sie im Tauchboot oder im Taucheranzug besuche. Die Kältemaschine wird zum unerwarteten Star des Experiments. Sie fällt dauernd aus, erzeugt Kälte, wo Wärme nötig ist, und Wärme, wo schon tropische Temperaturen herrschen. Die Luftfeuchtigkeit nähert sich hundert Prozent. Und die Kommunikation zwischen den Männern ist nicht einfach und zerrt an den Nerven: Das Helium, das in dieser künstlichen Atmosphäre den Stickstoff ersetzt, verzerrt alle Geräusche.

Menschliche Stimmen werden ins Falsett gezogen; näselnd lassen sie das Unterwasserhaus von *Précontinent III* wie eine Vorstadt von Entenhausen erscheinen.

»Nichts ist irritierender, als wenn man wie eine Ente spricht«, erzählt André Laban am Telefon (mit herrlicher Quakstimme!). »Ich komme mir vor wie zwischen dem Geflügel auf einem Bauernhof. Und unser Geruchssinn ist auch verändert. Wir haben keinen mehr ... Oder eher den Eindruck, nur noch einen winzigen Rest davon behalten zu haben. Unangenehm ...«

»Die Luftfeuchtigkeit«, fällt Yves Omer ein, »ist wahrscheinlich die Ursache, dass unsere Wehwehchen nicht heilen ...«

»Der Druck zwingt uns, ständig für Druckausgleich in unseren Nebenhöhlen und Ohren zu sorgen. Wir schnappen nach Luft wie die Karpfen!«, fügt Christian Bonnici hinzu.

»Wir werden viel schneller müde als oben«, ergänzt Philippe Cousteau, »und großen Appetit haben wir auch nicht ...«

»Und außerdem«, schließt Jacques Rollet, »schlafen wir auch alle schlecht. Nach der ›Welt ohne Sonne‹ haben wir hier jetzt die ›Welt ohne Schlaf‹ ...«

Abgesehen davon ist die Moral aber gut.

An der Meeresoberfläche, von wo aus wir mit Fernsehkameras das Verhalten der Aquanauten beobachten, sind wir in Sorge. Das Meer, das am 24. September unruhig geworden ist, wird jetzt regelrecht ungemütlich. Der Wetterbericht kündigt einen Sturm an. Wenn die Versorgungskabel reißen, könnte leicht eine Tragödie geschehen. Wir benachrichtigen die Aquanauten; sie halten sich bereit, in die Galeazzi-Kapsel und in Dekompressionscaissons umzusteigen, die wir für den Notfall bereithalten.

Um zu vermeiden, dass es dazu kommt, halte ich es für unbedingt erforderlich, auf dem Kabelgalgen an der Küste die Versorgungskabel für das Unterwasserhaus besser zu befestigen. Die Dünung klatscht ans Ufer. Der Wind heult wie wahnsinnig. Ich nehme das Risiko auf mich. Ich klettere wie ein Affe (ach, wie gern wäre ich einer!) auf den Querbalken oben am Kabelgalgen. Ich krieche zentimeterweise vorwärts. Der Sturm wird stärker. Ich habe Angst, dass mich die Kräfte verlassen und ich mich verkrampfe. Ich komme bis zum Winkel: Jetzt sitze ich mehr als fünfzehn Meter über den Felsen, gegen die mit ungeheurer Gewalt die Brecher donnern.

Was ist nur in mich gefahren, dass ich mich hier heraufgewagt habe? Wenn ich runterfalle, bin ich hin…

Ich versuche, an nichts mehr zu denken – an nichts außer an die Reparatur. Ich verstärke die Taue, ich befestige, was ich kann, setze zusätzliche Schrauben in die Verankerung der Seilscheiben.

Und kriege eine gewischt!

Die elektrischen Kabel, deren Isolierung durch das Salzwasser gelitten hat, teilen immer stärkere Schläge an mich aus. Ich werde doch nicht etwa wie auf dem elektrischen Stuhl sterben!

Die Matrosen der *Winnaretta-Singer*, die mir zu Hilfe gekommen sind, werfen mir Nylonkabel zu, deren Ende sie festhalten und mit denen die Verankerung des Kabelgalgens gesichert werden soll. Ich denke daran, dass unten, hundert Meter unter dem schäumenden Meer, meine Freunde sich darauf verlassen, dass ich hier solide Arbeit leiste. Jetzt habe ich alles verstärkt, was ich verstärken konnte. Entweder hält es, und das Experiment geht weiter, oder es reißt, dann… Ich ziehe mich zentimeterweise zurück. Ich setze wieder Fuß auf festen Boden.

Es scheint zu halten.

Der Sturm legt sich. Der Alarm ist vorbei. *Précontinent III* geht weiter. Ich steige wieder zwei- oder dreimal täglich mit dem Tauchboot hinab, um die Aquanauten zu unterstützen. Alle sagen sie mir am Telefon, wie meine Besuche sie aufmuntern: Ich bin der Bote von der Oberfläche, von der andern Welt… Ich leuchte ihnen mit dem Scheinwerfer meines Tauchboots, wenn sie arbeiten. Eines Tages sehe ich, wie Yves Omer mit einem Bündel Kabel einen steilen Abhang hinaufsteigen will. Er stolpert bei jedem Schritt. Ich komme auf den Gedanken, mich mit dem Tauchboot hinter ihn zu setzen, ihn vorsichtig zu schieben und dabei seinen Weg zum Unterwasserhaus zu beleuchten. Das Manöver gelingt. Bevor er in die Schleuse zum Wohnbereich schlüpft, dreht sich Yves zu mir um: Er bibbert, aber er grinst. Durch das Bullauge schenkt er mir ein dankbares Lächeln.

Jedes Mal, wenn ich zu ihnen komme, faszinieren mich die Silhouetten dieser Männer: Sie wirken verletzlich, und das sind sie auch. Auf der andern Seite aber sind sie auch die neuen Herrn der Tiefe. Sie bewegen sich gleichgültig gegenüber der Schwerkraft. Sie tanzen eine Art Ballett, ähnlich wie Astronauten in ihrer Raumkapsel.

Wie Astronauten, die in den Weltraum hinausgehen, bleiben sie durch eine Nabelschnur mit ihrem Haus verbunden; ein Durchtrennen dieser Schläuche bedeutet den Tod. Aber während im Weltraum um die Pioniere herum kein Leben ist, beleuchten unsere Scheinwerfer hier zuckende Schwärme planktischer Krebse oder feine Quallen, die wie Kometen dahinschweben.

Am 1. Oktober nehmen über Satellit zwei Unterwasserhäuser Verbindung zueinander auf: *Précontinent III* in Villefranche-sur-Mer und *Sealab II*, die amerikanische Station, die in einundsechzig Meter Tiefe vor dem kalifornischen La Jolla verankert ist. Philippe Cousteau grüßt den Aquanauten und früheren Astronauten Scott Carpenter durch zwei Wasserschichten über zehntausend Kilometer Entfernung hinweg. Die Aquanauten schließen ihr Programm des Abmontierens und Montierens des Bohrloch-Ventilkopfes ab. Der weitere Aufenthalt vergeht mit neuen psychomotorischen Tests und Zusatzexperimenten (vor allem Entnahme von Plankton- und Sedimentproben und Sammlung von Schlammproben zur späteren Bestimmung der durch die amerikanischen und sowjetischen Atomversuche entstandenen Radioaktivität). Die Aquanauten entwickeln ein kameradschaftliches Verhältnis zu einem Petersfisch, der ihnen jeden Abend einen eigennützigen Besuch macht; er bekommt nämlich kleine Fleischstücke. Sie beobachten das Treiben eines Anglerfisches: unweit des Hauses wedelt dieser große Seeteufel, der sich im Sediment tarnt, mit dem Hautläppchen am verlängerten Rückenflossenstachel über dem Maul. Wenn ein kleiner Fisch, angezogen von dem vermeintlichen Wurm, sich nähert, um ihn zu schnappen, reißt der Seeteufel plötzlich sein riesiges Maul auf... Eines Tages können die Aquanauten die Bewegungen eines riesigen Mondfisches – oder Schwimmender Kopf – von mehr als einer halben Tonne bewundern, der die Metallkugel inspiziert...

André Laban und seine Freunde sammeln im übrigen Beobachtungen aller Art über die Auswirkungen des Hochdrucks. Bisweilen eigenartige... Wenn es eines Tages menschliche Siedlungen in etwa hundert Metern Tiefe geben wird, kann man darauf wetten, dass keine Feinschmeckerlokale dabei sein werden: der ständige Überdruck löscht nicht nur den Geruchs-, sondern auch den Geschmackssinn aus.

»Versuchen Sie die Spiegeleier«, scherzt Philippe Cousteau. »Sie werden begeistert sein. Das Eiweiß bildet eine gummiähnliche Schicht, und das Eigelb wird bröckelig wie Mehl. Weder das eine noch das andere schmeckt nach irgendetwas!«

Am 12. Oktober 1965 beginnt die Wiederaufstiegsoperation. Die Aquanauten klappen die Luke ihres Hauses hinter sich zu, in dem sie bis zum Ende ihrer Dekompressionszeit eingesperrt sein werden, also bis zum 17. Oktober um 22.50 Uhr.

Viele Gratulanten sind da, als sie, abgemagert und im Licht blinzelnd, aber zufrieden, aus ihrem Wohnbehälter herauskommen.

Ich nehme André Laban beiseite und frage ihn, was er ehrlich zu seinem Abenteuer meint.

»Ach! Natürlich bin ich insgesamt zufrieden«, sagt er. »Aber ich habe auch einiges zu beklagen! Ich habe einen Monat als Aquanaut damit zugebracht, wie ein Geisteskranker zu arbeiten, immer eilig aufzuräumen, zu frieren, müde zu sein… Dieser Einsatz hätte ebenso gut eine wunderbare Reise werden können. Ich hätte spazieren gehen, jeden Augenblick eines einzigartigen Abenteuers auskosten können… Stattdessen habe ich geschuftet, als müsste ich jeden Morgen in die Fabrik. Für die nächste Ausgabe von *Précontinent* werde ich dem Pascha vorschlagen, die Aufenthaltszeit der Aquanauten so zu legen, dass ein paar ›Brücken‹ zwischen Feiertagen dabei herausspringen…«

25
Die große Kreuzfahrt

*Cheftaucher · Der längste Einsatz · Der Sechstagekrieg ·
Das Atoll Europa · Das Kap der Guten Hoffnung*

Für die *Calypso* wird das Jahr 1966 ein Jahr des Umbaus – des großen Kalfaterns, wie es in unserem Seemannsjargon heißt. Bevor
sie auf den Operationstisch kommt, also ins Trockendock, geht sie
im Mittelmeer auf die Suche nach Salzstöcken. Ein Salzstock im
Untergrund wirkt unscheinbar, aber darunter kann Erdöl sein...

Dann geht das Schiff auf eine gemeinsame Expedition mit seiner jungen – nagelneuen – Kollegin, dem Meeresforschungsschiff
Jean-Charcot. Bohrkernentnahmen, reflexionsseismologische
Untersuchungen: unser täglich Brot. Im Sommer gelingt es uns,
einen Teil des Wracks eines Flugzeugs zu orten und zu bergen, das
in der Nähe des Flughafens von Nizza ins Meer gestürzt ist. Ich
gehe im Tauchboot auf hundertachtzig Meter hinunter. Mit einem
Haken, der an einer Trosse der *Calypso* hängt, können wir Flug-
zeugteile zur Unfalluntersuchung bergen. Einige Tage später werden die Flugzeugreste von einer gigantischen Schlammlawine ver-
schüttet...

Dann wird die *Calypso* ausgeschlachtet und neu ausgestattet:
Der Schornstein wird umgebaut, die Kajüte verändert, die Kabinen erneuert, die Maschinen generalüberholt, die falsche Nase
durch eine mit einer größeren Beobachtungskammer ersetzt usw.
Die »tauchende Untertasse« hat jetzt zwei kleine Brüder, zwei
neue Kleintauchboote, die wir *S. P. 500* oder familiärer »Meerflöhe« nennen.

Anfang 1967 ist die *Calypso* fertig. Wir werden für eine große Kreuzfahrt Anker lichten: in drei Jahren einmal um die Welt. Bei dieser Gelegenheit sollten wir die zwölf ersten Fernsehfilme einer später berühmten Serie drehen: »Die Unterwasserodyssee der Mannschaft Cousteaus«.

Zu der Freude über das Auslaufen auf große Fahrt kommt für mich noch der Stolz hinzu, zum Cheftaucher der *Calypso* ernannt zu werden. Die Beförderung ist vom Pascha wie üblich ohne Pomp oder Feierlichkeit ausgesprochen worden. Cousteau ist einfach aus seiner Kabine gekommen, die große Nase voran; er hat sich mit beiden Händen die Haare zurückgestrichen, wie immer, wenn er sich etwas zurechtlegt. Er hat mich auf dem Laufgang angehalten und beiläufig zu mir gesagt, als sei das schon lange ausgemacht: »Schön, Bébert, bei dieser Fahrt zähle ich auf Sie als Cheftaucher...«

Ich habe ein verwirrtes »*Merci*« gestammelt und noch nie an einem Tag so viele Kisten mit Lebensmitteln verladen!

Bunte Ballons werden im Hafen von Monaco zur Abfahrt aufgelassen. Fürst Rainier III. und Fürstin Gracia Patricia winken der *Calypso* zu, als die Leinen losgeworfen werden. Der Pascha lächelt, aber ich weiß, dass er leidet – und sogar höllische Schmerzen hat. Er hat vor ein paar Wochen bei einem Autounfall zwei Wirbel gebrochen. Er wollte nicht im Krankenhaus bleiben. Er glaubt so sehr an seine Vorbildfunktion, dass er jetzt hier ist und sich die kleinste Grimasse verkneift. Eine weitere Lektion, die ich mir merke: stoisch bleiben!

Wir gehen auf Südostkurs in Richtung auf den Sueskanal und das Rote Meer. Bei der Durchfahrt glaube ich eine gewisse Unruhe zu spüren. Die Spannung zwischen Israel und den arabischen Ländern steigt. Es wird von Krieg geredet.

Wir kommen problemlos am Konfliktherd vorbei und fahren nach Süden. Sonne, blaues Meer... Ich tauche mit meinen Freunden auf dem Shakir-Riff und dem Jazair-Riff: im Zaubergarten des Roten Meeres. Die Pracht der Rotfeuerfische und der Clownfische über den Seeanemonen scheinen mir wie ein Gegenmittel zur Gewaltbereitschaft der Menschen. Dann Dschibuti, der Steilfelsen von Afar, die Salzwüste. Tauchen bei der Insel Abd al-Kuri. Dann legen wir in Sokotra an, wo angeblich Sindbad der Seefahrer angespült wurde …

Wir nehmen Kurs auf die Malediven. Wir kreuzen den Weg einer Herde von Pottwalen. Ich bewundere den schrägen Atemstrahl dieser vierzig Tonnen schweren Ungeheuer mit grau-braunem, faltigem, glänzendem Rücken. Ich denke daran, dass die großen Pottwalbullen bisweilen eineinhalb Stunden lang tauchen, zwei- bis dreitausend Meter tief, auf der Suche nach Riesenkalmaren, von denen sie sich ernähren und mit denen sie sich Titanenkämpfe liefern. Neunzig Minuten ohne Luftholen: so lange, wie ein Fußballspiel dauert! Und bis in dreitausend Meter Tiefe! Dagegen ist unsere Leistung als Menschen auch mit Aqualunge und Unterwasserhäusern lachhaft.

Als sei es ausgemacht, müssen wir wieder einen Sturm über uns ergehen lassen. Die *Calypso* hat schon etliche erlebt, aber dieser hier hinterlässt seine Spuren. Ein dumpfes Knacken, eine Maschine heult auf: Die Schraubenwelle ist glatt durchgebrochen. Achtzehnhundert Seemeilen vom nächsten Hafen entfernt, mit viertausend Meter Wasser unter dem Kiel, müssen wir jetzt mit nur einer Maschine laufen. Ich tauche mit Raymond Coll und Christian Bonnici, um das Bruchstück zu sichern, damit es nicht hin- und herschlägt und womöglich die verbliebene Schraube beschädigt.

Malé, die Hauptstadt der Malediven … Die Häuser sind aus Korallenblöcken gemauert, das Gebälk ist aus Kokospalmenholz, und die Dächer sind mit Palmenblättern gedeckt. Die kleine kosmopolitische Stadt feiert den Unabhängigkeitstag der Inselgruppe. Wir statten Sultan Didi einen Besuch ab.

Anschließend tauchen wir, um die Fische der Riffe zu filmen. Sie sind selten. Wir verstehen auch warum: Überall bauen die Inselbewohner mit einem Stein beschwert freitauchend die Korallenstöcke ab, die sie als Baumaterial verwenden. Bei dem Tempo, das sie dabei vorlegen, werden die Schäden bald unumkehrbar sein. Nicht nur die Fische verschwinden, sondern die ganze Inselgruppe kann unter diesem Raubbau leiden. Die Malediven, über fast tausend Kilometer zwischen dem Äquatorkanal und dem Acht-Grad-Kanal südöstlich der indischen Halbinsel verstreut, ragen nur ein paar Fuß über das Meer hinaus. Jede Insel, deren Korallengürtel beschädigt wird, kann durch einen Taifun in einer einzigen Nacht vernichtet werden.

Die *Calypso* nimmt Kurs nach Norden, in Richtung auf die Atolle von Gaha Faro und Kardiva. Glücklicherweise sind hier die meisten Riffe noch unberührt. Wir tauchen zu unglaublich mannigfaltigen Korallenbänken hinunter. Manche Korallenstöcke ähneln Hirschgeweihen, andere Artischocken oder Lauchstängeln oder aber Gehirnen, Trüffeln, Steinpilzen usw. In einer Art Pinie aus Korallenkalk erinnern mich Dutzende von Doktorfischen an einen Bienenfresserschwarm in Sormiou. Ich gerate – glücklicherweise nur im übertragenen Sinne – an »Feuerkorallen«: Wer sie berührt, glaubt, in Schwefelsäure gegriffen zu haben. Die Haut bedeckt sich mit Brandblasen, und ein allergischer Schock kann die Folge sein.

Die bekanntesten Inseln der Malediven stehen unter Bevölkerungsdruck, besonders durch den Tourismus. Doch die meisten Atolle des Archipels gehören noch zu dem, was ich »unberührte Natur« nenne. Es sind jungfräuliche Gegenden, in denen Gesteine, Pflanzen und Tiere wie in der Urzeit die Majestät ihres Zusammenlebens entfalten können.

In den Gewässern um die Insel Oulélé entdecken wir auf einem Sandgrund eine »Siedlung« von Röhrenaalen. Diese Aale, die wir bereits bei Assumption beobachtet hatten, benehmen sich wie aufgerichtete Schlangen – oder Fragezeichen. Sie wiegen sich in der Strömung und ziehen sich beim kleinsten Alarm in ihre Löcher zurück. Diese Taktik ist recht sinnvoll, wie mir vorgeführt wird: Einer dieser Röhrenaale scheint nicht ganz in Form. Nicht nur ich bemerke das: Einige Minuten später haben ihn drei Drückerfische ausgemacht. Sie stürzen sich auf ihn, zerstückeln ihn und lassen nicht mal eine Gräte übrig!

Wir verlassen die Malediven und nehmen Kurs auf die Seychellen. Ein Paradies nach dem anderen... Die *Calypso* schleppt sich mit sieben Knoten dahin, immer noch mit nur einer Maschine. Wir fürchten den nächsten Sturm, aber was soll's! Am Abend singt die Mannschaft. Wir haben zwei Gitarristen und einen Cellisten; Letzterer heißt André Laban. Er kann nur ein einziges Stück: das Menuett aus dem »Barbier von Sevilla«.

Am 18. April sind wir in Port-Victoria, der Hauptstadt der Seychellen auf der Insel Mahé, und fahren von dort nach Aldabra, Assumption und Cosmoledo. Bekanntes Terrain... Auf Aldabra finde ich meine Freunde wieder, die Riesenschildkröten, die schon lange vor mir auf der Welt waren und uns alle überleben werden. Ich begeistere mich für die Schlammspringer, Fische, die auf Mangrovenäste klettern und Insekten fangen wie eine Venusfliegenfalle. Diese Tiere haben gliedmaßenähnliche Brustflossen, auf denen sie sich wie mit Krücken vorwärts schieben. Mit ihren großen Glubschaugen können sie ihre Beute über und unter Wasser ausmachen. Mit Sauerstoff versorgen sie sich, indem sie in schwammigen Säcken in ihren Kiemen Wasservorräte mitnehmen.

Als wir am Riff von Assumption tauchen, machen wir uns fieberhaft auf die Suche nach Jojo, dem Wrackbarsch. Wir finden auch seine Wohnung. Aber ach! Jojo ist nicht mehr da... Vom Verstand her hatte ich nicht gehofft, ihn wieder zu sehen: Die Schicksale im Meer sind zu wechselhaft. Aber wie alle meine Freunde auf der *Calypso* ertappte ich mich dabei, dass ich davon träumte. Natürlich ist mir klar, dass es bereits zwölf Jahre her sind, seit wir mit ihm getanzt haben...

Jojo ist dahin, aber wir amüsieren uns kurz mit der größten Muräne, die ich je gesehen habe: Ein Kopf, größer als der meine; der Leib zweieinhalb Meter lang... André Laban und Yves Omer zähmen sie, indem sie ihr Fleischstückchen anbieten. Der Fisch lernt nach ein paar Versuchen, die dargebotene Nahrung mit der Schnauzenspitze aufzunehmen – ohne zugleich die Finger anzuknabbern. Er ist weder bösartig noch giftig. Aggressiv wird er erst, wenn man ihm Angst macht – ihn zum Beispiel aus der Spalte herausziehen will, in der er seinen Hinterleib birgt.

An diesem Punkt der Fahrt hat der Pascha die Absicht, ins Rote Meer und dann ins Mittelmeer zurückzufahren, in Monaco Station zu machen und dann über Gibraltar Kurs auf Amerika zu nehmen. Wir fahren wieder nach Norden. Wir kreuzen den Weg eines der berühmtesten und rätselhaftesten Meeresbewohner: des Walhais. Fünfzehn Meter lang, fünfzehn Tonnen Gewicht. Ein klaffendes Maul von zwei Metern Breite … Er könnte den Taucher verschlingen – aber er ist harmlos. Dieser Titan frisst nur Plankton und kleine Fische von Sardinengröße, die er mit ganzen Kubikmetern Wasser verschluckt. An der Meeresoberfläche lässt er sich nur selten blicken: Er ist ein Fürst der Meerestiefen.

Im Roten Meer kehren wir zu Shab Rumi zurück – dem Riff bei Port Sudan, wo wir unser Unterwasserdorf *Précontinent II* gebaut und bewohnt haben. Ein bewegender Besuch: Es ist jetzt vier Jahre her, dass wir die Unterwassergebäude verlassen haben. Schon jetzt haben Algen, Schwämme und Korallen unsere zeitweiligen Behausungen überwuchert. Kaum erkenne ich noch die Garage des Tauchboots und den Werkzeugschuppen, die unter regelrechten Girlanden von Meereslebewesen verschwunden sind. Auf einem stählernen Stützfuß entdecke ich einen Fächer von Acropora-Korallen von mehr als dreißig Zentimetern Durchmesser.

Am 14. Juli 1967 passieren wir Ras Mohammed, die Südspitze der Halbinsel Sinai; wir durchqueren den Golf von Sues und laufen in den gleichnamigen Hafen ein. Bloß, Feuerwerk ist es nicht, was den Himmel am französischen Nationalfeiertag illuminiert: Es sind Granaten und Leuchtspurgeschosse! Während unserer Rundfahrt im Indischen Ozean ist die Spannung zwischen Israel und den arabischen Ländern bis zur Unerträglichkeit gestiegen. Am 5. Juni ist der Krieg ausgebrochen; der Sechstagekrieg. In unserer Naivität hatten wir geglaubt, dass die Menschen, die sich für klüger als Haie und Muränen halten, es nicht so weit kommen lassen würden. Doch nun schlachten sie einander ab. Statt »Salaam« und »Schalom« empfängt uns ein Sturm von Stahl und Feuer.

Wir haben kaum Hoffnung auf Durchfahrt: Wir sitzen in der Falle. Wir schiffen einen Teil unseres Materials auf eine Hafenmole aus. Eines Morgens beschießt uns die israelische Luftwaffe. Hilfe! Die *Calypso* hat doch ihre Laufbahn als Minenräumer schon lange hinter sich! Glücklicherweise bemerkt der Jagdflieger seinen Irrtum und dreht wieder ab.

Als die Feindseligkeiten eingestellt werden, haben wir weder Tote noch Verletzte noch große materielle Schäden. Aber Dutzende von Wracks versperren den Kanal, der auf Monate, vielleicht Jahre geschlossen bleiben wird. Wir sind zum Umkehren und zur Fahrt um das Kap der Guten Hoffnung gezwungen. Cousteau nimmt per Flugzeug einen Austausch der Mannschaft vor. Kapitän André Bougaran ersetzt Kapitän Roger Maritano. Und ich überlasse für ein paar Wochen meine Position als Cheftaucher meinem Freund Raymond »Canoë« Kientzy.

Während ich mich in Frankreich ausruhe, noch völlig benommen davon, wider meinen eigenen Willen diesen Krieg miterlebt und Kugeln pfeifen gehört zu haben, ohne etwas davon zu begreifen, fährt das Schiff wieder nach Süden. Im Abington-Riff überfällt die Taucher Schwindel: Dieser unterseeische Vulkangipfel ist von schwarzen Klüften durchzogen und Treffpunkt zahlreicher Haie. Das bekannte Karussell… Bei der Insel Kébir im Dahlak-Archipel entdeckt die Mannschaft ein weißhaariges Wrack: ein untergegangenes Schiff, phantomhaft von wallenden weißen Seefedern bewachsen…

In Dschibuti gehe ich wieder an Bord. Wir tauchen im berühmten Assab-See. Das Wasser ist dort so salzig, dass wir nicht einmal mit dreißig Kilogramm Ballast untertauchen können. Ein lebloses Mineraliengewässer, dessen Grund mit Kristallisierungen in herrlichen Farben bedeckt ist – rosa, malvenfarbig, violett. Wir drehen dort einen schönen Film und holen uns hartnäckige Hautreizungen.

Philippe Cousteau fliegt gern. Er hat einen Heißluftballon mitgenommen – eine Montgolfière. Im Indischen Ozean bläst er ihn auf. Damit kann er das Meer weit übersehen und Delfine oder Wale ausmachen.

Die *Calypso* nimmt Kurs auf Madagaskar. Davor unterbrechen wir bei dem Eiland Coëtivy, südlich der Seychellen. Seltene Korallen, viele Wrackbarsche, menschliches Elend. An unserem Bordarzt Doktor Millet defiliert in der Sprechstunde fast die gesamte Bevölkerung vorbei, die seit vier Jahren keinen Arzt mehr gesehen hat. Das Leben auf diesen verzauberten Südseeatollen ist nicht ganz so paradiesisch, wie es immer heißt.

Wir ankern im madagassischen Hafen Diégo-Suarez. Eine Legende des Eingeborenenstamms Antankarana behauptet, dass in einem benachbarten See riesige Krokodile schwimmen, die früher ichsüchtige Menschen waren und jetzt ihre Sünden büßen, indem sie Fürbitte beim Gotte Zanahary leisten. Wir besuchen die Dorfbewohner; sie sagen uns, dass man das Blut eines Zebu-Rindes opfern müsse, wenn man diese Krokodile sehen wolle. Wir kaufen ihnen ein Zebu ab. Sie gießen das Blut in den See und lassen uns dann am Ufer mit unseren Kameras und Tauchanzügen allein. Nachdem wir lange genug gewartet haben, kehren wir in das Dorf zurück: Die Bevölkerung ist zu einem lustigen Festschmaus um unser gebratenes Zebu versammelt!

Wir müssen lachen. Die Dorfbewohner haben die Naivität von uns »Wissenschaftlern« ausgenutzt, die von weither gekommen sind und gläubig die Sagen ihrer Vorfahren sammeln, an die im Dorf nie jemand geglaubt hat – genauso wenig wie ein Marseiller an die Sardine glaubt, die die Ausfahrt vom Alten Hafen versperrt!

Wir nehmen Kurs auf die Iles Glorieuses – ein winziges Archipel zwischen den Komoren und der Nordspitze Madagaskars. Wir feiern Silvester und Neujahr 1968 unter Wasser – tauchend auf der Levenbank. Um Mitternacht geben wir uns mit unseren Masken Küsschen und wünschen uns mit erhobenem Daumen ein gutes neues Jahr. Mistelzweige haben wir nicht, aber Milliarden kleiner Planktonkugeln phosphoreszieren und sind ein guter Ersatz.

Wir laufen in die Straße von Moçambique ein und auf die Atolle von Bassas da India und Europa zu. Bassas da India, ein vollkommener Korallenkreis, trägt kein bisschen Grün mehr: ein Riff, das eines natürlichen Todes stirbt. Ein Zyklon wird es verschlingen, und niemand wird mehr etwas davon hören. Es handelt sich wie bei dem Atoll Europa um eine französische Besitzung, die von drei Angestellten einer meteorologischen Station bewohnt wird.

Das Atoll Europa besitzt ein Büschel Kokospalmen – ein einziges. Seine Strände sind ein Treffpunkt der Meeresschildkröten. Wir wohnen der Landung dieser lebenden Panzer bei. Nur die Weibchen kriechen auf den Sand (die Begattung findet im Meer statt). Sie scharren eine kreisförmige Vertiefung von Körpergröße, in der sie ein zweites, schmaleres Loch von etwa vierzig Zentimetern Tiefe graben. Dieses Nest heben sie mit ihren Hinterbeinen aus, die sie wie ein Schaufelbagger abwechselnd bewegen. Dann legen sie; große Tränen rinnen ihnen dabei aus den Augen. Die Eier, kugelförmig, weiß, so groß wie Golfbälle, kommen aus dem Eileiter und fallen in das Loch. Ihre zunächst weiche Schale härtet an der Luft. Jedes Weibchen legt etwa hundert. Wenn sie damit fertig ist, bedeckt die Meeresschildkröte ihr Gelege mit Sand und kriecht mühsam wieder ins Meer. Sechs Wochen später, wenn es Zeit zum Schlüpfen ist, kriechen die Kleinen aus dem Sand und rennen zum Wasser, wobei sie versuchen, den vielen Räubern zu entkommen, die ihnen auflauern: Palmendiebkrabben, Fregattvögeln, Silbermöwen. Wenn sie das Wasser erreichen, müssen sie dem Maul der großen Fische entwischen, die ungeduldig auf dieses Festbankett warten: Stachelmakrelen, Seriolafische, Wrackbarsche, Haie.

Das Schicksal der Meeresschildkröten geht mir nahe – sie sind überall auf der Welt bedroht. Mit meinen Freunden rette ich eine, die sich auf dem Rückweg zum Meer mit den Beinen in Wurzeln verfangen hat und an Austrocknung verendet wäre.

Ich helfe unserem Filmemacher Michel Deloire beim Drehen. Er filmt mich inmitten von Schildkröten, die sich lieben (im Wasser) oder die ihre Eier legen (am Strand). Er interessiert sich für das Treiben der Winkerkrabben, von denen der Strand nur so wimmelt. Im Film hält er auch den schnellen Flug der Fregattvögel fest.

Mit dem Pascha untersuche ich mit dem Tauchboot den äußeren Korallenabhang. Im Hinabtauchen folgen wir einer unregelmäßigen Korallenkalkwand, die überall mit Schwämmen, Hornkorallen und rosa und malvenfarbigen Lederkorallen besetzt ist. In hundertfünfzig Metern Tiefe erhält das Tauchboot einen gewaltigen Stoß; wir werden Hals über Kopf durcheinander geworfen. Nachdem wir unsere Würde wiedergewonnen haben, sehen wir durch die Bullaugen die gewaltige Silhouette eines Grauhais vorbeiziehen. Dieser Urhai mit seinen sechs Kiemenspalten (statt der fünf bei den »modernen« Haien) ist ein lebendes Fossil. Er wird bis zu sieben Meter lang, patrouilliert durch die tieferen Gewässer und ist seit dreihundertfünfzig Millionen Jahren praktisch unverändert. Dieses Exemplar muss von unseren Scheinwerfern erschreckt worden sein. In einem Abwehrreflex hat er das Tauchboot gerammt. Was für eine Masse und Kraft!

Cousteau gesteht: »Dem möchte ich nicht im Taucheranzug begegnen.«

Die Tauchfahrt geht weiter. In hundertzehn Metern Tiefe entdecken wir einen langen Kalksims und den Eingang zu einer riesigen Grotte, in die ich mit der Nase des Tauchboots eindringen kann. Unsere Scheinwerfer erleuchten einen Saal voller Stalaktiten und Stalagmiten.

»Na, so was!«, sagt Cousteau. »Diese Kalkablagerungen haben sich an der Luft gebildet, zu einer Zeit, als der Meeresspiegel hundertzehn Meter unter dem heutigen Niveau lag. Zum Beispiel während der letzten Eiszeit, also vor sechzehntausend Jahren…«

Als wir wieder auf die *Calypso* kommen, ballen sich über unseren Häuptern schwarze Wolken zusammen – im Wortsinne. Die Wettervorhersagen sind katastrophal: Zwei aufeinander folgende Wirbelstürme, *Flossie* und *Georgette* genannt, werden über den Küstenstrich herfallen. Wir müssen fliehen, schnell fliehen, und das mit nur einer Maschine ... Wir lassen eine kleine Mannschaft auf dem Atoll Europa zurück und nehmen Kurs auf den madagassischen Hafen Tuléar. Nachts fängt der Wind an zu heulen. Am Morgen brüllt er bereits mit Spitzengeschwindigkeiten von hundertachtzig Stundenkilometern. Die Wogen werden zu Brechern, dann zu bleiweißen Schaumgebirgen: Die Wut der Elemente hat uns eingeholt. Die *Calypso*, in der Dünung taumelnd, in Gischt gehüllt und von Wasser triefend, nach rechts, links, vor und back geworfen, ist nur noch ein winziger Korken auf dem Ozean.

Ich denke an die Seeleute der Segelschifffahrt, die unter vergleichbaren Umständen ihre Seele Gott empfahlen. Meine Philosophie ist das nicht, aber ich kann verstehen, dass man in solcher Lage ein Bedürfnis verspürt, zu beten. Einige Tage später umschiffen wir bei glatter See und angenehmer Brise das Kap der Guten Hoffnung.

26
Der Schatz der Silver Bank

Pepito und Cristobal · Napoleons Exil ·
Die Strafkolonie Cayenne · Der Mai 1968 ·
Nuestra Señora de la Decepción

Es sind jetzt fünfhundertvierzehn Jahre her, dass der portugiesische Seefahrer Bartolomeu Diaz das Kap erreichte, das er Cabo de Todos Tormentos nannte, was auf Französisch eigentlich Kap der Stürme heißen sollte, aber von der schwerfälligen Zunge König Johanns II. in Kap der Guten Hoffnung umgetauft wurde. Februar 1486 bis Februar 1968…

Als Allererstes muss man sich vergewissern, wenn man in diesen Gewässern schifft, dass man zwei Beine hat, ich meine, zwei Schrauben. Auf der *Calypso* aber haben wir nur noch eine; die Schraubenwelle der anderen ist gebrochen. Wir lassen sie in Durban reparieren. Dann laufen wir zur Südspitze Afrikas zurück, die nicht das Kap der Guten Hoffnung (bei Kapstadt) ist, wie viele glauben, sondern Kap Agulhas. Eine wilde Küste, vor der wir mehrfach tauchen. Die Meeresböden sind von riesigen Blatttangen – dem so genannten Kelp – besiedelt, deren »Stängel« zehn Zentimeter dick und zehn Meter lang sind. Dieser Unterwasserwald ist von Myriaden von Würmern, Weichtieren, Krebstieren bevölkert, ein gedeckter Tisch für Seevögel und Ohrenrobben. Von den Vögeln sind die majestätischsten die Kaptölpel, verwandt mit den Basstölpeln des Nordatlantiks, und die Brillenpinguine vom Kap, die wie ihre Vettern, die Magellan- und Humboldtpinguine, eine hufeisenförmige schwarze Zeichnung auf der Brust tragen.

Es ist fesselnd, den Ohrenrobben zuzusehen. Die lokale Art hat den Namen Südafrikanische Pelzrobbe erhalten, hat ein braunes, glänzendes, rot geflammtes Fell und ist kräftig: Die dominanten Männchen (die Paschas) sind mehr als zwei Meter lang, die Weibchen einen Meter sechzig.

Der Pascha (unserer!) hat einen Einfall: Wir sollen zwei einfangen, die wir mit nach Südamerika nehmen wollen. So wollen wir ausprobieren, wie weit diese Tiere mit Menschen zusammenleben und sie womöglich gezähmt auf Tauchgängen begleiten können.

Ich stelle die Mannschaften zusammen. Wir rüsten uns mit Netzen aus. Ohne die Herde allzu sehr zu stören, die sich auf den Küstenfelsen sonnt, schaffen wir es, zwei junge Exemplare zu fangen – sie sind nicht so misstrauisch wie die alten. Wir schaffen sie auf die *Calypso* und schreiben einen Namenswettbewerb für die beiden aus. Einstimmig werden sie Pepito und Cristobal genannt.

Die ersten beiden Tage bleiben die beiden Robben bewegungslos liegen, von der Gefangenschaft verstört. Wir lassen sie sich an das Schiff gewöhnen, während wir Kapstadt einen Besuch abstatten. Der Tafelberg ist genauso schön, wie er in Büchern beschrieben wird. Die Apartheid in diesem Land, über die ich gern mehr erfahren würde, bekomme ich kaum zu Gesicht; wie alle Gelegenheitsbesucher des Orts darf ich nur sehen, was den Touristen vorbehalten ist: kein schwarzes Elendsviertel, noch weniger ein Bantugebiet.

Da ich für die Politik weder begabt noch kompetent bin, komme ich auf das Einzige zurück, was ich kann: Tauchen. Zusammen mit dem Pascha, Raymond Coll und Christian Bonnici tauche ich zum Wrack eines im Ersten Weltkrieg versenkten Frachters hinab: der *Maori*. Das ganze Schiff ist von gelb-grünen Girlanden von Riesenkelp bewachsen, an denen silbrige Bläschen haften: ein Wrack wie in Bildergeschichten. Jeder Meter des Frachtraums und unter den Laufgängen ist von einer Languste besetzt.

Repariert, aufgetankt, bereit zur großen Fahrt, lässt die *Calypso* Kapstadt hinter sich. Sie nimmt Kurs auf St. Helena, den Vulkanfelsen mitten im Ozean, der bisweilen als »Nabel des Atlantiks« bezeichnet wird. Die Mannschaft besucht Langwood, das Haus, wo ein gewisser Kaiser nach dem Ende seiner Machtträume von 1815 bis 1821 sein Leben beschloss.

Pepito und Cristobal haben sich jetzt an die Menschen gewöhnt. Ihre Jugend hilft ihnen dabei. Sie passen sich an. Mit großem Appetit fressen sie die Fische und Kalmare, die die Mannschaft für sie fängt. Man kann sich ihnen nähern, ohne dass sie allzu sehr die Zähne blecken.

Die *Calypso* berührt die Insel Ascension, die der Portugiese Joao da Nova am Himmelfahrtstag 1501 entdeckt hat: Asche und Basalt, vulkanische Bergspitzen und Lavaströme, außer am Green Mountain, dem Grünen Berg, wo buschartiges Farnkraut wächst. Die Insel ist eine der über den Meeresspiegel ragenden Bergspitzen des riesigen Grabenbruchs, der von Nord nach Süd mitten durch den Atlantik verläuft und mittelatlantischer Rücken genannt wird. In dieser Bruchspalte dringt Magma zum Meeresboden hoch, bildet neuen Meeresboden und bewirkt die Verschiebung der Kontinentalplatten – von Europa und Afrika nach der einen und Nord- und Südamerika nach der anderen Seite.

Die Strände von Ascension sind Brutplatz der Grünen Schildkröten von Brasilien. Diese Tiere durchqueren den halben Ozean, um sich dort zu vermehren. Man fragt sich, wie sie es schaffen, diesen winzigen Felsen im Meer zu finden. Es wird angenommen, dass ihre Wanderung vor zweihundert Millionen Jahren begonnen hat, als der Atlantik gerade erst anfing, sich zu bilden. Generation um Generation haben diese Reptilien demnach denselben Brutplatz beibehalten – wobei sie immer weiter schwimmen mussten, um sich außerhalb der Fortpflanzungszeit zu ernähren.

Wenn ich an diese Hypothesen denke, die der Pascha uns mit Vorliebe beim Abendessen darlegt, fühle ich mich im großen Strom des Lebens als vernachlässigbare Größe.

Die *Calypso* verlässt die Insel in Gesellschaft einer Herde von Finnwalen – der zweitgrößten Walart der Welt. Die Wale fressen und faulenzen. Im Morgengrauen schlafen sie. Sie holen nur ungefähr einmal alle zwei Minuten Atem. Ihre Atemlöcher, die den Resonanzlöchern einer Geige ähneln, weiten sich: Der Finnwal atmet aus und ein. Dann schließen sich die Nasenlöcher wieder, und das riesige Tier mit dem grau-blauen Rücken sinkt leicht unter die Wasseroberfläche. Bis zum nächsten Atemzug... Jedes Mal, wenn es erforderlich wird, werden die Atemlöcher mit einem kleinen Schwanzreflex über den Wasserspiegel hinausgehoben.

Ich verlasse das Schiff, als die *Calypso* den brasilianischen Hafen Natal Südamerika erreicht und dann den »Trichter« des Amazonas überquert, wo der Riesenstrom seine braunen Wasser in die blauen Gewässer des Atlantiks ergießt. Nachdem der Äquator passiert ist, ist auch das Kreuz des Südens nicht mehr zu sehen.

Zwischenstopp in Französisch-Guyana. Cayenne, die Teufelsinsel. Die *Calypso* ankert vor der Sträflingsinsel, wo so viele Verdammte die Vorhölle erlebten. Der Pascha besucht die Gefängnisbauten, die von der tropischen Vegetation überwuchert sind. Ärmliche Zellen. Verliese von einem Meter Breite. Auf dem Friedhof, auf einem bemoosten Grabstein, fällt ihm eine Inschrift auf, die er ins Logbuch einträgt: »Hier ruht der Deportierte Rénier Gustave, verstorben am 31. Januar 1939 im Alter von 62 Jahren.« Wer war Rénier: ein Krimineller oder ein wegen einer Bagatelle verurteilter armer Teufel?

Nun eröffnen sich die azurnen Weiten der Karibik. Ich bin wieder an Bord.

Pepito und Cristobal sind jetzt zahm. Sie benehmen sich auf der *Calypso* wie Besatzer: Alles gehört ihnen. Sie schnüffeln überall herum. Sie suchen die Kabinen und Kojen der Mannschaft heim. Was ihnen gefällt, stibitzen sie. Wir müssen den Zugang zum Kartenzimmer und zur Elektronik verbarrikadieren, wo sie schwere Schäden anrichten könnten. Das Gleiche gilt für das Vorratslager. Ansonsten sind sie die liebenswertesten Flossenfüßer. Wenn wir auf dem Vordeck des Schiffes Mittagsruhe halten, schlafen sie bei uns. Nur der Bordhund Zoom ist damit nicht einverstanden; ihm scheinen die beiden Robben hinterhältige Konkurrenten in der Kunst, um Menschen zu scharwenzeln und sich von ihnen den Bauch kraulen zu lassen.

Wir fahren die zauberhafte Inselkette der Antillen entlang. Bei den Grenadinen werfen wir Anker in den Tobago Cays. Wir wollen testen, wie zahm unsere beiden Passagiere sind. Wir ziehen ein Netz, das eine kleine Bucht abschließt und sie hindert, aufs weite Meer hinauszuschwimmen. Raymond Coll und ich begleiten Pepito und Cristobal bei ihrem ersten Bad im Meer seit Südafrika. Um sie stärker an uns zu binden, haben wir uns außerdem mit zwei großen Säcken voller Kalmare versehen – ihren liebsten Leckerbissen.

Pepito, sonst anhänglicher als sein Genosse, findet sofort Geschmack an der Freiheit und erforscht mit Höchstgeschwindigkeit die Unterwasserwelt, die sich ihm bietet. Cristobal, auf der *Calypso* eher aufmüpfig, klebt dagegen schüchtern an meinen Flossen.

Drei Tage lang lösen wir uns in der Umfriedung ab, um mit ihnen zu schwimmen. Was für herrliche Wassertiere! Wo wir uns abmühen, ein paar Meter voranzukommen, flitzen sie dahin und sausen wie Torpedos durchs Wasser. Sie sind geschmeidig, sie sind schön. Die Rutschbahn, die wir gebaut haben, damit sie von der *Calypso* leichter ins Wasser kommen, wird zu ihrem Lieblingsspielgerät.

Am 4. Mai in der Nacht ziehen wir die Netze ein. Morgens, als Pepito und Cristobal sich mit uns in der Bucht der Tobago Cays tummeln, wissen sie noch nicht, dass sie theoretisch frei sind. Sie bleiben brav in der Nähe des Schiffes.

Dann ist Cristobal plötzlich weg.

Wir sollten ihn achthundert Kilometer weiter wieder sehen. Von einem Fischer in Puerto Rico im Netz gefangen, wird er von einer Amerikanerin der Inselhauptstadt San Juan für einen lächerlichen Betrag gekauft. Wir erfahren von der Sache und suchen die

Dame auf. Sie verkauft uns Cristobal für das Zwanzigfache dessen, was sie für ihn bezahlt hat. Vierzehn Tage später versucht die junge Robbe, einen Ochsenfrosch zu fressen. Krank vom Gift, stirbt sie trotz der intensiven Bemühungen unseres Bordarztes.

Für Pepito ist die Zukunft nicht ganz so schwarz. Wir lassen ihn später vor Peru frei, nachdem wir den Panamakanal passiert haben. Wir geben ihm die Freiheit an einer Küste wieder, die von anderen Pelzrobben bevölkert ist, von Artverwandten – in der Hoffnung, dass sie ihn gut bei sich aufnehmen. Sicher bin ich mir dessen nicht. Der Pascha auch nicht.

Mit Pepito und Cristobal haben wir Augenblicke außergewöhnlicher Intimität erlebt. Sie haben unsere Atlantiküberquerungen verzaubert. Sie haben uns einige Eigenarten ihres Lebens als Meeressäuger gezeigt. Aber alles in allem war es ein Fehler, sie aus ihrer Herde und ihrer natürlichen Umgebung zu entführen. Wir werden ihn nie wieder begehen.

Die *Calypso* fährt durch die Karibik, von Perle zu Perle: St. Vincent, Sta. Lucia, Martinique, Dominica, Guadeloupe, Montserrat, St. Kitts und Nevis, die Jungfern-Inseln… Hinter Letzteren begegnen wir einer großen Herde Grindwale – mehreren Hundert dieser schwarzen Riesendelfine mit Stirnbuckel. Diese geselligen Wale, die bei zwei Tonnen Gewicht bis zu sechs Meter lang werden, gehören zu denen, die am häufigsten aus noch unerforschten Gründen »Massenselbstmord« an Stränden begehen.

Mitte Juni 1968 löst Kapitän Caillart Kapitän Maritano im Kommando unseres Schiffes ab. Er bringt uns in Form eines Zeitungsbündels neue Nachrichten aus Frankreich mit. Natürlich haben wir auf unserer Kreuzfahrt durch die Karibik während des studentischen Mais 1968 nur sehr wenig von den »Ereignissen« mitbekommen. Wir haben sie vage im Rundfunk verfolgt. Während Frankreich im Aufruhr ist, habe ich jeden Tag als Wichtigstes die Schwimmbewegungen der beiden Robben vor Augen.

Ende Juni nimmt das Schiff nach einer kurzen Überholung in

San Juan auf Puerto Rico Kurs auf die Silver Bank. Dieses gefährliche Korallenriff, das kaum über den Meeresspiegel ragt, erstreckt sich nördlich der Insel Hispaniola, die die Staaten Haiti und die Dominikanische Republik umfasst, über eine Fläche von ungefähr der Hälfte eines französischen Departements. Hier sind seit dem 17. Jahrhundert Hunderte von Schiffen verloren gegangen.

Ein Freund des Paschas, Rémy de Haenen, Bürgermeister und Hotelier auf der kleinen Insel Saint-Barthélemy, ist überzeugt, die Lage eines Wracks mit einem reichen Schatz zu kennen: der spanischen Galeone *Nuestra Señora de la Concepción*. Cousteau hat es nicht auf Schatzsuche abgesehen; das geht gegen seine Prinzipien. Aber die Faszination des Goldes ist so stark, dass die Mannschaft der *Calypso*, die wissenschaftlichen, ökologischen und filmischen Aufgaben verpflichtet ist, sich davon blenden lässt. Die Männer verlangen, dass wenigstens eine Erkundung versucht wird, und werden fast aggressiv.

Der Pascha weiß, dass eine gute Kommandoführung von Zeit zu Zeit vorgespielte Schwäche zeigen muss. Er sagt: »Ich habe die *Calypso* nicht ausgerüstet, um auf Goldsuche zu gehen. Aber wenn ihr es unbedingt wollt, einverstanden. Wir werden das Spielchen versuchen. Unter einer Bedingung: Ich gebe euch einen Monat. Keinen Tag mehr!«

Die *Calypso* arbeitet sich in die Riffe hinein. Rémy de Haenen erzählt die Geschichte des verloren gegangenen Schiffes. Die *Nuestra Señora de la Concepción* war das Admiralschiff einer Flotte von acht Galeonen, die Havanna mit Gold und Silber aus der Neuen Welt am 13. September 1641 verließ und am 2. November mitten in einen Hurrikan geriet. Als das Schiff von einem Riff aufgeschlitzt sank, konnten sich von den fünfhundertfünfundzwanzig Mitgliedern der Besatzung und Passagiere nur zweihundert retten. Der Schatz lag auf dem Meeresgrund.

1687 begegnete ein englischer Abenteurer namens William Phips einem der Überlebenden, der ihm seine »Schatzkarte« verkaufte. Phips gelang es unter abenteuerlichen Umständen, einen Teil der kostbaren Ladung zu bergen. Aber vieles liegt noch dort...

Die *Calypso* ist an Ort und Stelle – bis auf ein paar hundert Meter. Aber diese paar hundert Meter sind das Problem... Seit dem 17. Jahrhundert sind die Korallen weitergewachsen. Sie haben alles überwuchert. Pilzkorallen, Neptunsgehirne, baumförmige Acropora bilden einen wirren, prächtigen, üppigen Unterwassergarten, in dem Nacktkiemer und Kaiserfische herumschwimmen. In diesem Dickicht gibt es nicht den geringsten Hinweis auf ein Wrack...

Die Mannschaft erforscht das mit Bojen in Sektoren unterteilte Riff peinlich genau. Zunächst ohne Erfolg. Aber eines Tages lokalisiert Bernard Delemotte einen merkwürdigen Gegenstand. Er ist rund, lang, aus Metall... Eine Kanone! Ein paar Meter weiter finden Rémy de Haenen und Michel Deloire einen Topf.

Da ist das Wrack. Jedenfalls irgendein Wrack...

Am Abend wird auf der *Calypso* zum ersten (und letzten!) Mal abgestimmt. Der Pascha verweigert die Teilnahme an der Abstimmung. Er zieht sich in seine Kajüte zurück. Die Mannschaft beschließt, dass sie den Schatz, sofern sie einen findet, zu gleichen Teilen aufteilen wird – vom einfachen Matrosen bis zum Kapitän.

An die Arbeit! Zuerst müssen die Korallen leider abgebrochen werden. »Wir hackten an den harten Kalksteinen wie die Sträflinge von Cayenne herum«, erzählt Bernard Delemotte. »Wir bauten ein Arbeitsfloß, das wir wie das von Phips benutzte *Jeanne and Mary* nannten. Wir bauten unser Sauggerät auf, um das Sediment abzusaugen, und sammelten die Bruchstücke in großen Metallgitterkörben, in denen wir die Gegenstände sortierten: Kanonenkugeln, Glasflaschen, Tassen, Wasserkessel usw. Je mehr Geschirr und Fundstücke aller Art (darunter auch zwei große Kanonen) wir freilegen, desto mehr sind wir davon überzeugt, dass die Reste des gefundenen Schiffes äußerst ergiebig sein werden. Aber ist es wirklich das Schatzschiff?«

Der Pascha hat nie daran geglaubt. Unter den Korallen liegen massenhaft Objekte, aber weder Gold noch Silber noch Perlen noch Edelsteine … Der Tag, an dem die Taucher endlich ihr erstes Goldstück finden, bedeutet zugleich auch das Ende ihrer Hoffnungen. Das Stück (eher ein Medaillon) ist dem heiligen Franz von Assisi gewidmet, dem Schutzheiligen der Armen. Außerdem ist da ein Päckchen Siegel mit der Bourbonenlilie. Und diese tragen die Jahreszahl 1756.

Ein Jahrhundert zu viel! Es ist nicht die *Nuestra Señora de la Concepción* – eher die *Nuestra Señora de la Decepción*, wie Frédéric Dumas sagt. Es handelt sich in Wirklichkeit um einen Handelssegler – vermutlich einen holländischen; auf einer Vase steht die Inschrift »J. Wyn«. Historisch sehr interessant, aber finanziell leider gar nicht!

Jeder versucht, mit seiner Enttäuschung fertig zu werden; die einen flachsen, um das Gesicht zu wahren, die andern ziehen drei Tage lang einen Flunsch. Doch der Pascha hilft der Mannschaftsmoral auf, indem er Champagner kredenzt. Er will diese Episode mit einem Spaß abschließen. Er lässt eine der geborgenen Kanonen innen und außen sauber kratzen. Frédéric Dumas fabriziert eine Lafette und eine Pulverladung. Mit einer schwarzen Augenklappe verkleidet er sich als Korsar, lädt eine Kugel, gibt Feuer: eine gigantische Explosion. Die Kugel aber platscht keine zehn Meter entfernt ins Wasser. Vom Knall aufgeschreckt, fliegen Pelikane und Silbermöwen der Silver Bank wie unsere Träume vom Reichtum davon.

27
Die Lagune der Grauwale

Der Panamakanal · Das Gold der Inkas · Das Auge des Hasen ·
Die Nacht der Kalmare · Stelldichein der Tauchboote

Vergessen ist der Schatz der Silver Bank! Das Schiff durchpflügt die blauen Wasser der Karibik in Richtung Panama. Zum ersten Mal seit ihrem Stapellauf in Seattle, wo sie 1942 gebaut wurde, schickt sich die *Calypso* an, in den Pazifik zurückzukehren.

Wir fahren in die Bahia Limon, in der der Hafen Colón liegt, und dann in den Panamakanal ein. In der Gatun-Schleuse werden wir auf sechsundzwanzig Meter über dem Meeresspiegel gehoben. Wir durchfahren den Gatun-See und dann die malerische Durchfahrt von Culebra. Da ist schon die Schleuse von Pedro Miguel, der Stausee Miraflores, der Hafen Panama und – endlich – der große Pazifik, in den die *Calypso* ausläuft, während ein Sturzregen niedergeht.

Wir nehmen Kurs auf Peru, wo wir Pepito freilassen werden und wo Jean-Michel, der ältere der beiden Söhne Cousteaus, einen originellen Einsatz für uns vorbereitet hat. Nach einem kurzen Aufenthalt in Callao, dem Hafen von Lima, ankern wir in Matarani, wo wir eine Unmenge Material anlanden, unter anderem unsere beiden einsitzigen Tauchboote, die »Meerflöhe«.

Wir verstauen diese Ladung auf den Waggons der berühmten Andenbahn, die uns auf 3812 Meter Höhe ans Ufer des Titicacasees bringt. Diese riesige Wasserfläche von mehr als achttausend Quadratkilometern birgt einige Geheimnisse. Vor den verblüfften Indios des Dorfes Copacabana laden wir unsere Tauchboote und

unsere Tauchausrüstungen aus. Wir besuchen das Volk der Schilf-
bewohner vom Stamme der Uru, das auf schwimmenden Schilfin-
seln in Schilfhäusern lebt, in Pirogen aus Schilfbündeln über den
See fährt und – außer Fisch – Schilfschösslinge isst. Diese Menschen hatten den Landstrich schon vor der Ankunft der Inkas besiedelt. Es wird vermutet, dass sie von Arawak-Indianern aus dem
Urwald Amazoniens abstammen.

Wir fahren zur Sonneninsel, die für die Inkas ein heiliger Ort
war. Ein faltengesichtiger und gekrümmter Mann, der unter dem
Namen Alter vom See bekannt und angeblich mehr als hundert
Jahre alt ist, erzählt uns, dass die Inkas zwischen der Sonneninsel
und der Mondinsel, die etwa zwölf Kilometer auseinander liegen, eine goldene Kette versenkt haben, die den Eingang zu einem
Geheimtunnel von mehr als dreihundert Kilometern Länge markiert, der bis in die alte Reichshauptstadt Cuzco führt.

Ich tauche mit Aqualunge und Taucheranzug in Begleitung von
Jean-Michel Cousteau, Bernard Delemotte und Raymond Coll.
Wir entdecken nur einen ausgedehnten Uferbewuchs von Schilf
(lokal Totoras genannt) und in einigen Metern Tiefe unendliche
Schlammfelder. Der Seeboden wird von riesigen, merkwürdigen
Kröten bewohnt, die wie ihre Vettern auf dem Land aussehen und
nur in diesen Gewässern zu finden sind. Ein weiterer Tauchgang
zusammen mit Jean Riant ist ertragreicher: Wir legen Dutzende
von Keramiken aus dem Sediment frei. Sie stammen zweifellos
von den Inkas, enthalten aber keinerlei Schatz. Auch hier heißt es,
es sei ein Schatz zu finden – noch fabelhafter als der der *Nuestra
Señora de la Concepción*. Es handle sich dabei um nicht mehr und
nicht weniger als den Haufen von Gold, Silber, Smaragden und
Perlen, den der letzte Sonnensohn, der oberste Inka Atahualpa, angeblich in den heiligen Wassern des Sees versenkt hat, um ihn der
Habgier der Konquistadoren Pizzaros zu entziehen.

Professor Edgerton nimmt an diesem Einsatz teil. Er baut uns
einen Metalldetektor. Das Ergebnis unserer Nachforschungen ist
null. Aber der Titicacasee ist riesengroß… Um unsere Chancen zu

erhöhen, etwas Interessantes zu finden, nehmen Raymond Coll und ich Platz in unseren »Meerflöhen«. Die beiden Tauchboote stoßen in die seltsamen Gewässer des Titicacasees vor. Es ist das erste Mal, dass ein Tauchboot in einem See in fast viertausend Metern Höhe taucht!

Tiefe: fünfzig Meter... hundert... hundertzwanzig. Die Schilfregion liegt hinter uns, und der Grund ist nur noch eine Abfolge von Schluchten, die zum Teil durch die Ablagerungen der unzähligen Zuflüsse von der Andenkordillere ausgefüllt sind. Bis auf hundertzwanzig Meter beobachte ich im Lichtkegel meiner Scheinwerfer seltsame Zickzackspuren, die ich verfolge. Es handelt sich nicht um geheime Botschaften, die von den Inkas hinterlassen wurden und uns zum Schatz führen könnten: Es sind die Fußabdrücke von Kröten! Ich hätte nie gedacht (kein Wissenschaftler wollte uns glauben, als wir diese Angaben machten), dass diese Lurche in hundertzwanzig Metern Tiefe leben können. Dies sollte unsere größte Entdeckung im Titicacasee bleiben...

Am 20. November 1968 lichtet die *Calypso*, nachdem Mannschaft und Material wieder an Bord sind, den Anker mit Kurs nach Norden. Wale. Delfine. Robben. Haie. Schwertfische. Fliegende Fische... Wir laufen die Isla del Coco an: noch so eine Schatzinsel! Hier hat angeblich der berühmte Pirat Schwarzbart die Beute seiner Raubzüge vergraben. Dutzende von Abenteurern, mit angeblich unfehlbaren Karten ausgestattet, haben den Boden dieser mit der üblichen tropischen Vegetation bewachsenen Insel umgegraben, die zu Costa Rica gehört. Niemand hat je einen Dukaten oder einen winzigen Rubin oder auch nur die kleinste Perle ausgebuddelt. Aber die Legende hält sich hartnäckig... Wir jedenfalls haben keine Lust mehr zu graben; ein Monat Schufterei auf der Silver Bank hat uns geheilt.

Wir nehmen Kurs auf Acapulco, dann auf Kap San Lucas, das die Halbinsel Niederkalifornien südlich abschließt. Weihnachten ist die *Calypso* in Los Angeles. Wie der größte Teil der Mannschaft verbringe ich die Feiertage in Frankreich.

Bild 16: Mit Cousteau mache ich meine schönsten Tauchgänge. Unvergessliche in über hundert Metern Tiefe vor Griechenland am Wrack der *Britannic*…
(Foto: Fondation Cousteau)

Bild 17: Die *Calypso* ist mit hochmodernen Navigationsgeräten ausgerüstet: Satellitenantennen usw. Aber von Zeit zu Zeit bestimme ich die Position immer noch gern mit dem Sextanten, ganz wie die großen Entdecker. *(Foto: A. Falco)*

Bild 18: Die Antarktis! Davon träumte ich schon immer… bei einer denkwürdigen Expedition lande ich auf dem Packeis, wo ich die Wedellrobben begrüße, die zu den besten Tauchern unter den Säugern gehören. Ohne Luftholen können sie eine Stunde unter Wasser bleiben. *(Foto: Fondation Cousteau)*

Bild 19: Mit dem Tauchboot wage ich mich unters Eis. Ich entdecke dort ein Gewimmel von Plankton und Wirbellosen, auf das ich nicht gefasst war. *(Foto: Fondation Cousteau)*

Bild 20: Am Packeis der Antarktis verankert, bemüht sich die *Calypso,* eine der schönsten Landschaften der Welt nicht zu verunstalten. Eine bewundernswerte, aber sehr empfindliche Umwelt… *(Foto: J. Roux)*

Bild 21: Meinen Tauchanzug, die Flossen, die Maske, die Pressluftflaschen anzulegen, ist mir eine Freude. Ich habe das unglaubliche Glück gehabt, meiner Leidenschaft für das Meer und seiner Lebewesen frönen zu können und dabei gleichzeitig meinen Lebensunterhalt zu verdienen. *(Foto: Fondation Cousteau)*

Bild 22: Die *Calypso*! Nach fünfunddreißig Jahren Fahrten um die ganze Welt hatte sie eine Generalüberholung nötig. Dies geschieht hier auf einer Werft in Florida. *(Foto: A. Falco)*

Bild 23: Der Zebrahai hat als Jungtier eine deutliche Sattelbindenzeichnung, die sich aber allmählich in Flecken auflöst. Er ist ein Friedhai: prachtvoll und harmlos, ein Herr des Korallenriffs. *(Foto: A. Falco)*

Bild 24: Eine fast vierzigjährige Kameradschaft verbindet mich mit dem Pascha oder JYC, wie wir ihn auch nennen. Selten sind wir verschiedener Meinung – zumindest in wichtigen Fragen nicht. *(Foto: R. Murphy/Fondation Cousteau)*

Bild 25: Bei den Kermadec-Inseln, die zu Neuseeland gehören, tauchen wir in Grotten, in denen Riesenzackenbarsche von mehr als einer Vierteltonne Gewicht hausen. Neugierig knabbern diese Ungeheuer mit ihren Wulstlippen unsere Flossen an. *(Foto: R. Murphy/Fondation Cousteau)*

Bilder 26 und 27: Nach einer Tauchfahrt mit der »Untertasse« vor Kuba mit Jean-Michel Cousteau (*oben*) denke ich daran, welche außergewöhnliche Existenz mir sein Vater eines schönen Tages 1952 in Marseille angeboten hat. Solange wie möglich werde ich die Fahrt fortsetzen. *(Foto: Anna-Marie Cousteau)*

Januar 1969: Wir fahren zur Insel Guadalupe. Diese winzige mexikanische Besitzung zweihundertfünfzig Kilometer vor Niederkalifornien mitten im Pazifik ist die letzte Zuflucht einer Tierart, die der Mensch beinahe ausgerottet hat: des Nördlichen Seeelefanten. Er ist, zusammen mit seinem Vetter der Südhalbkugel, die größte Robbenart der Welt. Die dominanten Männchen sind sechs Meter lang und wiegen vier Tonnen. Sie haben eine rüsselartige Schnauze – wie ihre Namensvettern in der afrikanischen Savanne – und geben kräftige Trompetenstöße von sich, wenn sie miteinander kämpfen oder ihre Harems zusammentreiben. Das Problem ist, dass die Insel Guadalupe von ihnen übervölkert ist, die Paschas geraten ständig aneinander; Blut fließt. Die Weibchen paaren sich nach Zufall und säugen in völliger Anarchie jedes beliebige Jungtier.

»Diese Insel«, philosophiert Cousteau, »ist zur reinen Verteilungsstelle für Sex und Milch geraten, vielleicht das Bild dessen, was uns Menschen erwartet, wenn wir uns auf dem Planeten weiter so schnell vermehren…«

Wir fahren wieder an die Westküste Niederkaliforniens. Dort ist die Kinderstube der Grauwale. Auch sie sind von Menschen beinahe ausgerottet worden. 1852 bemerkte der Walfänger Kapitän Charles Melville Scammon an der Einfahrt zur Lagune, die heute seinen Namen trägt, dass die riesigen Wale (fünfzehn Meter lang, vierzig Tonnen) dort sehr zahlreich waren. Er entdeckte Hochzeitskammer und Kinderstube der Art und richtete ein Blutbad an. Andere Walfänger folgten; zu Beginn des 20. Jahrhunderts war der Grauwal so gut wie ausgerottet.

Es blieben nur vereinzelte Exemplare, aus denen unter dem wachsamen Schutz der mexikanischen und amerikanischen Behörden die heutigen Herden wurden.

Die *Calypso* erscheint vor der engen Durchfahrt Ojo del Liebre (»Auge des Hasen«), dem Zugang zur Scammonbucht. In die Lagune fahren wir nur mit unserem Schlauchboot und unserer Schaluppe hinein. Es handelt sich um einen riesigen Meeresarm,

257

hundertfach verästelt, der Dutzende von Kilometern weit in die niederkalifornische Wüste von Vizcaino hineinreicht, sodass man die Grauwale auch als »Wüstenwale« bezeichnen könnte.

Wir brauchen nicht lange, um eine Mutter und ihr Kleines blasen zu sehen. Etwas weiter kurvt eine weitere Kuh im planktonreichen Wasser; sie scheint nervös und unruhig; vielleicht steht sie kurz vor der Niederkunft. Wir vermeiden es, sie zu stören. Wir tauchen mit einem dritten Weibchen, dessen Kalb, ein paar Wochen alt, hervorragend zurechtkommt. Ich lasse mich in der Nähe ins Wasser gleiten. Ich betrachte diesen riesigen Leib und diesen Kopf mit der runden, gebogenen Schnauze, in dem sich ein riesiges Maul mit grauen Barten öffnet. Ein wunderbares Schauspiel: das Junge reibt sich an seiner Mutter und stößt sie spielerisch mit der Schnauze in die Seite; es nimmt mehrere Meter Anlauf und rammt sie; es rutscht ihr über den Rücken… Es wirkt glücklich. Mama, die Geduld in Person, lässt es sich gefallen…

Bei den Grauwalen ist die Haut von Parasiten besetzt, vor allem von Seepocken und »Walfischläusen«, durch die sie wie gepanzert aussehen. Das Kalb ist davon noch frei, aber nicht mehr lange. Auch es wird bald unter diesen Parasiten leiden, von denen sich manche tief in die Haut der Wale einbohren.

Als wir am Ende dieses Tauchgangs den Motor des Schlauchboots wieder in Gang setzen, fahren wir aus Versehen zwischen der Mutter und ihrem Jungtier durch. Das sollte man mitnichten tun. Die Walkuh, besorgt um ihren Nachwuchs, taucht plötzlich unter unser Gefährt und stößt senkrecht nach oben. Sie wirft uns wie Hampelmänner in die Luft und beendet ihren Angriff mit einem kraftvollen Schwanzschlag.

Philippe Cousteau, Bernard Delemotte und ich finden uns halb betäubt im Wasser wieder. Ich bin unter dem Schlauchboot eingeklemmt. Ich frage mich einen Augenblick, ob ich mich je befreien kann, bevor es mir gelingt, wieder an die Oberfläche zu kommen.

Als wir unseren Verstand wieder beisammenhaben und feststellen, dass wir unversehrt sind, schätzen wir den Schaden ab. Mit einem einzigen Kopfstoß und Schwanzschlag hat die Walkuh die Bodenbeplankung des Schlauchboots geknackt, den Motor zerstört und den Benzintank platt gedrückt wie einen Pfannkuchen. Wir erschauern: Wenn einer von uns diese Ohrfeige von sieben Metern Spannweite und fünfhundert Pferdestärken aufs Haupt bekommen hätte, wäre er jetzt genau so platt wie der Benzintank...

Der kalifornische Grauwal greift Menschen nie an, außer wenn eine Mutter um ihr Junges besorgt ist. Dann rammt sie, was weder Finnwale noch Pottwale tun. Philippe Cousteau erinnert uns (ein wenig zu spät!) daran, dass die amerikanischen Walfänger diese Art als *devil fish,* als Teufelsfisch, bezeichneten...

Nachdem wir ein paar Tage damit verbracht haben, unsere Prellungen und Schürfwunden zu versorgen, studieren wir weiter das Verhalten dieses Großwals. Wir achten darauf, keiner Walkuh den Eindruck zu vermitteln, dass wir eine Gefahr für ihr Kalb sein könnten.

Eines Morgens entdeckt Philippe am Strand ein gestrandetes Walkalb. Das Junge lebt noch, hat aber furchtbare Wunden an den Flanken, auf die sich die Meeresvögel stürzen. Es zwinkert mit den kleinen Augen, in denen zugleich Angst und Verstand zu lesen sind. Philippe kann nicht umhin zu glauben, dass es ihn um Hilfe anfleht. Er alarmiert die *Calypso* über Funk. Die Mannschaft rollt den Kleinen in ein großes Netz und zieht ihn ins Wasser. Leicht ist das nicht: Er ist vier Meter fünfzig lang und wiegt eineinhalb Tonnen... Dann schleppen sie ihn hinter der Schaluppe bis zur *Calypso,* wo sie ihn so am Schiffsrumpf vertäuen, dass seine Blaslöcher über Wasser sind und er atmen kann.

Das Walkalb wird auf den Namen Jonas getauft.

Der Wissenschaftler bei diesem Einsatz, Professor Theodore (Ted) Walken, Spezialist für Grauwale, nimmt an, dass die Mutter irgendwo in der Nähe umherschwimmt und ihr Junges ruft. Er versorgt die Wunden von Jonas und bereitet ihm eine dicke Suppe aus mit Fett und Eiern angereicherter Milch zu, die er dem Walkalb von Hand einflößt. Zwei Tage und zwei Nächte lang schwankt Jonas zwischen Leben und Tod – und die ganze *Calypso* zwischen Freude und Kummer. Am Ende obsiegt der Tod. In mehr als fünfunddreißig Jahren Fahrten mit Cousteau ist die Mannschaft nach dem Tod eines Tieres vielleicht nie so traurig gewesen.

Anfang Februar tritt Kapitän Claude Caillart seine Stellung an seinen Kollegen Jean-Paul Bassaget ab. Am 21. März erfahren wir vom Tod des Vaters von Kommandant Cousteau, Daniel Cousteaus, eines glänzenden Anwalts und enzyklopädischen Geists, mit dem ich anlässlich der französischen meereskundlichen Kampagnen und während unserer ersten zehn Jahre Kreuzfahrten auf der *Calypso* Umgang hatte.

Im folgenden Frühling erforschen wir die Channel Islands gegenüber Los Angeles. Diese Territorien sind zugleich das Symbol einer teilweise bewahrten Natur (mit wunderbaren Meeresböden und an Robben, Seelöwen, Delfinen und Walen reichen Gewässern) und der Beweis, dass die Fülle des Lebens überall durch die zunehmende Ausdehnung der menschlichen Tätigkeit gefährdet ist, durch planlose Verstädterung, Industrieansiedlungen, intensive Landwirtschaft, Tourismus, Verkehr… Die Ölpest von Santa Barbara, die sich 1968 über diese Küsten ergoss, hinterließ Bilder der Verheerung. Wir werden zu entsetzten Zeugen der Schäden, die sie angerichtet hat.

Glücklicherweise bleibt noch Hoffnung: Wo der Mensch die Natur in Frieden lässt, erholt sie sich. Unweit der Riesenstadt Los Angeles werden wir bei einem Tauchgang Zeugen eines Balletts kalifornischer Seelöwen.

Durch Zufall stoßen wir ein paar Seemeilen vor der Insel Santa Catalina auf eine unglaubliche Ansammlung von Kalmaren, wie ich sie nie wieder gesehen habe. Die Mollusken feiern Hochzeit. Hunderttausende, Millionen dieser dreißig Zentimeter langen Geschöpfe winden sich und pulsieren in den Wellen. Bei Nacht ist das Schauspiel überwältigend. Wir tauchen. Das Meer wimmelt. Die Tiere sind übererregt. Mit Rückstoß schwimmend, schießen sie wie Pfeile überallhin. Die Männchen stürzen sich auf die Weibchen und umklammern sie mit ihren zehn Armen; dann holen sie mit einem ihrer Fangarme, dem so genannten Hektocotylus, die Spermien aus ihrer Genitalöffnung und führen sie in die äußere sekundäre Schale ihrer Gefährtin ein, in den Eibehälter. Die Hektik wird immer erstaunlicher. Räuber haben natürlich den gedeckten Tisch ausgemacht. Ich sehe Haie mit aufgesperrtem Rachen die Mollusken verschlingen, die den Tod nicht einmal kommen sehen. Dann laden sich auch die Grindwale zum Bankett.

Am Morgen, als das Toben sich gelegt hat, machen wir einen neuen Tauchgang. Die Weibchen legen weiße Eistränge, die sie an den Hornkorallen und am Tang auf dem Meeresboden befestigen. Vom Liebesakt erschöpft, sinken die erwachsenen Tiere beiderlei Geschlechts langsam auf den Meeresgrund, wo sie sterben und bald eine beeindruckende Leichendecke bilden. Aber der Nachwuchs ist gesichert…

Südlich von Monterrey in Kalifornien besuchen wir die Seeotter. Nichts ist hübscher als diese Tiere, die ihres kostbaren Pelzes wegen von den Menschen abgeschlachtet werden. Zur Seeotterjagd ließen sich auch die Russen im 18. Jahrhundert in Alaska nieder und fuhren dann die Westküsten Amerikas bis Kalifornien hinunter.

Die Seeotter lieben es, sich zum Schlafen an der Oberfläche in große Stränge von Seetang einzurollen. Wir schwimmen auf sie zu und beobachten sie bei ihrem Familienleben. Im Wasser sind sie die Anmut selbst. Sie schlagen Purzelbäume, winden sich, tanzen. Auf dem Meeresboden suchen sie sich Seeigel, Abaloneschnecken und Krabben, die sie mit Genuss verspeisen. Sie sind intelligente Tiere, die auch Werkzeuge zu gebrauchen wissen: Um den Panzer oder die Schale ihrer Beute zu knacken, holen sie sich einen Stein vom Grund, legen sich damit rücklings aufs Wasser und schlagen dann das Krebstier, die Muschel oder den Stachelhäuter auf den Stein, bis der Panzer zerbricht.

Die Krabben- oder Abalonefischer sind den Seeottern nicht gewogen. Sie beschuldigen sie, »ihre« Fanggründe zu plündern, während sie doch selber nachweislich allein daran schuld sind, dass sich die natürlichen Reichtümer verknappen. Sie spotten über die Schutzmaßnahmen für diese herrlichen Meeressäuger, holen ihre Winchester heraus, wenn sie sie sehen, und wenn sie einen im Netz haben, geben sie kein Pardon.

Am 1. Juni 1969 findet unweit vom kalifornischen La Jolla eine merkwürdige Zusammenkunft statt: Fast alle Mini-Tauchboote der Welt kommen zusammen. Die von mir gesteuerte »tauchende Untertasse« begegnet im Wasser unseren beiden »Meeresflöhen« (in denen André Laban und Raymond Coll sind), aber auch den amerikanischen Tauchgeräten *Beaver, Dowb, Deepquest, Star II* und *Nekton*. Ein regelrechtes Pfadfindertreffen unter Wasser, eine Rallye von Tauchfahrzeugen, die belegt, dass die Menschheit jetzt bereit ist, den Ozean zu besiedeln. Zu dessen Wohl oder Wehe? Die Frage ist noch nicht beantwortet.

Am 10. Juni 1969 läuft die *Calypso* im Hafen von Seattle ein und legt vor der Werft an, auf der sie vor siebenundvierzig Jahren gebaut worden ist. Arbeiter erinnern sich an den bescheidenen Minenräumer J. B. 26, von dem damals noch niemand wissen konnte, dass aus ihm das berühmteste Forschungsschiff der Welt werden würde.

28
Die Tragödie der Pazifiklachse

Krill als Festschmaus · Aufstieg der Lachse · Kodiakbären ·
Walrosszähne · Die Sprache der Delfine

Am 17. Juni 1969 nimmt die *Calypso* Kurs auf Alaska. Nachdem
wir die Grauwale im Winter beobachtet haben, das heißt in ihrer
Paarungs- und Gebärzeit, wollen wir sie auch im Sommer studieren, in den polaren Gewässern, wo sie sich mit Plankton den Bauch
voll schlagen. Wie die meisten Bartenwale sind sie unermüdliche
Wanderer. Gezwungen, in warmen Meeren niederzukommen
(ihren Jungen würde das Eiswasser schaden), fressen sie sich im
Sommer im Eismeer Speck an, wo es von riesigen Planktonwolken
wimmelt, besonders von kleinen Leuchtgarnelen, die auch Krill
genannt werden. Die Wale legen im Frühjahr und im Herbst eine
Strecke von fast achttausend Kilometern zurück, einmal nach
Norden und dann wieder zurück nach Süden. Die Tragzeit der
Kühe ist nach diesem Jahresrhythmus »berechnet«: elf Monate…

Wir suchen die Grauwale im Beringmeer und finden mehrere:
Ihr Blasstrahl ist weithin sichtbar! Sie sind gerade bei Tisch: Sie
schwimmen langsam durch Bänke von rosa Garnelen, reißen das
Maul auf – Wasser und Plankton fließen hinein –, dann schließen
sie die Kiefer und drücken die Zunge gegen den Gaumen. Das
unerwünschte Wasser wird durch die Barten hinausgepresst. Im
Maul bleiben nur, von den hornigen Barten zurückgehalten, Krill,
Mollusken oder kleine Fische zurück, die das Tier genussvoll wie
ein Bankettteilnehmer hinunterschlürft.

Während der Pascha eine Mannschaft damit beauftragt, die

Seeotter der Halbinsel von Alaska und der Aleuten zu filmen, vertraut er mir die Leitung eines Einsatzes auf der Kodiak-Insel an. Es geht darum, die Wanderung der Pazifischen Lachse zu untersuchen.

Mit ein paar Kameraden errichten wir ein Behelfslager am Ufer des Fraser River. Dabei ist der Filmemacher Jacques Renoir (Sohn von Jean Renoir, dem Regisseur von »Die große Illusion« und Enkel von Auguste Renoir, dem genialen Regisseur von »Moulin de la Galette«) und die Taucher Bernard Delemotte, Yves Omer, Dominique Arrieu und Patrice Innocenti. Wir warten auf die Lachse. Von ihrem fabelhaften Geruchssinn geleitet, finden sie nach vier Jahren Mast auf dem Meer die Mündung ihres Geburtsgewässers wieder, das sie jetzt bis zu dem Bächlein hinaufsteigen werden, in dem sie geschlüpft sind.

Sobald sie in Süßwasser schwimmen, hören sie auf zu fressen. Die Männchen bekommen ein seltsam verkrümmtes Maul (man nennt sie Hakenlachse). Die beiden Geschlechter wandern stromauf. Sie lassen sich durch nichts aufhalten. Vor einem Wasserfall nehmen sie Anlauf und springen. Mit ein paar Sätzen können sie mehrere Meter Stromschnellen überwinden. Wenn sie es nicht schaffen, fangen sie von vorne an. Manche verausgaben sich, fallen schwer auf Steine und verletzen sich. Sie versuchen es jedenfalls bis zum Tod. Bisweilen müssen sie den Weg zu Fischleitern finden, die die Menschen für sie gebaut haben, damit sie Staudämme umgehen können.

Wir postieren uns an schäumenden Wasserfällen. Trotz unserer Taucherkombinationen klappern wir mit den Zähnen. Aber die springenden Lachse bieten einen fantastischen Anblick. Wir entdecken, dass sie bei ihren Sprüngen die Gegenströmungen am Fuß von Stromschnellen hervorragend zu nutzen wissen.

Wir werden auch Zeugen des Treibens der Braunbären. Die Kodiakbären zählen zu den Riesen ihrer Gattung; wenn sie sich auf die Hinterbeine stellen, sind sie bis zu drei Meter sechzig hoch. Für diese Sohlengänger ist die Lachswanderung ein gefundenes Fressen. Sie waten in die Strömung, stecken den Kopf ins Wasser und kommen fast jedes Mal mit einem Fisch im Maul wieder heraus. Oder sie waten oben an einem Wasserfall, bis ihnen ihre Opfer ins Maul springen. Dagegen beobachte ich keinen einzigen, der mit der Pfote fischt, wie dies immer von ihnen behauptet wird.

Die Bären sind nicht die Einzigen, die das rosa Lachsfleisch lieben. Die Weißkopfseeadler, Wappentier der Vereinigten Staaten, fressen ebenfalls Lachse, genau wie die Füchse – und die Silbermöwen, die von den Bären hinterlassene Reste aufpicken.

Die Lachse, die diesen Gefahren entgehen und bis in ihren Brutbach kommen, führen dort ihren Hochzeitstanz auf. Das Männchen und das Weibchen drehen sich um eine Vertiefung im Kies, in die das Weibchen mit dem Schwanz eine Furche zieht. Es legt Hunderte weiß-rosa Eier in die Vertiefung, die das Männchen dann mit seiner Milch (dem Sperma) befruchtet. Erschöpft lassen sich die erwachsenen Tiere, die das Leben gespendet haben, dann mit der Strömung treiben. Ihre Haut verledert; sie scheinen im Zeitraffer zu altern. Sie verenden – ohne Ausnahme (im Gegensatz zum Atlantischen Lachs, bei dem manche Exemplare je nach Gewässer bis zu viermal ins Meer zurückfinden und zu erneutem Laichgeschäft wieder aufsteigen). Nach ein paar Wochen schlüpft die Brut. Die Brutfische mit Dottersack werden zu Junglachsen und dann ein Jahr später, wenn sie ins Meer schwimmen, zu Blanklachsen, die vier Jahre lang wachsen, bevor sie ihrerseits die gefährliche Reise flussaufwärts in ihr Brutgewässer antreten.

Wir haben auf der Kodiak-Insel gute Arbeit geleistet und kehren zur *Calypso* zurück. In der Bristol-Bai hat die Mannschaft Walrosse studiert.

Sie hat diese Tiere auf Round Island gefunden und (wie zu erwarten) auf Walrus Island. Diese Flossenfüßer, kaum weniger groß als Seeelefanten, bilden eine Zwischenfamilie zwischen den Seelöwen und den Robben. Sie wurden von Walfängern wegen ihres Robbenspecks und ihrer langen Hauer abgeschlachtet – ihrer Verteidigungswaffen, deren Elfenbein zum Unglück beider Arten genauso kostbar ist wie das der Elefanten. Die Walrosse ähneln riesigen braun-roten Raupen, wenn sie sich auf dem Festland dahinwälzen. Im Wasser erlangen sie eine unnachahmliche Anmut. Sie wandern weit, zum Teil schwimmend, zum Teil auf Eisschollen treibend, die sie in der Arktis wie einen Linienbus benutzen.

Die Mannschaft ist mit ihnen getaucht. Walrosse ernähren sich von Muscheln, Krabben, Seegurken usw., die sie nicht mit der Spitze ihrer Hauer ausgraben, wie man früher glaubte, sondern mit den Lippen aufnehmen. Unaufhörlich stoßen sie allerlei Geräusche aus. Sie schreien, grunzen, pfeifen, zwitschern. Man hat sie deshalb auch »Meerfinken« genannt. Im Wasser erzeugen die Männchen seltsame Glockenklänge, die die Seefahrer früher für das Glasen von Schiffsglocken hielten.

Wir bewegen uns in den Unterwasserwäldern aus Riesenkelp zusammen mit Seeottern, dann mit den Pelzrobben von Alaska. Wir filmen die Riesenkrabben oder Königskrabben des Nordpazifiks, deren größte Exemplare eine Spannweite von mehr als drei Metern erreichen. Diese Riesenkrebse werden durch Überfischung selten. Wir sehen auch Narwale – merkwürdige Meeressäuger, bei denen ein gedrehter Stoßzahn den Schädel wie ein Schwert verlängert und die auch Einhörner des Meeres genannt worden sind.

Anfang September, als das Meer und die Wetterbedingungen in der Arktis stürmischer werden, ziehen die Grauwale gen Süden. Die *Calypso* tut desgleichen. Wir kehren in den Hafen Seattle zurück.

Ruhezeit. Reparaturen. Mannschaftswechsel …

Als die Forschungsarbeiten wieder beginnen, tauchen wir in der Meerenge von Juan de Fuca zwischen Vancouver Island und dem US-Bundesstaat Washington, wo die größten Kraken der Welt hausen. Zweihundert Kilogramm schwer und Arme von vier Metern Länge: beeindruckende Mollusken … Diese intelligenten Tiere sind mitnichten die grausamen Ungeheuer, wie sie in Abenteuergeschichten beschrieben werden. In Wirklichkeit sind sie äußerst friedfertig. Zwar haben sie in ihren Fangarmen Kraft, doch sind sie schnell erschöpft, wie alle wechselwarmen Tiere. Die Spezialistin, die mit uns taucht, Jean Duffy, ist in den Augen eines Machos nur eine »schwache Frau«. Das hindert sie keineswegs, im Handumdrehen mit einem Riesenkraken fertig zu werden, der dreimal größer ist als sie selbst... Wir bewundern im Labyrinth ihrer Höhlen diese Riesentiere, die durch Rückstoß schwimmen und im freien Wasser wie riesige pulsende Blumen aussehen. Bei der kleinsten Aufregung schlägt das Braun-Rot ihrer Haut ins Ockerfarbene oder ins Blassgraue um.

Wir nehmen Kurs nach Süden. Vorbei an Monterrey, wo wir erneut den Seeottern begegnen. Philippe Cousteau freundet sich mit ihnen an. Er lockt sie mit Seeigeln und Muscheln. Sie lassen es zu, dass er ein Schläfchen mit ihnen hält, an der Meeresoberfläche eingerollt in die Blätter des Riesenkelps...

Wir tauchen mit den kalifornischen Seelöwen. Wir erleben eine erstaunliche Szene: Die Tiere rotten sich zu mehreren zusammen, um einen großen Mondfisch von mehr als zwei Metern Länge zu fangen. Und zu unserer Verblüffung beißen die schlauen Seelöwen ihrem Opfer die Schwimmflossen ab. Der Fisch, der nicht mehr flüchten kann, aber noch lebt, wird zur bequemen Speisekammer, wo sich jeder nach Lust und Laune bedienen kann! Das Wort »grausam« hat bezogen auf Tiere keine Bedeutung. Aber der »Trick« ist ein weiterer Beweis für die Intelligenz dieser Flossenfüßer, die zumindest eine »Vorstellung« davon haben, was Zukunftsvorsorge ist.

November und Dezember in Kalifornien. Versuche mit neuen Tauchgeräten. Beobachtungen des Verhaltens von Delfinen in Freiheit – unter der Schirmherrschaft von Professor René-Guy Busnel, dem Weltspezialisten für die Lautäußerungen und die Sprache dieser Wale. Um die Insel Santa Catalina herum spüren wir mit unseren Unterwasserhorchgeräten verschiedenen Delfinarten nach. Professor Busnel analysiert die Lautstruktur und zeichnet sie auf. Er versucht, den Sinn der Klicklaute, Triller und Pfiffe zu ergrün-

den, die die Tiere unaufhörlich ausstoßen. Bestimmte Lautäußerungen (besonders das Klicken) dienen der Schallortung. Andere
ähneln Sätzen, enthalten Informationen, stellen eine Art Dialog
dar.

Nach Süden, immer weiter nach Süden… Wir verbringen
Weihnachten 1969 vor Anker bei dem Eiland San Benedicto, zweihundertfünfzig Seemeilen südlich des Südkaps von Südkali-
fornien. Delfine, Grindwale, Schwertfische, Marline, Barrakudas,
Haie.

Januar 1970: Zwischenaufenthalt im mexikanischen Hafen Ma-
zatlan. Kurs auf das Clipperton-Atoll. Dieses winzige Inselchen,
dreihundert Seemeilen westlich von Acapulco, verloren im Pazifik, gehört zu Frankreich. Ein Büschel Kokospalmen, eine Lagune,
ein Krater. Und Scharen von Krabben! Von diesen Krebstieren
wimmelt der Strand. Sie fürchten sich vor nichts. Christian Bonnici amüsiert sich damit, sich auf den Sand zu legen: Nach ein paar
Minuten ist er von den Tieren bedeckt; manche von ihnen fangen
an, ihn zu verkosten, das eine am Arm, das andere am Bein… Es
sind Leichenfresser, Nekrophagen. Sie beseitigen alles, was he-
rumliegt. Sie sehen prächtig aus – leuchtend orangerot mit roten
Streifen. Christian will sie aber derzeit doch noch nicht mit sich
selber mästen…

Wie alle Atolle hat sich das Clipperton-Atoll um einen auf-
steigenden Vulkan gebildet. Bernard Delemotte taucht in den
wassergefüllten Krater hinab. Er durchtaucht eine klare Schicht
und dringt dann in einen dicken, schwarzen, beängstigenden Brei
ein, in dem er jeden Richtungssinn verliert; glücklicherweise hat
er eine Boje mit einem Ariadnefaden verankert, an dem er sich
wieder hochhangelt. Als er herauskommt, wirkt er, als habe er in
einer Wanne brühheißen Wassers gelegen: Gesicht und Hände,
von der Kombination ungeschützt, sind knallrot und brennen
fürchterlich. Er begreift, dass die fangoähnliche Masse, in die
er hineingetaucht ist, aus faulenden Algen besteht, deren Ver-
rottungsprozess unter Luftabschluss schweflige Säure erzeugt.

Er braucht eine Woche – und eine Schälung wie nach einem schweren Sonnenbrand –, bevor er wieder wie ein Mensch aussieht.

29
Tollkühne Korallentaucher

Blaue Löcher · Operation »Tunicile« · Fische der Tiefsee ·
Korallengrotten · Taucherkrankheit

Am 12. April 1970 durchquert die *Calypso* den Panamakanal in
östlicher Richtung. Jetzt sind wir wieder im Atlantik. Kapitän Bassaget nimmt Kurs auf Honduras, dann auf Belize – das frühere
Britisch-Honduras. Vor diesem kleinen Land erstrecken sich über
vierhundert Kilometer Riffe, das zweitgrößte zusammenhän-
gende Korallengebiet der Welt nach dem Großen Barriereriff in
Australien. Wir tasten uns über das Glover-Riff und dringen dann
ins Lighthouse-Riff ein, wobei wir uns vorbehalten, das größte
und schönste später zu erforschen, die Chinchorro-Bank. Das
Lighthouse-Riff ist durchlöchert wie ein Schweizer Käse, voller
wassergefüllter Grotten. Überall zeigen sich »blaue Löcher«. Es
handelt sich um vom Flugzeug aus gut sichtbare runde Schächte
von mehreren hundert Metern Durchmesser. Sie sind sehr viel
tiefer als das Wasser der Umgebung, wie ihre intensiv ultramarine
Farbe bezeugt. Cousteau hat beschlossen, eines davon zu untersuchen, was bisher noch kein Mensch getan hat. Wieder ein Geheimnis, das aufzuklären ist...

Zu einem blauen Loch zu gelangen, ist ein Hindernislauf, bei
dem uns trotz der tropischen Hitze der kalte Schweiß ausbricht.
Kapitän Bassaget fordert mich auf, das Ruder zu nehmen. Ich ver-
lasse mich auf die Hinweise meiner Freunde, die den Weg in der
Schaluppe und im Schlauchboot auskundschaften. Wir fahren im
Slalom zwischen den Riffen hindurch. Bisweilen haben wir weni-

ger als fünfzig Zentimeter Wasser unter dem Kiel. Ein tückischer Korallenstock würde schon reichen ...

Vom Hubschrauber aus gesehen, scheint die *Calypso* winzig, wie sie da mitten in einem blauen Loch schwimmt. Man könnte meinen, sie sei von irgendeinem verspielten Riesen in diesen ultramarinblauen Kreis gesetzt worden. Wir nehmen unsere Erkundungstauchgänge auf. Wir tauchen in ein klares Gewässer, dessen Farbe immer dunkler wird, je tiefer wir ins Innere des Riffs eindringen. Die Wände des Abgrunds verschlammen zur Tiefe hin. Allem Anschein nach handelt es sich um Kalkgrund mit Karstcharakter, wie die Geologen sagen. Dieses Sedimentgestein, das früher vom Meeresboden abgelagert wurde und dann versteinerte, ist durch ein Absinken des Spiegels der Weltmeere hervorgetreten. Später ist es wieder vom Wasser bedeckt worden. Während der Zeit der Absenkung des Meeresspiegels (in einer oder mehreren Eiszeiten) ist kohlensäurehaltiges Regenwasser in Spalten eingedrungen und hat den Kalkstein aufgelöst. So wurden Gänge ausgewaschen und ein Netz von Höhlen geschaffen, das so komplex ist wie in den französischen Causses oder im jugoslawischen Karst. Das Dach riesiger unterirdischer Kavernen ist schließlich eingestürzt. Sie haben sich in Abgründe (Einbruchtrichter) verwandelt, die zu blauen Löchern wurden, als sie mit Meerwasser voll liefen ...

Diese Hypothese, die ich mir selber bilde und die sich auch Kommandant Cousteau vorstellt, während wir zusammen tauchen, muss überprüft werden. Dazu dringen wir in einen Seitengang ein: Er endet bald. Wir tauchen tiefer hinab – auf mehr als sechzig Meter. Da finden wir einen Durchgang. Vorsichtig dringen wir ein: Angst beschleicht uns. Nichts ist riskanter, als in Unterwasserhöhlen zu tauchen; man verirrt sich allzu leicht ... Taucher haben schon ihren Luftvorrat aufgebraucht und sind erstickt, bevor sie den Ausgang fanden ... Natürlich haben wir am Eingang eine Schnur befestigt, die wir abrollen und die uns als Ariadnefaden dient. Wir gelangen ins Innere des Kalkfelsens. Unsere Lampen lassen ringsum Gespenster aufscheinen.

Da ist der Beweis: ein riesiger Saal, verziert mit Stalaktiten und Stalagmiten... Das ist der Nachweis, dass die heute wassergefüllten Grotten sich über dem Meeresspiegel zu einer Zeit gebildet haben, als das Riff starker Auswaschung durch eindringendes Süßwasser ausgesetzt war, von dem allein sich beim Entweichen der Kohlensäure an der Luft solche Kalkablagerungen auskristallisieren. Wir verbringen frohe und kurzweilige Stunden damit, die Gesteinsformationen zu bestaunen.

Wir bleiben mehrere Tage an diesem Tauchort. Wir fahren mit dem Tauchboot bis auf hundertdreißig Meter hinunter. Ich setze auf dem tiefsten Teil des blauen Loches auf, von dem es in manchen Legenden heißt, es sei »grundlos«. An dieser Stelle liegt ein Schuttkegel auf dem Meeresboden: die Felsen der Höhlendecke, die vor vielen Jahrtausenden eingestürzt ist.

Die Mission ist beendet. Die *Calypso* nimmt Kurs auf die Bahamas. Wir erforschen einige schöne Riffe der siebenhundert Inseln des Archipels. Wir grüßen Delfine und Schwertwale, Meeresschildkröten und Manta-Rochen. Wir werden überwältigt von der Schönheit dieser Meerestiefen, wo vor einem Hintergrund von Neptunsgehirnen und gelben und violetten Hornkorallen zarte Nacktkiemer vorbeischweben, Porzellanschnecken, Putzergarnelen und Legionen bunter Fische: blau-gelb gestreifte Kaiserfische, schwarzsamtene und goldgetüpfelte Kariben-Kaiserfische, blaue Mönchfische, grüne Papageienfische, hellrote Soldatenfische...

Und die *Calypso* nimmt Kurs auf Europa... Nach einem Abstecher nach Miami passieren wir die Azoren und legen am 15. September 1970 in Monaco an. In drei Jahren haben wir eine Strecke von mehr als fünfzigtausend Seemeilen zurückgelegt!

Das Ende des Jahres 1970 vergeht für den größten Teil der Mannschaft mit Ferien... Aber nicht für eine kleine Truppe, der auch ich angehöre. Nach verkürztem Urlaub planen wir einen neuen Einsatz. Dieser findet im Oktober in der Straße von Sizilien statt; er wird Operation »Tunicile« getauft, bei der es darum geht, die »Machbarkeit« (wie die Technokraten sagen) der Verlegung einer Gasleitung zwischen Tunesien und Sizilien zu prüfen, durch die Italien mit Erdgas aus Nordafrika beliefert werden soll. Die *Calypso* läuft Tunesien an. Wir ziehen eine Linie von Kap Bon zur Insel Favignana und zum Hafen Marsala. Aufnahme von Bodenprofilen mit den Echoloten. Fotografieren des Meeresgrunds mithilfe des »Troika-Schlittens«. Fahrten mit dem Tauchboot. Bei einer meiner achtundzwanzig Stippvisiten habe ich die Freude, in zweihundertfünfzig Meter Wassertiefe ein vermutlich phönizisches unversehrtes Wrack zu entdecken. Ich juble im Gedanken an die historischen Schätze, die es enthält. Doch dann dämpfe ich meine Begeisterung: Zweihundert Meter Wassertiefe sind viel zu viel für Taucher in Taucherkombinationen...

Wir beenden die Arbeit in der Meerenge von Messina, wo die Heftigkeit der Strömungen das Steuern des Tauchboots zur Akrobatik macht. Selbst Tieren fällt es schwer, sich auf dem felsigen Grund zu halten. Was dort noch lebt, ist bizarr. An diesem Ort, wo nach der griechischen Legende die Ungeheuer Skylla und Charybdis hausen, werden Tiefseefische öfter als woanders an die Oberfläche gespült. Am Strand kann man Viperfische mit langen und spitzen Zähnen wie Schusterahlen, Silberbeile und Leuchtsardinen auflesen... Diese Tiere bewohnen im Meer die Zone ewiger Dunkelheit. An den Seiten haben sie Leuchtorgane. Manche haben vor dem Maul eine Angel mit einem phosphoreszierenden Köder. Wenn eine Garnele oder ein kleiner Fisch in der Hoffnung auf eine schnelle Mahlzeit herbeischwimmt, erwartet sie eine grausame Überraschung...

Nachdem die Operation »Tunicile« abgeschlossen und die Trasse der künftigen Gasleitung auf den Seekarten eingetragen ist, kehren wir nach Marseille zurück.

1971 übernehmen die Kapitäne Philippe Sirot und Alain Bougaran das Kommando der *Calypso*. Neuer Einsatz im Mittelmeer: geologische Forschungen, Untersuchungen des Planktons usw. Im März/April setzen wir unter Leitung von Professor René-Guy

Busnel unsere Forschungen zu Sprache und Verhalten der Delfine fort. Doch jetzt kommt es nicht mehr in Frage, diese Kleinwale zu fangen, um sie in einem Delfinarium einzusperren! Wir hegen freundschaftliche Gefühle für diese eleganten, schnellen, zärtlichen und so schlauen Meeressäuger…

Wir schleppen ein schwimmendes Becken aufs offene Meer. Mit größter Vorsicht fangen wir ein paar Gemeine Delfine. Wir setzen sie zur Untersuchung und zur Aufzeichnung ihrer Lautäußerungen in unsere Umzäunung. Wenn Professor Busnel mit seinen Tonbändern zufrieden ist, lassen wir sie wieder frei.

»Sie rufen einander ständig«, berichtet der Wissenschaftler. »Sie stoßen ihr Echolotklicken und eine Unzahl anderer Geräusche aus, die wie Sätze aufgebaut scheinen. Unmöglich, nicht sofort an ein Gespräch zu denken – es wirkt ähnlich wie die Pfeifsprache mancher Schäfer der Pyrenäen oder der Kanarischen Inseln…«

Wir stellen fest, dass die Delfine zusammenhalten, was immer auch geschieht. Wenn wir einen fangen, zieht die Herde nicht weiter. Sie spricht ihm Mut zu. Sie wartet sichtlich beunruhigt, bis der Gefangene wiedergewonnen hat, was für einen Wal wie für einen Mensch das Kostbarste ist: seine Freiheit.

Im Juli führen wir eine Kampagne in Korsika in der Gegend von Bonifacio durch. Das Ziel: die rote Edelkoralle. Diese Hornkoralle besteht aus einer Kolonie von leuchtend weißen Polypen, die einen kleinen, gemeinsamen »Ast« aus rosa oder tiefrotem Kalk ausscheiden, der in der Schmuckwarenindustrie sehr begehrt ist. Genau das ist das Problem. In den lokalen Gewässern gibt es viele Korallenfischer; die kostbaren Äste werden selten. Früher fand man sie in dreißig oder vierzig Metern Tiefe. Jetzt muss man schon achtzig oder hundert Meter hinab.

Es gibt einen Menschenschlag, der es wagt, täglich mehrfach in diese Tiefen hinabzutauchen, um die Ernte einzuholen. Die Korallentaucher von Korsika sind berühmt. Ihre Arbeit ist reine Plünderung; doch sie schwören, das sei ihre einzige Möglichkeit, ihren Lebensunterhalt zu verdienen, und schon ihre Vorfahren hätten das getan … Ich schließe Bekanntschaft mit einem von ihnen. Er gehört zu einer Familie, die in Propriano sehr bekannt ist. Er heißt Recco. Mit Nachnamen Toussaint (genannt Tony) Recco. Ein Naturbursche.

Er legt einen Tauchanzug an – einen höchst primitiven mit Pressluftflaschen von zweihundertfünfzig Atü (regelrechten Bomben!) und einem selbst gebastelten Regelventil. Ich rüste mich aus und tauche mit ihm. Meinerseits atme ich eine Heliummischung. Er taucht mit Höchstgeschwindigkeit hinab, viel schneller, als ich das je gewagt hätte. Ich habe Mühe, ihm zu folgen. Dreißig Meter, fünfzig, achtzig, hundert … Um uns herum ist das Wasser fast schwarz. Er dringt ohne Zögern in eine Grotte ein, deren Decke mit prächtigen Korallenzweigen besetzt ist, die im Licht unserer Lampen wie Aladins Schatz leuchten. Ein Meereswunder … Ich möchte verweilen, es bewundern … Aber er arbeitet. Er schlägt die Korallenzweige mit einem präzisen Hammerschlag an der Basis ab und wirft sie in einen Metallkorb. Ich frage mich, wie er in dieser Tiefe normale Pressluft atmen und im Kopf noch klar sein kann.

Dann sehe ich ihn plötzlich wie einen Pfeil wieder aufsteigen und an mir vorbeiflitzen. Er ist verrückt! Er überholt mich wie ein Radrennfahrer, der als Schnellster die Passhöhe erreichen will! Er riskiert einen Dekompressionsunfall!

Als ich über Wasser anlange, hat er sich schon abgetrocknet. Er bricht in Lachen aus. Fast behandelt er mich als einen Schwächling.

Tony Recco ist mit Sicherheit hart im Nehmen. Schneller als irgendjemand sonst taucht er hinab und kommt wieder herauf, und seine Dekompressionspausen sind über den Daumen gepeilt. Nur wenige Menschen würden dies überstehen …

Um den Film über ihn zu drehen, mit dem Kommandant Cousteau mich beauftragt hat, verlange ich eine versenkbare Galeazzi-Dekompressionskammer. Für mich kommt es nicht in Frage, das Leben oder die Gesundheit der kleinen Mannschaft in Gefahr zu bringen, die mich begleitet. Während wir unsere Vorsichtsmaßnahmen treffen, missachtet Recco weiterhin tollkühn die physiologischen Gesetze des Tieftauchens. Ich weiß (er weiß es auch, gesteht er mir eines Abends), dass er trotz seiner außergewöhnlichen Konstitution für jeden heraufgezogenen Korb Korallen wahnsinnig viel riskiert. Zwischenfälle hat es schon gegeben. Er hat Schmerzen in den Gelenken – ein klassisches Symptom verunglückter Dekompressionen. Er hinkt immer mehr. Er hat Abwesenheitszustände …

Eines schönen Tages wird sich in einer seiner Hirnarterien ein großes Gasbläschen bilden. Und dann …

30
Der weiße Riesenkontinent

Der sechste Erdteil · Die Wale von Valdés ·
Das Auge des Leviathans · Die Sphinx im Eis ·
Überbleibsel der Blauwale

Die *Calypso* ist lange Zeit im Hafen geblieben. Ich habe die Zeit genutzt. Ich bin in Sormiou, in Morgiou, in Frioul, vor den Iles d'Hyères getaucht: Taucherferien bestehen aus Tauchen. Ich langweile mich. Ich bastle. Ich muss erkennen, dass auf Cousteaus Schiff zu sein nunmehr für mich gleichbedeutend mit Leben ist. Ich frage mich, ob das noch normal ist. Herr Doktor, ist das normal?

Natürlich habe ich Gefühle, eine Familie, eine liebenswerte Tochter, die ich vergöttere. Manchmal sage ich mir, dass ein Lächeln dieses Kindes mehr wert ist als mein Abenteuerleben auf allen Weltmeeren. Ich träume zu vorgerückter Stunde von einem Leben als Büromensch. Ich könnte jeden Abend zur selben Zeit heimkommen, die Füße unter den Tisch strecken... Aber sobald ich meinen Blick zum blauen Horizont des Mittelmeers schweifen lasse, über die Inseln hinaus, weiß ich, dass nichts mich an Land zurückhalten kann.

Ich werde die Meinen dafür jedes Mal mehr lieben, wenn ich zurückkehre: Das ist der ungeheure Egoismus des Seemanns.

Am 30. September 1972 lichtet die *Calypso* den Anker – endlich! Sie nimmt Kurs auf die Antarktis – die große Weiße, den sechsten Kontinent, das Reich der Kälte, der Schneestürme und der Illusionen. Dreizehn Millionen Quadratkilometer Eis, ohne das Packeis zu rechnen, das sich während des endlosen Winters auf dem Meer ausbreitet. Schon lange träumte Cousteau davon und machte uns den Mund wässrig. Diesmal ist es so weit. Wir werden einen abendfüllenden Film drehen, dessen Titel bereits feststeht: »Die Fahrt ans Ende der Welt«, außerdem vier Fernsehfilme.

Den ersten Teil der Fahrt mache ich nicht mit. Ich stoße per Flugzeug in Rio de Janeiro zum Schiff, wo wir einige Tonnen Material laden und von wo wir am 23. Oktober auslaufen. Buenos Aires. Puerto Madryn. Erneutes Einladen von Ausrüstung.

Wir laufen die Halbinsel Valdés an. Die Schönheit Patagoniens… Obwohl in diesen Breiten schon Frühling ist, finde ich es kalt. Doch dass ich beim Einlaufen in den Golf von San José nördlich von Valdés eine Gänsehaut bekomme, liegt nicht an der Kälte. Es ist wegen der Wale.

Sie sind majestätisch, riesenhaft, wunderbar… Schwarze Glattwale – eine Art, die ich noch nie gesehen habe. Sechzehn bis achtzehn Meter lang, fünfzig bis siebzig Tonnen schwer… Der Wal, der früher zur Vermehrung in den Golf von Gascogne in der Nähe der Küsten des Baskenlandes zog: Man nannte ihn deswegen Nordkaper oder Biskayawal. Ein riesiges, aber gutmütiges Tier, sanft, langsam, friedlich… Die Basken haben ihn um das 9. oder 10. Jahrhundert jagen gelernt. Sie waren die ersten Walfänger der Geschichte. Aber ach! Sie haben die Spezies schon vor dem Ende des 18. Jahrhunderts fast ausgerottet: Im Nordatlantik gibt es davon heute wie durch ein Wunder noch eine winzige Herde in der Fundy Bay zwischen Kanada und den Vereinigten Staaten.

Wir fahren in den Golf von San José ein zusammen mit einem dieser Berge aus Speck und Muskeln. Der Wal atmet wie ein Blasebalg und schickt seinen doppelten, herzförmigen Atemstrahl in die Luft. Ein riesiger Kopf, Barten von fünf Metern Länge… Seine Haut ist anthrazitschwarz, von Parasiten besetzt, besonders über den Augen, an den Wangen und am Kinn. Seine Oberlippe trägt einen faltigen, verhärteten und mit Seepocken und Schalentieren besetzten Hautbuckel; die Harpuniere nannten dieses seltsame Japangärtchen »Häubchen« und behaupteten, es zu berühren bringe Glück.

Wir folgen dem Wal bis in die Mitte des Golfs von San José, und da macht er plötzlich kehrt. Er hebt seine riesige Schwanzflosse über die Wasseroberfläche und lässt sich vom Landwind – dem Wind der Pampa – wieder auf die hohe See hinausschieben. Er hat ganz eindeutig seinen Spaß daran! Bei Valdés nutzen Glattwale ihre Schwanzflosse als Surfsegel!

Die *Calypso* durchfurcht langsam diese zauberhaften Gewässer. Hier vermehren sich die meisten schwarzen Glattwale der Südhalbkugel. Wir verbringen verzauberte Tage mit den Walen. Wir entdecken Mütter und ihre Kleinen: liebevolle Szenen. Tauchend stellen wir fest, dass diese Riesentiere viele Minuten (manchmal eine halbe Stunde) ohne Atemholen unbeweglich und stumm auf dem Grund liegen bleiben. Was bedeutet dieses Verhalten? Vielleicht ist es für sie eine Möglichkeit, der Geräuschortung durch die Schwert- oder Killerwale zu entgehen, ihre gefährlichsten natürlichen Feinde?

Eines Morgens tauche ich in das meergrüne, von grün-blauen Lichtbahnen durchzogene Wasser. Bernard Delemotte begleitet mich. Wir entdecken einen schlafenden Wal auf dem Meeresgrund, in vierzig Metern Tiefe. Ich tauche hinunter und schwimme seinen endlosen Leib entlang. Dann streichle ich ihn: Er hat eine Haut wie Samt und erschauert bei der Berührung durch meine Hand. Ich betaste seine riesigen Flossen, seinen Mundwinkel, die teilweise sichtbaren Barten und sein rundes Auge von Pampelmusengröße, überwuchert von einer Kolonie von Parasiten. Der Riese – der Leviathan der Bibel – sieht mich an, wie ich ihn. Ich lese in seiner Pupille Interesse, Neugier, vielleicht eine Frage. Er ist intelligent, dessen bin ich sicher! Ich frage mich, was der Wal von mir hält: Ob er glaubt, dass ich eine Art groteske Robbe bin, schwimmbehindert und mit einer schwarzen, gelbgestreiften Kautschukhaut? Oder erkennt er gar die Spezies Mensch? Und versteht er in diesem Fall, dass nicht alle Menschen darauf aus sind, ihm eine Harpune in die Brust zu stoßen?

Ich hoffe es.

An manchen Tagen, wenn der Wind das Meer zu hohen Wellen aufpeitscht, scheinen die Wale von Valdés übermütig zu werden. Sie springen, nehmen Anlauf, heben ab und plumpsen mit ungeheurem Platschen wieder auf die Seite.

Eines Nachmittags wohnen wir einem Liebesakt bei. Vier Wale (drei Bullen, eine Kuh) schwimmen zusammen an der Oberfläche und peitschen viel Gischt auf. Wir fragen uns, welchen Grund dieses Hin und Her hat. Im Schlauchboot fahren wir näher heran. Das Quartett der Leviathane taucht unter.

Philippe Cousteau schnappt sich eine Kamera und folgt ihnen. Als er wieder hochkommt, schildert er uns die Szene: das Schönste, was er je gesehen hat. »Die Tiere streicheln einander, berühren sich und bilden eine Art riesige Blume. Die Männchen bekämpfen sich nicht, im Gegensatz zu der Mehrheit aller andern Tierarten. Eines der Männchen kann schließlich seinen rosigen, drei Meter langen Penis in die pulsende Scheide des Weibchens einführen. Der Akt dauert ein paar Sekunden: aber ein Mysterium der Welt ist damit erfüllt...«

Mit Bedauern verlassen wir die Halbinsel Valdés. Michel Deloire, unser Chefkameramann, möchte ein paar Monate in Gesellschaft dieser Riesen verbringen.

Wir nehmen Kurs nach Süden. Zwischenaufenthalt an der Punta Tombo; an diesen Stränden fläzen sich Hunderte von Seeelefanten. Es sind die südlichen Vettern der Seeelefanten des Nordens, denen wir auf der mexikanischen Insel Guadalupe begegnet sind. Die dominanten Männchen, die Paschas, deren Nase in einen unförmigen Rüssel mündet, brüllen beim Zusammentreiben ihrer widerspenstigen Kühe. Doch die meisten Geburten und Deckakte haben bereits stattgefunden; die Bewacher, erschöpft, lassen die Disziplin immer mehr schleifen. Männchen niedrigeren Ranges nutzen die Situation; sie pirschen sich auf Umwegen an die Weibchen heran, und manche gelangen ans Ziel...

Millionen Magellanpinguine bewohnen das Ufer. Kopf und Rücken schiefergrau, weiß der Bauch. Typisch für sie ist eine helle Linie an den Backen und eine dunkle auf der Brust. Sie nisten hinter dem Strand, wo sie seit Generationen metertiefe Erdlöcher graben und jedes Jahr wieder nutzen. Sie verteidigen ihre Eier oder Jungen energisch, wie ich feststellen kann, als ich so tue, als wollte ich ein Küken rauben. Ein Elternteil versetzt mir einen Schnabelhieb auf den Zeigefinger, an den ich noch lange denke…

Wir fahren die Küste Patagoniens unter Schwärmen von Kormoranen, Dominikanermöwen und Sturmschwalben entlang. Wir berühren Feuerland, das wir von Osten unter Passieren der Staten-Insel umrunden. Auf diesem wellenumtosten Felsen machen wir Bekanntschaft mit zwei Arten von Seelöwen: mit der südamerikanischen Pelzrobbe oder *dos pelos* (die von Pelzjägern abgeschlachtet und äußerst selten geworden ist) und den patagonischen Seelöwen: herrliche Tiere… Die Weibchen, mit ihrem orangeroten oder goldfarbenen Pelz, sind die verkörperte Eleganz. Die Männchen, deren Hals durch üppige dunkelbraune Mähnen betont wird, haben die Haltung von Löwen und Reißzähne, die an die der Großkatzen erinnern!

Wir werfen Anker vor Ushuaia, der südlichsten Stadt der Welt, an der Südküste von Feuerland. Ein kleiner Hafen mit hölzernen Kais. In bunten Farben gestrichene Bretterhäuser (wie häufig an nebligen und regnerischen Küsten). Ein bleifarbenes, seltsames Licht, das eine graue Bucht übergießt, über der ein von merkwürdigen Kräutern überwucherter Friedhof liegt…

Wir prüfen, ob alle unsere Geräte funktionieren. In Rio de Janeiro haben Techniker der NASA auf der *Calypso* einen Empfänger für per Satellit ausgesandte Wetterkarten und ein über einen anderen Satelliten laufendes Fernmeldesystem installiert. Wir sind das erste Schiff, dem diese ultramoderne Ausrüstung zuteil wird. Gott – und Cousteau – wissen, dass sie in der antarktischen Eiswüste alles andere als überflüssig sein wird. Im argentinischen Puerto Madryn haben wir außerdem einen Hughes-300-Kleinhelikopter an Bord genommen, der auf einer Netzplattform starten und landen kann, die wir über dem Bug aufgespannt haben.

Unterstützt werden wir von einem argentinischen Schiff, der *Bahia Aguirre*, die uns mit Dieselkraftstoff, Kerosin, Trinkwasser und Lebensmitteln versorgen wird.

Durch die Drakestraße laufen wir nach Süden, durch die wildesten und gefährlichsten Gewässer der Erde... Kapitän Alain Bougaran und sein Stellvertreter Michel Laval suchen die Kimm mit dem Fernglas ab. Doch der Horizont ist verhangen. Die Wolkendecke senkt sich; Wind kommt auf und lässt die Dünung hochgehen; es hagelt und dann schneit es. Und dabei haben wir Frühling!

Ich bewundere die Taubensturmvögel oder Kaptauben, die im Kielwasser der *Calypso* in der Luft kreisen. Ich beobachte den königlichen Flug der Albatrosse: Kein anderer Vogel nutzt den Wind so gut. Wir kreuzen den Weg einer Gruppe von Eselspinguinen, die es eilig haben und wie Tümmler aus den Wellen springen: erstaunliche Wesen. Sie sind offenbar beim Frühstücken: Sie tauchen und schlucken beim Auftauchen kleine Tiere. Aus Neugier ziehe ich das Planktonnetz durchs Wasser: Das Gerät füllt sich mit rosafarbenen, fünf Zentimeter langen Garnelen. Leuchtgarnelen, der berühmte Krill, an dem sich die Bartenwale laben...

Ich bin Cheftaucher dieses Einsatzes, wie bei den meisten vorhergehenden. Ich habe darauf geachtet, dass das Material gut in Schuss ist. Wir haben die Absicht, unter das Packeis zu tauchen, in Gewässer, deren Temperatur unter null Grad Celsius liegt (durch den Salzgehalt liegt der Gefrierpunkt niedriger). Ich habe für jeden Taucher eine isolierende Spezialkombination in Rot anfertigen lassen. In diesem Unisuit genannten Anzug kommt die Haut nicht mehr mit dem Meerwasser in Berührung; ein Luftkissen liegt dazwischen und macht es möglich, eine halbe oder dreiviertel Stunde in Gewässern zu verbringen, in denen man mit herkömmlichem Material keine zehn Minuten aushalten würde.

Wir kreuzen die Bahn der ersten Eisberge: regelrechte schwimmende Gebirge! Keiner gleicht dem andern. Manche ähneln Bürohochhäusern, andere ländlichen Kirchen, wieder andere griechischen Tempeln oder Vorstadtvillen. Wir filmen einen, der die ägyptische Sphinx nachahmt – eine auf dem Bauch liegende Katze mit Menschenkopf! Allen folgt ein Hofstaat kleinerer Schollen, die Growler genannt werden und unseren Rumpf beschädigen könnten...

Wir laufen die King-George-Insel in der Inselgruppe der Südshetlands an und ankern in der weiten Leopardenbucht, die sich nach Südosten gegenüber der antarktischen Halbinsel öffnet. Auf treibenden Eisblöcken fahren Eselspinguine, Felsenpinguine und Adeliepinguine spazieren, wie mit Linienbussen in den Straßen einer Stadt. Eine Weddellrobbe, die auf einer Packeisscholle schlummert, fährt bei unserer Vorbeifahrt hoch und lässt sich geräuschlos ins Meer gleiten.

Philippe Cousteau und François Dorado untersuchen im Schlauchboot eine Gletscherzunge, die Eisberge ins Meer kalbt. Als sie sich nähern, stürzt eine riesige Eisklippe von mehr als fünfzig Metern Höhe und hundert Metern Länge donnernd herab. Die Eismasse erzeugt beim Eintauchen einen riesigen Wassertrichter, der wieder voll läuft und eine Flutwelle aufwirft. Philippe und François werden von den schäumenden Wogen wie Korken umhergeworfen, kommen aber heil heraus. Aber die Antarktis hat uns gewarnt. Die Natur ist hier unerbittlicher als sonst wo.

Unerbittlicher, aber auch so viel schöner... Worte reichen nicht aus, um die Pracht der Berge zu schildern, die sich im Meer spiegeln, auf dem Eisschollen schwimmen – weiße, blaue, graue, in tausend Schattierungen...

Am Strand der Leopardenbucht hilft uns der Wissenschaftler, der uns leitet, der Walspezialist Professor Raymond Duguy, beim Zusammentragen eines Blauwalskeletts. Diese Gegend war das Reich der Walfänger. Die Jagd auf die großen Bartenwale begann in der Antarktis um 1902. Norweger, Engländer, Amerikaner und ein Dutzend anderer Nationen schlachteten hier die Riesentiere ab, deren Walspeck zunächst in Tranfabriken auf den Inseln, dann in Fabrikfangschiffen ausgeschmolzen wurde. In den Dreißigerjahren wurden in der Antarktis mehr als dreißigtausend Wale pro Jagdsaison getötet! Ströme von Blut ergossen sich in den Ozean … Dazu muss gesagt werden, dass heute, nach mehr als einem halben Jahrhundert Schlächterei, auf der ganzen Welt nur noch zwei- oder dreitausend Blauwale übrig sind – vielleicht auch weniger als tausend, wie manche Walkundler meinen.

Das Skelett, das wir zusammenfügen, ist Gleichnis für die grausame Habgier der Menschen. Unsere Gattung hat gedankenlos lebende Berge von dreißig Metern Länge und hundertfünfzig bis zweihundert Tonnen abgeschlachtet, um aus ihnen Fett für Kerzen und Chemieprodukte zu gewinnen!

Wir sind natürlich auf der Suche nach Walen im Meer, als wir die King-George-Insel in Richtung Deception Island verlassen. Für sie ist jetzt die richtige Saison. Wir müssten sie zahlreich blasen sehen, wenn sie sich mit Krill voll schlagen. Aber nein. Der Mensch hat zu viele getötet. Wir begegnen nur zwei Buckelwalen und einigen kleinen Finnwalen – und dann einer Herde Schwertwale. Kein einziger Blauwal. Obwohl Letzterer seit einigen Jahrzehnten geschützt ist, kann man nicht sicher sein, dass er überlebt; wenn eine bestimmte Populationsgröße unterschritten wird, ist die Spezies nicht mehr zahlreich genug, dass sich Kühe und Bullen in der Weite des Ozeans zur rechten Zeit finden; auch lässt die Inzucht die Geburtenziffer schrumpfen.

Deception Island, die Insel der Enttäuschung, trägt den passenden Namen. Eine Steinwüste. Ein schwarz-weißes Vulkangebirge: auf der einen Seite Basalt, auf der andern Schnee und Eis. Die *Calypso* manövriert, um in die fast geschlossene Bucht einzulaufen, die in ihrem Mittelpunkt liegt und von einer vom Meer überfluteten Caldera, einem Explosionskrater, gebildet wird. Cousteaus Schiff fädelt sich durch die Passage, die die alten Walfänger Neptunsschmiede oder Drachenmaul oder auch Pforten der Hölle nannten. Wir werfen Anker. Im Schlauchboot besuchen wir die alten britischen und chilenischen Walfangstationen, die heute in Ruinen liegen.

Der Vulkan von Deception Island schläft nur; überall in der Bucht dampft das Wasser. Kochend heiße Quellen ergießen sich ins Meer. An einzelnen Stellen erreicht die Wassertemperatur fünfzig Grad Celsius. Wir wollen baden: ein seltsames Erlebnis! Die warme Oberflächenschicht ist nur zwei Fuß tief, sodass man sich im Wasser stehend an der Brust fast verbrüht, am Nabel laues Wasser hat und unten eiskalte Beine!

Am nächsten Tag, während ein Teil der Mannschaft Steigeisen anzieht und zur Erkundung auf den Gletscher klettert, tauche ich im Tauchboot mit Philippe Cousteau. Wir sinken in ein Gewässer, das voller organischer Partikel ist wie eine Suppe. Mich verblüfft der biologische Reichtum dieses Ozeans, der in so krassem Gegensatz zur antarktischen Landmasse steht. Das Wasser wimmelt von Plankton; wir fahren durch zappelnde Wolken von Garnelen, Weichtieren, Kleintieren aller Art, die sich zum Glück für die Räuber wie rasend vermehren. Da, vor unserem Bullauge, ein blauer Fisch, der in keinem Handbuch zu finden ist. Pinguine flitzen auf der Jagd nach Garnelen wie Silberpfeile vorbei. Eine Krabbenfresserrobbe mästet sich am Krill. Alles Leben in der Antarktis findet im Meer statt.

Auf Deception Island feiern wir Weihnachten. Wir singen, trinken Champagner, tauschen Geschenke. Auch fern von unseren Familien sind wir glücklich. Der größte Enthusiast unter uns ist der Zweite Offizier Michel Laval.

Am 28. Dezember ist Michel Laval tot ...

Um 11.30 Uhr ist er zusammen mit Philippe Cousteau, François Dorado und dem Filmemacher Colin Mounier auf den Gletscher gestiegen. Sie sind stundenlang marschiert und erschöpft. Über Funk fordern sie den Hubschrauber der *Calypso* an. Der Hubschrauber landet. Als er seinen Rucksack zurechtrücken will, um in die Kabine zu klettern, rutscht Michel Laval aus. Der Heckrotor trifft ihn am Kopf. Er bricht tot zusammen.

Es ist der zweite tödliche Unfall eines Mannschaftsmitglieds, nach dem Tod Jean-Pierre Servantis 1952. Michel Laval war mehr als ein Seemann und Forscher: Er war auch Dichter. Während die *Calypso,* von trauernden Männern gesteuert, nach Ushuaia zurückfährt, um die Leiche in die Heimat überführen zu lassen, liest mir Cousteau ein Stück aus der Totenrede vor, die er für unseren Freund halten wird:

»Sein ganzes Leben lang hat Michel nach neuen Horizonten gestrebt. Als hervorragender Seemann hat er alle Meere befahren. Für ihn als Naturdichter war die Welt Quelle des Staunens und Gegenstand der Liebe. An der Grenze zum Unerforschten hat ihn die Natur wieder zu sich genommen.«

31
Tauchen unter einem Eisberg

Gondwanaland · Der Eisfisch · Im Innern des Eisbergs ·
Unterwasserflug der Pinguine · Blizzard in der Esperanzabucht

Trauerfälle vergisst man nicht: Der Tod von Michel Laval beschäftigt mich. Aber der Mensch hat es an sich, »darüber hinwegzugehen«. Wenn ein Artist vom Trapez stürzt, geht die Vorstellung weiter...

Unser Einsatz geht weiter...

Auf der Rückfahrt von Ushuaia werden wir über Dutzende von Seemeilen von einem großen Albatros begleitet. Wir machen wieder auf der King-George-Insel Station, um nach Fossilien zu suchen. Uns fallen Steine in die Hand, die schöne Abdrücke von Blättern tragen, vor allem von Pflanzen mit der Bezeichnung Glossopteris. Diese Pflanzenabdrücke aus dem Mesozoikum, dem Erdmittelalter, finden sich in gleicher Gestalt in Südamerika, in Südafrika, in Indien, in Australien und in der Antarktis – der Indizienbeweis, dass diese Erdteile damals einen einzigen Kontinent bildeten: Gondwanaland. Am Ende des Mesozoikums und zu Beginn des Tertiärs brach der Riesenerdteil auseinander. Die Kontinente trieben im Laufe der Äonen an ihren heutigen Ort. In der Gegenwart gedeiht in der Antarktis fast kein Pflanzenleben; dem Klima widerstehen nur Moose und Flechten und zwei winzige Blütenpflanzen, die nur auf der antarktischen Halbinsel vorkommen.

Kommandant Cousteau hat die Leiche von Michel Laval nach Frankreich begleitet und die Mutter unseres verstorbenen Freundes in den Arm genommen (was kann man unter solchen Umständen einer Mutter sagen?). Mithilfe eines Kreuzfahrtschiffes – und unseres Hubschraubers – stößt er wieder zu uns. Er kommt zusammen mit unserem neuen Maat, der einen buschigen schwarzen Schnauzbart hat und Paul Zuéna heißt.

Wir passieren die Straße von Guerlache zusammen mit einer Truppe großer Schwertwale. Diese prächtigen Riesendelfine (auch »Killerwale« genannt) sind die intelligentesten Wale und bevölkern alle Weltmeere. Ihr Reich erstreckt sich über einundsiebzig Prozent der Erdoberfläche. Keine andere Spezies hat ein so umfassendes Verbreitungsgebiet. Ich bewundere die hohe Rückenflosse des dominanten Männchens der Gruppe und die wie Samt schimmernde Haut der weißen Bäuche und schwarzen Rücken der Tiere.

Wir nehmen Kurs auf die Isla Melchior. Wir besuchen kurz die Antwerpen-Insel und die amerikanische Basis Palmer, von der wir zur Renaud-Insel, dann zur Lavoisier-Insel weiterfahren. Das Eis um das Schiff rückt immer mehr zusammen. Gelegentlich fühlen wir uns schon gefangen. Glücklicherweise haben wir zur Orientierung im Labyrinth der Fahrrinnen unsere Schaluppe, unser Schlauchboot und unseren Hubschrauber. Letzterer ist uns sehr von Nutzen, wenn wir zwischen zwei Routen wählen müssen: Aus der Vogelperspektive überblickt man alles viel besser!

Im Archipel der antarktischen Halbinsel fahren wir von Insel zu Insel, von Bucht zu Bucht: eine Zauberwelt aus Fels, Eis und Wasser... Wir besuchen die britische Basis auf Adelaide Island und setzen dann unseren Weg nach Süden zur Margueritebucht fort, die Kommandant Charcot auf seinem Schiff *Pourquoi-Pas?* zu Ehren seiner Frau auf diesen Namen getauft hat. Da es wieder windstill geworden ist, kann Philippe Cousteau seine Montgolfière ausprobieren. Wir blasen den Heißluftballon über dem Packeis auf; er sieht großartig aus – gelb und schwarz, mit einer grünen Banderole, auf der mehrfach Nymphe und Delfin abgebildet sind, das Emblem der *Calypso*. Philippe Cousteau nutzt die Windstille, um sich in die Luft zu erheben. Über Sprechfunk gibt er uns begeisterte Schilderungen. Mehr als eine Seemeile entfernt sieht er eine Gruppe Wale blasen.

Am Abend machen wir an einem Eisberg von zweihundert Metern Seitenlänge fest, dessen Masse Kapitän Bougaran auf acht Millionen Tonnen schätzt. Der Pascha bemerkt: »Das ist die Antarktis: Süßwasser. Dreizehn Millionen Quadratkilometer, von einem mehr als viertausend Meter mächtigen Schild gefrorenen Süßwassers bedeckt… Die größte Wasserreserve des Planeten… Undenkbar, dass die Menschen eines Tages die Bodenschätze dieses Kontinents ausbeuten. Das Risiko wäre zu groß. Ein Verbrechen gegen die Zukunft, das Erdklima, die kommenden Generationen!«

Ich fahre im Tauchboot mit Cousteau in die Tiefen. Eine Offenbarung: Wir stoßen durch Wolken von Krill, dann planktonischer Weichtiere. Wir durchqueren Bänke von blauen, grünen oder hellrosa Quallen. Der Meeresgrund ist unglaublich artenreich: Schwämme, Polypen, Röhrenwürmer, von denen viele noch nie beschrieben wurden, wimmeln auf dem Sediment. Da sind große braune Seeanemonen, Muscheln, rote Springkrebse, Sonnensterne mit mehr als zwanzig Armen, Meergurken, Wiesen von Seeigeln und Seescheiden. Ein merkwürdiges Tier bewegt sich wie ein Außerirdischer über den Grund: eine Asselspinne mit vier Gangbeinpaaren, nicht mit den Krabben verwandt, denen sie ähnelt, sondern mit unseren Spinnen. Die Fische scheinen nicht weniger zahlreich; unsere Scheinwerfer beleuchten eine Art silbriger Meergrundeln, dann einen Antarktis-Kabeljau (der nichts mit den Kabeljaus von Neufundland gemein hat). Und dann haben wir den Star vor uns: den Eisfisch. Dieses Tierchen, etwa zwanzig Zentimeter lang, ist fast durchsichtig. Sein farbloses Blut enthält ein bestimmtes Eiweiß als Frostschutzmittel. Er bewegt sich munter in Gewässern, deren Temperatur unter dem Gefrierpunkt liegt!

Ich gehe mit dem Tauchboot bis auf zweihundertdreißig Meter Tiefe hinunter. Noch nie hat ein Tauchboot den antarktischen

Ozean erforscht. An meiner Seite filmt und fotografiert der Pascha Lebewesen, die noch niemand zu Gesicht bekommen hat: ein
merkwürdiges Gefühl, der Erste zu sein… Stellenweise ist der
Meeresgrund von Eisbergen wie von einem gigantischen Pflug
aufgewühlt; kein Lebewesen traut sich in diese mehrere Meter
tiefen Furchen. Beim Aufstieg entlang einem Eisschloss fürchte
ich, mit dem Tauchboot an einen Vorsprung zu stoßen.

Alles geht gut. Die *Calypso* folgt ihrem Weg an der Insel Pour-
quoi-Pas und der Ryderbucht vorbei. Sie läuft in die Labeuf-Bai
ein und dann in den gefährlichen Gunnel-Kanal zwischen der
Hanseninsel und der Arrowsmith-Halbinsel. Wir machen am
Treibeis der Hanussebucht fest. Diese bietet Gelegenheit zu einer
Reihe denkwürdiger Tauchgänge.

Wir tauchen im Taucheranzug ins Herz eines Eisbergs. Philippe
Cousteau hat schon immer davon geträumt. Er übernimmt die
Führung einer Gruppe, zu der auch ich gehöre und die außerdem François Dorado und Raymond Coll umfasst. Wir fahren im
Schlauchboot an ein blau-weißes Ungeheuer heran, das uns einigermaßen stabil scheint. Es wäre uns überhaupt nicht recht, wenn
es über uns zusammenbräche…

Wir gehen ins Wasser. Wir lassen uns an der eiskalten Wand
entlanggleiten. Zehn Meter, zwanzig, vierzig… Die Farben sind
überwältigend: alle Schattierungen von weiß und blau mit Flecken
von Silber, Streifen, seltsamen Linien… Philippe Cousteau dringt
in eine Spalte ein, die ins Innere des Eisbergs führt. Wir folgen
ihm. Ich gestehe, dass mir das Herz im Halse schlägt. Ich muss
mich anstrengen, mich zu beherrschen, und versuche regelmäßig
zu atmen. Es ist noch eindrucksvoller als das Tauchen in einer Un-
terwasserhöhle. Hier ist alles merkwürdig: eine aggressive, harte,
menschenfeindliche, aber prachtvolle Umgebung. Die Bläschen
unserer Aqualungen bilden Sternhaufen an einem Himmel aus
Glas. Stellenweise ähnelt der Stoff, aus dem der Eisberg ist, einem
Pfefferminzbonbon. An anderer Stelle einem Leintuch. Noch weiter ist die feste Oberfläche von Taschen wie Gletschermühlen

ausgehöhlt... Am eindrucksvollsten sind die Spalten. Der Eisberg lebt, bewegt sich; seine Masse verformt sich. Wir hören tiefe Töne, die von diesen Bewegungen erzeugt werden. Jedes Geräusch mahnt uns daran, was passiert, wenn das Eisungeheuer auseinander brechen sollte...

Von diesem Tauchgang komme ich zurück wie von einer Feier.

Im Folgenden will der Pascha unter dem Packeis Krabbenfresserrobben, Seeleoparden und Weddellrobben filmen. Wir machen uns wie diese Flossenfüßer unsere Löcher ins Eis. Mit unseren Isolierkombinationen ausgerüstet, gehen wir ins Wasser und schwimmen bis zu den Atemlöchern der Robben, um sie zu überraschen. Diese sind großartig, wenn sie sich Kopf voraus ins Wasser gleiten lassen: Wie Unterwasserraketen sind sie alsbald in der grün-blauen Weite verschwunden. Von unten gesehen, nimmt das Packeis grüne, blaue, silberne Farben an, bisweilen unterbrochen von Flecken, die Quecksilber oder geschmolzenem Blei ähneln. Die Weddellrobben, die kräftigsten und best angepassten ihrer Familie, stoßen lange Rufe aus, die vom Eis widerhallen. Man nimmt an, dass diese Tiere ein biologisches Sonar besitzen, das dem der Delfine vergleichbar, wenn auch nicht ganz so perfekt ist. Ihre Tauchleistung ist atemberaubend: Sie tauchen achthundert Meter tief und bleiben ohne Luftholen eine Dreiviertelstunde unten!

Wir lassen von den Robben nur ab, um die Pinguine zu bewundern – diese Vögel, die sich nicht in die Luft erheben können, aber so elegant unter Wasser fliegen. Ich verstehe nicht, warum die Franzosen sie als Einzige auf der Welt hartnäckig »manchots« (Einarmige) nennen: Erstens haben sie zwei Arme und zweitens sind sie alles andere als plump.

Wir studieren das Verhalten des Eselspinguins und des Magellanpinguins, des Goldschopfpinguins und des Felsenpinguins, aber vor allem beobachten wir Adeliepinguine und Kaiserpinguine – die einzigen Arten, die es wagen, auf dem antarktischen Kontinent zu brüten. Der Adeliepinguin, mit schwarzem Kopf und Rücken und weißem Bauch, hat einen abgezirkelten Ring ums Auge. Sein

Vetter, der Kaiserpinguin, ist der größte der Familie; sein Hals und seine Wangen sind von einem grellen Orangerot. Bei einem Pinguinpaar legt das Weibchen ein einziges Ei, das die Eltern auf ihren nach innen gekehrten Füßen an ihrem Unterleib ausbrüten, dessen Haut stark durchblutet ist.

Der Kaiserpinguin legt im antarktischen Winter (im April); nur das Männchen brütet (zweiundsechzig bis vierundsechzig Tage lang), während das Weibchen Nahrung aus dem Meer holt; wenn das Küken schlüpft, überlässt Monsieur das Kleinkind Madame und frisst sich im Meer wieder fett. Alles ist ganz genau kalkuliert: Wenn das Küken zu spät schlüpft oder das Weibchen zu spät vom Fischfang zurückkommt, ist das Kleine verloren.

Die Lebensbedingungen in der Antarktis sind von unglaublicher Härte, wie wir am eigenen Leib erfahren.

Die Jahreszeit schreitet fort. Wir kehren zurück zur Station von Palmer, dann kreuzen wir in der Yelchobucht. Wir passieren die Insel Doumer und wiederum die Meerenge von Guerlache, um in die Esperanzabucht einzulaufen, den Eingang zum Weddellmeer, wo sich eine argentinische Station befindet.

Hier kommt Wind auf. Nach wenigen Stunden bläst er mit voller Gewalt. »Blizzard in der Esperanzabucht« wird der Titel eines unserer Fernsehfilme sein. Ein Wahnsinnssturm. Eine meteorologische Katastrophe… Böen fegen über die Bucht, Wolken von Schaum mit sich tragend, die sich in Hagel verwandeln und in immer dickeren Krusten an den Aufbauten der *Calypso* niederschlagen. Wir fahren in der Bucht im Kreis, um nicht gegen das Packeis gedrückt zu werden. Wir versuchen, im eisigen Nebel die Eisberge auszumachen. Der Wind fegt stellenweise mit mehr als hundertsechzig Stundenkilometern auf das Meer herab. Die *Calypso* hüllt sich in einen Eispanzer, der sie immer topplastiger macht. Wir können nur noch im Kreis fahren. Eine ganze Nacht und einen ganzen Tag dieses Karussell. Der Blizzard lässt nicht nach. Bei Einbruch der Nacht fahren wir immer noch unsere Runden auf dem entfesselten Ozean.

Morgens reißt eine große Scholle, der wir nicht ausweichen können, die Bordwand backbord hinten auf, glücklicherweise über der Wasserlinie; aber die Schürfung hat die Schraubenwelle beschädigt. Jetzt haben wir nur noch eine Maschine. Wir sehen uns besorgt an: Wir wissen genau, dass die *Calypso* mit diesem Hinkebein der Wut der Elemente nicht mehr lange standhalten kann.

Am Morgen des dritten Tages flaut der Wind ab. Endlich! Wir begutachten das Ausmaß des Schadens. Die Welle der Backbordschraube ist durch den Stoß der Eisscholle gebrochen. Wir schnappen uns Hacken, Hämmer, Spaten und schlagen den Eispanzer ab, der das Schiff gefährlich krängen lässt.

Mit Müh und Not erreichen wir die King-George-Insel. Wir warten, bis die Wetterkarten, die uns per Satellit übermittelt werden, etwas besser aussehen, und riskieren dann mit nur einer Maschine die Überquerung der tausend Kilometer breiten Drakestraße – des gefährlichsten Gewässers der Erde … Ein Schiff der chilenischen Marine, die *Yelcho*, bietet uns Beistand an. Wir stampfen mit kaum sechs Knoten dahin, sichten aber am 19. Februar Kap Hoorn. Am zwanzigsten sind wir in Ushuaia in Sicherheit.

»Liebe Freunde«, sagt Cousteau, als die *Calypso* festmacht, »ich muss euch etwas beichten. In der Esperanzabucht war meine Ruhe weg!«

Bei Euphemismen war der Pascha unschlagbar.

32
Polonaise der Langusten

*Die Letzten der Qawashqaren ·
Die Insel der Frauen · Schlafende Haie · Im Gänsemarsch ·
Die Wrackbarsche von Belize*

Kein Einsatz war für die *Calypso*, für ihre Mannschaft, für Kommandant Cousteau und seinen Sohn Philippe härter als der in der Antarktis. Das Schiff hat gelitten… Von seinen Wunden erholt es sich zum Teil auf der Marinewerft des chilenischen Punta Arenas in der Magellanstraße. Nachdem die Schraube repariert und der Rumpf ausgebessert ist, beschließt es seine Reise ans Ende der Welt mit einer Entdeckungsfahrt in den Wasserstraßen des Magellanarchipels.

Wir fahren hinein in dieses Labyrinth von Tausenden von Inseln, in denen es an dreihundert Tagen im Jahr regnet. Wir winken den Seelöwen Patagoniens, den Magellan-Kormoranen und den schwarzen Glattwalen zu. Wir besuchen die siebenundzwanzig letzten Überlebenden des Volks der Halakwulup oder Qawashqaren. Diese Feuerländer sind durch Gewalttaten europäischer Kolonisten und vor allem durch die Krankheiten der Weißen dezimiert worden: Röteln, Grippe, Syphilis, Tuberkulose… Nur noch eine Hand voll befahren in ihren Rindenkanus die grauen Gewässer dieses vergessenen Labyrinths. Sie ernähren sich von Meeresfrüchten, vor allem von großen Muscheln, bei denen ein Tabu ihnen verbietet, die Schalen wieder ins Meer zu werfen. An den Küsten, die sie bewohnt haben, finden sich überall kleine Hügel dieser Abfälle.

Die siebenundzwanzig letzten Vertreter des Stammes leben unter elenden Bedingungen auf der Wellington-Insel, in einem Weiler, der mit grausamer Ironie Puerto Eden getauft worden ist. Sie kennen noch ein paar Legenden ihrer Vorfahren und wenige heilige Tänze. Sie träumen von alten Zeiten – als sie noch nackt einhergingen und glücklich waren.

1973 sind sie alle alt oder krank. 1991, beim Erscheinen dieses Buchs, gibt es die Qawashqaren nicht mehr…

Wir lassen die Wasserstraßen von Chile, ihre Nebel, ihren Regen und ihre von roten Springkrebsen und Riesenkrabben bevölkerten Kelpwälder hinter uns. Wir fahren die Pazifikküste Südamerikas entlang. Zwischenaufenthalt in Puerto Mont und Taleahuano (Chile), dann in Callao (Peru). Durch den Panamakanal erreichen wir die Karibik und den Golf von Mexiko. Viele Monate lang wird die *Calypso* nun im Hafen von Galveston in Texas überholt.

Ich nutze diese Unterbrechung, um zu Hause in Frankreich ein Tauchgerät zu perfektionieren, dessen Pläne ich schon lange mit mir herumtrage. Ich kaufe bei einem Schrotthändler in La Seyne-sur-Mer zwei Bojen, an denen früher U-Boot-Abwehrnetze aufgehängt waren, und verbinde diese beiden Bauteile mit einer Metallröhre. In die vordere Kugel setze ich ein Bullauge und auf die hintere einen Einstiegsturm. Zwei Schrauben als Antrieb, schon habe ich mein eigenes Tauchboot! Ich taufe es *Régalec*, nach einem seltsam gestreckten, knallroten Riemenfisch, den ich bisweilen bei Tauchgängen gesehen habe und dessen absonderliche Gestalt den Fischern Stoff für allerlei abergläubische Vorstellungen gab. So glaubte man, dass diese Fische als »Könige« die Wanderzüge der Heringe und Lachse anführten.

Die *Régalec* ist zwar schlicht gebaut, taucht aber problemlos bis achtzig Meter tief. Ich habe vor, sie mir für meine alten Tage aufzuheben – damit ich meine lieben Fische auch dann noch besuchen kann, wenn ich für die Taucherkombination zu alt bin. Aber es ist auch ein leistungsfähiges Forschungsschiff für den flachen Teil des Kontinentalschelfs oder ein Billigtauchboot, das für arme Länder geeignet sein könnte, deren Meeresressourcen von den reichen Ländern abgeschöpft werden.

Ein Amateur-U-Boot oder ein Tauchboot für die Dritte Welt, je nach Belieben …

Im September 1974 erreicht mich ein Anruf des Paschas. »Falco, halten Sie sich bereit!« Ich lasse meine Kofferschlösser einschnappen: Ich kenne meinen Chef zur Genüge. Am selben Nachmittag erfahre ich prompt in einem zweiten Telefonanruf von Lise Coenca, der Sekretärin des Kommandanten, dass mein Flugzeugticket mich in Paris erwartet. Flugziel Texas. Ich fliege zusammen mit unserem neuen Kapitän Camille Alibert. Die *Calypso* ist wie neu; vom Kiel bis zum Radarmast generalüberholt.

Wir lichten Anker zu einer Fahrt in die Karibik.

Der erste Aufenthalt ist vor der mexikanischen Halbinsel Yucatán bei der Insel Mujeres (der Insel der Frauen). Wir wollen ein Problem der Biologie der Haie klären. Diese Tiere, die ständig das Meer durchstreifen, haben Kiemenspalten, aber keine beweglichen Kiemendeckel wie die Knochenfische. Manche Wissenschaftler behaupten, die Wassermenge, die durch die Kiemenspalten strömt, reiche im Ruhezustand nicht mehr, um den Sauerstoffbedarf zu decken. Die Frage lautet also: Müssen Haie ständig schwimmen, um nicht zu ersticken?

Ich tauche zusammen mit Raymond Coll und Bernard Delemotte. Wir erkunden systematisch die Küsten der Insel Mujeres und entdecken dabei eine Unterwasser-Kalksteilküste, die ganz von Grotten und Spalten durchzogen ist, die wir nacheinander absuchen. In einer dieser Höhlen finden wir Seite an Seite einen großen Wrackbarsch und einen Ammenhai. In einer anderen einen Barrakuda. In wieder einer anderen einen Hai, aus dessen Maul eine Angelschnur hängt; sein Kiefer muss vom Haken schwer verletzt sein. Wer kennt die Leiden der Fische, bei denen die Angelschnur gerissen ist und die langsam in ihrem Schlupfloch krepieren?

Wir dringen in die folgende Grotte ein. Sie ist die Wohnung eines riesigen Ammenhais. Das Tier ist mehr als drei Meter lang und hat die für seine Art typischen großen Brustflossen. Vom Oberkiefer hängen zwei seltsame Bartfäden herab. Er bewegt sich nicht. Er erschrickt auch nicht vor unseren Lampen, die seine samtartige graue Haut mit roten Reflexen beleuchten. Haie schlafen also auch; sie müssen nicht ständig schwimmen, um atmen zu können.

Aber plötzlich, ohne dass man es hätte voraussehen können, erwacht der Hai und flüchtet. Raketengleich! Einzelheiten der Bewegungen kann ich nicht ausmachen; eben war er noch da, im Hintergrund der Grotte auf dem Sand ausgestreckt, und jetzt ist er weg... Die Sedimentwolke, die er beim Abheben aufgewirbelt hat, verdunkelt das Wasser um uns herum.

Der Hai ist zwischen Bernard Delemotte und mir durchgewitscht. Ich habe gefühlt, wie er mich streifte. Er hat Raymond Coll, der die Lampe hielt, beiseite gedrückt, bevor er durch den Ausgang der Höhle entwich. Er hätte beißen können. Aber wir sind alle drei unversehrt...

Von der unglaublichen Kraft dieser Fische erhalten wir weitere Beweise, allerdings weniger aufregende, als wir an den Folgetagen Zitronenhaie von durchschnittlicher Größe und einen riesigen Grauhai betrachten, von dem ich nicht möchte, dass er mich jemals streift.

Wir nehmen Kurs auf Florida und Key West, wo eine Gruppe amerikanischer Wissenschaftler an Bord kommt, mit denen wir die biologische Produktivität des Golfs von Mexiko und der Mississippimündung untersuchen werden. Vor New Orleans analysieren wir das Wasser und die Schwebstoffe des Flusses. Wir kreuzen im so genannten »Mündungstrichter« des Mississippi, das heißt, in der Schicht von Süßwasser und Schwebstoffen, die er Dutzende von Meilen weit ins Meer hinausträgt. Doch dieser Strom, den die Indianer »Vater der Wasser« nannten, ist zur Kloake geworden: Er führt die Abwässer von zwei Dritteln der Vereinigten Staaten ab. Von allen Städten in den USA und unter vielen Großstädten der Welt hat New Orleans eine der höchsten Krebserkrankungsraten.

Wir fahren mehr als hundert Kilometer das Stromdelta hinauf. Dieses Land von Sümpfen und Sumpfzypressen war einst ein von Roten Sichlern, Reihern, Silberreihern, Alligatoren und Mokassinschlangen bevölkertes Tierparadies. Doch die Tierwelt ist schwer geschädigt. Stellenweise erreichen Pestizide, Schwermetalle oder radioaktive Substanzen beklemmend hohe Konzentrationen.

Mitte Dezember laufen wir wieder durch den Golf von Mexiko in Richtung auf die Halbinsel Yucatán. Im Vorbeifahren grüßen wir die Mujeres-Insel, interessieren uns aber diesmal für ihre Nachbarin, die Contoy-Insel. Ein mexikanischer Fischer und Taucher mit dem Spitznamen Valvula (wegen seiner Aqualunge, seinen wahren Namen weiß ich nicht) hat uns auf ein erstaunliches Phänomen hingewiesen. Jedes Jahr etwa um Weihnachten nach dem ersten Wintersturm gehen die Langusten auf Wanderschaft…

Mit einer kleinen Mannschaft errichte ich ein Lager an einem Strand der Contoy-Insel. Um nichts in der Welt möchte ich diesen Wanderzug verpassen, den noch niemand beobachtet oder gefilmt hat. Bei unseren ersten Tauchgängen bemerken wir zahlreiche Langusten, die aber alle gut in ihren Löchern versteckt sind. Es handelt sich um Stachellangusten; diese Spezies, mit einem spitz zulaufenden Rostrum und langen, peitschenförmigen Fühlern ausgestattet, besitzt einen stachelgespickten, braun, rot-braun oder gelb-braun gefärbten Panzer.

Der Sturm bricht über uns herein. Die *Calypso*, die sich in Sicherheit bringen muss, lässt uns in unserem Behelfslager im Stich. Eine albtraumhafte Nacht lang klammern wir uns an unseren Zelten fest. Morgens, als der Wind sich legt, tauchen wir. Unter Wasser hat sich alles verändert. Die Langusten kommen aus ihren Schlupflöchern heraus und nehmen Kontakt zueinander auf – obwohl sie normalerweise Einzelgänger sind. Wenn sie sich finden, betasten sie sich gegenseitig mit ihren Fühlern und setzen sich dann in Bewegung – zunächst in kleinen Gruppen von drei oder vier, dann in langen Kolonnen von mehreren Dutzend Individuen. Sie marschieren im Gänsemarsch wie in einem Zeichentrickfilm. Jede hält Fühlung zur vorangehenden. Sie erinnern mich an Elefanten im Zirkus, bei denen einer mit dem Rüssel den Schwanz des vorangehenden greift…

Noch nie habe ich Langusten gesehen, die sich so seltsam benehmen. Bernard Delemotte testet die Reaktionen dieser großen Krebstiere. Er reizt die Languste, die am Ende des Zuges marschiert. Das Tier dreht sich um und greift an. Unter gewöhnlichen Bedingungen fliehen Langusten vor Räubern; sie scheren sich nicht darum, was ihren Stammesgenossen passieren könnte. Aber wenn sie auf Wanderung sind, »opfern« sie sich für die übrige Truppe. Sie werden »altruistisch«… Diese Verhaltensänderungen, erklärt mir später ein Wissenschaftler vom Meeresmuseum von Monaco, sind auf die Erregung des Marsches und einen »Gruppeneffekt« zurückzuführen, der durch besondere Hormonausscheidungen bewirkt wird.

Die Langusten marschieren diszipliniert voran. Auf dem Sand des Meeresgrunds hinterlassen sie eine seltsame Spur. Sie nehmen den Weg hinunter vom Schelf in große Tiefen. Vierzig Meter, sechzig, achtzig… Wir können ihnen nicht mehr folgen. Mit sich nehmen sie in die dunklen Gewässer der Karibik das Geheimnis ihrer Wanderung, das mit Fortpflanzung nichts zu tun hat und dessen Hintergrund bis jetzt kein Spezialist erhellen konnte.

Als die *Calypso* uns abholen kommt, stellen wir fest, dass die mexikanischen Fischer das Datum der Wanderung kennen. Für sie ist diese außergewöhnliche Konzentration von Krebstieren willkommene Beute. Sie arbeiten Tag und Nacht – von Hand oder mit dem Fischspeer. Sie füllen ihre Boote mit glänzenden Stachellangusten. Doch dieses Fischereiwunder kommt nicht ihren armen Familien zugute. Sie behalten nur die »Schwänze« der Tiere, die sie bei Großhändlern abliefern. Dieses Eiweiß aus dem Meer ist für die großen Touristenhotels, für Kreuzfahrtschiffe und für die Märkte Nordamerikas, Europas und Japans bestimmt.

Kurz vor Weihnachten gehen wir auf Südkurs. Vor der Insel Cozumel machen wir etwas aus, das wir für eine Öllache halten. Schon wieder Umweltverschmutzung? Nein – diesmal handelt es sich um eine Naturerscheinung. Wir tauchen und finden uns vor einer regelrechten Mauer aus Fischen: ein riesiger Schwarm von Umberfischen von mehr als hundert Metern Länge und etwa einem Dutzend Meter Mächtigkeit. Diese Fische, jeder etwa dreißig Zentimeter lang und mit prächtigen Silberschuppen, schwimmen vorwärts, aufwärts, abwärts, nach rechts oder links, als ob sie nur Zellen eines einzigen Organismus und von einem zentralen Gehirn gesteuert wären. Wir umschwimmen die lebende Mauer. Wir machen uns den Spaß, in sie einzudringen: Die Tiere teilen sich vor uns und schließen sich hinter uns wieder zusammen. Das Schwarmleben ist für die Fische eine Möglichkeit, ihre Kräfte zu bündeln und Räuber abzuschrecken. Statistisch gesehen ist das Risiko für Fische, gefressen zu werden, im Schwarm geringer, als wenn sie einzeln herumzögen.

Wir tauchen auch an der Westseite der Cozumel-Insel, wo ein Unterwasserschutzgebiet Tauchamateuren die Wunder der tropischen Meeresfauna erschließt: Schwämme und Korallen, Hornkorallen und Seeanemonen, Bartwürmer und Moostierchen, Garnelen, Muscheln, Seesterne und Seegurken. Und Fische in allen Farben: Engelfische, Trompetenfische, Igelfische. Papageienfische und Riffbarsche. Eine Unterwasserstatue der heiligen Jungfrau Maria wacht über dieses Unterwasserparadies …

Den größten Teil des Januars 1975 verbringen wir auf dem Chinchorro-Riff vor Belize: eine großartige Korallenlandschaft. Wir widmen uns dem Studium der Karibik-Wrackbarsche. Diese Tiere leben normalerweise überall auf dem riesigen Riff als Einzelgänger. Im Januar verlassen sie ihre Wohnungen, vom unwiderstehlichen Magnet des Geschlechtstriebs gezogen, und schwimmen

Dutzende von Kilometern weit. Sie versammeln sich in wenigen bestimmten Gebieten der Chinchorro-Bank und nehmen ihren Hochzeitstanz auf. Wir beobachten und filmen sie in einem herrlichen Tal weißen Sandes zwischen zwei Steinkorallenburgen, das wir »Tal des Glücks« nennen. Die jüngeren Wrackbarsche sind Männchen, die älteren Weibchen. Die Spezies macht mit dem Älterwerden eine Geschlechtsumwandlung durch. Wenn sich die Paare einander nähern und ihren Liebestanz beginnen, der aus unzähligen Umkreisungen besteht, wechseln die Partner auch die Farbe. Mit steigender Erregung verlieren sie die braunen Streifen: Die Männchen werden rötlich, die Weibchen weiß. Wenn Letztere erregt genug sind, legen sie ihre Eier in Algenbüschel oder unter Wasserpflanzen ab. Die Vertreter des so genannten »starken« (hier des schwächeren) Geschlechts befruchten sie mit ihrer Milch.

An Bord der *Calypso* stellen wir Experimente zur Vermehrung der Art an: Bernard Delemotte und ich fangen mit dem Netz ein Weibchen und zwei Männchen und beobachten ihr Verhalten im großen Bordaquarium; nach erfolgter Eiablage lassen wir sie wieder frei. Wir werden versuchen, die Brutfischchen in Gefangenschaft aufzuziehen. Doch erweist sich das als so gut wie unmöglich.

Die Hochzeitsversammlung der Wrackbarsche von Belize zieht viele Fischer an, deren Fänge wir zahlenmäßig erfassen. Wir müssen feststellen, dass Überfischung stattfindet. Der Mensch hat die Reichtümer der Natur noch nie klug genutzt. Sobald er sie entdeckt und über entsprechende technische Möglichkeiten verfügt, treibt er die Ausbeutung zu weit. Er greift das Kapital an, statt nur die Zinsen abzuschöpfen… Aber wie soll man das diesen Menschen der Dritten Welt erklären, die von Mitleid erregender Armut sind?

Die Zusammenkunft der Wrackbarsche endet genauso geheimnisvoll, wie sie begonnen hat: Nachdem er Leben gespendet hat, kehrt jeder Fisch nach Hause in sein Korallenloch zurück, das bisweilen mehrere Dutzend Kilometer entfernt liegt. Dort lebt er dann elf Monate lang das Einsiedlerleben der Wrackbarsche, bis ein unwiderstehlicher Trieb ihm von neuem befiehlt, sich zum »Tal des Glücks« aufzumachen.

33
Das Rätsel Atlantis

Die Seeschlacht von Navarino · Rückkehr nach Antikythera ·
Das Schädelwrack · Die Ausgrabungen von Dia ·
Der Vulkan Santorin

Nun sind wir wieder in vertrauten Gewässern. Die Küsten Griechenlands erinnern mich an die meiner geliebten Marseiller Buchten. Mein Name Falco (»Falke«), italienisch-spanisch-korsischen Ursprungs, mein dunkler Teint und meine schwarzen Haare lassen mich nicht vergessen, dass ich ein Mittelmeerbewohner bin – und ich bin stolz darauf! Wenn nötig bis zur Karikatur. Griechen und Marseiller können gut miteinander: Die einen haben die Stadt gegründet, mit der die anderen prahlen.

Die *Calypso* hat verschiedene Einsätze in der Karibik beendet – in Florida, auf der Silver Bank, auf der Tortuga Bank in Jamaika. Wir sind zu einem Wrack auf der Formigas Bank getaucht. Wir haben die Biologie der Korallen und ihren Verdrängungswettbewerb studiert. Zusammen mit Forschern der NASA haben wir eine Reihe Kartographierungen des Meeresbodens vorgenommen.

Am 7. Oktober läuft Cousteaus Schiff in Marseille ein. Überholung. Am einunddreißigsten laufen wir aus nach Griechenland.

Wir beginnen eine Reihe archäologischer Forschungen, die mir Spaß machen. Wie ich schon sagte, liebe ich Wracks. Sie bergen für mich das Geheimnis vergangener Dinge. Sie sind vom Wasser umgeben und von Dramatik umwittert. Jede Erkundung weckt tiefe Empfindungen in mir. Wenn man Seemann ist, denkt man zwangsläufig daran, dass man eines Tages Opfer eines Schiffsuntergangs werden könnte. Ich habe mir schon vorgestellt, dass die

Calypso sinken und in fünfzig oder hundert Jahren von Tauchern aufgesucht werden könnte. Ich sehe sie vor mir, wie sie den von Wrackbarschen bewohnten Laufgang entlangschwimmen, durch die Tür in die Brücke eindringen und sich ins Taucherquartier schlängeln und Pressluftflaschen mit dem Namen »Falco« vorfinden…

Griechenland birgt genug Wracks für mich. Wir passieren den Kanal von Korinth. Im Hafen Zea neben Piräus nehmen wir Material und Lebensmittel auf. Wir durchfahren den Kanal von Kea, dann den Golf von Euböa zwischen Euböa und Attika. Wir manövrierten nördlich der Insel Euböa, unweit des Kaps Artemision, wo 1925 ein antikes Wrack mit einem Bronzeposeidon mit Wagen und Pferden entdeckt wurde. Von diesem Schatz ist noch nicht alles geborgen. Wir hoffen, noch etwas zu finden, und sei es nur ein Hufeisen. Wir setzen unser neues, verbessertes Echolot in Gang, das von Professor Harold E. Edgerton erfundene Seitenstrahlsonar. Mit diesem Gerät können wir ein präzises Bodenprofil von fünfhundert Metern Breite erhalten.

Doch der Meeresboden besteht aus Schlamm, und wir haben kaum eine Chance, etwas zu finden. Wir tauchen, um unser Gewissen zu beruhigen. Ich gehe mit dem Tauchboot hinunter. Es gelingt uns, einen antiken Bronzetopf und einige Stücke von geringer Bedeutung zu heben, die wir feierlich dem uns zugewiesenen Archäologen Professor Kharalambos Kritzas überreichen.

Dann fahren wir zurück nach Piräus, anschließend in den Golf von Korinth. Wir werden die Bucht von Pylos westlich des Peloponnes erkunden. Dort tobte 1827 eine Seeschlacht zwischen den Vereinigten Flotten von Frankreich, England und Russland einerseits und denen der Türkei und Ägyptens andererseits. Damals hieß Pylos Navarino. Wir finden einige verstreute Reste von Schiffen, die an dieser Schlacht beteiligt waren, aus der sich 1830 die Unabhängigkeit Griechenlands ergab. Ich denke an das Schicksal der Menschen, die der Zufall zu ahnungslosen Akteuren der Geschichte macht. Was konnte ein ungebildeter Seemann, in einem Bistro des Marseiller oder Touloner Hafens zum Flottendienst gepresst, von der Schlacht von Navarino begreifen?

Weihnachten 1975 und Neujahr 1976 feiern wir in Zea. Wieder laufen wir aus, um nach gesunkenen Schiffen zu suchen. Wir tauchen vor der Insel Dhokos, wo sich eine für den Archäologen bekannte Lagerstätte von Keramiken befindet. Wir nehmen Kurs auf Milos (wo die berühmte Venus von Milo gefunden wurde), dann auf Antikythera. Dreiundzwanzig Jahre waren es damals her, dass der Pascha geschworen hatte, hierher zurückzukommen, wo die Reste eines römischen Wracks schlummern. Er hielt Wort!

Ich suche das Steinmäuerchen, das mir vor fast einem Vierteljahrhundert beim Auffinden des Wracks als Anhaltspunkt diente. Mein Begleiter damals war Frédéric Dumas. Ich bin glücklich, wieder hier zu sein und weil Didi für diesen Einsatz zu uns gestoßen ist. Wir tauchen zusammen, als seien all diese Jahre nicht verflossen, als nähmen wir eine gestern Abend unterbrochene Suche wieder auf …

Das Wasser ist immer noch glasklar. Die von Schwämmen, Borstenwürmern und Hornkorallen besetzten Felswände sind abweisend und schön. Da ist schon der Felsenabsatz in fünfundfünfzig Metern Tiefe, wo Didi einen großen Bronzenagel ausgegraben hatte. Wir untersuchen das Sediment. Eine längliche Erhebung im Sand scheint mir einen Gegenstand zu verbergen. Ich kratze und lege einen identischen Nagel frei. Dies ist unsere Arbeitsstätte! Das Wrack ist gefunden. Jetzt brauchen wir nur noch zu graben. Es müsste nicht mit rechten Dingen zugehen, wenn wir nicht etwas Wichtiges fänden. Begeistert schwimmen wir wieder zur *Calypso* hinauf.

»Hervorragend«, sagt Professor Kritzas. »Meinen Glückwunsch, dass Sie so schnell fündig geworden sind. Aber eine Grabung ohne offizielle Genehmigung der Behörde für Altertümer kommt nicht in Frage. Ich stelle den Antrag noch heute. Werden Sie jedoch nicht ungeduldig: Es kann Monate dauern!«

Die Griechen, seit Jahrhunderten ausgeplündert, achten eifersüchtig auf ihre archäologischen Schätze. Sie überwachen sie und haben Recht damit. Doch wie alle Mitglieder von Cousteaus Mannschaft bin ich enttäuscht. Tatsächlich sollten wir erst sechs Monate später an den Fundort zurückkehren und dort unter Dutzenden von Gegenständen zwei wunderbare Bronzestatuetten jugendlicher Faustkämpfer entdecken, die inzwischen einen Ehrenplatz im Museum von Athen gefunden haben.

Jetzt aber fahren wir nach Kreta, wo sich in der Bronzezeit eine großartige Kultur entfaltete, die nach der sagenhaften Dynastie dieses Landes der Olivenbäume und Weinberge als »minoische« bezeichnet wird. Wir laufen in den Hafen Heraklion ein, die Hauptstadt (früher auch Kandia genannt). Wir besuchen in der Nähe die Ruinen des Palastes von Knossos. Ich rufe mir die Sage des Theseus in Erinnerung, jenes athenischen Helden, der das aus halb Mensch, halb Stier bestehende Ungeheuer Minotaurus bekämpfte und dank des berühmten Ariadnefadens wieder aus dem Labyrinth herausfand.

Vor Kreta ist die Zahl der Wracks Legion. Sie stammen aus allen Zeitaltern, von der Bronzezeit bis zur Neuzeit. Wir beginnen unsere Forschungen. Das Echolot druckt seinen Streifen. Die Belohnung lässt nicht auf sich warten. Schon nahe beim Hafen von Heraklion orten wir in kaum siebzehn Metern Tiefe einen Umriss, zu dem wir hinuntertauchen. Es sind Überbleibsel des französischen Kriegsschiffs *Thérèse*, die wir dank der Gelehrtenarbeit unseres Freundes Jacques Constans im Pariser Marinemuseum identifizieren können. Die *Thérèse* ist am 26. Juli 1669 bei der Belagerung von Kandia explodiert, die König Ludwig XIV. (vergeblich) angeordnet hatte, um Venedig bei der Vertreibung der Türken aus Kreta zu unterstützen.

Wir setzen unser Sauggerät in Gang und legen Bruchstücke der Beplankung und der Rumpfspanten frei, dann Dutzende vertrauter Gegenstände: Bronzemünzen, einen Taschensextanten, Kämme, Teller, Lederschuhe, Hüte usw. und sogar ein echtes Goldstück mit dem Kopf Ludwigs XIII. Eines Tages, als ich zusammen mit Raymond Coll, Ivan Giacoletto und Henri Garcia tauche, fasst Coll eine runde Form, die er aus dem Schlamm zieht und betrachtet. Erschrecken, aber kein Zweifel: Es ist ein Schädel!

Ein Schädel... Und da sind noch mehr – dutzendweise, mit Oberschenkelknochen, Schienbeinen, Wirbeln: ein Beinhaus... Dass man in Wracks Skelette entdeckt, ist selten; das Salzwasser zerfrisst die Knochen, die anschließend von Bakterien zersetzt werden. Hier waren sie durch eine dicke Schlammschicht vor Sauerstoffzufuhr und damit Zersetzung geschützt.

Für uns wird die *Thérèse* das »Schädelwrack«. Beim Tauchen denke ich angesichts dieser verstreuten Gebeine darüber nach, wie schnell es mit einem Menschenschicksal vorbei sein kann. Auch dieses Schiff hatte Seeleute von Toulon oder Marseille an Bord, vielleicht einen meiner Urgroßonkel... Wie sinnlos kriegerische Auseinandersetzungen doch sind! Die *Thérèse* ist wegen des Ungeschicks eines Feuerwerkers explodiert, der in der Pulverkammer einen Funken schlug. Ich entdecke Beweise für die Heftigkeit der Explosion: zum Beispiel einen Stein des Kombüsenherds, der wie ein Nagel in einem Eichenbalken steckt.

Außer Skeletten und vertrauten Gegenständen heben wir eine große Bronzekanone, die die Mannschaft tagelang abkratzt, abschabt und poliert. Auf dem Lauf eingraviert ist das Wappen König Karls IX.; es zeigt brüllende Löwen und trägt die Jahreszahl 1565.

Nachdem die Thérèse durchsucht ist, machen wir die kurze Fahrt von Heraklion zum Inselchen Dia ein paar Meilen nördlich der Stadt. Der Pascha zieht seemännische Schlussfolgerungen; er unterstellt, dass die alten Griechen das Lee dieser Insel beim Landfall auf Kreta nutzten, wenn der gefährliche Nordwind Boreas blies, der heute Meltem genannt wird. In der St.-Georgs-Bucht landen wir, eine kleine Mannschaft unter Führung von Bernard Delemotte. Bernard und seine Freunde errichten ein Lager auf dem Festland und verbringen ihre Tage mit der Erforschung des Meeresgrunds. Ich unterstütze sie im Tauchboot. Alsbald orten wir regelrechte Kaskaden von Amphoren. Die Wracks sind hier so zahlreich, dass wir sie nummerieren müssen: I, II, III usw. Wir eröffnen eine vorschriftsmäßige Ausgrabungsstelle, indem wir den Meeresboden mit einem Gitter von Metallstäben in Quadrate unterteilen und jedes so abgegrenzte Quadrat methodisch bearbeiten. Unser Sauggerät pumpt zwölf Stunden täglich. Sein Kompressor brummt auf einer Plattform, die wir dafür bauten und *Odysseus* tauften, nachdem Odysseus, das Hündchen von Madame Cousteau, sie auf seine Weise benässt hat!

Die beiden Archäologen, die uns von jetzt an begleiten – Dr. Kharalambos Kritzas und sein Kollege Lazaros Kolonas –, sind entzückt, umso mehr, als ich sie regelmäßig im Tauchboot zur Inspektion der Ausgrabungsstelle mit hinunternehme. Diese Chance haben sie noch nie gehabt. Dr. Kritzas hat immer ein Lächeln auf den Lippen. Dr. Kolonas ist eher mürrisch … Wir graben Dutzende, Hunderte von Keramiken und Gegenständen aller Arten und aller Epochen aus. Einen Haufen Amphoren, Trinkhörner, Gefäße, Krüge, Öllampen, ganz zu schweigen von Bleigewichten, Haarnadeln, Münzen usw. Eines Tages hole ich eine groteske Tasse aus dem Sediment, die den Henkel innen hat! Ein regelrechter Gag – der Beweis, dass auch die Alten Humor hatten wie wir …

Die Insel Dia diente, wie Cousteau bereits vermutete, in den frühesten Epochen der kretischen Kultur als Vorhafen von Knossos. Den Beweis dafür bekommen wir, als wir eines Tages auf dem Grund eines Suchgrabens einen kleinen Becher freilegen – einen einfachen Messingbecher, dreitausendfünfhundert Jahre alt. Ein Gefäß minoischen Ursprungs aus der Bronzezeit!

Der Pascha versammelt uns in der Messe und legt uns seine faszinierende Theorie dar.

»Ihr kennt ja die Sage von Atlantis«, sagt er. »In seinen Dialogen zwischen Timäus und Kritias berichtet uns Plato von einer mächtigen, von drei Mauern – einer steinernen, bronzenen und ehernen – umgebenen Stadt, die über ein Reich herrschte. Einst Rivalin Athens, sei Atlantis nach einer Katastrophe versunken.

Die Stadt habe jenseits der Säulen des Herkules gelegen, fügt der Philosoph hinzu, also im Atlantik.

Seit Plato diesen Mythos geboren hat, sind mehr als fünftausend Bücher und Zehntausende von Artikeln zu dem Thema geschrieben worden. Fast alle behaupten, die versunkene Stadt entdeckt zu haben. Angeführt werden die marokkanische Küste, die Sahara, die Azoren, Irland, die Bermudas, Skandinavien, Israel, sogar Abessinien, Mittelasien oder die Antarktis.

Keine Version überzeugt. Deswegen haben moderne Forscher wie der Archäologe Spiridon Marinatos und der Geophysiker Angelos Galanopoulos eine neue Hypothese formuliert. Unter Zugrundelegung des Textes von Plato und neuer wissenschaftlicher Erkenntnisse gehen sie davon aus, dass die Kultur von Atlantis, soweit der Mythos überhaupt eine historische Basis hat, die minoische war – die in der Tat große Ausstrahlung hatte und mit Athen konkurrierte. Und dass die Katastrophe ihres Untergangs im 15. Jahrhundert v. Chr. die größte Vulkanexplosion der Geschichte war: der Ausbruch des Vulkans Santorin (oder Thera), der das westliche Mittelmeer verheerte und eine fast hundert Meter hohe Flutwelle erzeugte.

Ich weiß nicht, ob diese Theorie besser begründet ist als andere«, schließt Cousteau. »Aber wir haben zwei Möglichkeiten, eine Überprüfung zu versuchen: auf dem Grund kretischer Gewässer Beweise für diese Flutwelle zu finden und auf Santorin Hinweise auf das Vorhandensein der minoischen Kultur zu suchen.«

Der Pascha stellte schöne Aufgaben: Dafür liebte ich diesen Mann!

Die erste Reihe von Beweisen, die er verlangt hat, finden wir nicht in Dia, sondern in Psira, einem weiteren Inselchen nördlich von Kreta. Wir ankern dort mit der *Calypso*. Mit unserem Hubschrauber machen wir Hunderte von Luftaufnahmen der Küste. Wir entwickeln sie, setzen sie zu einem Mosaik zusammen und studieren sie mit der Lupe. Eine Anomalie erscheint. In einer der

Buchten von Psira taucht ein versunkener Vorsprung auf, der unter Wasser fingerförmig ins Meer hinausragt. Ich gehe mit dem Pascha im Tauchboot hinunter; dann tauchen wir mit der Aqualunge. Der Bau stammt von Menschenhand. Als Seeleute brauchen wir nicht lange, um zu erkennen, dass wir uns in einem Hafen befinden. Einem antiken Hafen, mit verankerten Schiffen, eins neben dem andern, den Bug auf den Kai ausgerichtet. Alle an Ort und Stelle untergegangen ... Was war die Ursache dieser Katastrophe? Ich sehe nur eine Erklärung: Die Schiffe sind alle auf einmal von einer Riesenwelle versenkt worden.

Jetzt müssen wir nur noch herausfinden, wann das war. Unsere Archäologen datieren die Keramiken, die wir aus ihrem Sedimentbett heben. Sie gehen auf die Bronzezeit zurück, ungefähr auf das 15. Jahrhundert vor unserer Zeitrechnung!

Warum sollte man nicht annehmen, dass der Hafen von Psira wie die anderen minoischen Häfen von der ungeheuren Flutwelle überschwemmt wurde, die von der Eruption des Vulkans in Santorin erzeugt wurde? Man stelle sich eine hundert Meter hohe Welle vor, die über Marseille, London oder New York hereinbricht: Was wäre nach ihrem Ablaufen von der Zivilisation an diesen Orten übrig? Vor allem wenn zugleich die Äcker des Hinterlandes von mehreren Metern vulkanischer Asche zugedeckt würden ...

Also Kurs auf Santorin ... Diese Insel gehört zum großen vulkanischen Bogen der Kykladen. Sie wurde auch Spondylos (»Die Runde«) genannt. Heute heißt sie Thera (oder Thira). Wir fahren in die riesige, kreisförmige Bucht ein, in der sich die braunen, ockerfarbenen und weißen Steilküsten des Landes spiegeln. Gegenüber dieser Wand, die über eine Treppe von tausendvierhundertfünfzig Stufen erstiegen werden kann, breitet sich die Insel Thirasia aus; im Mittelpunkt der Bucht die Inselchen Aspronisi, Paléia Kaméni und Néa Kaméni. Wir fahren über den Einbruchkrater – der Caldera – des Vulkans dahin. Noch ist er nicht erloschen. Die beiden Kaméni-Inselchen sind erst in jüngerer Zeit aus dem Wasser aufgestiegen. Eines Tages wird sich hier vielleicht wieder ein riesiger Auswurfkegel bilden und explodieren, indem er Millionen Tonnen Asche und Staub in die Atmosphäre schleudert und eine ungeheure Flutwelle aufwirft, die die Häfen des Mittelmeers unter sich begräbt.

Im überfluteten Rachen des Vulkans, wo ich alsbald mit Cousteau im Tauchboot herumfahre, ermesse ich, wie heftig diese Explosion war. Die stärkste, die das Ohr der Menschen in historischen Zeiten vernommen hat. Das Äquivalent mehrerer tausend Hiroshima-Bomben. Die senkrechten Kraterwände sind wie mit dem Beil gehackt. Braun oder ockerfarben, stellenweise schwarz wie Ruß… Nur wenigen Tieren gelingt es, sich in diesem schwierigen Milieu zu behaupten. Ich spüre eine Art unbestimmter Angst. Mit seinen technischen Hilfsmitteln kommt sich der Mensch vielleicht schlau vor; wenn er aber mit der Gewalt der Elemente konfrontiert ist, spürt er sich als vernachlässigbare Größe.

Ich lasse das Tauchboot bis zweihundertzwanzig Meter hinunter: Der Grund der Caldera ist eine triste vulkanische Trümmerlandschaft; aber ich weiß, dass darunter flüssiges Magma brodelt. Beim Aufstieg begegnen wir einer Schule Roter Fahnenbarsche und einem Fisch, der mir lieb und teuer ist, weil ich mein eigenes Tauchboot nach ihm benannt habe: einem Riemenfisch, rot, lang, schlangenförmig, mit zwei merkwürdigen Auswüchsen am Kopf.

War das geheimnisvolle Atlantis in Wirklichkeit Kreta? Eine endgültige Antwort auf diese Frage werden wir nie erhalten. Unter Wasser hat Cousteaus Mannschaft Beweisansätze gefunden, die auf die Richtigkeit dieser Hypothese deuten. Aber schließlich hat der Philosoph den Mythos vor allem für seine philosophische und politische Argumentation geschaffen.

Das erzählt mir der Pascha auf der Insel Thera selbst, wo wir die Ausgrabungen im Dorf Akrotiri besuchen. Dort hat man unter mehreren Metern Asche und Bims ein zweites Pompeji gefunden – doch eins aus der Bronzezeit: eine Ansammlung von Häusern im minoischen Stil, auf deren Mauern Künstler unmittelbar vor der Katastrophe Fresken malten, die mit denen der Paläste von Knossos oder Phaistos vergleichbar sind. Eines dieser Werke zeigt einen blühenden Frühling, ein anderes Faustkämpfer und ein weiteres – das schönste – einen blauen Affen, der auf roten Felsen vor einem rauchenden Vulkan flieht.

34
Eine Zeitbombe unter Wasser

Die Britannic · Die Kabine der Krankenschwester ·
Die Prärien des Meeres · Ein gesunkener Giftfrachter ·
Kinderlachen

Am griechischen Himmel kreisen Eleonorenfalken; diese Tiere heißen nach der sardinischen Fürstin Eleonora Arborea, die im 14. Jahrhundert beschloss, die Greifvögel zu schützen. Eine Fürstin als Umweltschützerin! Und das vor dem hundertjährigen Krieg! Fliegt dahin, ihr Falcos, meine Namensbrüder!

Die *Calypso* ist in die Straße von Kea südöstlich von Athen eingelaufen. An Bord grüßen wir eine charmante Dame von kaum sechsundneunzig Jahren: Mrs. Sheila Macbeth Mitchell. Eine Schottin. Sie war Krankenschwester an Bord des englischen Dampfers *Britannic*, der 1916 für die Dardanellenschlacht zum Lazarettschiff umgerüstet worden war. Am 21. November jenes Jahres um 8.12 Uhr morgens war eine gigantische Explosion zu hören, und in weniger als einer Stunde lag das größte Schiff der Welt auf dem Grund. Es gab dreißig Tote – Passagiere und Mannschaftsmitglieder, die sich gerettet glaubten, aber in ihren Rettungsbooten von den noch drehenden Schrauben des Riesenschiffs zermalmt wurden.

Mrs. Mitchell erinnert sich an jede Minute des Dramas. Sie macht es für uns lebendig. Seit dieser Zeit ist eine Frage unbeantwortet geblieben: Die *Britannic* trug als Lazarettschiff auf jeder Seite das Rote Kreuz. Ist sie auf eine Mine gelaufen, oder wurde sie von einem deutschen U-Boot torpediert? Im ersten Fall ist der Schiffsuntergang ein Unglück, im zweiten ein Kriegsverbrechen.

313

Die *Britannic* hatte zwei Schwesterschiffe, die wie sie als unsinkbar galten und beide ein tragisches Schicksal erlitten: Die *Titanic*, die am 10. April 1912 vor Neufundland nach einem Zusammenstoß mit einem Eisberg sank (mehr als eintausendfünfhundert Tote), und die *Olympic*, die 1934 ein anderes Schiff rammte und abgewrackt wurde. Wir suchen mit dem Seitenstrahlsonar nach dem Wrack. Auf dem Bildschirm erhalten wir viel versprechende Echos.

Ein Umriss auf dem Grund... Das muss überprüft werden. Ich streife meinen Taucheranzug über, Raymond Coll den seinen. Wir haben nicht miteinander gesprochen: Wir reagieren beide gleich. Coll hat zur selben Zeit wie ich auf der *Calypso* angefangen, wie ich hat er die Reflexe des »Hauses« angenommen und gehört zur Einrichtung. Er ist ein wenig mitteilsamer, bisweilen schweigsamer Katalane, aber von unvergleichlicher Effizienz. Er schwimmt und taucht wie eine Robbe. Ich habe ihn nie gegen einen Einsatz protestieren hören, war er auch noch so mühsam oder gefährlich. Ich habe ihn auch nie müde oder unwillig erlebt.

Wir springen ins Wasser. Wir müssen tief hinunter und schnell. Wir tauchen hinab, ohne die Gegend zu beachten: vierzig Meter, sechzig, achtzig. Wir schwimmen ins Dunkel hinein. Ich unterscheide riesige Davits. Ich schwimme heran: Sie ist es! Die *Britannic*... Ich schwimme eines ihrer Decks entlang und finde eine Pforte, in die ich eindringe. Ich schwimme durch den Laufgang und zur nächsten Pforte wieder hinaus. Ich gleite den Rumpf entlang. Hundert Meter, und ich habe den tiefsten Punkt des Wracks noch nicht erreicht. Der Riesendampfer (zweihunderteinundsiebzig Meter lang, achtundvierzigtausend Tonnen Wasserverdrängung) liegt auf seiner rechten Seite auf dem Abhang. Ich versuche, bis zum Bug vorzudringen. Unmöglich: Ich tauche mit Pressluft, und mir wird seltsam zu Mute. Eine merkwürdige Hochstimmung erfasst mich. Diese Symptome kenne ich. Tiefenrausch. Ich muss dringend hinauf!

Ich beruhige mein von Euphorie erfasstes Gehirn und mein

jagendes Herz. Ich finde die Schnur der Boje wieder, die wir an Bord vertäut haben. Hand über Hand ziehe ich mich zur Oberfläche hinauf, mit der Technik, die wir vor einem Vierteljahrhundert auf der *Calypso* entwickelt haben. Ich versichere mich, dass auch Raymond Coll da ist.

In den Folgewochen wird die *Britannic* für uns zum faszinierenden Studienobjekt. Wir benutzen beim Tauchen Mischungen aus drei Gasen (Helium, Stickstoff, Sauerstoff), die uns der Hexenmeister Doktor Cabarrou zusammenmischt, weltweit einer der Spezialisten für Hochdruckmedizin. Wir erforschen ein Schiff, das sich in den Jahren, die es im Meer gelegen hat, kaum verändert hat. Wir erkunden den Maschinenraum und die zu Krankensälen umfunktionierten Räume, in denen die Eisenbetten wirr durcheinander liegen. Wir tauchen flossenwedelnd die Riesentreppe zum großen Festsaal hinunter. (Hoffentlich gravitätisch genug!) Wir suchen die Toiletten erster Klasse auf: exquisite Einrichtung! Auf der Brücke nimmt Ivan Giacoletto das Ruder, während ich so tue, als bediente ich den Maschinentelegrafen. Wir inspizieren auch die drei riesigen Schrauben, auf die die Werft damals so stolz war: Am Morgen des Schiffsuntergangs brachten sie Tod und Verderben.

Raymond Coll nimmt Mrs. Mitchell im Tauchboot mit hinunter.

»Selten habe ich eine so angenehme Passagierin gehabt«, erzählt er. Sie machte dauernd Scherze. Das war gewiss das erste Mal, dass sie in einem Tauchboot Platz nahm; aber nichts setzte sie in Erstaunen. Und sie führte Raymond am Schiffsrumpf entlang! Sie erkannte ihre Kabine wieder.

»Hier!… Ja, genau hier!«, rief sie aus… »Mein Gott, ich hätte nie gedacht, dass ich dieses Bullauge wieder sehen würde… Hineinfahren können Sie nicht? Ich bin untröstlich, aber 1916 musste ich da ziemlich schnell raus. Auf meinem Kojenbett habe ich ein Heft mit Liedern vergessen, die ich komponiert hatte und an denen ich sehr hing, und ein Päckchen Orangen. Ich fürchte, das Obst ist nicht mehr ganz frisch; aber die Lieder wären heute noch aktuell!«

Bewundernswerte Mrs. Mitchell! Ich frage mich, wie es auf jemand wirkt, wenn er in mehr als hundert Metern Tiefe ein Schiff wieder sieht, dessen Untergang er vor sechzig Jahren erlebt hat.

Der Pascha seinerseits ist völlig entfesselt. Mit der Aqualunge taucht er zum Bug der *Britannic* in hundertzwanzig Metern Tiefe hinunter; er schlägt damit seinen eigenen Tiefenrekord. Und das mit siebzig Jahren! (Amateurtaucher werden das zu würdigen wissen!) Er klärt die Ursachen der Katastrophe. Er entdeckt ein riesiges Loch im Rumpf und auf dem Meeresgrund verstreute Kohlebrocken. Das Loch hat keine Ähnlichkeit mit einem Torpedotreffer: Die Hypothese des Kriegsverbrechens scheidet aus. Der Dampfer ist auf eine Mine gelaufen. Aber eine Mine allein hätte nicht so gewaltige Schäden verursacht. Die verstreute Steinkohle liefert den Schlüssel zum Schiffsuntergang: Die Mine hat unglücklicherweise auf Höhe des Kohlenbunkers gezündet. Dabei ist der Kohlenstaub explodiert, wie dies bisweilen auch in Bergwerken bei Staubexplosionen geschieht.

Nachdem das Rätsel der *Britannic* gelöst ist, fahren wir nach Marseille zurück. Ferien. Glückliches Nichtstun auf Sormiou und den Iles d'Hyères.

In diesem Jahr, 1977, beschäftigt mich das Schicksal des Mittelmeers, dieses unvergleichlichen Beckens voller Sagen und Geschichten, voller Verheißungen und Dramen, voller Kunstwerke und voller Beweise für die Gewalttätigkeit der Menschen. Mein Meer ist krank. Es leidet unter der Tätigkeit unserer Spezies. Seit meiner Kindheit habe ich zusehen müssen, wie es kränkelte und dahinsiechte. Wo das Meer einst von Lebewesen wimmelte, erstreckt sich heute eine Ödnis.

Am 6. Mai 1977 beauftragt die Internationale Kommission für die wissenschaftliche Erforschung des Mittelmeers, deren Vorsitzender Fürst Rainier III. von Monaco und deren Generalsekretär

Jacques-Yves Cousteau ist, die Mannschaft der *Calypso* mit einer kompletten Bestandsaufnahme des Gesundheitszustands unseres Meeres. Meine Freunde Kommandant Jean Alinat und Jacques Constans erstellen einen Arbeitsplan.

In Marseille fangen wir an. Zunächst laufen wir nach Westen. Dann werden wir das Mittelmeerbecken entgegen dem Uhrzeigersinn abfahren. Languedoc. Roussillon. Katalonien (Abstecher zum Kernkraftwerk Vandellos). Costa Brava (Massentourismus). Die Insel Aborán (und ihr Wald von Riesenalgen). Marokko. Algerien. Tunesien. Ägypten (Libyen aber nicht: Ghaddafi hat was dagegen). Israel. Der Libanon. Die Türkei. Die Dardanellen und der Bosporus. Wir fahren bis ins Schwarze Meer – bis an die Donaumündung. Dann wieder Griechenland. Danach Jugoslawien (aber nicht Albanien: gesperrte Küste). Vor der Rückkehr nach Marseille schließlich Italien.

Während dieser großen Rundfahrt zur Untersuchung der Mittelmeerverschmutzung (Operation »Medpoll« genannt), entnehmen wir Tausende von Wasser-, Sediment- und Planktonproben, die wir zur Analyse an die besten Labore der Welt versenden. Diese bestimmen für uns den Anteil an Kohlenwasserstoffen, Schwermetallen, Pestiziden, radioaktiven Isotopen usw. Als wir über die Ergebnisse verfügen, müssen wir feststellen, dass die industrielle, landwirtschaftliche und private Umweltverschmutzung zwar örtlich massiv ist, aber den Zusammenbruch vieler Populationen von Lebewesen im Mittelmeer allein nicht erklärt. Manche Buchten, manche Häfen, manche Flussmündungen sind sehr verschmutzt, aber nicht so, dass alles abstirbt. Es muss noch einen anderen Todesfaktor geben.

»Ich weiß, was es ist«, sagt Cousteau. »Ich ahne das schon lange. Und jetzt fällt es mir wie Schuppen von den Augen. Die Umweltverschmutzung ist nur die sekundäre Ursache des Rückgangs der Tier- und Pflanzenpopulationen. Die erste ist die direkte mechanische Vernichtung, der Raubbau. Unter diesem Begriff verstehe ich die industrielle Fischerei, die das Meer verheert, die Dynamit- und die Lampenfischerei. Dazu kommen die Küstenmeliorationen. Jedes Mal, wenn ein neuer Handels- oder Freizeithafen ausgebaggert wird, jedes Mal, wenn ein Hotel direkt am Wasser gebaut, ein Küstenflughafen erweitert wird, wird der reichste Teil der Unterwasserwelt vernichtet: der Pflanzenstreifen an der Küste. Diese Prärie, zwischen null und fünfzig Metern Tiefe gelegen, wird von Neptungras gebildet, das nicht zu Algen, sondern zu den Blütenpflanzen gehört. Diese Pflanzen sind Speisekammer, Lunge und Kinderstube des Meeres zugleich. Die Neptungraswiesen werden von Pflanzenfressern abgeweidet, die den Fleischfressern zur Nahrung dienen. Sie produzieren Sauerstoff. Und sie bieten einen Schutz, in dem die meisten Arten ihre Eier ablegen. Diese Prärie zu zerstören, heißt das Mittelmeer töten. Und das tut der Mensch, indem er die Küsten zubetoniert!«

Eine klare Schlussfolgerung! Nur muss sie sich noch herumsprechen: Und das ist eine ganz andere Sache… Es ist schon nicht leicht, eine Fabrik oder eine Stadt anzuprangern, die das Meer verschmutzt. Der Raubbau ist noch viel schwerer anzuklagen – er ist heimtückischer, anonymer, alltäglicher. Jeder von uns trägt dazu bei – und sei es nur dadurch, dass er im August Ferien an der Küste macht…

Während dieses »Medpoll« – Einsatzes haben wir Gelegenheit, Delfine, Grindwale, Pottwale usw. zu beobachten. Wir beschäftigen uns vor allem mit dem Schicksal der Mönchrobben; diese von den Alten verehrten Flossenfüßer stehen kurz vor der Ausrottung. Es gibt nur noch weniger als fünfhundert – in Mauretanien, bei den Inseln des Maghreb und um die griechischen und türkischen Inseln, aber keine mehr auf den Iles d'Hyères und in Korsika. Zuerst von Fischern abgeschlachtet, die sie bezichtigten »ihre« Fische wegzufressen, werden die Mönchrobben heute in ihren letzten Zufluchten von Touristen und deren Drang aufgestört, ein »einsames Plätzchen« zu finden. Wenn wir ihnen nicht einige Reservate einräumen, wird man wahrscheinlich schon bald in der Vergangenheitsform von ihnen reden müssen.

Die Karettschildkröte ist fast ebenso stark bedroht. Sie vermehrt sich auf einigen Inseln des Mittelmeers, besonders auf den Stränden der Insel Zakynthos westlich von Griechenland. Aber auch an diesen Stränden werden jetzt Hotels gebaut...

Das Meer ist krank. Bisweilen beängstigend krank.

Das größte Angsterlebnis meines Taucherlebens habe ich auf dem Wrack der *Çavtat* vor dem kleinen italienischen Hafen Otranto vor der Einfahrt zur Adria, wo ein jugoslawisches Frachtschiff 1974 nach einer (übrigens zweifelhaften) Kollision mit einem italienischen Schiff gesunken ist. Die *Çavtat* liegt in neunzig Metern Tiefe. Alle Welt hat diesen Schiffsuntergang vergessen, bis auf einen kleinen Provinzrichter namens Alberto Maritati. Dieser Richter hat zufällig erfahren, welche Fracht dieses Schiff geladen hatte. Ihm sträubten sich die Haare. Er hat Kommandant Cousteau alarmiert, dem die Haare genauso zu Berge standen.

Durch reine Hartnäckigkeit hat Richter Maritati die italienische Regierung zum Handeln gezwungen. Das Wrack der *Çavtat* soll leer geräumt werden, und zwar von der italienischen Gesellschaft S.A.I.P.E.M., die über eine Taucherplattform unter dem Namen *Castoro II* verfügt. Die Mannschaft der *Calypso* wird von der S.A.I.P.E.M. zur Beratung zugezogen.

Ich bereite mich vor, zusammen mit Raymond Coll und Bernard Delemotte zum Wrack hinunterzutauchen. Das Wrack der *Çavtat* ist voll gestopft mit neunhundert Fässern – dreihundert Tonnen – eines Ultragifts: Bleitetraäthyl und Bleitetramethyl. Wenn diese Blechfässer leck sind und das Chemieprodukt an unsere Haut kommt, sind wir verloren. Akute Vergiftung. Tod binnen zehn Minuten!

Wir springen ins Wasser. Wir tauchen hinunter. Ich erinnere mich an die Worte Kommandant Cousteaus:

»Wenn diese Fracht nicht heraufgeholt wird, wenn die Fässer durchrosten, auslaufen und sich ihr Inhalt in die Straße von Otranto ergießt, wird das halbe Mittelmeer daran krepieren! Das ist eine – Zeitbombe! Ein Ultimatum unter Wasser!«

Dagegen ist der blutrünstigste Weiße Hai die Unschuld in Person.

Da ist das Wrack. Es sieht harmlos aus: ein normaler Frachter mit Schwärmen von Fischen, die ihn umkreisen. Wir dringen in den Laderaum vor. Die Metallbehälter liegen in völligem Chaos durcheinander. Randvoll mit konzentriertem Gift… Auf jedem Fass aufgemalt ein Totenschädel mit gekreuzten Knochen: beredt genug! Wir nähern uns vorsichtiger als einem Nest von Kobras. Manche Blechtonnen scheinen in erbärmlichem Zustand. Von den Stößen des Schiffsuntergangs sind sie eingebeult. Ich sehe mir einen Knick näher an. Er ist verrostet. Ein dünner brauner Flüssigkeitsfaden dringt heraus. Lieber Gott, es ist höchste Zeit! Die todbringende Bleiverbindung fängt an, sich im Wasser auszubreiten!

Wir gehen auf Abstand. In metallischer Form stellt Blei keinerlei Gefahr dar. Aber in organischen Verbindungen tötet es schon bei bloßer Berührung.

Die Arbeiten zur Bergung der gesamten Fracht der Çavtat sollten fünfzehn Monate dauern. Zweihundertsiebzig Tauchgänge werden erforderlich. Jedes Blechfass, das heraufgeholt und von der Chemiefabrik Octel entsorgt wird, kommt auf vierzehntausend Dollar. So teuer ist menschliches Versagen!

Dann ist alles vorüber. Ich gehe auf dem Kai des Hafens Otranto spazieren, wo Kinder spielen, ohne zu wissen, dass sie die Geiseln der Dummheit und Verantwortungslosigkeit der Erwachsenen waren. Ihr Lachen erinnert mich an das meiner Tochter, die am Ufer des gleichen Meeres auf mich wartet.

35
Die Quellen des Nils

Ein geschichtsträchtiger Strom ·
Das Wasserflugzeug P.B.Y. Catalina · Die Sitatunga-Antilope ·
Der Assuandamm · Philippes tödlicher Unfall

Für die *Calypso* ist 1978 ein Jahr des Urlaubs. Oder der Arbeitslosigkeit, wie man es nimmt... Geplante Einsätze werden gestrichen oder verschoben. Nichts läuft, wie der Pascha es will; sogar er hat Probleme... Dieser medial begabte Hexenmeister, dieser Verführer, den ich als Meister des Bluffs Forschungs- oder Filmverträge habe aushandeln sehen (was bei ihm nichts über das Ergebnis aussagt!), kann nicht *einen* Vorschlag einer meereskundlichen Kampagne oder eines Fernsehfilms unterbringen... Ich traue meinen Augen nicht.

Diesen Moment wählt Philippe Cousteau, um die Initiative zu ergreifen. Er will seinen ersten großen Einsatz von Bord des Flugboots organisieren, das er ausgerüstet hat. Das Wasserflugzeug ist eine P.B.Y. Catalina – eines der zuverlässigsten seiner Art. Es hat den Namen *Calypso II* oder *Fliegende Calypso* erhalten. Voll gestopft mit Geräten für Luftaufnahmen, mit einer Taucherbasis und einem Schlafabteil ausgestattet, ist es die ideale Maschine, um eine kleine Mannschaft schnell über große Strecken zu transportieren. Sein Aktionsradius (3800 Seemeilen) und seine Flughöhe (6000 Meter) machen es zu einem erstaunlichen Flugzeug, das für die Forschung wie geschaffen ist. Ursprünglich war es ein Bombenflugzeug...

Philippe Cousteau ist der zweite Sohn des Kommandanten. Wie sein zwei Jahre älterer Bruder Jean-Michel hat er das Tauchen gleichzeitig mit dem Laufen gelernt. Papa und Mama sind mit ihm unter Wasser gegangen, sowie die Aqualunge perfektioniert war. Während Jean-Michel, nachdem er an einigen Einsätzen (wie auf dem Titicacasee) teilgenommen hat, versucht, sich im Schiffbau einen Namen zu machen, spielt Philippe die Rolle des Nachfolgers. Was er von seinem Vater vollendet übernommen hat, ist die Vorliebe für Abenteuer. Er liebt es, Gegenden aufzusuchen, die noch keines Menschen Fuß betreten hat. Er ist Flieger aus Leidenschaft. Fliegen macht ihn glücklich. Er übt mit dem Heißluftballon oder dem Schlepphubschrauber. Er hat alle Flugscheine gemacht. Für diesen Einsatz am Nil wird er von einem professionellen Flieger begleitet, dem Amerikaner Michael Sullivan, einem Vietnam-Veteranen. Aber häufig hat er selber den Steuerknüppel in der Hand.

Wir fliegen über Ägypten: die ockerfarbene und gelbe Sahara, eine magische Wüste. Wir landen am Ufer des Nils im sudanesischen Merowe, wo wir alte Pyramiden begrüßen. Wir starten und fliegen weiter nach Süden, durchqueren den riesigen Sudan und fliegen über die Nubaberge nach Uganda hinein. Das Flugzeug zieht an den Mondbergen vorbei, dem Ruwenzori-Massiv: Hierhin verlegte im Altertum Ptolemäus die »Quellen des Nils«.

Der Nil: ein geschichtsträchtiger Strom… Jahrtausendelang hat die Frage nach dem Ursprung seiner Quellen Geographen, Philosophen und Dichter beschäftigt. Dieser Wasserlauf aus dem innersten Afrika brachte Ägypten die jährliche Wohltat seiner Hochwasser und Schlammablagerungen.

Die Quellen wurden im 19. Jahrhundert von dem Engländer John Hanning Speke entdeckt, der am 21. Juli 1862 am Ausfluss des Victoriasees stand, wo der Strom seinen Anfang nimmt. Die Erforschung des Nilbeckens hat die meisten großen Forschungsreisenden der damaligen Zeit beschäftigt: Richard Burton, David Livingstone, Henry Morton Stanley, Florence und Richard Baker. Im 20. Jahrhundert wurde die ursprüngliche Quelle des Stromes gesucht, das heißt, der längste Zufluss des Victoriasees. Davon gibt es zwei: Die von der Nilmündung am weitesten entfernte Quelle liegt in Ruanda; dort entspringt der Fluss Rukarara. Die südlichste Quelle liegt in Burundi; es ist die des Flusses Kasumo.

Wir landen auf dem Victoriasee nahe dem ugandischen Hafen Entebbe. Auf unseren Flügeln schwingen wir uns bis Burundi, auf der Suche nach der südlichsten Quelle, die der Deutsche Burkhart Waldecker 1937 als Erster entdeckt hat. Dort, mitten in den afrikanischen Hochebenen, kennzeichnet eine bescheidene Steinpyramide den Ort dieses wichtigen Ursprungs. Eine gravierte Metallplatte gibt auf Lateinisch die Namen des Wasserlaufes bis zu seinem Delta und die seiner Entdecker wieder. Philippe Cousteau stellt sich mit jedem Fuß auf ein Ufer der Quelle, die aus einer Röhre entspringt, und blickt nach Norden: Das Wasser, das zwischen seinen Beinen aus der Erde schießt, fließt 6695 Kilometer, bevor es sich ins Mittelmeer ergießt...

Wir folgen den Flüssen flussabwärts: dem Kasumo, der den Ruvuvu vergrößert, der sich in den Nyawarongo ergießt, der in den majestätischen Akagera fließt – den Hauptzufluss des Victoriasees. Wir studieren die Ökologie des Beckens.

In Ruanda – dem Land der tausend Hügel – besuchen wir die Hauptstadt Kigali. Nach einem kurzen Flug landen wir bei den Virungabergen. Hier, im Dreiländereck von Ruanda, Zaire und Uganda leben die letzten Berggorillas. Wir statten der Amerikanerin Diane Fossey, die zur Schutzmutter der Spezies geworden ist, einen Besuch ab. Eine erstaunliche Frau. Sanft zu den Großaffen, die sie vor dem Abschlachten bewahren will. Unerbittlich gegenüber Wilddieben... Ein paar Jahre später wird Diane Fossey von Wilderern ermordet. Die Gorillas sind faszinierende Lebewesen. Schön, wunderlich, intelligent, kräftig, aber friedfertig. Und von der Ausrottung bedroht durch die Flinten der Dummköpfe oder armen Schlucker, denen ein einziges Fell so viel wie sechs Monate Lohn einbringen kann.

Wir verbringen mehrere Wochen im Akagera-Park in Ruanda in Begleitung eines außergewöhnlichen Mannes namens Jules Anotier, Spezialist für Tropenkrankheiten: Schlafkrankheit, Bilharziose… In diesem Wildreservat wird uns die gesamte afrikanische Fauna geboten. Elefanten und Nashörner, Giraffen und Wasserbüffel. Paviane, Zebras, Antilopen, Löwen, Panter, Hyänenhunde, Hyänen, Schakale… In den Überschwemmungsgebieten leben Flusspferde und Krokodile, Schuhschnäbel, Reiher, Jabirus (Großstörche) und Blatthühnchen, Marabus und Kronenkraniche.

Es gelingt uns, die seltene Sumpfantilope Sitatunga zu filmen. Auf dem Hagosee geraten wir fast in einen Hinterhalt tansanischer Banditen. In Sümpfen und Savannen kreuzen wir den Weg Hunderter von Säugetieren und Vögeln, ganz zu schweigen von den Reptilien: Warane, Schildkröten, Schlangen (von denen ich die schwarze Mamba besonders empfehle)… Es wimmelt von Lurchen, Insekten, Spinnen. Ich fühle mich glücklich in dieser Vielfalt von Leben, das an die Urzeit des Menschen gemahnt, der übrigens irgendwo in dieser Gegend zwischen Kenia und Tansania erstmals aufgetreten sein soll… Natürlich ist auch dieses Paradies auf Erden dadurch bedroht, dass sich der Mensch immer breiter macht. Wie kann man die Natur Afrikas schützen und dabei zugleich den Lebensstandard der Afrikaner heben?

Philippe Cousteau kommt zurück und landet in Uganda auf dem Victoriasee. Damals steht das Land noch unter der brutalen Fuchtel von Idi Amin Dada. Dieser hat uns gestattet, seine Parks zu besuchen; als Gegenleistung verlangt er, in Philippes Wasserflugzeug mitfliegen zu dürfen. Amin Dada, ein lachender Riese, scheint sympathisch; doch setzt sich unsere Mannschaft aus Ausländern zusammen, vor denen er Respekt hat; nicht ganz so angenehm wäre es, einem mit dem seinen verfeindeten Stamm anzugehören. Philippe nimmt ihn in seiner Catalina mit. Als sie wieder auf dem Wasser landen, erklärt der Diktator mit amüsanter Großspurigkeit: »Dieser Cousteau ist ein guter Pilot; aber der beste Pilot der Welt ist Idi Amin Dada!«

Auf dem Victoriasee filmt die Mannschaft riesige Moskitoschwärme – dunkel wie Gewitterwolken. Sie studiert Fische, Lurche, Krebse, von denen sich die lokale Bevölkerung ernährt.

Doch das Unglück schlägt zu. Patrick Delemotte, der Bruder meines Freunds Bernard, verunglückt auf der Rückfahrt zum Camp tödlich mit dem Auto. Ein banaler Verkehrsunfall wie am Wochenende in Frankreich auf der Route nationale …

Philippe fliegt den Toten zurück. Nach seiner Rückkehr beginnt der Flug stromab. Beim Ausfluss aus dem Victoriasee im Napoleonkanal fließt der Nil, hier Victoria genannt, 1333 Meter über Meereshöhe und ist noch mehr als sechstausend Kilometer von seinem Delta entfernt. Er stürzt die Riponfälle hinunter (die heute durch einen Staudamm zur Stromerzeugung aufgefangen werden), dann verliert er sich im riesigen Kyogasee, der übersät ist mit Papyrusinseln und eine veränderliche Uferlinie hat.

Anschließend verläuft der Nil zwischen zwei von dichtem Dschungel bewachsenen Ufern. An einer Stelle verengt sich sein Tal bis auf sechs Meter. Plötzlich fällt der Boden ab. Mit einem Höllenlärm und unter einem ewigen Regenbogen stürzt der Fluss sechsunddreißig Meter hinab. Das sind die Kabalegafälle, früher Murchinsonfälle genannt. Philippe setzt auf dem Wasser unterhalb der Fälle auf und fährt mit dem Schlauchboot zurück: riesige weiße Schaumstrudel, ein überwältigender Eindruck!

In diesem jungfräulichen Gebiet, das einen der schönsten Naturparks von Afrika bildet, wimmelt es von Pflanzen- und Tierarten. Die Mannschaft macht sich auf die Suche nach den erstaunlichen Lungenfischen. Diese urtümlichen Tiere atmen wie alle Fische durch Kiemen; aber in der Trockenzeit graben sie sich im Schlamm ein und entnehmen ihren Sauerstoff über eine primitive Lunge der Luft. Genauso seltsam sind die Tilapia aus der Familie der Buntbarsche: Bei ihnen nehmen die Männchen das Gelege der Weibchen ins Maul und schützen es bis zum Schlüpfen; danach flüchten die Brutfischchen noch mehrere Tage lang jedes Mal in Papas Maul, wenn Gefahr im Verzuge ist. Der Nasennilhecht mit seiner rüsselförmigen Schnauze verfügt über eine Art »Radar«, dessen Ströme allerdings nicht so stark sind wie beim Elektrischen Wels, der Schläge von vierhundert Volt austeilt. Der Flösselhecht, ein lebendes Fossil, kann dank seiner gegliederten Brustflossen und der lungenähnlichen Schwimmblase kurze Strecken über Land kriechend überwinden, um zu einer anderen Wasserstelle zu gelangen. Der Tigersalmler ist ein Raubfisch; dieser eindrucksvolle Fisch mit seinen hundert oder hundertzwanzig Kilogramm braucht nur Krokodile zu fürchten...

Krokodile gibt es auch... Alle Welt verabscheut sie. Sie sind schön, und sie sind bedroht. Zu viele Handtaschen, zu viele Gürtel und Luxusschuhe werden aus ihrer Haut geschnitten. Die Spezies, bei der manche Exemplare sechs Meter Länge erreichen, war früher massenhaft von Ägypten bis Südafrika verbreitet; heute ist sie von Ausrottung bedroht. Ich schlage vor, ein Komitee zum Schutz der Krokodile zu gründen – wie es auch angebracht wäre, eine Schutzorganisation für Haie aufzuziehen. Ich meine das im Ernst.

Im Albertsee kommen die Flüsse zusammen, die das riesige Ruwenzori-Gebirgsmassiv entwässern. Der Nil, jetzt Albert genannt, wälzt sich in Richtung Nimule. Der Strom wird breiter, träger, scheint einzuschlafen. Und dann wirft er sich plötzlich in eine gigantische Schleuderbahn: die Stromschnellen von Fola. Er fließt in den Sudan, wo er Bahr el-Dschebel, »Strom aus dem Gebirge«, genannt wird.

Nach Dschuba, der Hauptstadt des Südsudan, verrieselt der Nil in einem riesigen Sumpfgebiet, das größer als die Schweiz ist und Sudd genannt wird (dieses arabische Wort bedeutet »Stau«). Es ist ein Labyrinth von Kanälen und Wäldern, das eine großartige Tierwelt beherbergt. Es ist auch das Land der großen schlanken Menschen, häufig mehr als zwei Meter groß, die Stelzvögeln ähneln und Niloten genannt werden. Diese Eingeborenen gehören den Völkern der Dinka und Nuer an. Philippe besucht die Dinka, die eine Rinderzivilisation erfunden haben. Sie weiden Herden von Watussi-Rindern mit riesigen Hörnern, leben in Hütten mit Wänden aus Erde und Kuhmist. Mit Feuer aus getrockneten Kuhfladen vertreiben sie die Malariamücke und die Tsetsefliege, die die Schlafkrankheit überträgt. Sie trinken die Milch ihrer Tiere und

essen einen Käse, für den sie die Milch mit Zugaben von Rinder-
urin gerinnen lassen. Fleisch essen sie nur in geringen Mengen.
Ihre Wunden pflegen sie mit Kuhurin, in dem sie auch ihre Kinder waschen und von dem sie behaupten, dass er vor Krankheiten
schützt. Kuhmist dient ihnen auch als Einreibemittel gegen Insekten und zum Haarfärben.

Die Dinka, bei denen, wie man sich leicht denken kann, jeder
Kauf mit Kühen bezahlt wird, vor allem der Kauf von Frauen,
praktizieren die Beschneidung der Mädchen, bisweilen sogar die
Infibulation. Diese barbarischen Sitten sind in ein Glaubenssys-
tem eingebettet, das den Zusammenhalt der Gesellschaft gewähr-
leistet. Aber was für Leiden…

1978 leben die Dinka noch wie ihre Vorfahren. Sie folgen den
ausgedehnten Herdenwanderungen ihrer Rinder, je nach dem
Wasserstand, den der Strom im Sumpf erzeugt. Sie haben ein
schweres Leben, aber sie sind glücklich. Zehn Jahre später sind die
meisten im Bürgerkrieg im Südsudan umgekommen oder vertrieben. Halb verhungert, mager und krank erreichen die Überlebenden die Flüchtlingslager von Dschuba, wo ihnen die internationale
Lebensmittelhilfe vorenthalten wird.

Im See No (allen Kreuzworträtselfreunden bekannt!) fließt der
Bahr el-Gasal, der »Fluss der Gazelle«, in den Bahr ei-Dschebel.
Hier wird der Nil zum Bahr el-Abiad, zum »Weißen Fluss«. Da
ist schon Malakal, dann Kodok und Faschoda, wo im Juli 1898 die
berühmte Begegnung zwischen dem französischen Hauptmann
Marchand und dem englischen Hauptmann Kitchener stattfand.
Bei den hier lebenden Schilluk wurde der König getötet, sobald er
krank wurde: Man ging davon aus, dass er in der Fürbitte bei den
Geistern oder in der Verteidigung seines Volkes nicht mehr genug
leisten könne. Hätten wir nur ein ähnliches System für unsere
Politiker!

Dann kommen wir nach Kosti und nach Karthum, der Hauptstadt des Sudan, deren Name »Elefantenrüssel« bedeutet. Hier vermischt der Weiße Nil seine Wasser mit seinem Zwillingsbruder,

dem Blauen Nil. Letzterer entspringt im Tanasee nördlich von Addis Abeba. Er wirft sich über die berühmten Tissisatfälle (»Rauch ohne Feuer«) und entwässert die Hochebenen Äthiopiens.

Der vereinte Nil, jetzt ohne Adjektiv – kolossal und prächtig –, bewässert die reichen Ebenen des Sudan. Aber dann muss er durch eine Wüste – die größte der Welt: die Sahara. Er nimmt seinen letzten Nebenfluss auf, den Atbara. Dann verliert er Wasser durch Verdunstung. Er stürzt sich den fünften Katarakt, dann den vierten hinunter (bei Merowe, wo wir zu Beginn dieses Einsatzes Station gemacht haben). Er bewässert Dongola, durchquert das Land Kusch und stürzt sich über den dritten Katarakt.

Der zweite Katarakt ist unter den Wassern eines mehr als fünfhundert Kilometer langen künstlichen Sees verschwunden: unter dem Nubasee (wie er im Sudan heißt) oder Nassersee (sein ägyptischer Name). Dieses Gewässer geht auf die Errichtung des Assuandammes zurück, eines der größten Staudämme der Welt. Von Engländern geplant, von Amerikanern projektiert, wurde er schließlich von den Sowjets gebaut und am 14. Mai 1964 von Gamal Abdel Nasser und Nikita Chruschtschow eröffnet. Eine Erdmasse vom siebenfachen Volumen der Großen Pyramide, einer Länge von mehr als vier Kilometern und einer Höhe von hundertneun Metern staut ein Wasservolumen von hundertvierundsechzigtausend Milliarden Kubikmetern: ein Riesensee, dessen Wasserkraftwerke zehn Milliarden Kilowattstunden erzeugen. Der Assuandamm ermöglicht es, die Nilüberschwemmungen zu regulieren und neue Gebiete zu bewässern.

Aber die Gruppe Cousteau, zu der der Pascha persönlich stößt, zieht eine düstere Bilanz dieses Prestigeobjekts. Historische Schätze sind dadurch vernichtet worden (auch wenn die Tempel von Abu Simbel und Philae gerettet wurden). Die ökologischen Konsequenzen des Assuandamms sind furchtbar. Wir verzeichnen sie bei unserer weiteren Fahrt durch Ägypten. Die Flussufer versanden. Die im Nassersee zurückgehaltenen Hochwasser düngen die Felder nicht mehr; die Bauern (Fellachen) müssen Kunstdünger kaufen, den eine Fabrik von Kom-Ombo unter Verwendung von Strom aus dem Staudamm erzeugt. Absurd! Die schlecht angelegten Bewässerungssysteme lassen den Ackerboden versalzen. Bestimmte Ansteckungs- oder Parasitenkrankheiten (Bilharziose, Malaria) nehmen zu. Und das Nildelta, das kein Schwemmmaterial mehr erhält, geht immer weiter zurück und wird vom Meer verschlungen…

Im Überfliegen grüßen wir die Pracht der Tempel und Denkmäler des Ägyptens der Pharaonen: Edfu, Luxor, Karnak, Abydos, Ackmim und Sohag, Hermopolis, Memphis… Ohne Giseh, seine Sphinx und die Pyramiden zu vergessen… Aber unser Herz ist nicht dabei. Wie kann man für dieses Land optimistisch sein, wenn man die Riesenstadt Kairo mit ihren zwölf Millionen Einwohnern, ihren verwinkelten Straßen, ihrer unzureichenden Kanalisation, die sich in den Nil ergießt, und ihren Bettlern, die auf Friedhöfen hausen, besucht? Alle Probleme der Dritten Welt konzentrieren sich hier: Überbevölkerung, Armut, Umweltverschmutzung…

Wir haben das Ziel unserer Reise erreicht. Wir fliegen bis zum äußersten Ende der beiden Hauptarme des Deltas: Damiette im Osten und Rosette im Westen. Der Nil, dieser Gigant von fast siebentausend Kilometern Länge, ist vom Menschen versklavt worden. Dieser königliche Strom ist ein toter Strom. Er führt dem Meer nur noch ein Rinnsal zu, und Letzteres spült das Land weg. Häuser, ganze Viertel von Küstendörfern sind schon versunken. Und weil die Schwebestoffe ausbleiben, wird das Plankton im östlichen Mittelmeer spärlich. Die Fische verschwinden.

Während ich auf dem Strand von Rosette einen armseligen Fischer immer wieder sein Netz auswerfen sehe, in dem sich keine einzige Sardine mehr verfängt, denke ich daran, dass der Mensch durch Zähmung des Nils einen der größten Fehler seiner Geschichte begangen hat. Und dass er sich anschickt, woanders dieselben zu machen – in Senegal, Pakistan, China und Brasilien.

Dieser Einsatz endet in Traurigkeit. Ein paar Monate später trifft uns schweres Unglück.

Im Juni 1979, während er noch an den beiden Filmen über dieses afrikanische Abenteuer schneidet, beaufsichtigt Philippe Cousteau die Reparaturen seines Wasserflugzeugs P.B.Y. Catalina *Calypso II*. Zusammen mit seinem Kopiloten Jean-Pierre Gros will er einen Probeflug machen.

Dieser Probeflug findet am 19. Juni bei Lissabon statt. Philippe ist am Steuer. Er schickt sich an, in der Mündung des Tejo zu landen. Das Flugzeug setzt auf dem Wasser auf und kippt nach vorn. Die Ursache des Unfalls ist eine vermutlich offen gebliebene Klappe. Philippe versucht, das P.B.Y. aufzurichten, und zieht das Steuer an sich. Doch die beschädigte Schraube löst sich, zerschmettert das Cockpit und tötet ihn auf der Stelle. Unser Freund war neununddreißig Jahre alt. Jean-Pierre Gros kommt mit einem fast abgetrennten Arm wie durch ein Wunder davon.

Ich will den Kummer des Vaters nicht beschreiben, als man ihm den Tod seines Sohnes meldet: Der Kommandant spricht von Ungerechtigkeit und davon, alles aufzugeben, die *Calypso* an Ort und Stelle zu versenken ... Jean-Michel kommt aus Los Angeles, um den Vater aufzurichten. Er versichert ihm, dass er von nun an bei ihm bleiben und das schon so lange betriebene Unternehmen weitergeführt wird.

Philippe Cousteau erhält ein Seemannsbegräbnis – wie er es sich gewünscht hätte: Sein Sarg wird im Atlantik vor Portugal versenkt.

Ein Mensch wird ihn nie vergessen und nie Trost finden. Ich spreche von der Hüterin – Philippes Mutter. Als Kapitän der *Calypso* werde ich sie mehr als einmal in ihrer Kabine weinen hören. Aber was kann man ihr sagen, um ihren Schmerz zu lindern?

36
Die Nebel von Neufundland

Der Schatz der Natal · *Das Wrack der* Monitor ·
Schiffe versenkender Vulkanausbruch ·
Die Große Neufundlandbank · Walkalb befreit

Für die *Calypso* wird die zweite Jahreshälfte 1978 trotzdem produktiv. Vor Marseille sucht die Mannschaft nach dem Wrack eines Schiffs, das mich schon lange fasziniert, von dem ich Fischer habe reden hören und das ich Cousteau schließlich »verkaufen« kann. Es handelt sich um die Überreste der *Natal*. 1881 vom Stapel gelaufen, sank das Schiff am 30. August 1917 nach einer Kollision. Mehr als hundert Tote… Das Gerücht geht, es habe Goldbarren im Wert von etwa zwanzig Millionen heutiger Dollar an Bord gehabt.

Wir entdecken eine Abbildung des Schiffs auf einer alten Briefmarke. Wir versuchen, es mit einem EEG-Sonar auf dem Meeresgrund zu orten – einer neuen Erfindung von Professor Harold E. Edgerton. Wir finden im Gebiet des Schiffuntergangs mehrere Wracks: den Kreuzer *Drôme,* ein unbekanntes Schiff, und einen Schaufelraddampfer, die *Logobo*. Am 2. August zeichnet sich die Natal auf unserem Bildschirm ab. Ich gehe mit dem Pascha im Tauchboot hinunter. Wir identifizieren die Überreste zweifelsfrei. Das Schiff liegt in hundertzwanzig Metern Tiefe auf Sandgrund. In den Kabinen bemerken wir Koffer, die erst gestern verschnürt worden zu sein scheinen. Aber Goldbarren finden wir nicht. Wenn es einen Schatz gibt, liegt er immer noch dort.

Nach Wartungsarbeiten verlässt die *Calypso* Monaco in Richtung Norfolk (Virginia), wo die Büros der großen Umweltstiftung liegen, die der Pascha in den Vereinigten Staaten gegründet hat: die Cousteau Society.

Wir passieren die Insel Aborán, wo ich erneut die Freude habe, zwischen die Riesenalgen zu tauchen (das ist mein Wald von Brocéliande; ich wäre nicht überrascht, dort dem Zauberer Merlin zu begegnen ...). In Gibraltar amüsieren wir uns damit, die Tiefenströmung aus dem Mittelmeer nachzuweisen, die unter der Oberflächenströmung aus dem Atlantik verläuft, indem wir als Unterwassersegel einen riesigen Nylonfallschirm an der *Calypso* befestigen und versenken, die Maschinen stoppen und uns von der Strömung in den Atlantik hinausziehen lassen.

Am 2. Juni 1979 läuft die *Calypso* in den Hafen von Norfolk ein, wo sie von Hunderten Booten aller Art und am Kai von Zehntausenden amerikanischer Freunde begrüßt wird. Der Sänger John Denver trägt einen Hymnus vor, den er zum Ruhme des Schiffs und seiner Mannschaft komponiert hat. Musik, Gassenhauer, Freudenschreie, Applaus – und das alles vom Fernsehen direkt übertragen.

Auf der *Calypso* sind wir solchen Rummel kaum gewohnt – auch wenn wir uns darüber klar sind, dass unsere Fahrten von den Medien finanziert werden. Wie meine Kameraden bin ich erleichtert, als die Arbeit wieder einsetzt. Unser erster Auftrag in den USA besteht darin, vor Kap Hatteras das Wrack eines berühmten Schiffs aus dem amerikanischen Bürgerkrieg zu finden, zu untersuchen und zu filmen: die *Monitor*. Sie war das erste Panzerschiff der Geschichte. 1882 gebaut, ließ sie sich für die Nordstaaten auf ein Seegefecht mit der *Merrimack* der Konföderierten ein. Von einem Brecher vom Heck her überrascht, sank sie und zog sechzehn Männer mit sich hinunter.

Wir finden das Wrack in mehr als siebzig Metern Tiefe und untersuchen es im Taucheranzug. Ein aufregender Besuch, trotz der heftigen Strömung in diesem Unterwassergebiet – dem Golfstrom. Philippe Cousteau dreht hier seine letzten Szenen ...

Im Juli nimmt die *Calypso* Kurs auf Martinique. Sie ankert in der Bucht von St. Pierre, in der sich eine Tragödie abspielte. Am 8. Mai 1902, am Himmelfahrtstag, jagte der Vulkan Pelee bei einem katastrophalen Ausbruch eine Glutwolke über die Stadt, die dreißigtausend Menschen erstickte und nur einen überleben ließ: einen schwarzen Häftling namens Samson Sylbaris, der hinter dicken Kerkermauern geschützt war. Die Glutwolke, die die Stadt verheerte, versenkte achtzehn Schiffe, die auf der Reede vor Anker lagen. Wir wollen eins davon untersuchen.

Unsere Führer heißen Michel Metery und Jean Bally. Michel Metery hat tauchend vier Wracks vom Vulkanausbruch gefunden: den französischen Dampfer *Diamant*, den italienischen Dampfsegler *Teresa Lo Vico*, den französischen Schoner *Gabrielle* und den englischen Dampfer *Roraima*. Wir entscheiden uns für den Letzteren. Er ist in drei Teile zerbrochen und liegt in fünfzig Metern Tiefe, bewachsen von Tausenden fadenförmiger weißer Hornkorallen.

Barrakudas, Engelfische, Doktorfische und hundert andere Arten haben ihn sich zur Zuflucht erwählt. Das Meer verleiht dem Schrott des Schiffsrumpfes, der durch die Gewalt der Eruption versenkt worden ist, neue Farben. Im Schlamm entdeckt Raymond Coll einen Schädel und Menschenknochen: Er hat ein Talent für makabre Funde!

Ich meinerseits kann nur noch ein paar Minuten unter Wasser bleiben. Ich bin vom Pech verfolgt, dem schlimmsten, das ein Taucher haben kann. Ich habe Stirnhöhlenvereiterung. Ich kann kaum normal atmen und bei zunehmendem Wasserdruck keinen Druckausgleich in der Stirnhöhle mehr herstellen.

Schon früher hatte ich kleine Beschwerden. Verkrustungen in der Stirnhöhle. Unter Wasser war dies störend. Vor ein paar Monaten bin ich zum Arzt gegangen. Er hat mir versichert, dass ich wieder eine Stirnhöhle wie ein Zwanzigjähriger bekäme, wenn ich mir das alles auskratzen ließe, und mir die Adresse eines Chirurgen gegeben – des besten von Marseille. Ich lasse mich darauf ein. Ich hätte mir besser ein Bein abgehackt.

Der Chirurg, der mich operieren soll, ist vielleicht der beste von Marseille. Der Haken daran ist, dass er mich von einem seiner Schüler behandeln lässt und dieser bei mir einen »Kunstfehler« macht… Als ich aus der Narkose erwache, habe ich furchtbare Schmerzen. Man sagt mir, das sei normal. Ich weiß, dass es das nicht ist, weil ich kaum Luft bekomme. Man versichert mir, das sei der übliche Verlauf und mit ein wenig Geduld…

Nach ein paar Wochen kommt das Eingeständnis, dass die Operation nicht gut verlaufen ist. Es muss noch einmal aufgemacht werden… Das zweite Erwachen aus der Narkose ist noch dramatischer als das erste. Ich bin am Ersticken. Beim Versuch, den Fehler zu beheben, hat der Chirurg einen weiteren gemacht – einen noch schrecklicheren. Jetzt habe ich ein Loch in der Nasenscheidewand: Ich kann nicht mehr richtig sprechen; ich muss es neu lernen!

Ich leide körperlich und mehr noch psychisch. Meine Laufbahn als Cheftaucher ist am Ende. Ich werde noch unter Wasser gehen, gewiss, was es mich auch an Schmerzen und Ermüdung kosten mag. Wenn ich nicht mehr tauchen kann, bin ich so gut wie gestorben. Aber mit Großtaten und besonderen Leistungen ist Schluss. Meine Schädigung versuche ich jahrelang vergeblich vor den Gerichten einzuklagen. Die zur Begutachtung der Operationsverletzungen hinzugezogenen medizinischen Experten sind Kollegen oder Freunde jener, die mich so übel zugerichtet haben.

Die *Calypso* verbringt das Jahresende 1979 in einem langen Einsatz in Venezuela. Unter der wissenschaftlichen Leitung von Jacques Constans untersuchen wir die Zusammensetzung des Wassers, der Sedimente, die Dichte tierischen und pflanzlichen Planktons in einem riesigen Meeresgebiet. Wir nehmen Tausende von Wasserproben. Wir suchen die Mündung des Orinoko auf – dessen mineralische und organische Einschwemmungen für das örtliche ökologische Gleichgewicht entscheidend sind.

In der zweiten Phase dieses Einsatzes stellen wir geologische Forschungen in der Maracaibosee an. Unter den Salzstöcken riecht es nach Erdöl; das erinnert mich an unsere Fahrt 1954 in den Persischen Golf.

Am 24. September 1979 macht das Tauchboot unweit der Blanquilla-Inseln nördlich der Insel Margarita seine tausendste Unterwasserfahrt. Tausend Bläschen Champagner!

Schiffsüberholung in Curaçao. Zwischenaufenthalt in Martinique, wo Jo Seguy, während monatelanger Ferien der Mannschaft, ganz allein die *Calypso* vom Bug bis zum Heck anstreicht.

Im Juni 1980 läuft die *Calypso* zu einem neuen Großeinsatz zu den Küsten Neufundlands, zum St.-Lorenz-Strom und zu den Großen Seen Nordamerikas aus.

Unser Schiff wird vom Beford Institute of Oceanography in Halifax in Neuschottland empfangen. Kapitän Marc Soviche ersetzt Alain Traonouil, der die *Calypso* steuerte, seit sie in Norfolk stationiert war.

Wir beginnen diesen Einsatz mit einem Besuch der Sable-Insel vor Neuschottland: eine flache Sandbank, ständig von Stürmen bedroht. Vom Meer sieht sie aus wie ein sinkendes Schiff. Aber sie selbst ist es, die Schiffe versenkt! Von Untiefen umgeben, ist sie Legionen von Barken, Schonern, Dampfern, kurz, Schiffen aller Art, zum Verhängnis geworden: der größte Schiffsfriedhof der Welt! Zwischen den gesunkenen Schiffsrümpfen mästen sich Krabben und große Hummer, die Leibspeise der Robben und der zwei Meter langen Seewölfe, aus deren riesigen Kiefern Zähne ragen, die man eher im Maul von Krokodilen vermuten würde. Das Innere der Sable-Insel ist das Gebiet einer Herde wilder Pferde, von denen man glaubt, dass ihre Vorfahren die einzigen Überlebenden eines Schiffbruchs sind.

Am 5. Juli sind wir in St.-Pierre-et-Miquelon, den winzigen Überbleibseln des früheren französischen Reichs in der Neuen Welt. Wir fahren mit unserem Schiff im Kielwasser des Mannes, der Kanada entdeckt hat: Jacques Cartier. Dieser berühmte Seefahrer aus St.-Malo hat 1534 und 1535/36 zwei Fahrten nach Neufundland und in den St.-Lorenz-Strom gemacht. Bei der zweiten ist er den Fluss bis nach Hochelaga – dem heutigen Montreal – hinaufgefahren.

Wir studieren die Fischerei auf der Neufundlandbank, einem der fischreichsten Gebiete der Welt. Wir begleiten den französischen Fischkutter *Croix-de-Lorraine* auf einer seiner Fangfahrten. Bernard Delemotte, Raymond Coll und Jacques Delcoutère tauchen und filmen das riesige Schleppnetz in Aktion. Starke – und schreckliche – Bilder eines alles verschlingenden, unerbittlichen Mauls, das ohne Unterschied alles erfasst, was sich zeigt. Es begnügt sich nicht, die jährliche Ernte vom Meer einzufahren: Es greift das Kapital an. Es vernichtet die Bestände, die Grundlage der Vermehrung. Konflikte über den Zugang zu den letzten »Lagerstätten« verwertbarer Fische brechen aus. Der »Kabeljaukrieg« ist durch die Zeitungen gegangen. Aber das wahre Problem stellt sich ganz anders: Der Fischfang ist eine Jäger- und Sammlertätigkeit, den Kulturen der Steinzeit angemessen. Wir aber praktizieren sie mit Methoden der Schwerindustrie, Riesenschiffen, Sonar, Flugzeugen und Erkundungshubschraubern…

Die *Calypso* schickt sich an, die Insel Neufundland entgegen dem Uhrzeigersinn zu umfahren. Das Meer ist unruhig; die Dünung schüttelt uns durch. Im Tauchboot, wo alles ruhig ist, mache ich Bekanntschaft mit Arten, die ich bisher nur in der Auslage meines Fischhändlers gesehen habe: Kabeljau, Köhler… Ich bemerke Seeteufel und Groppen, die an Hässlichkeit miteinander zu wetteifern scheinen. Der Filmemacher Colin Mounier findet sie großartig; er hat Recht: Wenn man sie aufmerksam betrachtet, haben diese unförmigen Ungeheuer durchaus Charme…

Die Wanderzeit der Lodden ist angebrochen. Diese etwa zwanzig Zentimeter langen Fische kommen zum Sommerbeginn zu Millionen in die Gewässer von Neufundland. Sie ernähren sich von Planktonkrebsen und sind die Beutetiere größerer Arten wie Seelachs, Kabeljau, Köhler. Wir erleben den massiven Ansturm der Lodden an den Küsten: Sie sind so zahlreich, dass ihre silbrigen Leiber das Meer zur glitzernden Suppe machen. Die Weibchen legen ihre Eier im Sand, praktisch auf dem Strand, und die Männchen entlassen ihre Milch über den Laich. Danach sterben die erschöpften Fische. Nach ein paar Stunden bilden die von den Wellen ans Ufer geworfenen Leichen einen kleinen Wall auf dem Sand. Aber im Wasser hat die nächste Generation ihren Zyklus begonnen…

Die Lodden sind die Nahrung der Großfische, aber auch der Meeresvögel. Wir bewundern die Fischfangtechnik der Lummen, der Basstölpel, der Alken, der Säger und der Papageientaucher: Letztere, die ihren Namen von ihrem dicken, rot gestreiften Schnabel haben, kommen vom Fischfang bisweilen mit zwei oder drei Dutzend Fischen im Schnabel wieder hoch.

In der Bonavista-Bai kommen wir einem Waljungen zu Hilfe.

Die Buckelwale – zu welcher Art das Jungtier gehört – wissen die Lodden ebenfalls zu schätzen. Um sie mit ihrem riesigen Maul abzuschöpfen und sie durch ihre Barten zu filtern, nähern sie sich der Küste. Doch die Fischer haben in jeder Bucht Netze gezogen. Die Wale verwickeln sich darin. Viele von ihnen ertrinken.

Das droht auch unserem Walkalb zu widerfahren, das sich in den Maschen eines riesigen Netzes verfangen hat. Ich fordere den Hubschrauber der *Calypso* und die Schlauchboote an. Zusammen mit Bernard Delemotte tauche ich. Wir beginnen damit, das »Kleine« zu beruhigen, das immerhin acht Meter lang ist und fünfzehn Tonnen wiegt (es ist noch kein Jahr alt). Ich weiß nicht, ob das Junge versteht, dass wir ihm helfen wollen. Jedenfalls lässt es alles mit sich geschehen. Obwohl es unbeweglich gefangen ist, gelingt es ihm, seine Atemlöcher über Wasser zu halten. Aber es erschöpft sich zusehens.

Bernard Delemotte und ich schuften wie Sträflinge, um die Nylonschnüre zu durchschneiden. Mehr als eine Stunde lang arbeiten wir mit dem Messer, bis schließlich die letzte Masche nachgibt. Das Walkalb ist frei, scheint sich aber nicht darüber klar zu sein. Es ist verletzt, steht unter Schock. Es zittert am ganzen Leib. Es schnaubt, bläst dreimal hintereinander recht kräftig, bewegt den Schwanz und beginnt davonzuschwimmen. Hurra! Es ist zu sich gekommen!

Wie um uns zu danken, wälzt es sich auf den Rücken und streckt eine lange weiße Flosse gen Himmel und wedelt etliche Minuten damit. Auf Wiedersehen, junger Wal, und mehr Glück in der Zukunft: Der Mensch hat im Meer so viele Fallen errichtet!

Am 14. Juli setzt das Meer Schaumkronen auf, dann heult der Wind, und es fällt Schnee: Mitten im Sommer wird es winterlich. Die *Calypso* setzt ihre Fahrt fort. St.-John's. Der Nationalpark von Terra-Nova.

Wir filmen die Kalmar-Fischerei. Diese Mollusken, von farbigen Ködern angezogen, verfangen sich nacheinander an den Haken von Paternosterangeln, die die Fischer unermüdlich hinunterlassen und hinaufziehen. Man könnte schwören, dass hier Kalmare aus dem Meer gepumpt werden…

Begleitet von Jean-Michel Cousteau tauche ich mit dem Tauchboot an einen Eisberg heran. Ein erstaunlicher Anblick. Erhaben leuchtet das Eis im blauen Licht. Große Ohrenquallen pulsen. Zwischen hundertfünfzig und hundertneunzig Metern durchqueren wir eine dichte Wolke von Ruderfußkrebsen. Von Zeit zu Zeit nimmt sich ein Kabeljau oder Heilbutt ein Maul voll aus dieser Masse wimmelnden Planktons. Das Musterbild reichen Meereslebens – das doch so tödlich bedroht ist…

Wir laufen in die Belle-Isle-Straße ein, die Neufundland von Labrador trennt. Hier sind um das Jahr 1000 die Wikinger gelandet – vorübergehende Eroberer der Neuen Welt –, fast fünfhundert Jahre vor Kolumbus. Hier haben auch zu Beginn des sechzehnten Jahrhunderts die Basken ihre Walfangstationen errichtet. In Red Bay helfen wir einem kanadischen Archäologenteam bei der Untersuchung des Wracks der baskischen Galeone *San Juan*, die 1565 gesunken ist. Das eisige Wasser ist für die Taucher eine schwere Prüfung; aber es hat die Schiffsreste gut erhalten.

Morgen werden wir im St.-Lorenz-Golf sein.

37
Das Eis des St.-Lorenz-Stroms

Die Provinz Quebec · Die Belugas von Saguenay ·
Die Frau im See · Die Niagarafälle · Feuer und Eis

Der Golf von St. Lorenz ist ein Meer: Wir laufen mit der gebührenden Achtung ein. Wir passieren die weißen Strände von Blanc-Sablon, die Jacques Cartier benannt hat und so erblickte, wie ich sie heute vor Augen habe. Basstölpel, Papageientaucher und Kormorane: Bilder einer reinen Welt... Die Ortsnamen sind Musik in französischen Ohren: Pointe Riche, Tête-de-Vache. Bonne-Baie... Wir sind in der Belle Province – in Quebec. Wie Cartier nehmen wir Westkurs: Pointe des Belles-Amours, Ile de la Demoiselle, Baie du Saumon, Tabatière, Tête-à-la-Baleine, Ile SainteMarie... Die Luft ist kalt. Beim Tauchen sehen wir nur Hummer, Seewölfe, Kabeljaus, Heilbutte und Seeteufel. Im Schlauchboot fahren wir den Fluss Mingan hinauf. Wir besuchen ein Lager von Montagnais-Indianern. Seit grauer Vorzeit fischen sie hier Lachse, aber ein reicher Amerikaner behauptet jetzt, alle Fischrechte erworben zu haben. Die Indianer können das einfach nicht verstehen.

Die Mingan-Inseln, ein Naturpark vor der Küste, scheinen von einem genialen Verrückten aus Stein gehauen zu sein: Die Felsen bilden Türme, Burgen, Kirchen, Minarette, Dornröschenschlösser... Wir besuchen auch die große Insel Anticosti, wo die meisten Vertreter der kanadischen Fauna geschützt leben: Elche, Karibus, Hirsche, Rehe, Bären, Wölfe, Füchse, Vielfraße, Luchse, Biber, Adler, Eulen... Rehe weiden am Ufer Algen ab, ganz nahe bei schlafenden Robben.

Wir besuchen auch das halb versunkene Wrack der *Mongibello*, einst ein stolzes kanadisches Schiff, heute nur noch ein Haufen rostiger Schrott, auf dem die Kormorane ihren Kot hinterlassen. Zehn Seemeilen westlich von Anticosti gehe ich mit dem Tauchboot in die Durchfahrt von Honguedo hinunter. Hier zeigt der St.-Lorenz-Strom schon seine Kraft: Die Strömung wirft das Tauchboot hin und her, sodass ich nur mit großer Mühe steuern kann.

Havre-Saint-Pierre. Longue Pointe. Die Mündung des Saint-Jean-Flusses. Rivière-au-Tonnerre (»Die Hauptstadt der Krabben«). Die Mündung der Moisie. Die Sept-Iles-Baie (es sind aber nur sechs Inseln!)… Jean-Michel Cousteau, lange Zeit von Verwaltungsarbeiten gefesselt, stößt wieder zu uns. Die Fahrt verläuft wunderbar. Baie Comeau. Die Mündung des Manicouagan, dann des Outardes-Russes. Vor den Grandes Bergeronnes sehen wir Wale blasen. Wir lassen die Schlauchboote zu Wasser. Es sind Blauwale. Die Riesen der Riesen! Ich habe noch nie welche gesehen: Sie sind so selten geworden. Ein Pärchen. Ich beobachte das Weibchen. Es kommt mir vor wie eine riesige grau-blaue Mauer, ein mittelalterlicher Wall, den ich zwar vorbeiziehen sehe, der aber kein Ende zu nehmen scheint. Der Schwanz, ein gigantisches Antriebsorgan von sieben Metern Breite und fünfhundert Pferdestärken…

In diesem Teil des Stroms gibt es viele Schiffe. Über und unter Wasser. Schwimmend oder als Wracks… Am 28. Mai 1914 stieß bei Rimouski der Luxusdampfer *Empress of Ireland* im Nebel mit einem Erzfrachter zusammen. Er sank und nahm zwölfhundert Menschen mit sich auf den Grund. Wir suchen nach den Resten dieses Schiffes und finden es. Wir tauchen mit Jean-Michel Cousteau. Luxuriöse Salons und Erste-Klasse-Kabinen… Wir dringen bis in den Ballsaal vor: Das Parkett, auf dem damals Tänzer im Smoking und junge Damen im Abendkleid herumwirbelten, ist heute von Meergurken und hässlichen Drachenköpfen und Groppen bewohnt.

Wir laufen in Saguenay ein. Eine Herde Belugawale führt uns in diesen Nebenfluss des St.-Lorenz-Stroms ein, der einen herrlichen Fjord mit Steilwänden von bisweilen dreihundert Metern Höhe bildet. Die Belugas oder Weißwale sind makellos weiß – zumindest im Erwachsenenalter, denn die Jungen sind schokoladenbraun. Sie sind große Delfine von sechs Metern Länge und siebenhundert Kilogramm Gewicht, Verwandte der Narwale und wie sie in arktischen Gewässern heimisch. Sie sind elegant, schnell und gute Taucher. Sie stoßen unaufhörlich alle möglichen Geräusche aus: Lotungsklicken, Gemurmel, Pfeifen, Knirschen, Grunzen – die reinsten Unterwassermusiker… Im St.-Lorenz-Strom gibt es dreihundertfünfzig davon. Doch der Quebecer Spezialist, der sie uns vorstellt und sie schon lange studiert, Dr. Jean Boulva, teilt uns mit, dass sie zum Untergang verdammt sind. Die Fischer töten sie zwar nicht mehr wie früher gegen Kopfprämie. Diese Wale sind geschützt, aber sie leiden unter der Wasserverschmutzung. Chemieprodukte (polychlorierte Kohlenwasserstoffe, Schwermetalle, Pestizide), die von Fabriken, Städten und der Landwirtschaft in den Strom eingeleitet werden, machen sie unfruchtbar. Die wir hier sehen, sind die Letzten ihrer Art.

Die *Calypso* dringt weiter in den Fjord ein, bis Kap Eternite (welch ein Name!). Unter den Steilfelsen wirkt sie winzig. Das Tauchboot ist bereit: Jean-Michel Cousteau nimmt an meiner Seite Platz. Der Kran setzt uns aufs Wasser. Wir tauchen hinunter. Wir haben zunächst den Eindruck, in Coca-Cola zu tauchen: Das Wasser ist in einer Schicht von fünfzehn Metern braun-rot. Nach einer deutlichen Grenzschicht wird es klar und durchsichtig wie Glas. Die obere Schicht, von organischen Zersetzungsprozessen verfärbt, ist Süßwasser: der Fluss Saguenay, der Labrador entwässert. Das Wasser darunter ist salzig. Es ist mehr als zweihundert Meter tief. Eine Linse Meerwasser, das durch den St.-Lorenz-Strom und den Riegel des Saguenay aus dem Eismeer eindringt… Die Fauna besteht aus Meereslebewesen: Millionen kleiner weißer Quallen umtanzen das Tauchboot. Während es hinuntersinkt, meinen wir, es schneie aufwärts! Auf dem Grund des Fjords bewundern wir eine fantastische Landschaft, in der Wolken roter Garnelen im dunklen Wasser leuchten und Kabeljaus und Heilbutte sich unter Stämme und Zweige von Fichten flüchten, die von der Steilküste heruntergestürzt sind.

»Das ist eine der schönsten Tauchfahrten meines Lebens!«, ruft Jean-Michel aus.

Beim Wiederauftauchen stehen wir die größten Ängste in unserem Leben aus. Ohne Probleme erreichen wir die coca-cola-farbene Süßwasserschicht. Aber wir können sie nicht mehr bis zur Oberfläche durchstoßen. Das Tauchboot, auf die Dichte des Meerwassers eingestellt, ist zu schwer. Ich klinke unser Gewicht aus und werfe den Ballast ab: nichts zu machen. Wir stecken fest, sind sozusagen Gefangene des archimedischen Prinzips! Vor Angst wird uns bereits eng im Hals… Minuten vergehen… So etwas Blödes! Da fällt mir die letzte Rettung ein: Ich blase die Außenschürze des Tauchboots auf, die unter normalen Umständen verhindern soll, dass an der Meeresoberfläche Wasser in die Tauchkugel schwappt. Es funktioniert! Das Tauchboot tut einen Sprung der Sonne entgegen. Ach, du liebe Sonne!

Als wir wieder an Deck gehievt sind, fährt die *Calypso* in den St.-Lorenz-Strom zurück und setzt ihre Fahrt flussaufwärts fort. Baie Saint-Paul. L'Ile aux Grues. L'Ile d'Orléans. Quebec, wo das Herz des französischsprachigen Amerikas schlägt… Wir machen unweit der Abraham-Ebene fest, wo 1759 die Schlacht stattfand, in der die Truppen des englischen Generals James Wolfe über die französischen Bataillone des Marquis de Montcalm obsiegten. Der Empfang durch die Quebecer ist überwältigend. An Bord begrüßen wir den Premierminister der Schönen Provinz, Rene Levesque, der uns zu einem Bankett ins Château de Frontenac einlädt.

Wir fahren weiter. Trois-Rivières. Montreal (wieder ein Triumph). Jetzt sind wir im Parallelkanal des St.-Lorenz-Stroms, dem St.-Lorenz-Seaway, der die Stromschnellen von Lachine umgeht. Dieser Teil der Fahrt ist nicht so angenehm: Beton, Schleusen,

Wasserkraftwerke, Industriekomplexe… Wir kommen in den Ontariosee.

Wir stoppen über dem Wrack des Viermasters *Burt Barnes*, der 1926 in einem Sturm sank. Wir machen uns zum Tauchen fertig. Ich soll die Kamera führen, Dominique Sumian den Scheinwerfer halten, der Fotograf Scott Frier will uns begleiten, während Rémy Galliano die Rolle des Kabelträgers übernimmt. Bei diesem Tauchgang ist mir nicht wohl. Der übernervöse Rémy Galliano raucht zu viel und schläft kaum. Das gefällt mir gar nicht. Ich frage ihn, ob er sich in Form fühlt; er bejaht das. Wir lassen uns in das kalte Wasser hinab. Rémy scheint Probleme zu haben; Dominique Sumian macht ihm Zeichen, er solle wieder hinauf. Er weigert sich. Ein paar Minuten später, als wir am Wrack anlangen, spüren wir, dass Rémy das Kabel nicht mehr hält. Wir suchen ihn. Er ist verschwunden!

Alarm! Eine zweite Mannschaft der *Calypso* taucht, um uns zu helfen. Der Bordarzt, Dr. Jean-Marie Tatibouet, kreist oben im Schlauchboot und hält sich bereit. Wir suchen die Wassertiefe ab. Mit jeder Minute, die vergeht, sagt uns unser Verstand ein wenig lauter, dass alles vorbei ist, unser Herz jedoch will es nicht wahrhaben.

Wir brauchen Stunden, um die Leiche zu finden. Unser Freund ist nicht ertrunken; die Autopsie sollte erweisen, dass er eine massive Hirnblutung erlitten hat. Zu schneller Wiederaufstieg. Ein Anfall von Panik. Gestern Abend habe ich noch das Lachen von Rémy gehört, der am Tisch in der Messe Karten spielte… Er ist der fünfte Tote im Einsatz, seit die *Calypso* ihre Fahrten begonnen hat. Jean-Pierre Servanti vor dem Grand Conclu. Michel Laval in der Antarktis. Patrick Delemotte in Uganda. Philippe Cousteau in Portugal. Rémy Galliano in Kanada… Zwei sind beim Tauchen gestorben, die drei anderen in Unfällen mit dem Hubschrauber, im Auto oder dem Wasserflugzeug. Der Pascha stößt mit roten Augen zu uns. Zum fünften Mal fragt er mich, ob die ganze Sache es wert ist.

Zum fünften Mal antworten wir ihm am Ende mit einem Ja, und der Einsatz geht weiter. Wir auf der *Calypso* sind uns alle einig darüber, dass wir lieber unser Leben am Ende der Welt lassen als bei der Fahrt in den Urlaub... in einem Massenunfall auf der Autobahn.

Toronto und sein Fernsehturm. Burlington, wo das Wrack der *Hamilton* auf uns wartet.

Alle Taucher der Welt träumen davon, auf dem Grund des Wassers das ideale Wrack zu erblicken. Ich stelle mir in der Fantasie ein Schiff vor, das aufrecht auf Grund liegt, mit Masten und Takelage an Ort und Stelle, gerefften Segeln und Kanonen, die durch Stückpforten hinausdrohen... In meinem Traum haucht eine großartige Galionsfigur, aus einem massiven Holzblock gehauen, dem Gespensterschiff Leben ein...

Ich habe Dutzende von Wracks in allen Weltmeeren aufgesucht. Keines war je dem Wrack meiner Träume ähnlich. Sie waren zu alt oder zu neu, von Würmern zerfressen oder ragten kaum über den Sand hinaus...

Hier im Ontariosee wird mir dieses Erlebnis endlich zuteil... Ein sympathischer bebrillter Rotschopf, Dr. Daniel Nelson, erzählt mir die Geschichte des untergegangenen Schiffes, zu dem ich hinuntertauchen will. 1812 tobt der Krieg zwischen der britischen Kolonie Kanada und den noch nicht lange unabhängigen Vereinigten Staaten. Wer den Ontariosee beherrscht, ist strategisch im Vorteil. In der Nacht zum 8. August rüstet die amerikanische Flotte zum Angriff. Sie ist an Zahl und Bewaffnung überlegen und will aus der kanadischen Flotte Kleinholz machen. Aber ein Sturm kommt auf und versenkt die beiden größten Einheiten der US-Flotte: die *Hamilton* und die *Scourge*. Ein Patt. Die Grenze verläuft seither mitten durch die Großen Seen.

Begleitet von einem Boot des Bedford Institute in Burlington, macht die *Calypso* über dem Wrack fest. Das Wasser ist kalt: zwischen zwei und vier Grad Celsius. Zusammen mit dem Filmemacher Colin Mounier lasse ich mich im Tauchboot nieder. Wir tauchen auf siebzig Meter hinab. Die Sicht wird immer geringer, je näher wir dem Grund kommen, und beträgt zum Schluss nur noch fünfzig Zentimeter. Im Echolot entdecke ich große Fischschwärme; die verängstigten Tiere bohren sich in den Schlamm ein und verursachen die Trübung.

Ich steige wieder hinauf, bleibe aber hartnäckig und bitte Dr. Nelson, mit mir hinunterzukommen. Ein neuer Versuch. Das Tauchboot berührt eine Metallmasse. Ich drehe mich um und blicke – direkt in eine Kanone, deren rundes Mündungsloch auf mein Bullauge zielt!

Da ist das Wrack der *Hamilton!* Hervorragend erhalten. Nach einhundertachtundsechzig Jahren unversehrt… Ich schwebe das Deck entlang. Mir kommt es so vor, als könnten die Kanonen auf ihren Lafetten noch ausgefahren werden. Ich stoße auf einen großen Balken, der in einem geschnitzten Löwenmaul endet: das Ende des Kranbalkens, über den der Anker hochgehievt wurde. Ich unterscheide mehrere große Nägel, an denen die Wanten verspannt wurden, aber das stehende und laufende Gut, das Tauwerk, ist verschwunden. Ich fahre weiter zum Bug, wo ein massives Bugspriet ins Dunkle weist. Das Tauchboot fährt am schrägen Mast hinauf und hinunter. Ich habe Probleme mit den Akkus, aber um nichts in der Welt würde ich diese Erkundungsfahrt einstellen. Ich lasse mich wieder hinabsinken und folge dabei der Verankerung des Bugspriets. Und da kommt der Freudenschock: Im schwächer werdenden Scheinwerferlicht des Tauchboots kann ich durch mein Bullauge eine wundervolle Diana auf der Jagd bewundern – von Blattwerk umkränzt, unversehrt, mit feinen Linien… Eine Büste aus vergoldeter Holzschnitzerei, die im kalten Süßwasser des Ontariosees hervorragend erhalten geblieben ist. Eine Erscheinung. Die Frau im See. Das schönste Bild, das ich je unter Wasser betrachten konnte…

»Danke schön«, flüstere ich Dr. Nelson zu. »Auf so etwas warte ich schon fünfunddreißig Jahre!« Aber Dr. Nelson ist selber ganz gebannt und hört gar nicht zu. Mir kommt es fast so vor, als wolle er aus dem Tauchboot hinaus, um diese Diana zu umarmen!

Wir steigen wieder hinauf. Ich beeile mich, meine freudige Überraschung mit dem zu teilen, der sie ermöglicht hat: dem Pascha.

Die *Calypso* bringt die sieben Schleusen des Welland-Kanals hinter sich, mit denen die Niagara-Fälle umgangen werden. Sie läuft in den Eriesee hinaus. Ein Team, dem auch ich angehöre, macht sich im Geländefahrzeug zu den berühmten Wasserfällen auf. Im Schlauchboot fahren wir über die gigantischen Wirbel bis an den Fuß der weißen Wasserwand. Ununterbrochenes Donnern von Milliarden Litern, die aus neunundfünfzig Metern herabstürzen und ein Hufeisen von fünfhundert Metern Breite bilden, durch dessen Mitte die Grenze zwischen den Vereinigten Staaten und Kanada verläuft.

Am Eriesee (auf der kanadischen Seite) sehen wir uns das Naturschutzgebiet Pointe Pelée an, wo wir den Wanderzug von Millionen Monarchfaltern erleben; manche Bäume sind ganz von ihnen bedeckt. Die Insekten krabbeln, zappeln, fliegen auf wie dichter Rauch, indem sie ihre hübschen orange und schwarz gezeichneten Flügel schlagen. Sie begeben sich auf eine Reise von dreitausend Kilometern, nach der sie den Winter unter der Sonne Mexikos verbringen können. Als begeisterter Entomologe weiß Jacques Constans nicht mehr, wo er hinsehen soll.

Wir kommen nach Detroit. Eine ungeheure Menschenmenge erwartet uns auf den Kais. Zehntausende Fans von Cousteau und seinem Schiff schreien uns ihre Begeisterung zu. Ich gestehe, dass ich wie erschlagen bin. Natürlich kann niemand über eine solche Popularität sauer sein. Aber ist an diesem Kult nicht etwas Beunruhigendes? Ich, der ich den Pascha schon sehr lange kenne, glaube, dass es ihm genügt, wenn man ihm zuhört, weil er so bestimmte Tatsachen laut verkünden und den Regierenden gewisse ökologische Wahrheiten ins Stammbuch schreiben kann. Aber andererseits ist sich Cousteau auch bewusst, dass es vom Medienerfolg nicht weit ist bis zum Personenkult. Und dass das Objekt einer solchen Verehrung, so klug und bescheiden es auch sein mag, am Ende sein Urteilsvermögen einbüßt.

Wir fahren in den Lake St. Clair ein. Als Lotsen nehmen wir einen humorvollen Mann von dreiundsiebzig Jahren, der sein ganzes Leben auf den Großen Seen verbracht hat und nur zwei Leidenschaften hat: Frauen und Schiffe. Morgan L. Howell stellt uns den Huronsee vor, wo er nach eigenen Angaben eine seiner schönsten Liebesaffären erlebt hat. Die *Calypso* rollt und schlingert. Wir passieren die Schleuse von Sault-Sainte-Marie, wo unser Lotse in weiteren süßen Erinnerungen schwelgt. Dann fahren wir in den Oberen See hinaus. Aus Frankreich bekommen wir ein Telex: In Marseille ist unser Freund Rémy Galliano zu Grabe getragen worden. Trauer breitet sich auf dem Schiff aus.

Wir laufen den Hafen von Thunder Bay in der nordwestlichen Ecke des Oberen Sees an. Ich sehe riesige Weizensilos, in deren Nähe Binnenschiffe von dreihundert Metern Läge angelegt haben – die berühmten Lakers der Großen Seen, die zentimetergenau in die Schleusenkammern passen. Besuch bei den Ojibwa-Indianern, die für uns einen Indianertanz für Touristen aufführen – eine Maskerade! Wir fahren über die graue Unendlichkeit des Oberen Sees. Zwischenaufenthalt bei der Royale-Insel. Wir tauchen zu den Wracks der *Kamloops* und vor allem der *Gunilda* hinunter, einer großartigen Geisterjacht mit weißem und goldverziertem Rumpf. Auf Agathe Island erteilt uns Dr. Rodney Kirkham eine interessante Lektion in Geologie. Der Wissenschaftler zeigt uns die Gesteinsproben, die er dort gefunden hat; sie sind zweieinhalb Milliarden Jahre alt und zählen damit zu den ältesten der Erde. Doch enthalten sie bereits Lebensspuren – versteinerte einzellige Blaualgen.

Am nächsten Morgen kommt ein furchtbarer Sturm auf – wie häufig auf dem Oberen See. Wir flüchten in den Hafen von Terrace Bay. Als sich die Elemente wieder beruhigen, helfen wir den Naturforschern von Slate Island, Karibus zu markieren; dabei kommt es zu allerhand drolligen Jagdszenen!

Der Herbst setzt früh ein. Viel zu früh. Während die *Calypso* langsam wieder meerwärts fährt, beobachten wir die Biber und Waschbären von Michipicoten Island, außerdem die Seeforellen und ihre Blut saugenden Parasiten, die Neunaugen. Am 27. September laufen wir wieder in den Huronsee ein. Am 30. in den Lake St. Clair. Am 2. Oktober, nach Durchqueren des Eriesees, in den Ontariosee. Am 6. Oktober legen wir in Montreal an, dann folgen zwei Monate Ferien.

Am 2. Dezember sind alle wieder an Bord versammelt. Jetzt müssen wir das Meer erreichen – und zwar schnell –, wenn wir nicht durch den gefrorenen St.-Lorenz-Strom blockiert werden wollen. Schnee fällt vom Himmel, und auch das Thermometer fällt. Jetzt wird es ein Wettlauf gegen die Zeit. An der Oberfläche beginnt der Strom zu vereisen. Wir tauchen mit dem Tauchboot noch einmal im Sanguenay, kommen aber nur mit knapper Not wieder aus dem Fjord hinaus. Die *Calypso* rammt Eisschollen. Am Bug wird der Holzrumpf auf mehreren Metern Länge zu Dreiviertel der Plankendicke eingekerbt: Jetzt wird's gefährlich! Wir runden Kap Gaspe und ankern für die Nacht bei Bonaventure Island. Es friert Stein und Bein. Die Nacht zum 15. Dezember wird furchtbar: Ein Blizzard tobt über uns hinweg. Die Aufbauten des Schiffs bedecken sich mit Raureif. Das Radar friert an seinem Mast ein. Am Heck löst sich der Reservetank; jeden Moment kann ein Brand ausbrechen. Ich fühle mich wie vor ein paar Jahren in der Esperanzabucht in der Antarktis. Wir passieren die Meerenge von Canso und kommen an der Ostküste Neuschottlands heraus.

Am 23. Dezember 1980, nachdem wir mehrere Male bereits zu kentern glaubten, laufen wir in den Hafen von Norfolk ein. Die Lektionen, die uns Strom und Meer erteilt haben, müssen wir erst noch verarbeiten.

38
Rosa Delfine im Wald

Die roten Augen der Kaimane · Pororocá · Millionen Arten ·
Tauchen im Wald · Tecuxi und Boto

Ich spaziere am Ufer eines der Flüsse in Brasilien entlang, die *iga-rapés* genannt werden. Es ist Nacht. Die Luft ist lau. Sterne blitzen am Firmament. Andere Sterne leuchten im Dunkel auf dem Wasser: Die roten Augen der Kaimane.

Wir sind in Amazonien, in der »Grünen Hölle« – die in meinen Augen allerdings keine Hölle, sondern ein Paradies voller Leben und Schönheit ist… Der Amazonasstrom ist ein Süßwassermeer. Ein Wassergigant, der dem Atlantik in einem Tag so viel zuführt, wie die Seine in einem ganzen Jahr. Das größte Flusssystem der Erde.

Unser Einsatz auf dem St.-Lorenz-Strom ist erfolgreich gewesen. Immer mehr überzeugt, dass der Zustand der Meere von dem der Süßwasserzuflüsse abhängt, die ihnen Mineralstoffe und organische Substanzen zuführen, haben der Pascha und sein Sohn Jean-Michel eine außergewöhnliche Expedition vorbereitet, eine der längsten und komplexesten, die wir je unternommen haben. Die Erforschung des Riesen der Riesen. Des Kolosses. Des unvergleichlichen Amazonas.

Für diese Fahrt, deren Dauer auf zwei Jahre geplant ist – 1982 und 1983 –, wird die *Calypso* generalüberholt.

Von Norfolk aus nehmen wir Kurs nach Süden. Florida und seine Keys. Die Großen und die Kleinen Antillen. Ein Kurzbesuch auf Martinique und bei unseren vielen Freunden dort. Wir passieren Guyana und fahren auf die Mündung des größten Stroms der Erde zu. Wir sind noch weit entfernt, als ich feststelle, dass das Wasser seine Farbe ändert. Das Wasser des Atlantiks ist blau, aber unser Schiff fährt jetzt in graues Wasser hinein. Dann in graubraunes, dann in immer brauneres, je weiter wir vordringen.

Der Amazonas ist so mächtig, dass er in den Atlantik eine Süßwasser- und Trübezunge von mehr als dreihundert Kilometer Länge entlässt. Im Jahr 1500 trieb der Portugiese Pinzón nach einem Sturm, der ihn vom Kurs abbrachte (er wollte um das Kap der Guten Hoffnung herum nach Indien) in diese Breiten. Das grau-braune Wasser fiel ihm auf, lange bevor er das Festland erreichte. So wurde Brasilien entdeckt – von hoher See aus und dank des größten seiner Ströme.

Unsere Fahrt dient wie üblich halb der Wissenschaft und halb dem Film. Unser Forschungsprogramm umfasst eine vollständige Untersuchung des mineralischen und biologischen Gehalts des Stromes von seiner Mündung bis zur Quelle. Wir sind unter anderem mit einem ultramodernen Gerät ausgestattet, das kontinuierlich den Chlorophyllgehalt des Wassers ermittelt. Zum Filmen werden wir uns an die üblichen Rezepte halten. Wir können uns auf eine erstklassige Logistik verlassen. Luftbilder können wir von unseren beiden Flugmaschinen aus aufnehmen: mit unserem Hubschrauber *Felix* und unserem Wasserflugzeug *Papagallo*. Aufnahmen zu Lande machen wir von unserem Lastwagen »Jacaré« aus. Den Amazonas und seine Nebenflüsse fahren wir mit der *Calypso* und ihren Schlauchbooten, mit einem Luftkissenboot, einem großen Gummifloß namens *Pirarucu* und schließlich mit dem flachbodigen Amazonasschiff *Anaconda* ab. Natürlich werden wir, unserer Berufung getreu, in den Strom und seine Nebenflüsse tauchen, zwischen Piranhas und Kaimane.

Jetzt sind wir ganz nahe vor der riesigen, dreihundert Kilometer breiten Mündung. Die Nebenarme des Stroms umschließen Tausende von Inseln, darunter die Insel Marajo, die größer ist als Belgien. Während Jacques Constans und Richard Murphy mit

Unterstützung der Seeleute an Bord ihre wissenschaftlichen Ernten einfahren, klettere ich in den von Robert (Bob) Braunbeck gesteuerten Hubschrauber *Felix*. Wir steigen über der *Calypso* auf. In Richtung hoher See kommt mir das Meer wie eine Mauer entgegen. Wellenberge folgen einander, und ihre Höhe nimmt in Richtung Ufer zu.

Es handelt sich um eine Reihe Wellen der Flutfront – die Auswirkung der Gezeiten in trichterförmigen Flussmündungen –, die gegen den meerwärts fließenden Amazonas anrennt. Strömung gegen Strömung, ein Titanenkampf, Flutbrandung genannt. Ich rufe über Funk das Schiff. Das von Guy Gervais gesteuerte Wasserflugzeug *Papagallo* stößt vom nahen Flughafen Belém zu uns; es hat den Pascha und den Filmemacher Colin Mounier an Bord. Wir überfliegen die Flutkämme, die mit mehr als fünfundzwanzig Stundenkilometern hereinrasen. Die Flutbrandung erfasst die verschiedenen Kanäle des Mündungsdeltas. Je näher die Ufer zusammenrücken, desto höher wird sie. Die Wellen türmen sich bis zu fünf Metern Höhe und brechen mit Urgewalt über. Sie reißen am Ufer Boden mit sich fort und zerstören die ersten Baumreihen des Waldes. Ich sehe, wie sie Bäume von fünfzig Metern Höhe wie Streichhölzer fortreißen.

Die Flutbrandung des Amazonas, die stärkste der Welt, wird von den Indios Pororocá genannt – »das große Tosen«. Sie macht einen höllischen Lärm, und nichts kann ihrer Gewalt widerstehen.

Überhaupt ist der Amazonas ein Strom, der jedes Maß sprengt. Wir erleben, verstehen, begreifen ihn mit unseren fünf Sinnen, sobald wir anfangen, ihn hinaufzufahren. Wir werden diesem sagenhaften Strom dreitausendsiebenhundert Kilometer bis oberhalb des peruanischen Iquitos folgen. Dann wollen wir wieder hinabfahren und seinen größten Nebenfluss erkunden, den Rio Negro.

Der Amazonas hat auf Erden nicht seinesgleichen. Er ist siebentausend Kilometer lang. Sein Durchfluss beträgt im Durchschnitt hundertzwanzigtausend Kubikmeter pro Sekunde und mehr als zweihunderttausend bei Hochwasser, so viel wie bei einem Dutzend Mississippis. Durch ihn könnte der Ontariosee in drei Stunden leer laufen. Er hat tausend größere Zuflüsse, von denen dreißig mehr als tausend Kilometer und zehn länger als der Mississippi sind. Noch zweitausend Kilometer vom Meer entfernt ist sein Bett zehn Kilometer breit und bei Hochwasser sechzig. Er ist häufig mehr als dreißig Meter tief, manchmal sogar, wie vor Manaus, tiefer als hundert. In der Regenzeit überschwemmt er ein Gebiet, das so groß ist wie Spanien und Frankreich zusammen. Das gewaltige Netz von Zuflüssen, Nebenflüssen, Seen, Sümpfen, Bais und Buchten bildet ein Becken von 7 200 000 Quadratkilometern – fast die Fläche der Vereinigten Staaten oder Europas vom Atlantik bis zum Ural. Der Strom und seine Nebenflüsse fließen durch neun Länder.

Die *Calypso* fährt den Fluss hinauf. Die Navigation ist problemlos, bis auf treibende Baumstämme, deren Wurzeln oder Aststümpfe uns leckschlagen könnten. Nach Ergänzung unserer Vorräte in Belém, dem Tor Amazoniens an der Mündung des Nebenflusses Rio Tocantins, fahren wir in Richtung Santarém flussaufwärts.

»Der Urwald Amazoniens, den manche Indios Smaragd nennen, ist die größte und älteste botanische Formation der Welt«, erklärt uns Jacques Constans bei einer improvisierten Konferenz in der Messe der *Calypso*. »Früher, im Mesozoikum, floss der Strom nach Westen – in den Pazifik. Im Tertiär, als die Anden aus dem Meer aufstiegen und ihre gewaltige Barriere errichteten, bildete sich mitten in Südamerika ein riesiger See. Dann bahnte sich dieses Wasser einen Abfluss zwischen dem Schildbuckel Guyanas und dem Brasiliens: Es entstand der Amazonas, wie wir ihn heute kennen. Der tropische Urwald, der ihn umgibt, ist immer noch zum großen Teil unberührt. Zehntausende von Pflanzenarten sind darin zu finden, darunter die schönsten und seltensten. Viele dieser Pflanzen sind von den Botanikern noch nicht bestimmt oder untersucht. Manche dieser Pflanzen besitzen Arzneieigenschaften, die wir nutzen könnten. Man bedenke, dass es auf einem

Hektar Amazonasurwald mehr Baumarten gibt als in ganz Europa!«

Constans fährt fort: »Auch die Tierwelt ist großartig. Amazonien ist das Land des Brüllaffen, des Roten oder Gold-Uakaris und des Tamarinaffen (des kleinsten der Welt); des Jaguars, des Ozelots, des Tapirs, des Riesenameisenbärs, des Faultiers, des Wasserschweins (des größten Nagetiers der Welt), des Gürteltiers und – in den Flüssen – der schwarzen Seekuh und zweier Arten von Delfinen (dem rosa und dem grauen). Das Blätterdach birgt kreischende Schwärme von Vögeln mit traumhaftem Gefieder: Dreifarbaras und Arakangas, Ibisse und Störche, Blatthühnchen und Schlangenhalsvögel, Adler, Harpyien, Falken, Kolibris usw. Zu Lande und zu Wasser schlängeln sich Reptilien: die gefürchtete ›Stumme Klapperschlange‹, auch Buschmeister oder Sururcucu genannt; die Boa constrictor, die riesige Anakonda (von der behauptet wird, sie könne zwanzig Meter lang werden; in Wirklichkeit sind nie mehr als zehn Meter gemessen worden); der Kaiman, die Schildkröten, insbesondere die bizarre Fransenschildkröte oder Matamata. Amazonien ist auch das Reich der Lurche – der Frösche und der roten oder blauen Laubfrösche, deren Haut starke Gifte enthält. Es ist das Reich der Fische: gierige Piranhas, Riesenpirarucus, Zitteraale, Neonfische – mit seinen Nebenflüssen ernährt der Amazonas achttausend Arten – mehr als der Atlantische Ozean. Doch der Urwald ist vor allem das gelobte Land der Wirbellosen: der Würmer, Schnecken, Spinnen (große Vogelspinnen), Skorpione, Skolopender (Hundertfüßler) und der Insekten. Vom Waldboden bis zu den höchsten Zweigen gibt es hunderttausende, vielleicht Millionen Insektenarten: riesige Schaben, Goliathkäfer von zehn Zentimetern Länge, als Blätter getarnte Insekten, ›Wandelnde Blätter‹, Stabheuschrecken, die Zweige nachahmen, Blattschneiderameisen, Wanderameisen, Schlupfwespen, Bienen. Nicht zu vergessen die Schmetterlinge, die herrlichen Schmetterlinge, wie die blauen Morphofalter mit ihren saphirblauen Flügeln…«

Jacques Constans versetzt uns in Träume. Aber bald stellen wir mit eigenen Augen fest, dass seine Begeisterung überhaupt nicht übertrieben ist. Wenn irgend möglich, schließe ich mich einer Fahrt im Schlauchboot auf einem Nebenfluss des Amazonas an. Wir dringen in den Urwald ein – er ist grün, feucht, fruchtbar, großartig. Schreiende Aras in den Bäumen, keckernde Affen, große Schmetterlinge, die übers Wasser gaukeln: Das alles vermittelt mir ein Glücksgefühl. Ich komme mir vor, als erlebte ich die Urzeit, in der die Welt neu geschaffen, noch unschuldig war und von der Zerstörungswut der Menschen noch nichts zu fürchten hatte.

Wir fahren weiter den Strom hinauf. Bisweilen peitscht ein tropischer Regenguss schräg auf das Wasser. Es ist Regenzeit. Der Amazonas hat Hochwasser. Am Strom haben die Menschen ihre Vorkehrungen getroffen: Vom steigenden Wasser manchmal eingeschlossen, warten sie geduldig in ihren Häusern ab, bis der Wasserspiegel wieder sinkt. Aus jahrhundertelanger Erfahrung haben sie auf Anhöhen gebaut. Ihr Vieh bringen sie in Umzäunungen auf Hügeln in Sicherheit; manchmal, wenn das Wasser höher steigt als üblich, müssen sie ihre Kühe mit Booten retten. Wir besuchen einen dieser Caboclos (Siedler), die Mischlinge aus Weißen, früheren schwarzen Sklaven und Indios sind. Er besitzt eine Herde, auf die er ganz stolz ist, und eine Schar von Kindern (ich zähle vierzehn). Der Pascha fragt ihn, wie viele Kühe er habe: Ohne Stocken nennt er die Zahl. Aber als ihn Cousteau nach der Zahl seiner Söhne und Töchter fragt, kommt er ins Schwitzen!

Der Pegel des Amazonas kann zwischen Regenzeit und Trockenzeit um fünfzehn Meter schwanken. Wenn Hochwasser ist, von Juli bis September, überschwemmt der Amazonas den Wald. Hunderte Millionen von Bäumen auf Millionen Quadratkilometern stehen dann im Wasser. Wir steigen in die Schlauchboote und dringen in den überschwemmten Wald ein. Ein seltsames und wunderbares Erlebnis ...

Unter dem Blätterdach ist es düster. Wir lassen Unterwassermikrofone hinab und stellen die Außenbordmotore unserer Schlauchboote ab. Dann hören wir aus den Lautsprechern das Geräusch von Früchten, die ins Wasser fallen: »Plopp! Plopp!«, und dann, wie Fische diese Früchte knacken: »Krack! Krack!« Der Wald ernährt die Wassertiere, besonders einige Arten Pflanzen fressender Piranhas. Räuberische Piranhas sind etwas anderes. Ich begegne einigen beim Tauchen mit der Aqualunge. Es sind schöne, seitlich abgeflachte Fische mit silbrigen, rot gezeichneten Flanken. Sie haben das schärfste Gebiss, das man sich vorstellen kann. Doch ich werde keineswegs binnen einer Minute in ein Skelett verwandelt! Tatsächlich sind die Piranhas während der Regenzeit überhaupt nicht gefährlich: Sie finden mehr zu fressen, als sie brauchen. Problematisch wird es für sie, wenn das Wasser fällt; dann können sie plötzlich zu Tausenden in Überschwemmungsteichen, abgeschnitten vom Fluss, gefangen sein, die jeden Tag kleiner werden. Völlig ausgehungert werden sie dann manchmal ihrem furchtbaren Ruf gerecht…

Der überschwemmte Wald ist eine Quelle von Mysterien. Im Schlauchboot dringen wir durch das Gewirr der Stämme vor. Es ist schwierig, sich in diesem Labyrinth nicht zu verirren! Unsere Gruppen halten ständig über Sprechfunk Verbindung mit der *Calypso*. Wenn wir tauchen, schwimmen wir zwischen Zweigen durch: Sind wir Vögel oder Fische?

Eines Morgens, in der Morgendämmerung, als ich zusammen mit Cousteau ins Wasser gehe, höre ich eine Reihe schneller Klicklaute. Kein Zweifel: Delfine. An der Wasseroberfläche haben wir sie schon blasen sehen. Unser Freund, Professor René-Guy Busnel, der uns begleitet, hat ihre Lautäußerungen aufgezeichnet. Der Amazonas beherbergt zwei Arten: den grauen Delfin oder Tucuxi und den rosaroten Delfin oder Boto. Der graue ist klein und den Salzwasserdelfinen, die ich kenne, sehr ähnlich. Der rosarote Delfin aber ist etwas Besonderes.

Wir versuchen, diese Kleinwale zwischen den überschwemmten Baumstämmen im grünen Wasser aufzuspüren. Wir sehen sie nicht, aber sie haben uns schon geortet. Als wir uns umdrehen, sind sie da. Ein Pärchen. Sie betrachten oder vielmehr tasten uns mit ihrem »Echolot« ab. Sie haben Knopfaugen und sind fast blind; in dem ewig trüben Wasser des Stroms nützen ihnen Augen nicht viel. Auf der Stirn tragen sie einen Buckel, mit dem sie die Schallwellen verstärken können, die sie zur Orientierung aussenden. Sie sind kräftig: mehr als drei Meter lang. Ihre Haut ist von einem seltsamen Fleischrosa mit grauen Flecken auf Flossen und Rücken. Ihr Rückgrat ist unglaublich biegsam, damit sie auf der Jagd nach Fischen zwischen den Wurzeln durchschlüpfen können. Aber das Seltsamste an ihnen ist ihre Schnauze. Sie haben einen langen, schmalen Kiefer, eine Nase wie Cyrano de Bergerac, einen regelrechten Schnabel. Und im Maul kurze, spitze Zähne.

Die beiden rosa Delfine mustern uns leicht perplex: Wir ähneln keinem Lebewesen, das sie kennen. Dann blasen sie nacheinander an der Oberfläche und verschwinden im trüben Wasser. Mir scheint, als hätte ich geträumt...

Wir werden Gelegenheit haben, diese erstaunliche Spezies näher zu untersuchen, als wir drei Exemplare in einer mit einem Netz abgesperrten kleinen Flussbucht fangen. Diese in jeder Hinsicht bemerkenswerten Tiere – die den Lebensbedingungen im Amazonas vollkommen angepasst sind – haben urtümliche, aber auch »moderne« Seiten. Sie sind ziemlich intelligent, doch weniger verspielt als die Gemeinen Delfine oder die Tümmler. Eigentlich haben sie kaum Interesse am Menschen. Sie fürchten ihn nicht, suchen aber auch nicht seine Gesellschaft.

Dennoch steht der rosa Delfin in ganz Amazonien in einem bedenklichen Ruf. Es heißt, er unterhalte sündige Beziehungen zu Menschen... Ein alter Flussfischer erzählt uns, was jedermann hier glaubt: Es komme vor (und alle Welt könne es beschwören!), dass ein Boto aus dem Wasser kommt und sich (je nach Geschlecht) in ein hübsches Mädchen oder einen schönen jungen Mann verwandelt, um einen Mann oder eine Frau aus dem Dorf zu freien. Das Tier kehre ins Wasser zurück, aber die Vereinigung sei fruchtbar. Ein Bastard, halb Mensch, halb Delfin, werde danach geboren...

Cousteau fragt den Flussfischer, ob er selbst Delfinblut in den Adern habe. Der Mann lacht laut auf, ein wenig verlegen. Und deutet an, seine Mutter habe vielleicht...

39
Der Grüne Strom

Sarah Bernhardt · Stelldichein in Iquitos ·
Jivaros und Matis · Catcha der Flussotter ·
Gold, Quecksilber und Feuer

Nun sind wir in Manaus, der Hauptstadt des brasilianischen Amazoniens, wo der Amazonas und der Rio Negro zusammenfließen. Nachdem die beiden Riesenströme ihre Wasser vermählt haben, braucht es lange, bis sie endgültig vermischt sind: mehr als achtzig Kilometer… Wir tauchen an dieser seltsamen Wassergrenze: im Norden die sauren, »schwarz« genannten Wasser des Rio Negro (sie sind in Wirklichkeit schokoladenbraun oder wie Coca-Cola; Farbe und Säuregehalt sind auf zersetzten Humus zurückzuführen, den sie als Schwebstoff mitführen), im Süden die »weißen« (in Wirklichkeit grauen) Wasser des Amazonas, mit Schwebeteilchen durchsetzt, die der Strom von der Andenkordillere schwemmt.

Manaus, eine Stadt des Wildwuchses, ist in wenigen Jahren während des Kautschukbooms Ende des 19. Jahrhunderts aus dem Boden geschossen. Sagenhafte Vermögen wurden hier zusammengerafft. Gummizapfer (Seringueiros) gingen in den Wald und zapften die Heveabäume an. In kleinen Töpfen sammelten sie den milchigen Saft, der aus der angeritzten Rinde rann. Dieses Rohmaterial (Borracha genannt) räucherten sie und rollten es zu großen Kugeln, die sie auf dem Markt von Manaus verkauften. Wenn die Ernte gut war, konnten sie sich in den Hafenbars einen Mordsrausch leisten. Die kulturbeflissenen unter den Gummizapfern gingen ins Theater und sahen sich die berühmtesten Schauspieler und Sänger Europas und Nordamerikas an. Sarah Bernhardt und weitere weltbekannte Stars traten in Manaus auf.

Ich besuche das Theater – ein Schmuckstück, aus den teuersten Materialien erbaut, die zu irrsinnigen Kosten aus Europa importiert wurden. Dann fliege ich mit einem Filmteam in den Urwald, um die Arbeit der Seringueiros zu filmen – der letzten; denn Manaus kam zwar schnell zu Reichtum, war aber auch bald ruiniert. Heveasamen wurde hinausgeschmuggelt, Gummibäume in Malaysia angepflanzt. Und dann schlug die Stunde des Kunstgummis aus Erdöl. Heute haben die Seringueiros wieder Hoffnung geschöpft, wegen Aids und der steigenden Nachfrage nach Präservativen!

In Manaus, wo die *Calypso* mehrere Wochen lang liegt, habe ich Gelegenheit, eine andere Lokalspezialität zu studieren, die in allen Häfen der Welt im Schwange ist: den Bandendiebstahl. Eines Nachts, als auf dem Schiff alle schlafen, wache ich von einem Knarren auf. Ich trete aus meiner Kabine und in den Laufgang. Da höre ich Gerenne. Ich rufe: »Stehen bleiben!« Eine Schar Mädchen rennt an mir vorbei und verstreut Banknoten und mehr oder minder wertvolle Gegenstände, die sie gerade den schlafenden Mannschaftsmitgliedern aus den Taschen geklaut haben.

Während wir uns mit unseren kleinen Problemen in Manaus herumschlagen, erhalten wir Nachricht vom andern Teil unserer Expeditionsgruppe auf dem Amazonas. Die *Calypso* ist den Strom bis oberhalb von Iquitos in Peru hinaufgefahren. In der Gegenrichtung fährt Jean-Michel Cousteau den größten Strom der Welt von der Quelle hinab. Mit dem Regisseur Jacky Ertaud, dem Chefkameramann Jean-Paul Cornu und einem peruanischen Führer ist Jean-Michel die Ersteigung des Gipfels gelungen, wo der Strom entspringt: des Mismi in Peru, der fünftausendsechshundert Meter hoch ist.

»Ich habe eine Hand voll Schnee nach Westen geworfen«, erzählt Jean-Michel am Telefon. »Ich habe mir dabei gedacht, dass sich das Schmelzwasser daraus nach weniger als zweihundert Kilometern im Pazifik verliert. Dann habe ich einen Schneeball nach Osten geworfen: Die Wassertropfen aus diesem fließen in den Atlantik, aber erst nach mehr als siebentausend Kilometern!«

Jean-Michel Cousteau und seine Freunde fahren auf dem Gummifloß *Pirarucu* den schäumenden Strom des Rio Apurimac hinunter: dieser Inkaname bedeutet »Sprachrohr (Orakel) Gottes«. Der von Stromschnellen übersäte Fluss tost ohrenbetäubend. Dominique Sumian, der Einsatzleiter, fällt über Bord und ertrinkt um ein Haar, obwohl er ein kräftiger und besonders erfahrener Schwimmer ist.

Der allgemeine Treffpunkt der verschiedenen Mannschaften Cousteaus liegt oberhalb von Iquitos am Zusammenfluss von Marañón und Ucajali. Hier hat die *Calypso* nur noch fünfzig Zentimeter Wasser unter dem Kiel. Am 18. September 1982 sind alle wieder versammelt beim »Admiralschiff der Ökologieflotte«, wie es Jean-Michel Cousteau lächelnd nennt: das Gummifloß *Pirarucu*, das Luftkissenboot, das Wasserflugzeug *Papagallo*, der Hubschrauber *Felix* und das Amazonasschiff *Anaconda*. Ein freudiges Wiedersehen. Umarmungen…

Nach diesem Fest brechen wir stromabwärts auf. Eine von Jean-Michel Cousteau und seiner Frau Anne-Marie geführte Mannschaft besucht die Jivaro-Indianer des Stammes der Achuaras. Sie wird von Häuptling Kukus empfangen, der allen das traditionelle Getränk seines Volkes anbietet: den Masato. Dieser wird aus Maniok gewonnen: Die Frauen kauen die Pflanzenwurzeln und spucken den Saft in eine Kalebasse. Die Enzyme des Speichels verwandeln die Stärke in Zucker, dieser vergärt zu Alkohol, rosa Schaum bildet sich, und fertig ist der Labetrank. Wenn man kein Jivaro ist, hat man da Schwierigkeiten. Für die Achuara ist es der höchste Genuss. Der Häuptling, der Vielweiberei treibt, behauptet, allein nach dem Geschmack sagen zu können, von welcher seiner Frauen das Maniokbier stammt.

Kukus nimmt das Cousteau'sche Team zu einem Fischfang nach überlieferter Methode mit. Die Dorfbewohner schneiden eine Urwaldliane ab, die sie Barbasco nennen, und zerdrücken sie im Wasser des Flusses. Die davon benommenen und betäubten Fische lassen sich leicht spießen. Am Abend feiert das ganze Dorf ein Fest für die Besucher. Aber die Freude wird überschattet vom Tod eines Kindes...

Natürlich schrumpfen die Jivaros nicht mehr Köpfe von Feinden oder von Forschern, wie das noch ihre Vorfahren taten. Sie fristen mit Müh und Not ihr Leben. Die peruanischen Siedler nehmen ihnen ihre besten Jagdgebiete weg und roden diese für Felder (oder für Coca-Pflanzungen). Und zu allem Unglück ist in ihrem Reservat Erdöl gefunden worden. Seither geht eine hässliche, grellrote Pipeline mitten hindurch.

Ein anderes Team fährt zum Territorium der Matis-Indianer. »Das sind arme Teufel«, erzählt Colin Mounier nach der Rückkehr der Gruppe. »Als Totem haben sie den Jaguar – die größte Katze des Urwalds – und malen sich die Schnurrhaare des Raubtiers aufs Gesicht, wenn sie auf Jagd gehen. Aber sie sind fast ausgestorben. In großer Zahl sind sie Krankheiten erlegen, die von den Weißen eingeschleppt wurden und gegen die sie nicht immun waren: Röteln, Blattern, Kinderlähmung, Tuberkulose, Grippe... Ihre Lebenserwartung beträgt weniger als fünfundzwanzig Jahre. Die Beamten der FUNAI (der Nationalen Stiftung für Indianer) haben sie in einem Lager versammelt, wo sie von einer christlichen Mission Hilfe erhalten. Aber ihre neue Zuflucht an einem Flussufer liegt mitten in einem Malariagebiet. Früher, als sie noch im Wald lebten, blieben sie von dieser Krankheit verschont.«

Die Amazonas-Indianer zählten vermutlich zwei Millionen, als die spanischen und portugiesischen Konquistadoren anfingen, sie auszurotten – mit Eisen und Feuer, indem sie sie versklavten und mit Krankheiten ansteckten (bisweilen absichtlich: Die »Wilden« bekamen Decken von Pockenkranken geschenkt). Heute gibt es nur noch etwa zweihunderttausend Indios im Amazonasgebiet. Viele von ihnen haben die Zahl der Bettler in den Elendsquartieren von Iquitos, Manaus und Belém vermehrt, nachdem man ihnen ihre Jagdgebiete weggenommen hat. Wir sollten alsbald den Beweis dafür erhalten, zum Beispiel beim Besuch der Txukahamei von Xingu, die nur noch für Touristen tanzen und ihre Shorts und Adidas-Schuhe wieder anziehen und sich mit Bier voll laufen lassen, sobald die Touristen weg sind.

Ich sehe ins strömende Wasser und denke an die kühne Expedition, in der der Spanier Francisco de Orellana den Marañón und dann den ganzen Riesenstrom bis zum Atlantik hinabfuhr. Das war 1535, kurz nachdem Pizzaro Peru erobert hatte. Orellana glaubte an einem Flussufer Frauen gesehen zu haben, die mit Pfeil und Bogen schossen. Er erinnerte sich an die griechische Legende von den kriegerischen Amazonen (mit amputierter rechter Brust) und benannte den Strom nach ihnen.

Wir passieren das Dreiländereck, wo der Amazonas die Grenze zwischen Kolumbien, Peru und Brasilien bildet. Hier sind drei Städte aus dem Dschungel gewachsen: Leticia, Tabatinga und Benjamin Constant. Eine derartige Dichte von Händlern habe ich noch nirgends gesehen. Die einen handeln mit Kokain; ein Kolumbianer, stinkreich und widerlich, schlägt uns vor, ein paar Kilogramm an Bord der *Calypso* mitzunehmen. Wir wären über jeden Verdacht erhaben, meint er, und wenn man es richtig sehe, könnten wir mit so einer Gefälligkeit auf Jahre hinaus unsere Expeditionen finanzieren! Andere Schmuggler handeln mit illegalem Gold oder Smaragden, wieder andere mit Pelzen, mit Krokodilleder und noch andere mit lebenden Tieren. Jean-Michel Cousteau wohnt in Leticia der Beschlagnahme von Ozelot- und Jaguarfellen bei: Sie füllen einen ganzen Schuppen. Tausende dieser gefleckten Großkatzen mussten für die Eitelkeit einiger Damen von Welt sterben. Damen von Welt?... Das Abschlachten der Kaimane ist genauso beklagenswert; mehrere hunderttausend Häute werden hier jedes Jahr umgeschlagen, um zu Schuhen und Luxushandtaschen verarbeitet zu werden. Der Handel mit Aras, Papageien, Affen, Tatus usw. ist auch kein Ruhmesblatt.

In Leticia gewinne ich eine Vorstellung davon, wie schamlos

die Menschen den Amazonaswald ausplündern. Selbstverständlich fände dieser Raubbau nicht statt, wenn es die Nachfrage aus den reichen Ländern nicht gäbe. Die Vereinigten Staaten, Europa und Japan halten das Geschäft in Gang.

In einem Hotel in der Stadt entdecken wir in der letzten Ecke des Hinterhofes in einem Bassin mit dreckigem Wasser eines der lebenden Wunder Amazoniens: einen Riesenotter. Er ist von einem Wilderer gefangen worden. Der Hotelier hat eine Attraktion daraus gemacht. Er ernährt ihn mit Hühnerknochen. Das Tier ist krank und wird bald sterben. Wir wollen es retten. Wir adoptieren es, bauen ihm auf dem Vorderdeck der *Calypso* einen Käfig und füllen unser großes blaues Schwimmbecken. Zwei Tage lang bleibt Catcha, wie wir das Tier nennen, reglos liegen. Jedes Mal, wenn wir uns nähern, zeigt es die Zähne. Es hat von Menschen so viel erdulden müssen... Ich angle ihm leckere Amazonasfische – Piranhas, Tucunares usw. und biete sie ihm an. Am dritten Tag nimmt das Tier den Fisch an. Er packt mein Geschenk mit den beiden Vorderpfoten und frisst den Fisch vom Kopf her auf, mit einem drolligen Knurren der Zufriedenheit: »A-gno-gno-gno! A-gno-gno-gno!«

Von da an wird der Otter zu einem reizenden Spielgefährten. Morgens stürzt er – es ist ein Männchen – mir entgegen, um mich zu begrüßen. Er stupst mich, rollt sich auf den Rücken und will, dass ich ihm den Bauch kraule. Er lernt alles – besser als ein Hund. Er ist mehr als zwei Meter lang, glatt, geschmeidig, schön. Ein perfekter Schwimmer. Eines Tages ist er weg. Durch ein Loch im Käfig ist er in den Amazonas gesprungen. Wir glauben, ihn verloren zu haben. Wir lassen das Schlauchboot zu Wasser. Ich rufe den Otter und biete ihm Fisch an, und plötzlich springt er mir aus dem Wasser auf die Knie, als habe er bloß kurz einmal die Beine lockern wollen.

Ich werde fast kindisch, wenn ich Catcha betrachte. Er ist gesammelte Anmut und Leichtigkeit. Wie kann man ein so vollkommenes Wesen abhäuten wollen? Ich werde das nie verstehen. Dennoch ist es eine Tatsache: Der Riesenotter Brasiliens, der von Wilderern genauso gierig bejagt wird wie der Seeotter, steht heute auf der Liste der fünfzehn Säugetierarten, die von Ausrottung bedroht sind.

Auch einer anderen Spezies ergeht es schlecht: dem Lamantin Amazoniens. Wir helfen dem Wissenschaftlerteam der I.N.R.A. (Staatliches Institut für Amazonasforschung) unter Leitung von Dr. Robin Best, ein Dutzend Exemplare in einem See in der Region von Tefé zu fangen. Das Ziel ist, diese Seekühe aus diesem Gebiet, in dem sie durch Wilderer gefährdet sind, in ein Reservat zu bringen, wo sie den nötigen Schutz haben. Der amazonische Lamantin ähnelt seinem Vetter in Florida. Sein stromlinienförmiger Körper, hervorragend ans Schwimmen angepasst, lässt vergessen, dass er gemeinsame Vorfahren mit dem Elefanten hat. Die amazonische Spielart ist schwarz wie der Teufel mit einem weißen Flecken auf der Brust und hat keine Krallen. Sie ernährt sich von Wasserpflanzen, vor allem von der wuchernden »Wasserpest« mit den hübschen violetten Blüten, die auch Wasserhyazinthe genannt wird.

Der Lamantin stirbt aus, weil er den Siedlern am Strom so gut wie Rindfleisch schmeckt. Die Caboclos nennen ihn deswegen *peixe bos* »Fischrind«. Es ist kein Vergnügen, Tiere mit dem Netz zu fangen, zu besänftigen und in einen Lastkahn zu verfrachten, die bis zu vier Meter lang sind und vierhundertfünfzig Kilo wiegen… Doch wir schaffen es. Als wir diese rührenden Riesentiere in den See entlassen, in dem sie endlich in Sicherheit sind, will ein wenige Monate altes Jungtier, dessen Mutter getötet worden ist und das kaum fünfzig Kilogramm wiegt, überhaupt nicht mehr von uns weg. Jedes Mal, wenn wir es in den See freilassen wollen, flüchtet es wieder in die Arme des Tauchers Xavier Desmier.

Die Stromfahrt geht weiter, unterbrochen von Anschlussexpeditionen auf den großen Nebenflüssen des Stroms. Wir filmen ein Faultier, das einen Flussarm durchschwimmt: Es krault zwar nicht ganz wie Johnny Weissmüller, kommt aber im Wasser schneller vorwärts als auf dem Land. Es wird zwei Tage brauchen, um bis zum Gipfel des Baums zu klettern, den es sich als neue Heimstatt erwählt hat. Wir spüren den Wasserschweinen in den Sümpfen nach. Diese Verwandten der Mäuse sind so groß wie Hunde und leben in gut organisierten Gemeinschaften. Wir tauchen mit einer Boa constrictor; das Reptil schlängelt sich elegant durchs trübe Wasser und verschwindet in einem Schilfbestand. Wir fangen eine mehr als vier Meter lange Anakonda (eine ganz kleine!): Sie hat enorme Kraft. In einem See sehen wir zu, wie ein Pirarucu (Arapaima) gefischt wird: Ein alter Mann namens Aldeberto belauert den riesenhaften Fisch stundenlang aus seiner Piroge. Plötzlich wirft er mit gestrecktem Arm die Harpune; das Tier wird durchbohrt und mit Mühe an Bord gezogen. Der Pirarucu ist einer der seltsamsten und schönsten Fische der Welt und einer der größten bekannten Süßwasserfische. Er wird mehr als dreieinhalb Meter lang und bis zu zweihundert Kilo schwer. Seine großen Schuppen sind am Kopf rot, grün-rot an den Seiten und tiefgrün am Schwanz.

Bei einem meiner schönsten Tauchgänge in einem See kann ich die groteske Fransenschildkröte oder Matamata in ihrem heimischen Gewässer bewundern. Der zerklüftete Panzer dieses Reptils verleiht ihm das Aussehen eines urtümlichen Ungeheuers. Die Matamata ist harmlos. Im Gegensatz zum Stechrochen. Wenn man versehentlich darauf tritt, verursacht er furchtbar schmerzhafte Wunden. Ich habe am Amazonas einen Siedler gesehen, dessen Fuß nach einem Stich dieses Rochens auf das Vierfache angeschwollen war und eine hässliche violette Farbe angenommen hatte. Ein weiteres wenig empfehlenswertes Wassertier ist der Candiru: ein streichholzgroßer Fisch aus der Familie der Schmarotzerwelse, der in Körperöffnungen (After usw.) von Menschen oder großen Tieren eindringt und sich dort mithilfe nach hinten gerichteter Kiemendeckelstacheln festsetzt. Tut grauenhaft weh.

Eindeutig sympathischer sind die Kaimane. Der Mensch schlachtet sie jedes Jahr zu Hunderttausenden ab, aber sie töten nie einen

Menschen. Die größte Art am Amazonas wird selten länger als vier Meter. Sie ist scheu und furchtsam. Beim Tauchen in einem überschwemmten Wald dringe ich in ein Wurzeldickicht ein und sehe mich plötzlich einem schwarzen Kaiman gegenüber. Er hat das Maul voller spitzer Zähne. Ich habe keine Angst. Aber das Tier flüchtet eingeschüchtert mit einer anmutigen Schlängelbewegung und verschwindet im dunklen Wasser.

Bei unserer Amazonasfahrt erleben wir wunderschöne Momente. Leider sehen wir aber auch, wie bedroht der Tropendschungel ist. Dieses ungeheure Reservoir von Lebensformen leidet unter den Plünderungen und der Umweltverschmutzung des Menschen. Wie jedes Biotop. Aber mehr als alle anderen…

Am Rio Jari besuchen wir die riesige Latifundie, die der amerikanische Milliardär Daniel K. Ludwig zum Pilotprojekt für die Produktion von Zellulose machen wollte. Das Experiment mündete in ein gigantisches ökonomisches und ökologisches Fiasko. Während unseres Aufenthalts gibt Ludwig auf; der brasilianische Staat versucht, so viel wie möglich von den gigantischen Investitionen zu retten.

Amazonien, so groß wie Europa, hat nur fünf Millionen Einwohner. Aber umlagert wird es von einer Masse von mehr als zweihundert Millionen Menschen (allein in Brasilien hundertfünfzig Millionen), von denen viele arme, landlose Bauern sind. Für Regierungen, die unter dem Druck ihrer Auslandsschulden und des Elends im Inneren stehen, ist die Versuchung groß, diese jungfräulichen Weiten multinationalen Konzernen, die das Holz, das Erdöl und die Bodenschätze ausbeuten, und den eigenen Hungerleidern auszuliefern, denen ein bisschen Hoffnung neuen Mut macht. Und genauso spielt es sich ab.

Die Bergbaugesellschaften sind wie die Konquistadoren des 16. Jahrhunderts überzeugt, dass Amazonien ihr Eldorado ist. Sie kaufen sich ein und investieren. Ohne die geringste Rücksicht auf die Erhaltung der biologischen Schätze – Bäume, Blumen, Insekten, große und kleine Wirbeltiere – beuten sie das Land aus. Der

Wald wird für riesigen Tagebau gerodet. Ganze Hügel werden abgetragen, um Steinkohle, Eisenerz oder eine ganze Reihe von mehr oder minder wichtigen Bodenschätzen abzubauen.

Im Süden Amazoniens, im brasilianischen Bundesstaat Rondonia, unweit von Porto Velho, erlebt ein Team von Cousteau mit, wie massenhaft neue Siedler ankommen, denen alsbald Parzellen zugewiesen werden. Die neuen Einwanderer, die aus dem inzwischen wüstenähnlichen brasilianischen Nordosten oder den wuchernden Vorstädten São Paulos kommen, haben ihre ganze Habe dabei. Sie kommen im Zug, mit alten, klapprigen Autos, auf Karren. Auf der ihnen zugewiesenen Parzelle brennen sie die Bäume nieder und pflügen den Aschenboden. Ihren letzten Pfennig geben sie für Saatgut und Lebensmittel aus – um bis zur Ernte durchzuhalten. Die erste Ernte ist gut, die zwei oder drei folgenden auch noch. Doch unweigerlich wird die dünne Humusschicht des Tropenwaldes von Wind und Regenfällen abgetragen. Der Boden verhärtet und verwandelt sich in Wüste. Die unglücklichen Siedler können nur noch ihr Bündel schnüren, um weitere Waldstücke zu roden. Weitere. Immer mehr ...

Bei einem Erkundungsflug mit dem Wasserflugzeug *Papagallo* betrachte ich an der Seite von Guy Gervais den Horizont des riesigen Amazonaswaldes. Allenthalben steigen Hunderte von Rauchwolken gen Himmel. Raubbau. Stellenweise erscheinen gerodete Flächen vom Flugzeug aus wie Glatzen. Auch die Forstarbeiter gehen alles andere als behutsam vor. Sie roden Bäume nicht nur mit der Motorsäge, sondern mit dem Räumbagger ...

Das Symbol für die verrücktesten Sehnsüchte der Menschen ist Gold. Das Gold des Eldorado, des Goldlandes. Edelmetallprospektoren – Garimpeiros – ziehen durch den Wald. Ihre Sitten sind eher brutal: Raufereien und Messerstechereien wie im Wilden Westen.

Ausführlich beobachten wir sie an zwei albtraumhaften Orten. Am Rio Madeira arbeiten Scharen armer Goldwäscher mit Hacke, Schaufel und Schüssel – wie zur Zeit des Goldrausches in Kalifornien oder Alaska. Manche von ihnen sind seit sechs Monaten fort von Frau und Kindern und bringen nicht einmal so viel heim, dass sie das restliche Jahr davon leben können. Um das Gold vom Sand zu trennen, verwenden sie Quecksilber, das mit dem gelben Metall amalgiert. Danach erhitzen sie die Mischung mit der Lötlampe, um das Quecksilber zu verdampfen. Sie wissen nicht, dass sie auf diese Weise gefährliche Quecksilberdämpfe einatmen. Das überschüssige Quecksilber lassen sie im Sand oder im Wasser und verschmutzen damit den Rio Madeira.

Die reichsten Garimpeiros an diesem Fluss besitzen ein Boot, das sie am Grund verankern. Sie tauchen mit Maske und Luftschlauch (Nargileh), um den Stutzen eines Sauggeräts durch das Sediment zu führen; der angesaugte Sand wird über Schrägflächen geführt, wo er ausgewaschen wird. Unser Freund Arturo Calvo lässt sich darauf ein, unter denselben Bedingungen zu tauchen wie die Zwangsarbeiter des Edelmetalls. Er kommt entsetzt wieder hoch. Dort unten herrschen keine dreißig Zentimeter Sicht. Die Strömung ist reißend. Die Männer bleiben bisweilen vier Stunden unter Wasser; Dekompressionsunfälle sind häufig. Ganz zu schweigen davon, dass Konkurrenten mit Messern aufeinander losgehen, um sich die besten Claims anzueignen...

Die andere Goldgräbersiedlung in Brasilien heißt Serra Pelada – der »geschälte Berg«. Seinen Namen trägt er zu Recht. In einer riesigen Ausgrabung buddeln ameisenhaft tausende Männer Tag und Nacht in der besessenen Hoffnung, den riesigen Goldklumpen zu finden, der ihr Glück macht. Sie sterben infolge Krankheiten, Erschöpfung, Erdrutschen. Bis auf wenige Glückliche verdienen sie nichts oder verlieren das Gewonnene sofort wieder im Bordell oder beim Spiel. Sie hacken, schaufeln oder schleppen auf dem Kopf über wacklige Leitern Säcke mit schwarzer Erde, die ausgewaschen werden muss, um ein paar Goldflitter zu gewinnen. Verblendet akzeptieren sie eine Sträflingsexistenz mit dem Ziel, später ein Leben wie Nabobs in orientalischen Palästen zu führen.

Angesichts dieses Schauspiels von Elend und Leid – dieses individuellen und kollektiven Wahns – verlässt mich der Optimismus. Der Amazonas, Strom der Zukunft, ist zum Symbol aller Übel geworden, die die Menschen als viel zu zahlreiche und gierige Ameisen über den ganzen Planeten verbreiten – der bald zu klein sein wird.

40
Im Geiste
der Wiederentdeckung

Mississippi, »Vater der Wasser« ·
Elend auf Haiti · Fidel Castro ·
Auf den Marquesas-Inseln · Gauguins Grab

Mir kommt es manchmal so vor, als hätte ich hundert Leben gelebt. Der Pascha sagte oft, er habe unwahrscheinliches Glück gehabt, sein Leben sei aus überreichen Fäden gewebt. Ich habe denselben Eindruck. Zu viel erlebt, zu viel gefühlt, zu viel geschaut, was noch niemand erblickt hat… Eigentlich müsste ich überheblich sein. Wenn ich gelegentlich mit Hinz und Kunz auf einem Boot fahre und sehe, wie sich die Passagiere überschlagen, wenn nur die kleinste Delfinflosse zu sehen ist, erinnere ich mich an die Hunderte dieser Kleinwale, mit denen ich in ihrem eigenen Element zu tun hatte, mit denen ich Freundschaft schloss, die ich zu verstehen glaubte und die mich mit ihrer Schönheit und ihrer Intelligenz beglückten. Mir ist so viel mehr zuteil geworden als meinen Zeitgenossen! Und dabei rede ich noch gar nicht von den Großwalen noch von den Haien, den Kaiserfischen oder den Korallen… Dennoch habe ich keine Sekunde lang die Fähigkeit zum Staunen verloren, die ich schon mit fünf Jahren in Sormiou hatte, als ich die Garnelen in den Gezeitentümpeln auf den Felsen durcheinanderwuseln sah.

Ende 1983 erforschen wir den Mississippi. Die *Calypso* fährt den Riesenfluss stromauf, den die Indianer »Vater der Wasser« nannten. Wir fahren bis über Minneapolis–St.Paul hinaus. In einem Einsatz im Flugzeug unter der Leitung von Jean-Michel Cousteau gelangen wir bis zum Itascasee, aus dem der Strom entspringt, wie der Nil aus dem Victoriasee. Beim Tauchen in diesem klaren Gewässer erblicke ich die seltsame Gestalt des Gemeinen Schaufelstörs, der nur im Mississippi lebt, und die noch erstaunlichere Schnauze des Spatelwelses, dessen Maul wie ein Soßenlöffel abgeplattet und gerundet ist; damit rührt das Tier den Grundschlamm um, um kleine Beutetiere aufzustöbern.

Wir organisieren einen Forschungsflug zum Missouri – dem Alter Ego des Mississippi. Im Nationalpark von Wyoming darf ich die nordamerikanischen Tiere bestaunen, von denen der Kontinent vor den Massakern durch die Pioniere wimmelte. Bisons, Wapitihirsche, Elche, Bergziegen, Dickhornschafe, Gabelböcke, Schwarzbären, Grizzlys, Luchse, Waschbären, Stinktiere, Schwäne, Gänse, Spechte, Weißkopfseeadler, Klapperschlangen: Hunderte wunderbarer Arten, die von der »Zivilisation« der Weißen fast überall sonst ausgerottet worden sind. Wir sehen Geysire speien und Salzseen flimmern. Auf den Spuren der Erforscher des Wilden Westens gelangen wir von Gletschern zu Wasserfällen. Doch selbst dort, wo die Tierfauna noch großartig ist, ist sie den Wünschen des Menschen untertan. Die großen Säugetiere tragen Halsbänder mit Sendern. So können sie von den Parkwächtern und Wissenschaftlern verfolgt und im Auge behalten werden. Ich mag Tiere lieber ohne Halsband. Bei der Fabel vom Wolf und vom Hund bin ich für den Wolf …

Wir fahren den Missouri bis zu seinem Zusammenfluss mit dem Mississippi bei St. Louis hinab. Dort erhebt sich der große Bogen, das Denkmal für den Aufbruch nach Westen. Dann fahren wir mit der *Calypso* stromab. Der »Vater der Wasser« ist nicht mehr, was er einmal war. Er ist als Wasserlauf dienstbar gemacht worden. Der Mensch hat ihn fast auf seiner gesamten Länge zwischen Betonufer eingezwängt. Er ist nicht mehr die launische, großzügige, wütende, unberechenbare, großer Überschwemmungen fähige Strompersönlichkeit von früher, sondern bloß noch ein Kanal. An manchen Stellen ist man dabei, kilometerweise stahlbewehrte Betonplatten zu versenken, um das Strombett zu befestigen... Natürlich verarmt unter solchen Bedingungen das Leben im Wasser, umso mehr, als der Strom zu den verschmutztesten der Welt gehört. Städte leiten einen Teil ihrer Abwässer hinein, Fabriken giftige Abfälle und die Landwirtschaft ihre überschüssigen Düngemittel und Pestizide. St. Louis, Memphis, Cairo, Greenville, Vicksburg, Baton Rouge, New Orleans... New Orleans, wo wir im französischen Viertel wie Fürsten empfangen werden, ist leider eine der unsaubersten Städte der Vereinigten Staaten.

Nur noch das Delta erinnert teilweise an die verlorene Herrlichkeit des Stromes. Im Schlauchboot verlieren wir uns in den Sumpfkanälen (Bayous), wo es wieder mehr Alligatoren gibt. Diese Reptilien, die jetzt geschützt sind, nachdem sie durch Wilderei fast ausgerottet waren, vermehren sich wieder sehr stark. Zusammen mit Dominique Sumian beobachte ich den Flug der Silberreiher, der Roten Sichler, der Schlangenhalsvögel und der Braunen Pelikane. Zwischen Sumpfzypressen sehe ich die Mokassinschlange verstohlen dahinschlängeln.

Am Ende dieses Einsatzes ist die *Calypso* krank. Sie ist alt geworden; vom Rheuma und allen möglichen anderen Krankheiten geplagt. Seit sie in ein Meeresforschungsschiff umgewandelt worden ist, hat sie Hunderttausende von Seemeilen zurückgelegt. Sie muss jetzt vollständig repariert werden. Wir bringen sie in eine Werft in Florida. Ein Heer von Arbeitern macht sich über sie her, um sie zu sanieren. Sie bekommt eine neue Rumpfbeplankung, denn durch die alte konnte man schon fast hindurchsehen. Wir ersetzen auch die Spanten; die neuen sind aus massiver amerikanischer Eiche. Sie erhält nagelneue Maschinen, Schrauben, Dieseltanks – kurz, eine Generalüberholung vom Kiel bis zum Radarmast. Ihre Brücke ähnelt fortan der Steuerkabine eines Linienflugzeugs.

Ich überwache die Arbeiten persönlich. Als sie beendet sind, ist das Schiff bereit für den Einsatz, den Kommandant Cousteau und sein Sohn Jean-Michel ihm zuweisen: die Wiederentdeckung der Welt...

Der Kapitän dieser Wiederentdeckung bin ich ...

Ich muss nachtragen, dass die *Calypso* nicht mehr allein ist. Sie hat eine jüngere Schwester bekommen: die *Alcyone*. Diese manövriert nur mit Windenergie. Sie hat zwei ultramoderne Segel, die nach dem Vorbild von Flugzeugflügeln konstruiert sind und von uns Turbosegel genannt werden. Der revolutionäre Antrieb ist von Professor Malavard, Ingenieur Bertrand Charrier und Kommandant Cousteau erfunden worden. Ausprobiert wurde er auf der Schwimmplattform *Moulin-à-Vent*, mit der der Pascha den Atlantik überquert hat.

Die Wiederentdeckung der Welt mit zwei Schiffen sollte für mindestens fünf Jahre (1985–1990) unsere größte Herausforderung sein. Die Welt mit neuen Augen sehen, im Kielwasser der Forscher der Renaissance und der großen Entdecker feststellen, wie intakt die Lebenswelt noch ist: Das ist das Programm, das wir erfüllen sollen.

Wir fangen mit Haiti an. Von Juni bis September 1985 fahren wir die Küsten dieses Teils der Insel Hispaniola entlang. An diesen Einsatz habe ich keine guten Erinnerungen. Auf Haiti ballen sich die Probleme der Dritten Welt. Übervölkerung, unterernährte Kinder, verelendete Erwachsene, die ihr Heil in eindrucksvollen, aber vergeblichen magischen Bräuchen suchen ... Zusammen mit dem Filmemacher Jean-Paul Cornu wohne ich einer Voodoo-Zeremonie bei. Frauen verfallen in Trance; Männer rufen die Geister an; überall flackern in der Dorfnacht Kerzenflammen und schaffen eine unwirkliche Atmosphäre. Ich fühle mich von diesem Eifer, von der brutalen Einfachheit dieses Kults gepackt, der aus einer anderen Zeit und einem andern Erdteil stammt. Und zugleich fühle ich mich beim Anblick dieser schweißtriefenden schwarzen Leiber, dieser Gläubigen, die die Toten und die Kräfte des Jenseits beschwören, völlig fremd ... Das Schauspiel erscheint mir als das, was es ist: eine Erregung, ein Wahn von Menschen, die keine andere Hoffnung haben als das Irrationale.

Die ökonomischen und ökologischen Schwierigkeiten Haitis

scheinen wirklich unlösbar. Die viel zu zahlreiche Bevölkerung zerstört letztendlich die natürliche Umwelt, die sie brauchen würde, um aus der Sackgasse herauszufinden. Die Wälder wurden gerodet, um Ackerland und Feuerholz zu gewinnen. Ergebnis: Der Mutterboden ist unter den tropischen Regenfällen, die nicht mehr vom Wald gespeichert wurden, von Sturzbächen und Flüssen weggeschwemmt worden. Haiti verwandelt sich in eine Wüste. Und um das Unglück voll zu machen, sammelt sich dieser Mutterboden, der auf den Feldern und in den Gärten fehlt, im Meer, wo er die Korallenbänke erstickt und die von diesen abhängigen Fische vernichtet. Die haitischen Fischer, wenn sie in ihren elenden Pirogen überhaupt hinausfahren, fangen nur noch winzige Fische, mit denen sie ihre Familien nicht mehr ernähren können.

Ich bin pessimistisch. Ich weiß nicht, was aus dieser Insel noch werden soll, die reich und schön war, als sie noch von den Kariben bewohnt wurde. Ich sage mir, dass die Haitier, um diesen Niedergang umzukehren, viel Demokratie, viel Bildung und viel internationale Hilfe brauchen werden.

Kuba, die große Nachbarinsel von Haiti, hat diese Art von Problemen nicht. Wir besuchen sie von Oktober bis Dezember 1985. Welcher Kontrast!

Was demokratische Freiheit angeht, ist Kuba gewiss kein Musterland. Aber das Land verwaltet seine Meeresressourcen gut. In Haiti sind die Fischgründe durch ununterbrochene Überfischung verödet. In Kuba sind die Meeresgebiete vermutlich dank der planvollen Kommandowirtschaft des kommunistischen Regimes in Parzellen unterteilt, die nacheinander abgefischt werden. Und in der Reproduktionszeit der Fische ist der Fischfang verboten: genau das, was wir mit Cousteau seit jeher fordern. Dank dieser Voraussicht können die Kubaner volle Netze mit hervorragenden Fischen aller Arten aus dem Wasser ziehen (Wrackbarsche, Kapitänsfische, Umberfische …) und jedes Jahr hunderte Tonnen ihrer berühmten Langusten exportieren.

Wir tauchen an verschiedenen Stellen der Küste, besonders bei einem wunderschönen Wrack in der Nähe von Havanna. Die Überbleibsel des Schiffes sind von Tausenden von Wassertieren besiedelt und dienen einer Schule von Tarpunen als Zuflucht. Diese starken Raubfische von einem Meter fünfzig Länge paradieren in blauer Rüstung wie die Ritter des Mittelalters. Ein zauberhaftes Schauspiel.

Ein weiteres seltenes Schauspiel wird uns geboten: Ein Walhai von mehr als zehn Metern Länge und mehr als zehn Tonnen Gewicht taucht vor der *Calypso* auf. Senkrecht im Wasser stehend, das Maul mitten in einem Sardinenschwarm weit aufgerissen, verschluckt er Hunderte dieser kleinen blauen Fische, die zappelnd in seinem Magen verschwinden, bevor sie es richtig merken.

An Bord unseres Schiffes empfangen wir den Maximo Lider der kubanischen Revolution: Fidel Castro. Eine erstaunliche Persönlichkeit, ein leutseliger Bartträger, dessen dröhnendes Lachen etwas Gezwungenes hat. Fidel Castro raucht die berühmten Zigarren seiner Insel nicht mehr, sein Arzt hat es ihm verboten. Er diskutiert mit dem Pascha über alles Mögliche – von den besonderen Entwicklungsproblemen in den Ländern der Dritten Welt bis zu Küchenrezepten. Cousteau gelingt es, ihm das Versprechen abzuringen, eine Reihe politischer Gefangene als Gegenleistung für eine biologische Meeresuntersuchung zu Gunsten seines Landes freizulassen.

Kurz danach werden wir in ein Geschehen verwickelt, das symbolhaft erscheint. Die *Calypso* navigiert in Sichtweite des Militärstützpunktes Guatanamo, den die Vereinigten Staaten nach dem Sturz des Diktators Batista in Kuba beibehalten haben. Seit der Blockade von 1961 ist noch nie ein amerikanischer Bürger auf dem Landweg in diese Festung gelangt. Aber zusammen mit Kommandant Cousteau wird eine Amerikanerin dorthin eingeladen: unsere Freundin, die Schriftstellerin Paula DiPerna.

»Dieser Tag wird mir ewig im Gedächtnis haften«, erzählt Paula. »In dem Moment, als ich die Stacheldrahtzäune hinter mir habe, habe ich den Eindruck, auch in die Geschichte einzutreten.

Obwohl ich weiß, dass ich persönlich nicht besonders wichtig bin!«

Während die *Alcyone*, nachdem sie den Atlantik überquert hat, Kap Hoorn umrundet und dann in den Pazifik fährt, dessen Norden sie aufsuchen will (Cortez-Meer, Kalifornien, Hawaii, Queen-Charlotte-Islands, Alaska, Beringsee, Japan, Marianen usw.), fährt die *Calypso* durch den Panamakanal und tummelt sich im Südpazifik. Der *Alcyone* begegnen wir erst wieder in Neuguinea, nachdem wir auf den Inseln Französisch-Polynesiens, in Neuseeland und im Großen Barriereriff gewesen sind.

Unser erster Aufenthalt ist auf den Galapagos-Inseln. Mit Freuden begrüße ich die Riesenschildkröten, die eleganten Seeotter, die bizarren Leguane, die Kormorane, die Pinguine (die am Äquator so fehl am Platze scheinen), die Krabben, die unförmigen Fledermausfische – kurz, das faszinierende Leben eines Laboratoriums der Evolution.

Wir kreuzen auch im Archipel der Marquesas. Berge im Meer. Türkisfarbenes Wasser. Zerklüftete Vulkangipfel, bedeckt mit dichter Vegetation… Wir besuchen das ganze Archipel: Nuku-Hiva, Ua-Huka, Hiva-Oa, Tahuata, Fatu-Hiva usw. Gegenwärtig haben die Marquesas nur sechstausendfünfhundert Einwohner – fast zehnmal weniger als vor einem Jahrhundert. Dieser Bevölkerungsschwund geht im Allgemeinen auf die Untaten der europäischen Kolonisierung zurück und im Besonderen auf Krankheiten der Weißen: Blattern, Tuberkulose, Grippe, Röteln, Syphilis.

Wir tauchen in diesen Gewässern, in denen es im Gegensatz zu den Gesellschaftsinseln oder zum Tuamotu-Archipel keine Korallenriffe gibt. Wir begegnen dort Schwärmen von Nari-Nari-Adlerrochen mit riesigen, weiß gefleckten Schwingen, auch mächtigen Haien – den größten, die ich je zu Gesicht bekommen habe (einem über viereinhalb Meter langen Weißspitzen-Hochseehai und einem mehr als fünf Meter langen Tigerhai). Wir beobachten eine reiche und vielfältige Fauna aus Schwämmen, Hohltieren,

Moostierchen, Weichtieren (Austern, Porzellanschnecken, Tritonshörner) und Stachelhäutern.

Sechzehn Seemeilen nordwestlich von Fatu-Hiva zeigt mir der Pascha eine Art Felsgruppe, die aus dem Meer ragt: das Eiland Thomasset. Riesige Wellen brechen sich daran. Cousteau möchte, dass ich versuche, die *Calypso* dort festzumachen. Ein schwieriges Manöver ... Ich drehe hart bei, um mich dem Riff rückwärts zu nähern. Dann springe ich in ein Schlauchboot und ziehe ein Stahlkabel hinter mir her, das ich an der Heckwinde habe befestigen lassen. Ich steuere mein Schlauchboot rund um den kleinen Felsen und komme zurück, um die Stahltrosse an der *Calypso* festzumachen. Uff! Ich hatte befürchtet, dass die Strömung das Schiff auf das Riff wirft.

Wir tauchen. Unter der obersten Wasserschicht, die wild aufgerührt ist und in der wir kaum schwimmen können, eröffnet sich ein Reich der Wunder: Alle nur denkbaren Kategorien von Wirbellosen und Fischen sind dort in herrlichem Gewimmel versammelt. Eine Oase im weiten Ozean ...

Am nächsten Morgen in der Frühe, während die *Calypso* noch am Thomasset-Eiland festgemacht ist, klettere ich zusammen mit Bob Braunbeck in den Hubschrauber *Felix*. Auf dem Meer sehe ich seltsame Schaumkronen. Sie werden nicht vom Wind hervorgerufen, sondern von Hunderten, Tausenden von Delfinen – Melonenköpfen –, die ihren Namen vollauf verdienen.

Wir kehren zurück zum Schiff. Die Mannschaft wird mobilisiert, um das Schauspiel zu filmen. Die Taucher (Michel Deloire mit der Kamera, François Sarano, Christian Le Curieux-Belfond, Dominique Arrieu) legen ihre Ausrüstung an und lassen sich ins Wasser fallen, wo ich zu ihnen stoße. Über lange Minuten hinweg bewundern wir den Vorbeizug der Melonenköpfe, die rasch, kraftvoll, geschmeidig vorübergleiten.

Nachdem die Wale vorbei sind, werfen wir einen Blick auf den Meeresgrund, der gestern noch so reich an verschiedenen Arten war. Er scheint wie ausgestorben. Korallen und Seesterne sind noch da; aber weder Langusten noch Kalmare noch Fische. Die Tiere haben sich versteckt. Bei genauerer Nachsuche entdecken wir sie in Klüften und Spalten des Felsens. Reglos. Schreckerstarrt. Die Delfine, die uns so sanft und sympathisch erscheinen, sind für sie die gefährlichsten Todbringer. Die Hunnen der Tiefe. Massenmörder!

Von einer Insel der Marquesas zur anderen folgt die *Calypso* dem blauen Pfad der Wiederentdeckung. Wir landen auf Nuku-Hiva: Dort hat nach der polynesischen Mythologie der Gott und Schöpfer Tokohiti einen Brocken Vulkangestein zerschlagen, um das erste Menschenpaar zu schaffen. Atéa, den ersten Mann, und Atanua, die erste Frau, hatten zusammen vierzig Kinder, von denen alle andern Menschen abstammen…

Auf Fatu-Hiva liegt die *Calypso* in der Baie des Vierges. Es heißt (und ich teile dieses Urteil), dass es die schönste Landschaft der Welt sei. Hier hat Paul Gauguin seine berühmten »Reiter am Strand« gemalt.

Auf der Nachbarinsel Hiva-Oa verharre ich mit Cousteau im Gedenken am Grab des 1903 verstorbenen Künstlers. Dann am Grabe des Liedermachers Jacques Brel, der an diesem fernen Strand seinen »unerreichbaren Stern« gesucht und gefunden hat.

Auf ewig das Meer

Das entzauberte Polynesien · Mururoa ·
Das Land der langen weißen Wolke ·
Die große Korallenbarriere · Hinter der Kimm

Jetzt bin ich also als Kapitän der *Calypso* mit sechzig Jahren in Tahiti. Zeit, Bilanz zu ziehen.

Die Wiederentdeckung der Welt ist in vollem Gange. Ich bin
einer der Glücklichen, die daran teilnehmen dürfen, zufrieden mit
dem, was ich finden, verstehen, lieben, erhalten helfe. Zufrieden
schließlich auch damit, was ich aus meinem Leben gemacht habe.
Ich denke an meinen Vater und sein Boot – seine *Bette*, dieses bescheidene Spitzgattboot, auf das ich so stolz war. Es wäre schön,
wenn er hier wäre, wenn er mich am Steuer des berühmtesten For-
schungs- und Abenteuerschiffs der Welt sehen könnte. Meine
Mutter lebt noch. Sie ist alt geworden, und ich merke wohl, dass
sie jedes Mal, wenn ich von einem Einsatz zurückkehre, hinfälli-
ger geworden ist. Sie hat nicht mehr viel Zeit. Wenn sie mich um-
armt, wird ihr warmes Lächeln von einer Traurigkeit überlagert,
die mir das Herz schwer macht.

An Bord der *Calypso* studieren wir das Leben der verzauberten
Inseln des Südpazifiks, die eher als entzauberte Inseln bezeichnet
werden sollten, so viele Zivilisationsschocks und Tourismus-
überfälle haben die alte Lebensweise, Bräuche und die Umwelt in
Mitleidenschaft gezogen. Wir besuchen Bora Bora, seine berühmte Lagune und den Polarforscher Paul-Emile Victor, einen alten Kumpel des Paschas. Wir fahren auch ins Tuamotu-Archipel,
wo wir tausend verschiedene Arten von Wirbellosen und bunten

Fischen erblicken. Wir wollen die Auswirkungen des Tourismus auf diese empfindliche Welt untersuchen. Wir werden die traditionelle Perlen- und die Schildkrötenfischerei filmen. Wir werden auf dem Mururoa-Atoll einem französischen Atomtest beiwohnen, die Wasserqualität in der Lagune und den umgebenden Ozean untersuchen; ich werde in der Tauchkombination und mit dem Tauchboot am Riff tauchen und dort lange Spalten im Korallengestein entdecken. Wird das Atoll die Explosionen überstehen?

Wir werden auch nach Neukaledonien und dann nach Neuseeland fahren. Ich werde die zwei großen Inseln dieses Landes erblicken, die von den Maoris, den dortigen Eingeborenen, als Land der langen weißen Wolke bezeichnet werden. Wir werden erfahren, dass diese Menschen, die vor mehr als tausend Jahren in Pirogen auf diesen Inseln landeten, einen jungfräulichen Boden ganz eigenen Charakters vorfanden: Pflanzenarten, die bis aufs Mesozoikum zurückgehen, keinerlei Landsäugetiere, dafür Seelöwen und alle Arten von Walen im Meer. Auf den Inseln gibt es lebende Fossilien, wie die Brückenechse, eine Art Strauße, die Moas, Trommelrallen, Wellensittiche, Pinguine, Takahés – und die seltsamen flugunfähigen Vögel mit Federn wie Haare, die Kiwis…

Wir werden die Nordinsel oder rauchende Insel Neuseelands mit ihren Geysiren, Vulkanen, Wrackbarschen und Papierbooten (eine Oktopodenart) besuchen und die Südinsel oder Jade-Insel mit ihren Elefantenfischen, Hectordelfinen, Pottwalen, dem gletscherbedeckten Mount Cook, den herrlichen Fjorden, wo Wasserfälle von tausend Metern Höhe in ein Meer stürzen, in dem Unterwasserdickichte von Schwarzen Korallen wachsen. Wir werden im Tauchboot auf der Suche nach den seltsamen Armfüßern tauchen, die Muscheln ähneln, aber keine sind. Wir werden die Robben von Neuseeland und ihre Vettern, die Seelöwen vom Hooker-Meer grüßen. Wir werden weiter nach Süden fahren, in subantarktische Gewässer bis zu den Auckland-Inseln, wo die Robbenmütter in einem Wald von *Rata trees* mit roten Blättern niederkommen und wo sich die weltgrößte Kolonie von Bullers Albatrossen gebildet hat.

Wir werden erneut Australien anlaufen. Vor der Küste von Queensland werden wir das wunderbarste Korallenriff der Welt besuchen: das Große Barriereriff, ein Kalkbau von zweitausend Kilometern Länge, der auf die geduldige, jahrtausendelange Arbeit von Milliarden winziger koloniebildender Polypen zurückzuführen ist. Wir werden der sagenhaften Liebesnacht der Steinkorallenpolypen beiwohnen: Einmal jährlich entlassen diese auf der ganzen Fläche des Barriereriffs, von einem Instinkt getrieben, den die Wissenschaftler sich nicht erklären können, mit einem Schlag ihre Stränge von rosa Eiern und Wolken von Spermatozoen ins Wasser. Eine ergreifende, unglaubliche kollektive Orgie, die erst seit wenigen Jahren bekannt ist. Wir werden unsere Forschungen unter Führung von Professor Michel Pichon durchführen, der dieses überwältigende Phänomen entdeckt hat.

Wir werden Hunderte von Atollen, von Saumriffen und Barriereriffen erkunden, in Aquarien voller Schwämme, Seeanemonen, Hornkorallen, Moostierchen, Bartwürmer, Gewindeschnecken, Seesterne, Seeigel und Seescheiden tauchen und tropische Fische in unvergleichlichen, unnachahmbaren, unglaublichen, verblüffenden Formen und Farben erblicken.

Wir werden Haie sehen und auch Schildkröten, die sich paaren und dann ihre Eier in den warmen Sand legen, Delfine, die springen und zwitschern, Seekühe, die die Unterwasserwiesen abweiden. Wir werden auf dem australischen Kontinent dem seltsamen Schnabeltier nachspüren, diesem Urtier mit Entenschnabel und Biberschwanz, das Eier legt und seine Jungen säugt. Wir werden in zwei Flüssen den Lungenfisch aufstöbern, der mal durch Kiemen atmet wie ein Fisch und mal durch eine primitive Lunge; mit dieser Doppelanpassung kann er den Nahrungsreichtum von Wasserläufen in der Regenzeit nutzen und sich in der Trockenzeit in den Schlamm eingraben.

Wir werden am äußersten Ende von Kap York im Jardine River schwimmen, wo François Sarano, Michel Deloire und Didier Noirot in Gesellschaft des lokalen Ungeheuers tauchen, des Salzwasserkrokodils, von dem manche Exemplare mehr als sieben Meter lang werden und das in dem schönen Ruf steht, ein Menschenfresser zu sein.

In Papua-Neuguinea treffen wir wieder mit der *Alcyone* zusammen. Während sie den Fluss Sepik ins Papualand hinauffährt, untersuchen wir das fruchtbare Meer um diese Insel, das vielfältiges, farbenfrohes Leben beherbergt. Wracks aus dem Zweiten Weltkrieg, besiedelt von Schwämmen, Korallen, Kraken, Doktorfischen. Haie, Riesenmuscheln und Schwertwale auf der Jagd nach Haien und Mantarochen.

Die Reise wird weitergehen nach Borneo. In die Mangrovenwälder der Nasenaffen und der Krabben, den Urwald der Orang Utans, auf das Eiland Sipadan, wo die Meeresschildkröten leben und in einer riesigen Unterwassergrotte sterben, die ihnen als Friedhof dient...

Wir werden nach Thailand fahren – bis Bangkok, der Phuket-Insel und der herrlichen Bucht von Phangan.

Wir werden zu den Andamanen fahren.

Wir werden nach Java, nach Banda, zu den Molukken, nach Komodo fahren...

Wir werden nach China kommen und den Jangtse hinauffahren...

Diese Namen schwirren mir im Kopf herum. Sie faszinieren mich. Ich bin von ihnen besessen. Ich würde ein Vermögen darum geben, zu wissen, was wirklich dahinter steht – welche Menschen, welche Tiere, welche Pflanzen... Auch dann, wenn ich diese Länder gesehen habe, scheint mir, dass dort für mich noch alles zu entdecken ist.

Heute, nach diesen Jahren der Abenteuer, bin ich einer Sache sicher: Ich werde nie genug kriegen. Ich werde Wellen, Gezeiten, Muscheln, Fische, Wale nie satt haben. Ich werde so lange wie möglich zur See fahren. Sonne und Nebel werden noch mehr Falten in mein Gesicht graben und meine Haare bleichen. Und weder

Falten noch weiße Haare werden mir meine Leidenschaft nehmen können.

Im Laufe meines Seemannslebens werde ich meinen Sack von Erinnerungen bis an den Rand gefüllt haben. Ich werde in alle Gewässer von Sormiou bis zur Antarktis, von Alaska bis Australien, vom Roten Meer bis zu den Marquesas getaucht sein.

Wenn ich die Augen schließe, um meine berufliche Laufbahn zu überblicken, sehe ich die ungeheure Weite des Meeres vor mir, Ströme, Eisberge, Mangroven, Lebewesen, Länder und Menschen.

Und wenn ich ganz alt bin, werde ich – solange ich das noch kann –, die blaue Kimm hinter den Marseiller Inseln betrachten, wo alles angefangen hat, auf der *Bette* meines Vaters.

Ich werde wieder zum Kind werden und mit ihm aufs weite Meer hinausfahren.